上海“三农”决策咨询研究

——2020年度上海市科技兴农软课题研究成果汇编

上海市农业农村委员会　主编

上海财经大学出版社

图书在版编目(CIP)数据

上海"三农"决策咨询研究:2020年度上海市科技兴农软课题研究成果汇编/上海市农业农村委员会主编.—上海:上海财经大学出版社,2021.5
ISBN 978-7-5642-3748-6/F·3748

Ⅰ.①上… Ⅱ.①上… Ⅲ.①三农问题-研究-上海-2020 Ⅳ.①F327.51

中国版本图书馆CIP数据核字(2021)第057515号

□ 责任编辑 刘 兵
□ 封面设计 张克瑶

上海"三农"决策咨询研究
——2020年度上海市科技兴农软课题研究成果汇编
上海市农业农村委员会 主编

上海财经大学出版社出版发行
(上海市中山北一路369号 邮编200083)
网 址:http://www.sufep.com
电子邮箱:webmaster @ sufep.com
全国新华书店经销
江苏凤凰数码印务有限公司印刷装订
2021年5月第1版 2021年5月第1次印刷

890mm×1240mm 1/16 17印张(插页:2) 403千字
定价:72.00元

目　录

1. 上海农业农村发展战略定位和内生动力研究

中共十九大提出了实施乡村振兴战略，并做出了总体部署安排。上海的乡村振兴是习近平总书记亲自点题、亲自关心的一项重要工作，是必须做好的一篇大文章。李强书记强调，上海要“把乡村作为稀缺资源，作为城市核心功能的重要承载地、提升城市能级和核心竞争力的战略空间。”

一、总体情况

近年来，上海市注重坚持高位推动、制度供给、机制创新、党建引领，农业农村发展取得了良好成效。一是农村环境面貌实现新提升。各类乡村规划编制基本完成，做到了应编尽编；首批 9 个乡村振兴示范村初显成效；农民相对集中居住全面启动，开局良好，首批签约 1.28 万户。二是农业提质增效实现新突破。地产农产品绿色认证率达到 20%；农商产销对接不断拓展，建立了一批直采基地；农业“一图”“一库”“一网”信息平台建设取得新进展。三是农民长效增收实现新提高。全面启动新一轮农村综合帮扶；2019 年农村居民人均可支配收入 33 195 元，同比增长 9.3%；农村公共服务水平得到新的提升。

但是，随着形势的不断发展，我市乡村发展的功能定位不清、体制机制不活、内生动力不足等问题不同程度显现，与超大城市的地位不相匹配，亟须引起高度重视。

（一）乡村振兴开局良好，但乡村的功能定位和发展模式有待进一步明确

实施乡村振兴战略以来，本市农业由增产导向逐步向提质增效转变，乡村生态环境不断改善，郊区居住功能的外延得到拓展，农民的幸福感、获得感、安全感明显提高。但是，以往我们主要站在产业的角度研究乡村功能定位，从政治、经济、历史、文化的角度看乡村振兴还不够，缺少从全市全局和城市功能承载的角度进行思考和谋划，对乡村价值的挖掘还不深，符合超大城市的乡村发展模式尚未形成，这使得上海乡村资源稀缺性和价值实现路径不畅并存。一方面，乡村的集体建设用地、农房是稀缺资源，是城里市

民、企业家眼中的“香饽饽”。另一方面，由于在融资、税收、社保、土地利用等方面仍然缺乏足够有效的政策供给，宅基地退出、集体建设用地入市等重大改革存在障碍，资本、企业、人才等向农村流动的积极性不足，许多乡村资源仍然未被激活，处于低效闲置状态。

1. 从乡村功能定位演变历程来看亟待加强思考谋划

乡村在城市发展中始终扮演极为重要的角色，上海乡村功能已经或正在经历“三个转变”：一是从被动退缩的城市发展空间提供者，向总体空间相对稳定、总体地位不断提升的发展主体转变；二是从单一的城市供应保障功能，向多元复合功能转变；三是从承担基础和附属功能，向承担城市核心和更高能级功能转变。

当前，长三角一体化示范区、自贸区新片区、科创成果转移转化承载地，都直接落在郊区，将极大地增强上海特别是乡村的发展动力，重塑城乡格局，是不可多得的战略机遇，这就要求我们重新认识和发现乡村的价值，如何更好地承载城市功能，在上海的经济和社会发展中承担起重要角色，需要进一步提升决策谋划能力、规划引领能力和要素配置能力。

2. 从上海乡村的优劣势分析来看亟待加强顶层设计

放眼全国，上海的乡村已处在较发达的水平，但对标“两个面向”，我们需要正视上海农业农村“三大三小”的特征，即大都市、小郊区；大城市、小乡村；大经济、小农业。

调研发现，当前上海农业农村发展存在三方面的劣势：一是自然资源禀赋与周边地区存在落差。上海乡村自然资源禀赋相对单一，山、水、林、田、湖、草等要素多元化不足，与浙江、江苏的乡村景观相比差异明显。二是环境和配套现状与承担更多功能的要求有明显差距。这些年关注城市较多，对乡村的投入不足，基础设施、公共服务仍然是农村地区最大的短板，抑制了乡村承担更重要功能。三是乡村特色不明显和引领力不够与超大城市定位不匹配。上海乡村缺乏一批有影响力的特色农产品，一批有全国知名度和影响力的农业品牌企业，一批独具特色、令人向往的乡村旅游景观，低层次供给不能满足市民高层次需求。

在认清劣势的同时，我们也要看清上海乡村依托超大城市所拥有的独特发展优势：一是市场优势。上海人口总量大，人均 GDP 高，消费能力强。二是科创优势。上海正在建设有全球影响力的科创中心，为农业科技创新与乡村产业发展提供了坚实的基础。三是窗口优势。作为枢纽和窗口，上海最有条件汇聚、吸收全球最前沿、最好的农业农村发展信息、产品、理念、技术和模式。四是人才优势。上海充足的人才储备可为乡村发展提供有力支撑。五是平台优势。上海有着拼多多、盒马鲜生等一批大型商贸平台，为农业“两头(研发、营销)在沪、中间(生产种养)在外”的发展模式提供了有利条件。六是空间优势。郊区乡村面积占全市面积的 85%，空间广阔，人口密度低，还有大量的宅基地、低效建设用地有待激活，因此迫切需要对超大城市的乡村发展战略定位加强顶层设计。

3. 从乡村发展模式分析中来看亟待寻求自身发展道路

从国内看，上海与江浙地缘相近，江苏、浙江乡村发展极富特色。江苏的“苏南模式”,依靠集体经济带动整个农村地区的发展。浙江的乡村发展,注重发挥乡村护生态、兴产业、富农民等功能,用“美丽乡村”发展“美丽经济”,把“美丽生态”转化为“美丽红利”。两地的共同特点:一是把新发展理念贯穿于美丽乡村建设之中,保护生态就是发展生产力。二是注重发挥市场机制,加强资源优化配置。三是立足自身特色和优势,打造本地乡村产业亮点,让农民有更多获得感。

从国际看,伦敦、东京等城市的郊区农村的特点是生态宜居、城乡融合、功能复合。荷兰、日本农业的最大特征是优质高效、竞争力强,承担了满足品质需求、成为支柱产业等功能。

我们认为,上海乡村发展可以总结借鉴国内外的经验,探索出一条符合自身特点和规律的发展新路:一是超大城市郊区农村完全有条件、有能力承担多元化、多层级城市功能。二是乡村承担更多更高层次城市功能,是城市发展到一定阶段后的必然规律,也是乡村自身发展的必然要求。三是乡村功能定位主要基于市场的选择,如果减少城乡分割的制度障碍,资源会根据市场需求在城乡之间流动,使乡村形成更适宜的功能定位。四是农业完全可以成为一个赚钱的产业,甚至成为一个地区或国家的支柱产业。

(二)美丽乡村的显示度不断提升,但资源要素配置有待进一步优化

近年来,上海乡村振兴的显示度越来越高,各项工作全面破题。各类乡村规划编制基本完成;首批 9 个乡村振兴示范村完成建设,形态和风貌焕然一新;通过破解难题,农民相对集中居住全面启动;涉农资金投入力度加大,创新“大专项+任务清单”资金扶持方式。但在调研中,基层同志反映,在土地和资金要素供给上,目前依然存在一些突出问题需要解决。

1. 土地是制约乡村振兴的关键要素

一是农业生产用地仍有掣肘。承包地方面,不少农业经营主体反映,承包地流转期限大多 1—3 年不等,缺乏农业经营的长期稳定性。比如,上海艾妮维农产品专业合作社主要从事生产经营有机蔬菜,而有机蔬菜对土地的盐碱度治理要求很高。合作社在流入承包地的土壤改良上投入大量资金,但因流转期限偏短,未能收回土壤改良成本,流转土地已被收回,给合作社造成较大经济损失。农业设施用地方面,现有政策的灵活性不高,可操作性不强,一定程度上制约了高效经济作物和绿色生态养殖业的发展,以致农业产业布局碎片化、经营规模小型化、农产品质量非标化等问题仍然存在,农业产业“小散弱”的局面没有彻底扭转。近年来大棚房专项清理整治和低效建设用地减量化以后,部分农业企业用于休闲农业配套设施被拆除,造成较大的经济损失,使不少经营主体失去了信心。

二是农村宅基地盘活难。如何破解农村宅基地管理的难题,有效盘活这块农村“沉睡的资本”,显得越来越迫切。调查发现,本地农村年轻人基本上都已生活工作在城镇,居住在农村的绝大多数是老年人,普遍存在农村宅基地房屋空置率较高,使用效率低下的现象。调查样本中,农村房屋完全自住的仅有 33.0%,自住为主、子女偶尔回家的占 41.3%,有空余房间出租的占 20.8%,完全空关的则有 4.9%。虽然有些空置房屋用于出租,但每间房租金最低仅有 100 元/月,平均为 460 元/月,收益不高,大量农村资源没

有激活。

三是建设用地利用困境多。集体经营性建设用地方面，由于管理较为严格，受到土地性质、容积率等因素的限制较多，多元化开发面临较大的市场风险，外来企业“不能进、不愿进”的心态比较普遍。全市唯一的经国家批准的松江区农村集体经营性建设用地改革试点工作经验尚未形成面上推开的工作机制、实施方案和路线图（从 2015 年启动试点以来，只有 9 幅地块完成入市，面积 317.4 亩，交易金额 11.3 亿元）。点状供地方面，相关政策推进缓慢，休闲农业和乡村旅游等新产业新业态所需的科普体验、餐饮住宿、公建服务等经营性建设用地得不到有效保障。比如，崇明区的东禾九谷农场作为上海首个点状供地项目，完成供地时间较久，使得企业实现盈利的周期偏长。用地指标倾斜方面，各涉农区每年新增建设用地指标的 5%用于支持乡村产业发展的政策普遍没有执行，市级层面虽已将指标额度下达给各涉农区，但农业农村项目的土地产出效益与工商业建设项目相比差距较大，基层对用地指标落实的积极性不高。

2. 资金需求和使用效率备受关注

一是乡村振兴重点工作投入资金缺口较大。农民相对集中居住和乡村振兴示范村建设，是当前我市实施乡村振兴战略的“牛鼻子”工程，项目建设体量大，资金需求额度高。农民相对集中居住方面，尽管长期来看可以通过挂钩地块出让最终实现资金平衡，但近期来看，项目资金主要来源于市、区、镇三级财政补贴，大量现金流的需求和规避隐性债务的要求导致不少区均反映融资贷款困难。乡村振兴示范村方面，首批 9 个示范村创建偏重于政府主导，在 18.5 亿元总投资中，财政资金占 90.1%，村集体和村民投入占 3.4%，社会资本投入占 6.5%。这种巨量投入的建设方式，基层反映在面上复制和推广的难度较大。调研中我们还了解到，半数以上的示范村年可支配收入不足 200 万元，而建成后每年的日常维护成本巨大，村集体日常运营开支已捉襟见肘，即使想支持示范村建设也有心无力。

二是涉农财政资金统筹整合成效不明显。2018 年，本市建立健全涉农资金统筹整合长效机制，下放涉农项目审批权限，赋予各区实施和统筹资金的自主权。但在调研中了解到，财政资金使用是按项目制管理，项目审批权仍在市政府相关部门，由各部门分别审批、下拨和项目验收，财政资金未能真正做到统筹整合使用。各涉农区虽已开展了部门内涉农资金整合工作，但主要还是“形式整合”，没有真正以绿色发展、提质增效为政策导向，一些大专项涉农资金下面仍包含数个小专项补贴资金，影响了涉农资金使用效率。

三是乡村产业发展与建设资金投入保障机制有待完善。财政资金方面，有关政策以支持生产端为主，一些支持标准需要进一步完善，补贴方式需要进一步调整，财政补贴采用“以奖代补”“先建后补”办法的还很少。社会资本方面，由于涉农政策缺乏稳定性，农村规划不清晰，涉农产业项目投资大、效益低、回报期长，缺少固定资产融资渠道，社会资本对投入农业农村的热情不高，投资意愿不强，即使进入也容易出现“短期行为”。金融支持方面，2019 年 5 月我市出台的《关于促进金融创新支持上海乡村振兴的实施意见》包含了 58 项具体扶持措施，对引导金融资本参与乡村振兴给予了大力支持。

但在具体落实过程中，实际效果不太理想。

（三）推进乡村振兴的氛围不断形成，但各类主体的参与度有待进一步激活

近年来，我市社会各界积极参与乡村振兴，在郊区大力实施“班长工程”，加强农村基层组织体系建设，选优配强村干部，乡村治理水平不断提高；积极开展新型职业农民培育，引进农村所需的实用人才，为乡村发展注入新鲜血液；国有企业主动发挥自身优势带动农村发展，在助力发展都市现代绿色农业和参与乡村振兴建设过程中取得了一定的成效。但随着乡村振兴战略的深入推进，我们调研后感到各类主体的参与度还没有充分被激发。

1. 农村基层干部队伍建设还需加强

当前，上海农村地区呈现低收入群体多、特殊人群多、外来人口多、独居老人多、人户分离多的特点，部分村党组织工作触角延伸不充分，干部队伍建设亟待加强，解决问题的能力亟待提高。同时，村级组织对自身扮演的发展角色有些迷茫，一些基层干部的工作状态是推一推动一动，主动性还未能充分发挥。突出问题有三方面：

一是村党组织带头人选拔难。从村党组织书记来源看，来自本村致富能手、外出务工经商返村人员、本乡本土大学毕业生和退役军人这4类的仅占总数的11%，整体活力不够。

二是村干部职业吸引力不强。由于职业发展通道、社会认可度、就学就医资源等因素，村干部及其后备梯队人员流失情况较严重。在农村工作的年轻大学生流动性尤其大，其中不少在积累一定工作年限后，“跳槽”到收入较丰的企业或考入公务员、事业编制，留在村里的十分有限。另外，全市村党组织书记年平均收入为20.3万元，虽然整体高于居民区党组织书记，但还有个别地方村干部收入低于居民区干部，一定程度上造成村干部心态不平衡，影响工作积极性。

三是村干部身份保障不够。目前，村干部队伍建设还缺乏相应的制度支撑。特别是在退休保障方面，全市近8 000名村“两委”干部还有5%缴纳居保，缴纳职工保险中80%的人按社会平均工资的最低水平为基数，直接影响到退休后收入。调研中，近郊村书记大多表达了“在职时最好不纳编能拿较高收入，退休前纳编拿事业人员退休工资”的意愿，而中远郊的村书记则有直接纳编享编的诉求。

2. 农业农村各类人才储备不足

一是农业劳动力老龄化严重。近年来，我市郊区农村老龄化、空心化、外来化的现象比较普遍。从事农业生产的劳动力平均年龄为60岁左右，文化水平普遍较低，劳动力尤其是高素质劳动力紧缺问题日益突出。尽管我市已加快培育新型职业农民，但目前还不足2万名，总量上不能满足都市现代绿色农业发展的需要，农业生产对青年群体的吸引力依然不强。

二是农村难以留住各类人才。由于农村在薪资待遇、公共服务、职业发展等方面与城市差距较大，导致有本事的能人不愿意留在农村，各类涉农人才队伍的规模仍较小较弱。农业科技人员数量总体不足，青黄不接的情况普遍存在，且受岗位编制的限制，愿意长期扎根农村的还不多。农村能工巧匠面临后继无人的困境，传统手工艺难以维持

生计，极少有青年人能吃苦耐劳继承衣钵。新乡贤群体凤毛麟角，多数成功人士缺少“少小离家老大回”的乡土情怀。大学生村官、“三支一扶”人员等往往把农村工作经历作为个人成长的跳板，做满年限走人的情况较多。乡村的市场机遇不比城市，因此具有较宽视野、善于经营的中高层次的产业人才比较缺乏。

3. 国有企业参与乡村振兴广度和深度不够

据了解，目前有50多家各级国有企业与涉农区、镇、村开展对接，参与乡村振兴项目建设。总体上看，参与乡村振兴的国企数量还不够多，且合作项目主要集中在崇明、奉贤、金山、松江等4个区。从合作领域看，类型还不够丰富。

国有企业反映，由于自身对外宣传的能力有限，一方面，参与乡村振兴过程中取得的业绩较少为社会所熟知；另一方面，由于缺乏相应的激励机制，导致做好做坏都一个样，参与乡村振兴的热情恐难持久（民营企业等社会资本参与乡村振兴也存在类似的情况）。

4. 集体经济发展相对滞后

一是集体经济发展模式单一。相对于浙江、江苏集体经济丰富的产业业态，我市集体经济业态以低风险的物业租赁为主要模式，占集体总收入的65％左右，虽然收益稳定，但附加值和回报率低。

二是集体经济发展后劲不足。近年来，由于开展低效集体建设用地减量化和环境综合整治专项工作，短期内对农村集体经济发展产生了一定影响。据不完全统计，2014年至2019年底，农村集体建设用地减少10.82万亩，减幅44％；农村集体经营性房屋建筑物固定资产原值从355.1亿元减少到269.05亿元，减幅24.2％；村集体经济组织年租金收入较整治前的76.23亿元减少至21.45亿元，下降71.9％。

三是集体经济发展高素质人才偏少。村经济合作社理事长年龄结构相对偏大、学历偏低。集体经济发展示范带头作用不强，缺乏政治素养好、事业心强、有经营头脑和管理经验、乐于奉献、脚踏实地为群众谋利益的优秀人才，难以增强农民群众的凝聚力，带领农民一起致富。

（四）农业农村改革不断取得新探索，但制度安排有待进一步健全

我市在全国首创家庭农场经营模式，农村土地承包经营权确权登记颁证、农村集体产权制度改革等工作都在全国处于领先水平。2019年起对年度重点工作实施“挂图作战”，实现常态化督促检查，通过深化农业农村改革推进乡村振兴的理念深入人心。但从总体看，基层的“末端神经”还没有打通，一些关键性制度瓶颈还有“卡壳”，农民增收的长效机制还没建立。

1. 工作传导机制还不通畅

各涉农区基层“下冷”的现象依然不同程度的存在，镇村发动面还不广、压力传导还不足、责任落实还不到位。一些地方结合实际探索了特色工作，但短期内还无法看出效果。也有一些镇村认识还不够到位，工作节奏跟不上市、区要求。极少数基层干部依然在观望之中，致使现有的政策尚未完全落地，政策红利没有充分释放。村级层面主动性还未充分发挥，村干部目前的状态是跟着做、推着做，农民群众主动投身乡村振兴的积

极性则更低，仍然存在“干部干、村民看”的情况。

2. 重大领域改革进展缓慢

调研显示，上海对一些农业农村重大领域的改革还没有全面开展实践，与浙江等地相比，先行先试的探索还不多。

宅基地改革方面，自1996年推行房地合一登记以来，全市已基本停止农村宅基地使用权及农民房屋的登记工作，有近50%的农村宅基地没有经过登记发证，其中约17万户因各种原因尚未办理相关审批手续。同时，新修订的《土地管理法》规定允许农村村民依法自愿有偿退出宅基地，鼓励盘活利用宅基地和闲置住宅。但本市还未出台农村宅基地有偿退出、盘活宅基地和闲置住宅的相关政策，农村干部群众对此充满期盼。

集体建设用地方面，新修订的《土地管理法》进一步明确了农村集体建设用地入市，而本市相关的地方性法规、规章的修改和完善尚未完成，基层在农村集体建设用地入市缺乏路径和方法，难以实施。比如，嘉定区华亭镇联一村“乡悦华亭”项目在推进中遇到农村集体建设用地作价入股难以操作，缺乏可操作性的政策措施。

市级土地出让金方面，返补红利尚未完全释放，尤其在农民相对集中居住工作中，由于拆旧地块较零星或无法完全稳定、无可挂钩出让的地块等原因，各涉农区目前仅有少数项目完成增减挂钩实施方案，并申请市级土地出让金的返补。增减挂钩方案批复与市级土地出让金返补挂钩方式的灵活度有待提高。

3. 农民长效增收机制尚未健全

农民增收特别是远郊地区农民的增收难度很大。近十年来，上海农民收入与周边地区比有差距，与城镇居民收入差距更大。2009年，上海城市居民收入28 838元，农村居民收入12 324元，城乡居民收入差距绝对值16 514元。2019年，上海城市居民收入73 615元，农村居民收入33 195元，城乡居民收入差距绝对值40 420元，两者差距扩大了1.45倍。对远郊纯农地区来说，一产只能种不能养，二、三产不能动，当地社会经济发展相对滞后，农民增收异常艰难。

近年来，一些涉农区积极探索了城乡互动、联合抱团的发展道路，如松江区新桥镇与漕河泾开发区、临港集团走出“区区合作、品牌联动”的发展路径，奉贤区打造“百村系列”品牌的做法，为农民增收、产业发展提供了有益经验。还有一些村因地制宜发展新产业、新业态，如宝山区塘湾村开办“月子会所”发展母婴经济，浦东新区新丰村把闲置农房改造成人才公寓，为城市居民提供便利服务的同时实现了村民致富。但是，大多数地区还没形成促进农民持续增收的好做法、好经验。据我们对已建的乡村振兴示范村典型调研，超过半数的村民家庭年收入有所提高，但由于村集体经济偏弱，在乡村产业发展中较难建立村民增收的利益联结机制；有的村虽然集体经济得到发展，但村民的获得感并不强；有的村则是村民收入有所提高，但村集体经济发展的办法不多，过分依赖各级财政“输血”。

二、对策措施

谋划上海超大城市乡村功能，总的要求是深入贯彻习近平总书记关于“三农”工作的重要论述和对上海“三农”工作的重要指示，按照李强书记“把乡村作为稀缺资源，作为城市核心功能的重要承载地、提升城市能级和核心竞争力的战略空间”的要求，坚持服务、匹配、适应超大城市功能定位，坚持规划引领，强化市场参与，优化投入方式，加大改革力度，聚焦政策突破，促进城乡共同繁荣、融合发展。上海乡村功能定位要坚持“一个中心”和“两个面向”，明确两大方面功能。

“一个中心”，就是围绕率先实现高水平的农业农村现代化这一中心，坚定不移地推进美丽家园、绿色田园、幸福乐园工程建设（“三园”工程），努力在全国“三农”发展和乡村振兴工作中走在前列、做出示范。

“两个面向”，一是坚持面向全球，同上海建设具有世界影响力的社会主义现代化国际大都市相匹配，对标全球性城市郊区乡村发展的理念、路径和形态，紧密结合上海实际，积极探索符合规律和自身特点的乡村振兴、城乡融合发展新路子；二是坚持面向未来，与上海要代表国家参与国际经济、科技合作与竞争，建设“五个中心”和承担国家战略的特殊使命相适应，进一步发现、开发、显化超大城市郊区乡村作为稀缺资源的战略价值。

增强超大城市乡村发展内生动力，总的要求是坚持绿色、协调、创新、开放、共享的发展理念，深化农村改革，围绕“地、钱、人”等关键领域、关键环节，激活要素、激活市场、激活主体，补短板，强弱项，善作善成，久久为功。

（一）强化功能定位，提升发展能级水平

1. 站在超大城市生命体、有机体高度，厘清上海乡村的基本功能

一是保障供给功能。目前，上海中心城区 90%的绿叶菜、70%的鲜奶、20%的水产品是郊区乡村供应的。随着超大城市的发展和市民收入水平提高，对鲜活农产品的数量、质量、新鲜度、营养等方面的要求在提高，上海乡村保供给的任务并没有减轻。在节假日和新冠肺炎疫情期间等特殊时段，乡村农业保供给的任务更重，对超大城市安全稳定发挥着至关重要的作用。

二是生态涵养功能。乡村是上海生态涵养、生态净化的主体，是提升城市生态系统质量和稳定性、改善城市生态循环系统的关键，把林地资源和耕地都算上，郊区共有超过 3 000 平方公里的绿地，占全市绿地的大部分，全市饮用的水和中心城区的每条河都是从郊区流过来的。根据 2035 城市总规，到 2035 年，市域生态用地占市域陆域面积比例达到 60%以上，森林覆盖率达到 23%左右，河湖水面率达到 10.5%左右。要完成这些目标，重点在乡村。

三是文化传承功能。上海是江南农耕文化的发祥地之一，广大乡村地区蕴含着许多优秀的传统乡土文化、民俗风情和农耕文明，承载着家乡味道、故土情结和精神寄托。要把这些承载上海历史、维系文化根脉的特色乡村文化遗产资源保留、保护好，让乡村成为市民群众了解上海历史、体验农耕文化的载体，让活态的乡土文化传下去。

2. 站在超大城市发展全局高度，凸显上海乡村的发展定位

第一，在农业发展方面强化示范作用，成为高科技农业的领军者。上海耕地面积少，不适合走土地密集型农业发展道路，但可以通过科技为农业赋能，走高科技农业之

路，占据农业价值链高端地位。农业产业要立足全球最先进技术。依托科创中心建设优势，加大招商引资力度，重点发展无土栽培、无人农场、植物工厂、工厂化养殖、高端设施农业、现代花卉等土地集约型的高精尖农业，推动传统农业脱胎换骨。农业科研要成为全球创新策源高地。上海要成为农业科学新发现、农业技术新发明、农业产业新方向、农业发展新理念的策源地，形成一批农业基础研究和应用研究的原创性成果，成为全球农业科技研发的高地。与之相适应，和高科技农业相匹配的，不再是面朝黄土背朝天的传统农民，而是懂科技、有技能、会管理、善经营的新型职业农民和农业产业工人。

第二，在产业空间方面强化承接作用，成为优质产业发展的重要承载地。上海乡村要结合资源禀赋和全市产业特征，将生态优势转化为发展优势、产业优势，重点发展三类产业。一是集聚总部企业和研发中心，承接一批跨国公司总部和研发机构。二是发展低能耗、轻资产、知识密集型的产业，培育文化体育、设计创意、现代金融、康养旅游等环境友好型、知识密集型产业。三是培育新经济，积极承接优质产业，并依托资源优势成为孕育在线新经济、不接触消费等新业态的重要平台。

第三，在品质生活方面强化引领作用，成为城乡融合和生态宜居的示范区。总书记强调，新冠疫情警醒我们，超大城市人口密度过高带来一定的安全隐患，要将中心城区功能和人口向郊区、新城疏散转移，推动多中心、郊区化发展。上海城市化水平高于国际上许多城市，逆城市化动能更强，将来越来越多的市民会选择在生态宜居安全的乡村居住生活。功能上，进一步强化生态优势。要在完善基础设施和公共管理服务水平促进城乡融合发展的基础上，加强自然环境与人文环境的融合，改善乡村人居环境，培育都市乡村风貌，让生态美起来、环境靓起来，让更多人愿意来乡村居住生活。空间上，打造一批生态宜居的特色集镇和村。分类推进新市镇发展，选取部分镇高标准配置公共资源，加强社会治理，完善居住功能，打造高品质生活区。从长期趋势看，村级层面是未来农村功能承载、人口集聚的关键发力点。要以农民相对集中居住为牵引，重点打造一批配套功能完善、交通便利、辐射带动力强的乡村。

第四，在高端服务方面强化集聚作用，成为高能级服务的新高地。上海乡村要在服务的辐射度上下功夫，为“上海服务”品牌增光添彩。增强科研、教育等生产型服务功能，要优化教育资源配置，打造一批高校集聚区，使乡村成为科技创新的重要策源地。增强居住、休闲娱乐、康养、医疗等生活型服务功能，利用空置农房、建设用地打造人才公寓解决人才居住问题；发挥乡村良好的生态优势，为市民打造休闲养老、康养医疗的居所。打造一批顶级服务平台载体，建设一系列有全球影响力的平台载体，高水平运作，办出特色和声势，以新平台推动新要素向上海集聚，服务全世界。

第五，在区域协调发展方面强化对接辐射作用，成为长三角高质量一体化发展的桥头堡和实践区。上海郊区乡村面积占 85%，郊野面积占 60%，有条件为实施长三角高质量一体化国家战略添薪助力。形成若干典型示范区域。依托国家战略、重大项目、重点区域、重大平台，精心谋划，打造一批提供乡村振兴整体解决方案的重点区域。加强改革集成。积极向中央申请重点领域和关键环节改革的先行先试，在宅基地使用权流转市场建设、建设用地入市、村庄土地规划以及长三角一体化建设等重大问题上率先突破。

（二）强化资源投入，激活城乡要素流动

1. 落实土地保障政策

建立健全与农业农村发展相配套的用地保障机制，进一步强化产业发展规划，在农业“三区”划定的基础上，优化产业空间布局，保障主要产业集群、产业园等发展空间。

一是延长土地流转周期。完善与发展都市现代绿色农业相适应的承包地流转制度，出台鼓励延长流转周期的引导政策；制定农业设施用地保障政策的操作细则，在农地农用的前提下，扩大农业设施用地的比例和范围，打通“最后一公里”。

二是提高乡村建设项目用地管理弹性。适当放宽绿地率、装配式建筑等规划控制指标要求，提高容积率，促进土地节约集约利用，以更好吸引社会资本参与乡村产业投资建设。

三是切实落实建设用地周转指标制度。各涉农区将盘活的建设用地指标按照不低于5%的比例重点向乡村产业发展倾斜，将指标执行情况纳入乡村振兴考核。

四是加快实施乡村建设项目点状供地制度。加快点状供地政策的操作流程，减量化增加的建设用地指标一定比例用于乡村振兴领域。保障产业融合发展用地，发展休闲农业、乡村旅游、健康养老、餐饮民宿、文化体验、创意办公、电子商务等新产业、新业态。

2. 优化财政支农政策

把农业农村作为财政支持的优先保障领域，公共财政更大力度向“三农”倾斜，确保投入力度不断增强、总量持续增加。

一是深化涉农资金统筹整合工作。优化完善相关的财政支持政策，进一步深化整合市级涉农专项资金，充分发挥财政资金的使用绩效。研究完善均衡性转移支付资金政策文件，明确按任务清单进行年度考核，深化考核结果与预算资金分配挂钩，进一步发挥财政政策的导向作用。

二是完善农业支持保护机制。建立以绿色生态为导向的农业补贴制度，在明确市、区两级的财政事权和支出责任的基础上，进一步完善农业补贴的支持政策，实现农业补贴由“补过程”向“补结果”的转变。

三是优化项目扶持机制。创新财政资金的支持方式，逐步扩大“以奖代补”“先建后补”的项目覆盖面。建立产业发展规划、重大项目投资与各类涉农项目同步跟进机制，完善农业产业发展重点项目库制度，实施产业发展项目年度申报制度。进一步优化科技兴农专项资金投向，突出农业科技与农业产业的融合发展，加速科技成果转化应用。

四是加大农村基本公共服务保障投入，推进农村生活保障制度建设，全面提升农村教育、医疗卫生、养老、文化体育等公共服务水平，加快实现城乡基本公共服务均等化。加快推进农业农村“新基建”，撬动社会资本更多投向农业农村。建立农村公共服务运维管理投入长效机制，增加财政保障力度，纾缓村级经济负担。

3. 优化涉农金融服务

完善金融支农政策，撬动金融和社会资本更多投向农业、农村，更好满足乡村发展对资金的需求。

一是加强农业融资担保体系建设。加快农业风险补偿和贷款担保联动；在依法合规和风险可控的前提下，推动农村承包土地经营权、农业设施和装备纳入抵押物范围；积极创新农业保险模式和财政支持方式，降低产业发展风险，保障经营主体利益。

二是探索金融支农服务方式。深化开展金融支持农民相对集中居住试点，加快成熟项目的贷款投放、继续扩大金融支持试点方案的应用、继续加强政策性银行与实施主体在农民相对集中居住方面的融资合作、继续创新完善相关金融支持的模式。

三是激发资本市场活力。发挥证券类市属国有企业作用，引导涉农企业对接多层次资本市场，加强培训辅导，支持涉农企业股份改制、挂牌上市等。加大乡村振兴专项债券支持，扩大专项债券支持范围，助力乡村振兴。

四是鼓励社会资本投向农业、农村建设。鼓励社会资本参与现代农业重大项目建设，在现代种养业、高标准农田、设施菜田建设等领域组织实施一批现代农业重大项目。要出台针对性更强、吸引力更大、精准性更高的政策，引导民营企业、国企等各类市场主体用一流的经营理念、高效的经营机制投身乡村发展。借鉴嘉定区乡悦华亭模式，将农民房屋、集体建设用地、农用地、农村集体资产等统一委托专业公司经营。支持上海国有资本联合金融机构、社会资本等设立乡村振兴发展基金，加大对乡村振兴各类建设的投资。

（三）强化政府引导，激发各类主体活力

始终坚持和加强党对农村工作的领导，确保党在农村工作中总揽全局、协调各方。要加强乡村党组织建设，特别是建强领导班子，切实把党管农村工作的要求落到实处。各级政府必须加强顶层设计，完善工作机制，加强规划谋划策划，真金白银抓好投入，发挥好政府资金四两拨千斤的撬动作用，让市场活力竞相迸发、充分涌现。

1. 加强农村基层干部队伍建设

强化“班长工程”，坚持“建强队伍带农村”，发挥头雁效应，抓好农村干部队伍整体优化提升。

一是选优配强农村基层组织带头人。出台进一步加强我市村干部队伍建设的若干举措，完善选育管用链条，确保村干部引得进、选得出、留得下、干得好。培养造就一支守信念、讲奉献、有本领、重品行的农村基层党支部书记队伍。稳步抓好“一肩挑”既定目标落实，制定村党组织书记区委组织部备案管理办法；研究制定村“两委”班子成员任职资格区级联审办法，常态化落实村“两委”成员联审机制。进一步完善“集中轮训＋专题研修＋实践教学”相结合的农村干部培训体系，着力加强村干部能力素质培养。

二是持续为农村输送有生力量。研究相应待遇保障措施，探索从市、区机关选派一批 50 岁以上，领导能力较强、工作经验丰富、愿意扎根农村基层的处级以上党员领导干部到乡村振兴示范村任书记。在全市 784 个保留保护村中，除乡村振兴示范村外，通过统筹驻村指导员、挂村联络员、到村任职选调生、“三支一扶”大学生等群体实现全覆盖。注重从现有村干部、本村外出务工经商人员、本乡大学毕业生、退役军人中选拔一批，从区机关、事业单位干部中遴选下派一批优秀年轻干部。

三是完善村务工作报酬体系。借鉴外省市有关经验,探索村务工作者专职化管理制度,并通过“两个确保”,即确保村党组织书记工作报酬不低于纳编居民区书记待遇水平、确保其他村务工作者工作报酬不低于相应级别社区工作者待遇水平,从薪酬待遇上整体提升村干部职业保障。探索在工作报酬外,村务工作者可根据村级集体经济发展情况获得年度发展奖励。

四是着力营造干事创业浓厚氛围。把优秀村党组织书记作为乡镇领导干部的重要选拔来源,涉农乡镇党委、政府换届时,领导班子成员中应当有村党组织书记任职经历的干部。大力拓展村党组织书记、村委会主任等村干部晋升、发展通道,完善定向考录招聘机制,继续加大从优秀村党组织书记、村委会主任中考录乡镇公务员、招聘乡镇事业编制人员的工作力度。进一步选树村党组织和村党组织带头人先进典型。

2. 加快培育和吸引各类农村人才

一是加强新型职业农民培育力度。培育造就一支懂农业、爱农村、爱农民、懂技术、善经营的新型农村专业人才队伍;重点开展职业经理人、青年农场主和新型农业经营主体带头人培育,形成万名高素质新型农民骨干队伍;鼓励新型职业农民参加高技能培训和提升学历教育;完善新型职业农民培育管理办法。

二是发挥科技人才支撑作用。全面建立高等院校、科研院所等单位专业技术人员到乡村和企业创新创业制度,吸引科技人才投身现代农业。支持科技人员以科技成果入股农业企业,探索实施科研人员校企、院企双聘机制。支持涉农单位制定科研成果转化推广激励与利益分享的实施办法。

三是深化高端人才扶持机制。引进和培育高层次创新人才和紧缺急需人才参与重点乡村产业领域开发建设,予以项目支持政策倾斜,并探索制定一次性奖励、住房租房补贴、子女优先入园入学等激励政策。

四是吸引返乡人才服务机制。支持大中专毕业生等返乡入乡创业,吸引企业家、白领、专业技术人员下乡,培育一批乡村发展的核心力量,打造一批适应未来乡村发展的、有技术技能的新型职业农民和农业产业工人。

3. 发展壮大农村集体经济

一是盘活存量集体土地资源要素。在推进农村低效建设用地土地减量化工作的同时,由农村集体经济组织用节余的减量化补贴资金或统筹镇村两级的闲置资金,按照成本价购置新城、工业园区等发达地区的相关物业,确保集体经济组织有长期稳定的经营性收益。

二是激活集体存量沉睡资金。据不完全统计,目前全市涉农区集体“三资”中资金约 840.7 亿元左右。在确保本金风险可控的前提下,按照本市有关规定,在相关部门指导监督下,经民主决策,用于参与集体经营性建设用地入市、购买物业、政府债券、兴办产业等有长期稳定收益的投资项目。

三是提升集体资源要素统筹平台和能级。在区级或镇级层面建立统一平台,整合村集体经济组织的资金和资产,明确村集体经济组织的股东身份,建立股份合作实体,委托区、镇属企业实际运营,通过“国集联动”“结对帮扶”等方式,提升管理运营水平,促进村级资产的保值增长。

四是推进帮扶“造血”项目建设。保证资金下乡的同时，重视造血项目相配合的技术、人才、政策同步下乡，进一步指导区镇不断提升项目管理能力，引入专业化团队规划、开发和经营，提高项目的质量、效益和水平，确保造血项目的成功。

五是优化集体经济产业业态结构。在继续发挥物业经济能效的基础上，引导集体经济拓展新的产业形态，通过创新投资机制、推动闲置宅基房屋改造等途径，提高人居环境质量，持续改善村容村貌。鼓励集体经济利用乡村低效闲置的集体建设用地发展人才公寓、健康养老、农业休闲、创意办公等新型产业，不断增强农村承载城市核心功能的能力。

4. 推动国企支持农业农村发展

一是加强信息交互服务。运用互联网技术和大数据思维，搭建国有企业参与乡村振兴信息交互平台，注重线上线下互动，实现推送扶持政策文件、农村业务项目供需清单等多功能服务。

二是加强土地供应保障。加强乡村振兴用地计划监督考核，保障国有企业参与乡村建设优质项目的用地需要。帮助企业充分利用存量设施农用地或集体建设用地上的闲置厂房进行更新改造，以满足企业经营业务和农业产业升级需要。

三是建立考核激励机制。建立对国有企业的差别化绩效考核机制，企业参与乡村建设的相关投资在利润考核中按一定比例予以认可。建立激励机制，对国有企业参与乡村振兴取得显著成效的进行表彰。

（四）强化制度供给，激活乡村发展活力

1. 夯实基层工作责任

坚持党建引领，落实我市贯彻《中国共产党农村工作条例》和《中国共产党农村基层组织工作条例》的实施意见，加强农村工作干部队伍的培养、配备、管理、使用，健全培养锻炼制度。加强实绩考核，各涉农区每年对各乡镇（街道）、农村基层党组织推进乡村振兴工作情况进行考核，将考核结果作为干部综合考核评价、政策试行、项目安排和资金分配优先考虑的重要参考依据。开展乡村振兴农民群众满意度测评，切实解决工作传递“下冷”的问题。

2. 推进农业农村重大领域改革

一是深化农村宅基地改革。选择部分底数清晰、基础条件较好的村作为试点，加快推进农村宅基地使用权确权登记颁证工作。做好宅基地审批管理与农房建设、不动产登记等工作的有序衔接，进一步节约集约利用宅基地，激活沉睡的农村资源。推广崇明区以政府收储的方式鼓励农民自愿依法有偿退出宅基地的做法，形成固定的制度安排。通过“三权分置”改革，先行先试推动宅基地使用权市场化流转，扩大使用用途。

二是有序推进农村集体建设用地入市。总结松江区“三块地”改革试点工作经验，建立集体经营性建设用地入市政策制度，研究出台集体建设用地使用权出让、租赁、作价入股等实施机制，尽快完成农村集体建设用地基准地价核定工作，加强集体建设用地全生命周期管理。

三是开展撤制镇资源盘活试点。激活撤制镇沉睡的资源，发挥它们在地理区位、公共服务、社会事业配套等方面的优势。在条件成熟的地方开展试点，利用撤制镇做好平移集中的工作，让宅基地向镇区靠拢，把已经形成的公共服务优势发挥出来，通过转型升级优化撤制镇的空间结构，明晰功能定位，强化产业承接。

3. 构建农民长效增收机制

一是加快非农就业步伐。调整产业、就业结构，促进农业劳动力向二三产业转移，不断创造出大量非农就业机会，将农业劳动力吸纳到非农就业岗位，促进农民增加工资性收入。

二是改善农村营商投资环境。从用地政策、财政扶持、信贷融资、税收优惠等方面给予社会资本下乡更大支持，积极鼓励和支持社会资本对“三农”的投资，营造社会资本下乡的良好环境。

三是强对农民职业技能培训。鼓励和支持农民回乡创业，着重培育和发展农民专业合作社、家庭农场和农业龙头企业等农业经营主体。

三、工作重点

下阶段，要从七个方面强化乡村与城市的功能对接，找准工作重点。

1. 推进农民相对集中居住

按照龚正市长 2020 年 6 月 16 日召开农民相对集中居住现场会上提出加强市区协同，打通政策实施的难点、堵点，保质保量完成 2020 年的既定任务的要求，抓实农民相对集中居住这一“牛鼻子”工程，多元筹措保障项目资金，在全市统筹平衡的基础上统筹“上楼”房源，适当提高地块容积率，改善乡村风貌，保护乡村肌理，改善农村生态环境。鼓励各区创新实践，优化拓展安置模式，提供多元选择，进一步提升农民意愿。

2. 加快建设乡村振兴示范村

按照廖国勋副书记 2020 年 7 月 22 日召开乡村振兴示范村暨农村人居环境整治现场推进会上提出深入贯彻落实“人民城市人民建，人民城市为人民”重要理念，准确定位、充分挖掘上海乡村价值的要求，推动示范村建设由“盆景”变“风景”，统筹“美丽家园”和“绿色田园”，集中连片建设乡村振兴示范村，积极探索创建乡村振兴示范镇。提升示范村建设内涵，注重产业发展，实现颜值和价值并举，塑型和铸魂并重，让美丽风景成为美丽经济。引导社会加大投入，发挥企业的专业和市场优势，吸引多方市场主体共同参与建设。

3. 推进全域土地综合整治

按照山水林田湖草系统治理的理念，进行全域规划、全域设计、全域整治，对田水林路村进行全要素综合整治，推进存量建设用地整治利用，优化用地结构和布局，统筹农房建设、产业发展、公共服务、公益事业、基础设施、生态保护等各项用地，实现农田集中连片、建设用地集中集聚、空间形态集约高效的乡村空间格局。

4. 加强农村生态建设

继续优化森林空间布局，增加森林空间整体规模，持续加强湿地保护，加快推进一批湿地生态修复项目落地。围绕公园城市建设目标，完善全市公园体系，加快建设一批环境优美、配套完善、运维有效、游客青睐的郊野公园，打造一批体现城乡融合发展的若干特色休闲片区、精品旅游线路、乡村游憩休闲功能区。

5. 提升农村硬件软件水平

补好农村基础设施的短板，在道路、桥梁、污水处理等方面形成可持续的投入机制和管养维护机制。前瞻性加强农村新基建投资，扩大5G、光纤网在农村的有效覆盖，防止城乡之间产生新的“数据鸿沟”。提升乡村公共管理和公共服务水平，特别是教育、卫生、生活配套等方面要缩小和中心城区的差距，真正做到城乡一体化。

6. 发展乡村高能级服务

重大国际赛事、活动选址承办向郊区倾斜，打造一批具有全球影响力和标识度的乡村地标和服务IP。积极把握国家扩大服务业开放机遇，争取在康养、文化、体育等领域开展对外开放试点，支持各郊区服务经济特色化发展。放大进博会的溢出带动效应，以线上线下展示交易平台建设为契机，集聚更多高能级农业贸易主体，推动进博会贸易便利化等改革创新政策在农业贸易领域推广，努力把上海打造成为联动长三角、服务全国的进出口农产品集散地。

7. 构建现代乡村产业体系

围绕全产业链构建和全价值链开发，集中打造都市蔬菜、特色瓜果、生鲜乳业、都市花卉、食味稻米、优质畜禽、特种水产等现代农业产业链，重点从农产品结构、抗风险能力、农业现代化水平上发力。聚焦“一粒米、一颗果、一套装备”，建设无人农场，建设植物工场，打造快乐农庄。依托乡村区位优势、科技优势和生态优势，培育和壮大一批承载城市功能、产村融合的乡村新产业、新业态，发展总部经济、研发基地、康养基地、文化创意基地等高能级的新兴产业群。

最后，注重发挥典型示范引领作用，通过发展标志性的高端项目，如“绿色田园”示范基地等，进一步提升乡村振兴的显示度。

组　　长：廖国勋
副 组 长：沙海林　彭沉雷　金兴明　燕　爽　赵祝平
成员单位：市委农办　市委办公厅　市委研究室
市委组织部　市人大农业与农村委
市政协农业和农村委　市发展改革委
市住房城乡建设管理委　市规划资源局
市财政局　市民政局

2. 上海市乡村振兴指数指标体系构建与评价测评研究

实施乡村振兴战略，是上海建设“五个中心”、现代化国际大都市以及迈向卓越的全球城市的必然要求。乡村是上海发展的重要组成部分，在促进经济发展、提升城市品质、传承乡村文化、扩大环境容量等方面具有不可替代的作用。上海的乡村振兴，是基于全球城市坐标下的乡村振兴，是基于城乡一体化发展格局下的乡村振兴，是基于长三角一体化发展大趋势下的乡村振兴。上海的乡村振兴，除了必须达到国家对发达地区的农业农村现代化建设要求之外，还要向着更高的国际先进坐标去努力，并为各地提供更加领先的示范样本。鉴于此，课题组以 2035 年为标杆对照期，运用指标体系评价法，研究编制上海全市及九个涉农区的乡村振兴指数，以期从实践层面为全国各地开展此项工作提供有益参考。

一、乡村振兴指标评价研究的综述

2018 年中央一号文件以乡村振兴战略为主线，细化和部署了乡村振兴战略的时间表和路线图。在此背景下，各地围绕乡村振兴规划编制，都提出了相应的乡村振兴指标体系及其振兴目标值。

如何引导乡村振兴各要素有效集聚，助力乡村全面持续可协调发展，以往学者们主要从乡村经济、综合发展（李裕瑞等，2011）、乡村活力（沈费伟等，2017）、乡村性（龙华楼等，2009）、地域功能（李平行等，2014）等视角对乡村发展进行了分析，为乡村振兴评价提供了有益的借鉴。在评价乡村振兴成效方面，近年来多数研究从经济维度、政治维度、社会维度、文化维度、生态维度等方面构建指标评价体系。经济维度方面主要考虑乡村的经济发展水平、产业融合、产业发展等方面选取相应的指标进行衡量；政治维度方面包括体制机制建设，基层党建情况等方面，学者们城乡融合发展体制、农村土地制度创新、强农惠农政策扶持、农业支持保护制度建设、农民权益保障体制机制、村党组织书记兼任村委会主任等方面选取相对应的指标进行评价（廖彩荣，2017）；社会维度方面考虑了人才队伍建设，有学者认为人才队伍建设是乡村资源禀赋的重要体现，乡村人才发展战略是“乡村振兴”的动力之源，学者们主要选取了新乡贤、技术专家、企业家、创业者、志愿者等指标对人才发展战略进行评价（张丙宣，2018；赵秀玲，2019；马彦涛，2018）；文化维度方面学者们主要选取了农村人口高中及以上比例，农民文化娱乐支出比重，农村文化建设达标率，村文娱设施覆盖率，乡镇图书馆覆盖率，文明户或五好家庭比例，互联网入户率，农业远程教育覆盖率等指标对文化建设、精神文明进行评价（李秀霞等，2006）；生态维度方面主要从生产生态环境和居住生态环境两方面选取指标，相应的指标主要包含农药使用、森林覆盖率、农村的水资源、厕所卫生情况、生活垃圾处理情况等（袁久和等，2018；陈秧分等，2018；谷建全等，2018）。

另外，一些学者也结合各地实际，研究编制了地方版的乡村振兴指标体系。中国社科院朱钢等学者对浙江省湖州市的乡村发展战略进行指数测评。江苏省苏州市则委托中国农科院对当地农业农村现代化水平进行了指数测评。

课题组认为，乡村振兴是一个多尺度、多主体、多领域的演化过程。这个进程，固然受乡村自身因素的影响，但影响最大的则是所在地区的城市发展基础和城市发展定位。因此构建乡村振兴指标体系，更要立足于城市这一重要元素。

二、上海乡村振兴指数指标评价体系框架构建思路

（一）构建原则

（1）科学性原则。贯彻落实中央关于乡村振兴的重大方针政策与规划部署，对照上海制定的乡村振兴规划和实施方案，以“绿色田园、美丽家园、幸福乐园”为总体要求，科学、系统地反映乡村振兴的理论内涵与目标。

（2）国际性原则。上海的乡村振兴，要按照建设卓越全球城市的总体定位，对标国际最高水平，特别要对标与上海具有相近特点的国家或地区，如日本、韩国等。

（3）客观性原则。上海乡村振兴指数评价体系强调理论与实践相结合的原则，在农村经济发展的理论基础上，充分结合上海乡村的实际情况和城市发展的总体趋势，客观度量和反映上海及各区的乡村振兴真实轨迹。

（4）灵敏性原则。测度乡村振兴水平的指标选择，体现与实际发展情况的灵敏对接，体现与未来趋势和成长空间的灵敏反映，并可反映和评价基层推进乡村振兴的年度实际成效。

（5）可比性原则。评价体系应具有普遍适用性和可行性，统计上具有可操作性。一方面要立足现有统计方法与统计口径，确保数据明确、获取简便，发挥对各涉农区的指挥棒和评价作用；另一方面，指标计算具有可操作、可量化和可比性，便于计算形成综合性指数，反映各区各街镇的乡村振兴水平。

（二）评价领域建立

对接《上海市乡村振兴战略实施方案（2018—2022 年）》提出的“三园工程”，以“美丽家园、绿色田园、幸福乐园”三大领域为一级指标构建指标体系。

（1）美丽家园。旨在全面提升农村环境面貌。要大力改善农村环境质量，促进自

然、田园与农居村庄全面融合。可从三个方面予以衡量:一要坚持高标准、高质量,着力推进村容村貌整治。以乡村振兴示范村、美丽乡村示范村建设为引领,打造体现上海水平、富有江南水乡特色的美丽乡村。推动农民相对集中居住,更加集约利用土地,更好配套公共服务设施。特别在垃圾分类处理、生活污水处理与厕所设施上,要坚持城乡一体化标准。二要坚持源头治理,大力改善农村土地生态环境。不断提高河道水质,强化生态空间建设保护,推进农业废弃物综合利用,降低化肥、农药使用量。三要大力改善农村基础设施条件。建成高质量的村内道路和村村通公路,还要分享现代轨道交通和电子商务的辐射和便捷。

(2)绿色田园。旨在全面实现农业提质增效。作为上海的乡村地区,绿色田园建设必须以科技驱动、绿色发展为导向,着力建立健全满足全球城市发展需求,实现高质量发展的乡村产业体系。可从两个方面予以衡量:一是夯实现代农业发展基础,加快农业现代化进程。特别要坚持创新驱动发展,提高农业科技水平、机械化水平和标准化农田水平,构建现代农业经营体系,促进农业绿色化、品牌化发展。二是促进产业融合发展,培育乡村经济新动能。提高乡村产业投资力度,为乡村产业兴旺发展提供保障;促进农业与物联网、旅游、文化、休闲等产业融合发展,培育乡村新产业新业态。

(3)幸福乐园。旨在全面促进农民持续增收。要以实现城乡一体化发展为导向,深入推进农村精神文明建设,打造有效、有序的善治乡村,全面改善和提升乡村民生和农民生活水平。可从三个方面予以衡量:一要不断提高农民思想道德文化素质和农村社会文明程度。坚持教育为本,提高农民的现代文明素质,培育新型职业农民。大力改善农村公共文化设施,以市级文明村为标杆,推动更多的村镇努力对标,全面创建。二要建立健全现代党领导下的乡村社会治理体制,建设善治乡村。重点推进现代化的规划管理与智能化的农村治理。坚持农村基层党组织的领导核心作用,推动自治、法治、德治的有机融合,让广大农民群众有更多的获得感和满意度。三要加快提升农村生活水平。提高农村居民,尤其是低收入农户生活质量。按照城乡均等化配置的要求,在医疗、养老、低保服务上加快缩小城乡差距。

(三)评价指标选择和目标值设置

1. 评价指标选择

基于统计指标甄选的五大基本原则,本研究根据上述三大维度和 8 个相应的表征指标(二级指标),进一步选择 42 个测度指标(三级指标),构建上海市乡村振兴指数指标评价体系。其中,美丽家园包含 3 个二级指标和 11 个三级指标;绿色田园包含 2 个二级指标和 14 个三级指标;幸福乐园包含 3 个二级指标和 17 个三级指标,见表 1。

表 1　　上海市乡村振兴指数指标评价体系

一级指标	二级指标	序号	三级指标	单位	指标数据来源
美丽家园	村容村貌	1	市级及以上示范村占比	%	市农业农村委
		2	农村居民居住集中度	%	市住建委
		3	农村生活垃圾分类收集覆盖率	%	市绿化市容局
		4	农村无害化卫生厕所普及率	%	市卫健委
		5	农村生活污水处理率	%	市水务局
	生态环境	6	生态空间综合指数	—	市绿化市容局市水务局
		7	地表水水(环境)功能区达标率	%	市生态环境局
		8	农业废弃物综合利用率	%	市农业农村委
		9	化肥农药减量度	—	市统计局
	基础设施	10	公共交通通达率	%	市交通委
		11	村内道路完好率	%	市住建委
绿色田园	农业发展	12	农业科技进步贡献率	%	市农业农村委
		13	农业机械化率	%	市农业农村委
		14	农业劳动生产率	万元/人	市统计局
		15	农业亩均产值	元/亩	市统计局
		16	高标准农田占比	%	市农业农村委
		17	市级及以上农业龙头企业数量	个	市农业农村委
		18	农业产业化组织带动率	%	市农业农村委
		19	区域公共品牌与地理标志产品数量	个	市农业农村委
		20	地产农产品绿色食品认证率	%	市农业农村委
		21	粮经综合比	—	市统计局　市农业农村委
		22	农业保险深度	%	市农业农村委
	产业融合	23	乡村产业新增投资额	万元/户	市农业农村委　市统计局
		24	人均乡镇财政收入	万元/人	市统计局　市财政局
		25	乡村休闲旅游吸引度	人/平方公里	市农业农村委　市文旅局
幸福乐园	乡风文明	26	城乡义务教育五项标准达标率	%	市教委
		27	新型职业农民占比	%	市农业农村委
		28	村综合文化活动中心服务功能达标率	%	市文旅局
		29	市级及以上文明村和乡镇占比	%	市文明办
	治理有效	30	智慧村庄建设水平	%	市经信委
		31	阳光村务工程普及率	%	市民政局
		32	村民对善治满意率	%	市农业农村委
		33	农村基层党组织和党工作覆盖率	%	市委组织部
	生活富裕	34	农村常住居民人均可支配收入	万元	调查总队
		35	低收入农户占比	%	市农业农村委
		36	人均集体经济收入水平	—	市农业农村委
		37	市级示范养老睦邻点覆盖率	%	市民政局
		38	长期照护服务覆盖率	%	市民政局
		39	村级卫生服务机构配备医生数量	名/所	市卫健委
		40	农村居民健康素养水平	%	市卫健委
		41	城乡养老金发放水平	—	市人社局
		42	城乡最低生活保障金发放水平	—	市民政局

对于 42 个三级指标的具体选取，在专家咨询和部门咨询的基础上，采取理论与实际相结合的方法。一是对应国家乡村振兴规划纲要提出的指标项；二是体现上海特殊

领先性选择加入的特色指标项;三是借鉴乡村振兴先行地区使用的一些附加指标项,如湖州市、无锡市等;四是对于一些理论性上具有必要性但实际采集却难以实现的指标,用含义接近的具体指标予以替代。

2. 目标值设置

本指数测算的目标值设置,以战略发展为导向。主要考虑了以下三个因素:一是国家与上海乡村振兴规划提出的相关目标值。重点考虑国家对发达地区提出的率先基本实现农业农村现代化的要求。二是对标上海城市发展的战略定位。即围绕建设卓越的全球城市和世界级城市群核心城市的战略要求,对标国际最先进的乡村发展水平,考虑到日本乡村发展已经进入稳定的良性发展阶段,农业农村现代化也早在 20 世纪基本实现,一些衡量日本乡村发展的指标出现钝化,增速放缓或已停滞。因此,选取日本及大东京地区的现状作为 2035 年的目标值,指导上海农业农村建设加速追赶、趋近日本农业发展水平。三是结合上海发展的实际。主要是对于一些我国特有或上海特有的指标,需要充分考虑上海自身因素,因地制宜。另外也考虑到阶段性实现的可能性、现实性。2015、2019 年基底值的测算与 2035 年标杆值的设置见表 2。

表 2　　上海市乡村振兴指数指标体系基底值及标杆值

序号	三级指标	单位	2015 年基底值	2019 年基底值	2035 年标杆值
1	市级及以上示范村占比	%	1.90	10.29	35
2	农村居民居住集中度	%	22.44	24.16*	80
3	农村生活垃圾分类收集覆盖率	%	0	100	100
4	农村无害化卫生厕所普及率	%	98.3	100	100
5	农村生活污水处理率	%	53*	84	99
6	生态空间综合指数	—	26.82	31.95*	32.64
7	地表水水(环境)功能区达标率	%	24	87.3	100
8	农业废弃物综合利用率	%	89.5	98*	99
9	化肥农药减量度	—	36.6	49.9*	100
10	公共交通通达率	%	76.4	79.7	100
11	村内道路完好率	%	38.00*	44.33	75
12	农业科技进步贡献率	%	70	75.6	90
13	农业机械化率	%	83	94	99
14	农业劳动生产率	万元/人	7.3	7.87	18
15	农业亩均产值	元/亩	3 162	3 619	5 500
16	高标准农田占比	%	52.14*	59.10	90
17	市级及以上农业龙头企业数量	个	95	88	120
18	农业产业化组织带动率	%	30.7	32.87	95
19	区域公共品牌与地理标志产品数量	个	1.33	1.89	5

续表

序号	三级指标	单位	2015 年基底值	2019 年基底值	2035 年标杆值
20	地产农产品绿色食品认证率	%	6.41	20.34	50
21	粮经综合比	—	1.06	0.80	0.43
22	农业保险深度	%	4.29	6.06	8
23	乡村产业新增投资额	万元/户	3.53*	4.43*	8
24	人均乡镇财政收入	万元/人	1.27	1.47*	3
25	乡村休闲旅游吸引度	人/平方公里	3 542	3 786*	5 500
26	城乡义务教育五项标准达标率	%	77.2	90.0	100
27	新型职业农民占比	%	2.1	5.5	99
28	村综合文化活动中心服务功能达标率	%	90.28	100	100
29	市级及以上文明村和乡镇占比	%	61.21	64.65	90
30	智慧村庄建设水平	%	54*	60*	100
31	阳光村务工程普及率	%	0*	100	100
32	村民对善治满意率	%	62*	84.24	99
33	农村基层党组织和党工作覆盖率	%	100	100	100
34	农村常住居民人均可支配收入	万元	2.32	3.32	10.6
35	低收入农户占比	%	7.76*	6.40	0.1
36	人均集体经济收入水平	—	44.71	50.19*	100
37	市级示范养老睦邻点覆盖率	%	0	96.61	100
38	长期照护服务覆盖率	%	5.0	9.9	8
39	村级卫生服务机构配备医生数量	名/所	2.7	2.27	2
40	农村居民健康素养水平	%	17.27*	27.91	40
41	城乡养老金发放水平	—	1	1	1
42	城乡最低生活保障金发放水平	—	1	1	1

注:(1)带 * 数据为估计值。(2)粮经综合比、低收入农户占比为逆指标。

(四)测算方法

数据标准化处理主要包括数据同趋化处理和无量纲化处理两个方面，一是对评价指标中的逆指标进行正向处理，使得所有指标对测评方案的作用力同趋化，本指标体系以正向指标为主，仅“粮经综合比”“低收入农户占比”为逆指标；二是需要进行数据无量纲化处理，即各指标值都处于同一个数量级别上，以确保数据的可计算性，在具体处理中，将各指标 2035 年目标值作为 100 分，理论最小值为 10 分，将评价年度的指标数值进行相应的标准化，取值在 10 到 100 之间。

指标赋权，体现了各子系统及其内部指标的在评价体系中的重要性，目前较多使用的赋权方法包括平均法、专家评分法、熵值法、主成分分析法等。考虑到乡村振兴指数评价的复杂性特征，以及时间维度上的纵向可比性，本研究在等值赋权法(平均赋权法)

的基础上，采用德尔菲法（专家咨询法）进行指标的进一步甄选和指标赋权。最终形成指标综合权重分配体现未来工作重点（见表3）。

表3　　上海市乡村振兴指数指标体系权重方案

一级指标		二级指标		三级指标		综合权重/%
名称	权重/%	名称	权重/%	名　称	权重/%	
美丽家园	30	村容村貌	50	市级及以上示范村占比	25	3.75
				农村居民居住集中度	50	7.50
				农村生活垃圾分类收集覆盖率	5	0.75
				农村无害化卫生厕所普及率	5	0.75
				农村生活污水处理率	15	2.25
		生态环境	30	生态空间综合指数	35	3.15
				地表水水（环境）功能区达标率	25	2.25
				农业废弃物综合利用率	20	1.80
				化肥农药减量度	20	1.80
		基础设施	20	公共交通通达率	45	2.70
				村内道路完好率	55	3.30
绿色田园	30	农业发展	60	农业科技进步贡献率	10	1.80
				农业机械化率	10	1.80
				农业劳动生产率	10	1.80
				农业亩均产值	10	1.80
				高标准农田占比	5	0.90
				市级及以上农业龙头企业数量	10	1.80
				农业产业化组织带动率	10	1.80
				区域公共品牌与地理标志产品数量	10	1.80
				地产农产品绿色食品认证率	10	1.80
				粮经综合比	10	1.80
				农业保险深度	5	0.90
		产业融合	40	乡村产业新增投资额	40	4.80
				人均乡镇财政收入	30	3.60
				乡村休闲旅游吸引度	30	3.60
幸福乐园	40	乡风文明	30	城乡义务教育五项标准达标率	30	3.60
				新型职业农民占比	30	3.60
				村综合文化活动中心服务功能达标率	20	2.40
				市级及以上文明村和乡镇占比	20	2.40
		治理有效	30	智慧村庄建设水平	30	3.60
				阳光村务工程普及率	20	2.40
				村民对善治满意率	25	3.00
				农村基层党组织和党工作覆盖率	25	3.00
		生活富裕	40	农村常住居民人均可支配收入	20	3.20
				低收入农户占比	15	2.40
				人均集体经济收入水平	15	2.40
				市级示范养老睦邻点覆盖率	10	1.60
				长期照护服务覆盖率	10	1.60
				村级卫生服务机构配备医生数量	10	1.60
				农村居民健康素养水平	10	1.60
				城乡养老金发放水平	5	0.80
				城乡最低生活保障金发放水平	5	0.80

三、上海乡村振兴指数测评结果

（一）测算结果

2018 年，上海乡村振兴指数总得分为 63.45 分（最高得分为 100 分）。其中，“美丽家园”得分为 61.64 分，“绿色田园”得分为 60.94 分，“幸福乐园”得分为 66.69 分。

2019 年，上海乡村振兴指数总得分为 69.32 分。其中，“美丽家园”得分为 65.82 分，“绿色田园”得分为 63.19 分，“幸福乐园”得分为 76.53 分。

“美丽家园”领域包含村容村貌、生态环境和基础设施三个二级指标，2019 年的得分分别为 50.66 分、87.28 分、71.54 分，相较而言，村容村貌仍是上海农村生态文明建设的主要短板。从具体指标来看，评价结果较好的指标是“农村生活垃圾分类收集覆盖率”“农村无害化卫生厕所普及率”“农业废弃物综合利用率”，已达到或接近满分，这得益于上海长期坚持基础设施建设投入向郊区倾斜的政策导向，近年来又扎实开展“五违四必”整治和农村人居环境整治；评价结果相对较差的指标是“农村居民居住集中度”“市级及以上示范村占比”“农药化肥减量度”“村内道路完好率”，目前已经找准了工作的发力点，下一步要牵住攻坚克难的“牛鼻子”，下大力气加以推进。

“绿色田园”领域包含农业发展、产业融合两个二级指标，2019 年的得分分别为 64.15 分、61.77 分，促进农村产业融合是下一阶段工作重点。从具体指标来看，评价结果较好的指标是“农业机械化率”“农业科技进步贡献率”，预计“十四五”期末可达到满分，这得益于多年来各级政府持续增加投入，提升农业设施装备水平，加强农业技术攻关和成果转化；评价结果相对较差的指标是“农业产业化组织带动率”“区域公共品牌与地理标志产品数量”“地产农产品绿色食品认证率”“农业劳动生产率”，需要我们创新工作方式，积极聚焦推进，增加绿色优质农产品供给，不断提升农业的产业链、价值链，推进乡村产业融合发展。

“幸福乐园”领域包含乡风文明、治理有效、生活富裕三个二级指标，2019 年的得分分别为 66.73 分、85.85 分和 77.04 分，治理能力是上海推进乡村振兴的优势领域。从具体指标来看，评价结果较好的指标是“农村基层党组织和党工作覆盖率”“城乡养老金发放水平”“城乡最低生活保障水平”“村综合文化活动中心服务功能达标率”“阳光村务工程普及率”，近年来就已达到满分，这得益于我市持续推进城乡一体化，健全城乡融合的体制机制，创新农村社会治理，注重公共服务资源配置向郊区人口集聚地倾斜；评价结果相对较差的指标是“新型职业农民占比”“农村常住居民人均可支配收入”，需要我们深化完善城乡一体化发展的路径和政策措施，不断提升农民群众的获得感、幸福感和安全感。

随着上海市乡村振兴工作的全面启动，2019 年上海乡村振兴指数总得分增加 5.87 分，进步速度较往年大幅提升。多项具体指标得分显著提高，包括“阳光村务工程普及率”“农村生活垃圾分类收集覆盖率”“市级示范养老睦邻点覆盖率”“长期照护服务覆盖率”“农村居民健康素养水平”“地产农产品绿色食品认证率”“市级及以上示范村占比”等，这体现了 2019 年上海市乡村振兴工作的重点方向。

(二)趋势分析

课题组在对 2018 年、2019 年进行全市现状模拟的基础之上,进一步综合测算 2015—2019 年度各指标变化趋势,结果如表 4、图 1 所示。

表 4　上海市乡村振兴指数一级指标测评结果及变动趋势

指标名称	2015 年得分	2016 年得分	2017 年得分	2018 年得分	2019 年得分	得分年均增加值
乡村振兴指数	55.74	57.57	60.66	63.45	69.32	3.39
美丽家园	50.21	53.16	56.45	61.64	65.82	3.90
绿色田园	55.26	56.29	58.61	60.94	63.19	1.98
幸福乐园	60.26	61.85	65.37	66.69	76.53	4.07

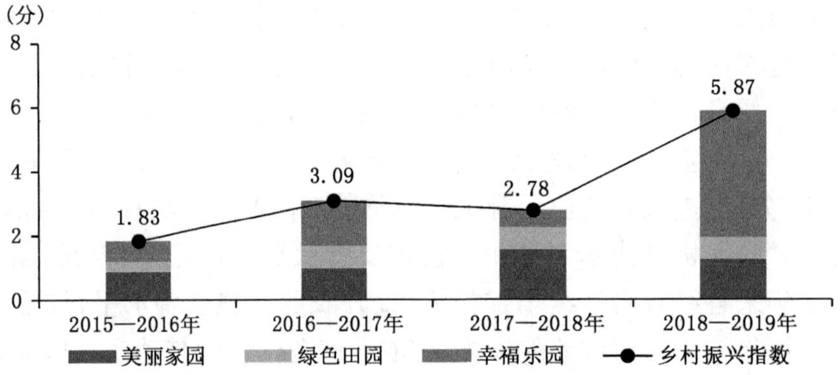

图 1　上海市乡村振兴指数年度进步率及三大维度增长份额

2015 年至 2019 年五年中,上海乡村振兴指数总得分从 55.76 分上升到 69.34 分,年均增加 3.39 分。其中,美丽家园年均增加 3.90 分,绿色田园年均增加 1.98 分,幸福乐园年均增加 4.07 分。“美丽家园”“幸福乐园”领域的进步较快,反映出近几年在两山理论和乡村振兴推动下,乡村环境面貌与乡村软实力提升的成效更为突出;“绿色田园”领域的年均增速相对较慢,现代农业建设依然存在较多提升空间。

参照近 5 年的发展情况,简单推算未来上海乡村振兴指数发展趋势。以乡村振兴综合指数年均增加 3.39 分为依据进行推算,2020 年“十三五”期末可达到 72.73 分,2022 年乡村振兴规划阶段性目标完成时可达到 79.52 分,2029 年可以基本达到日本当前发展水平。

从一级指标来看,幸福乐园、美丽田园可分别于 2025 年、2018 年率先实现目标,绿色田园的实现周期相对较长,2035 年可达到 94.94 分,增速有待进一步提高。

从二级指标来看,按照年均得分增加值推算,生态环境、治理有效指标 2022 年可率先达标,生活富裕指标 2025 年可提前达标,村容村貌指标 2033 年可提前达标。农业发展、产业融合、基础设施、乡风文明等四个维度按照当前增速,2035 年分别能够达到 98.28 分、89.94 分、93.53 分和 94.00 分,无法如期达标。尽管按照相关规划,这些领域的未来分值增幅将有所提高，但仍需在发展中进行重点关注，尤其是产业融合方面的相关指标。

课题组顾问：宋洪远　张国坤　方　芳
课题组组长：王　振
课题组成员：方志权　海骏娇　陈　云　乐　菡
楼建丽　张　晨　尚勇敏

3. 上海超大城市乡村功能定位与发展动力的研究

2020年，中央一号文件继续聚焦“三农”问题，提出“三农”领域补短板的重大任务，而乡村振兴也进入了一个关键时期。上海作为全国超大城市之一，正朝着“五个中心”及社会主义现代化国际大都市迈进。因此，上海不仅要进一步强化破解“三农”问题的紧迫感，还应该率先在超大城市乡村功能定位与发展动力方面取得全面突破，从而成为全国实施乡村振兴战略的“排头兵、先行者”，打造超大城市乡村振兴的新样板。

一、超大城市乡村未来发展变化的基本趋势

作为超大城市的上海乡村，与全国乡村相比较具有共性的一面，也有个性的一面。从上海乡村发展变化的实践和未来发展的演变来看，已经开始显露出一些不可逆转的基本趋势。这些基本趋势，可以从“三农”问题的三个视角进行以下比较形象化的描述。

1. 超大城市乡村农民“三多三少”：一是外来农民逐渐增多，本地农民逐步减少；二是职业农民逐渐增多，兼业农民逐步减少；三是新型农民逐渐增多，传统农民逐步减少。

2. 超大城市乡村农业“三增三降”：一是二、三产业元素逐渐增加，农业自身元素逐步下降；二是社会资本比重逐渐增加，农业自有资本比重逐步下降；三是新型经营模式逐渐增加，传统经营方式逐步下降。

3. 超大城市乡村农村“三增三高”：一是外来人口流入逐渐增加，农村社区多元化程度逐步提高；二是农村青年流出逐渐增加，农村社区老龄化程度逐步提高；三是城镇化元素逐渐增加，农村社区管理难度逐步提高。

综上所述，超大城市乡村的发展变化，必然会面临着一些与以往不同的新形势、新特点、新机遇、新瓶颈以及新任务。

二、超大城市乡村功能定位必须坚持“三底线、三不变”的原则

对于上海超大城市乡村的功能定位，必然要涉及上海自身的功能定位，涉及郊区的

功能定位，涉及上海城乡一体化发展，涉及新型城镇化建设与长三角区域一体化发展国家战略，也涉及乡村振兴战略与生态文明建设。但是，超大城市乡村功能定位的一切的探索与实践都必须坚持“三底线、三不变”的原则，并且在其之上加以探索创新。“三条底线”：确保粮食生产能力不降低、农民增收势头不逆转、农村稳定不出问题；“三个不能变”：集体土地所有权不能变，农地农用不能变，农民的基本权益不能变。

在此基础上，凡具有上海乡村个性特色的，可以积极探索与创造经验；凡具有全国乡村普遍共性的，可以从法律规章等层面上进行制度固化。从国际视角来看，上海要建设“五个中心”及社会主义现代化大都市；从全国视角来看，上海要推进实施“长三角区域一体化”的国家战略；从全市视角来看，上海要打造幸福宜居的“人文之城”“生态之城”。无论是哪个视角，上海的城市和乡村都是上海谋求进一步发展的“中流砥柱”，各自发挥着重要作用，不可偏废。

三、用新视角来全方位审视超大城市乡村功能定位

1. 要用国际的眼光看超大城市乡村振兴

用一般概念来衡量，上海的城市概念同国际上是有差别的，国外大城市一般只有城区没有农村，而上海则是城区和农村的组合体，这意味着上海在构筑现代化国际大都市的过程中应该具有鲜明的创新力。其基础在于：城区和农村在行政区域上的高度统一性，在经济结构与要素价格上的相对落差。这两大制度性和经济性的特征，为上海塑造现代化国际大都市提供了较好的回旋余地。用如此眼光来审视发展，一方面要把乡村作为“城”的外延来做文章。其好处是：有利于形成中心城区和乡村发展的“一盘棋”意识，以及具有互补性的发展战略；有利于乡村真正成为现代化国际大都市发展的重要腹地、缓冲地带及多功能多样化的基地；有利于在思想观念、行政机制、组织结构、行为方式、舆论导向上为缩小城乡差别提供基础性准备；有利于通过加速工业化和城市化进程来推进农业现代化。另一方面，又要充分考虑到乡村作为“乡”的内涵。关键在于农村工业化、城市化和农业现代化形成“三化联动”的整体态势，即工业化带动城市化，推动农业现代化。

2. 要用全国的眼光看超大城市乡村振兴

上海不仅是全国最发达的经济中心城市之一，而且正在向着“五个中心”及现代化国际大都市迈进。上海不仅要有破解“三农”问题的紧迫感，使之同现代化国际大都市的内涵相称，还应该率先在农村工业化和城市化带动农业现代化方面获得战略突破，起到示范作用。为此，第一，需要先行制定乡村振兴建设的中长期统筹规划，然后予以分步实施；第二，需要辩证认识城乡差异的内涵，关键是要化解城乡在收入、教育、医疗、卫生、文化、社会保障、人居环境等方面的差距；第三，需要遵循农业、农村的自然规律和经济规律，而不能简单地套用推进工业化和城市化的思维去指导乡村振兴，要充分发挥农民的主体作用；第四，需要强调系统集成的理念，形成组织体系、明晰操作主体、强调综合协调、落实统筹规划；第五，需要明晰乡村振兴的基本取向，当前最重要的是要进一步贯彻落实“多予少取放活”的方针；第六，需要探索“工业反哺农业，城市支持农村”的路

径，重点是要加大强农、惠农力度以及推进城市资源向农村的流动和配置。

3. 要用长三角的眼光看超大城市乡村振兴

当前，上海与长三角经济要素的相互融入开始明显加速，区域优势的特征正在进一步显现，城际功能及产业分工的错位正在进一步深化，以产业链为特征的经济合作正在进一步深入。从区域内部构成因素来看，上海乡村与长三角地域相连、人缘相亲、文化相融、经济相通，进一步加快长三角经济一体化发展的先试先行，在乡村与周边地区之间共同建设形成一个“共建、共生、共利、共荣”的经济发展圈，为长三角经济一体化发展起到示范作用；淡化行政界限配置，实行地域价值接轨政策，使各种资源在无地域差别的范围内进行优化配置，按市场规律自然流向；抓紧前期合作，实行联合开发。共同立项、共同规划、共同开发，环太湖经济带、杭州湾跨海大桥的大桥经济带和苏崇经济带等都可以成为这些区域；在乡村与周边地区接壤的区域培育“闪光点”，推动两省一市的跨区域投资等；选择乡村与周边地区关联性较大的产业链，培育成为经济一体化的发展主线等。

四、“五个中心”视角下的上海乡村功能定位

作为超大都市的乡村，必然是上海建设“五个中心”及社会主义现代化国际大都市的重要组成部分，并且需要发挥独特的功能。

1. 国际经济中心建设的“实力体现”

从上海城市发展趋势和空间布局的要求来看，“市区体现繁荣繁华、乡村体现经济实力”战略构想的实现，需要通过城乡产业统筹才能真正落到实处。从这个角度出发，有必要通过城乡协调来进一步优化全市产业结构和产业布局。为此，中心城区除继续完善多层次、多方位的商贸中心建设之外，重点要在“点、块、带”形态上形成现代服务业的集群式发展态势。郊区乡村除继续强化东、西、南、北等六大制造业基地之外，要通过开发区发展优化、先进制造业发展同城镇、交通基础设施建设密切结合等方式和路径，形成群落型、规模型、功能型的现代制造业布局形态。

2. 国际金融中心建设的“有益补充”

从上海国际金融中心建设的趋势和生态产业化的要求来看，郊区乡村振兴需要农村金融作为配套。从这个角度出发，全国农村金融的供给侧改革可以在上海乡村予以先试先行，这样，将有利于提高上海金融发展的深度，丰富上海金融领域的层次和内涵，为上海建设国际金融中心助力。例如，可以推动乡村资源开发上市交易的资源生态板在上海先试先行、资源生态板的交易以分布式记账的方式进行等。

3. 国际贸易中心建设的“承载空间”

上海建设国际贸易中心，以“两个提高、两个加快”为总体发展思路。无论是“两个提高”，还是“两个加快”，都可以在郊区乡村地区找到“承载地”和“试验田”。例如，奉贤区一部分区域被纳入临港新片区，这就充分证明，“先行先试”不仅可以在市区推动，也可以在乡村实行。因此，郊区乡村也完全可以成为国际贸易中心建设的重要腹地、缓冲地带及多功能多样化的基地。

4. 国际航运中心建设的"广阔腹地"

一方面，广袤的乡村具备建设航空客运走廊、航运物流走廊的条件；另一方面，乡村还可以充分发挥国际大都市圈空间伸展的"扩充"功能。在与中心城区的空间伸展融合一体的同时，还可以充分发挥与长三角其他城市相近的区位优势，同长三角形成内外连接、相互呼应的交通运输走廊，充分发挥现代化国际大都市内外辐射的"航运走廊"功能。

5. 具有全球影响力的科创中心建设的"试验田"

六年前，习近平总书记做出上海"要加快向具有全球影响力的科技创新中心进军"的重要指示。六年来，上海搭框架、打基础，科创中心建设取得了一系列实质性突破，重大成果不断涌现，在民用航空领域、集成电路领域、高端医疗设备领域、光子领域、生物医药领域等众多领域都取得突破性进展。这份成绩单十分喜人，但在成绩单上却很难见到农业的影子。因此，上海应该借助建设科创中心这一历史机遇，积极推动农业技术进步和推进科技创新，进一步增加农业增长的技术含量，像 AI 技术、大数据技术、5G 技术、生物工程技术等都可以运用到农业生产、加工、运输、销售等环节，提高农产品产量和质量，提升农产品附加值和市场竞争力。当然，乡村各项建设如何增加科技含量，也可以成为科创中心建设的一片"试验田"。总之，作为关系国计民生的关键领域，农业必须成为科创中心建设的重要一环。

五、"五流赋能"视角下的上海乡村功能定位

超大城市最显著的特点，就是要素的"五流汇聚"之地——人流、物流、资金流、技术流、信息流，在超大城市汇集、碰撞、组合，产生了巨大的集聚效应和辐射功能。以超大城市为核心集聚，并以都市圈、城市群的方式传递、扩散，带动了更大范围跨区域的合作和发展。因此，超大城市郊区的乡村，在人流、物流、资金流、技术流、信息流的导入、承载、嫁接上具有天然的优势。同时，探索乡村产业化、产业乡村化，践行绿水青山就是金山银山的"两山"理论，构建全新的生态文明经济结构，改造单一小农经济与工业化思维下的粗放式农业农村发展模式，重塑经济结构与生产关系，生产、分配、交换、消费的全流程再造，理应从超大城市乡村振兴开始。

1. 超大城市乡村是人流的"枢纽站"

当前，超大城市乡村承载了大量进城务工人员的衣食住行，人流的快速流动，也会带动乡村商业的提升，但存在能级不高、缺乏规划等问题，难以提高地区实际价值。随着乡村现代制造业基地建设和农村城市化建设进程的加快，乡村在城镇基础设施、就业、社保、公共卫生和基础教育等方面，滞后于全市发展水平的矛盾开始不断显露出来。为此，要进一步加大对乡村基础设施和公共设施的建设投入，推进和完善乡村的各项社会事业。同时，对从乡村中分离出来的劳动力，应统筹组织就业问题，增强各类开发区对农村劳动力的吸纳能力，并鼓励农村富余劳动力进城就业；对市区新增和外来的劳动力，应鼓励他们到乡村去就业和创业；还要重点促进乡村内部的劳动力流动，鼓励落后区域的劳动力向发达区域流动，并建立起相应的流动和协调机制。

2. 超大城市乡村是物流的“大本营”

商品流通是产业链和供应链的重要环节，而超大城市乡村相对而言拥有较好的交通设施基础条件，距离城市商贸中心有先天的距离优势和运输优势，再加上具有超大城市向外辐射的桥梁功能和商务成本较低的优势，因此，乡村对于超大城市商品流转可以起到举足轻重的作用。可以说，如果规划到位，布局合理，可以形成仓储基地在乡村、运输工具在乡村、运输人员也在乡村的格局，使得乡村成为超大城市商品流转的大本营、集散地。例如，超大城市乡村可以进一步打造农副产品加工、冷藏、包装以及运输的一体化网络，让农副产品产得出来、运得出去、卖得出价。

3. 超大城市乡村是资金流的“蓄水池”

资本具有天然的趋利性，资金具有天然的流动性，超大城市资本溢出的首选之一，就是临近的郊区乡村。过去，资本形态会以建设一栋厂房、一个工业开发区、一个动拆迁项目，或者租赁一座山、一片湖、一段海岸线的单一要素形式溢出到乡村。或许在可见的未来，在绿水青山就是金山银山的“两山”理论指引下，随着“三生融合”理念不断地深入人心，乡村资源的开发将不再是以过去单一要素的粗放式增长，而是体现出整体性、整合型，呈现出全要素开发建设的态势。例如，在坚持农村集体经济所有权和农民家庭资产所有权的前提下，一个个自然村落、一栋栋农民住宅等，都可能吸引大量资金的进入，并且以生态视角进行区域性的全要素整体开发。

4. 超大城市乡村是技术流的“试验场”

乡村振兴需要工业化依托，也需要服务业发展支撑，由于超大城市经济发达，科技资源丰富，人才体系完备，完全可以为郊区的乡村振兴赋能。例如，可以5G、物联网、边缘计算、人工智能、智能机器人等新一代数字信息技术在广袤的乡村进行着全产业链的探索试验。又如，大量精准的传感器可以基于AI判断土壤和农作物生长状况、利用无人机精确获得农作物开花数目，精准预估产量，作为期货提前销售。再如，乡村可以成为农林牧混合，产量丰富的绿色银行，而“农林牧渔湖草沙”如何同粮食作物搭配得当，争取更高的经济效益，实质比单纯的种粮更需要科学技术的导入和应用。

5. 超大城市乡村是信息流的“承载区”

超大城市人流集聚、八方信息汇集，而在产生信息的过程中，存储信息、处理信息、交换信息的工作其实又是可以在超大城市的乡村承载的。以上海的金融信息为例，中国金融要素市场齐聚，如人民银行的征信中心、清算中心、反洗钱中心、外汇交易中心、同业拆借中心、黄金交易所、期货交易所、证券交易所、保险交易所、能源交易所等要素平台都在上海。这些汇聚全球金融信息的前台在上海市中心，而支持这些前台部门的中后台设施，如银行、保险、证券的数据中心都大部分集聚在上海的远郊地区。同时，5G时代大量应用场景对于延时的毫秒级要求，也对于数据中心的本地化、就近化有严格要求。

六、从上海的角度看乡村的功能定位

从全市的视角来看，上海要打造幸福宜居的“人文之城”“生态之城”。这实际上对应着“三生”，即生产、生活、生态。乡村既是中心城的扩展区，连绵带，又是现代化国际大都市产业、人口、就业的主要分布区，并且肩负着城市环境的优化职能。这既是城乡一体发展的必然趋势，也是乡村进一步发展的基本方向。按照上海建设现代化国际大都市以及形成长三角大都市圈的客观要求，郊区的乡村应该发挥出一系列的新功能。

1. 全市综合经济实力增长的“组合”功能

乡村已不再停留在为全市经济发展“添砖加瓦”这个层面上，而是成为中心城区和乡村“两相组合”的中坚力量。这不是“摊大饼”的需要，而是功能开发的必然。这是因为：其一，区位优势。依托于现代化交通体系，超大城市乡村与都市之间不仅距离近，通勤所需的时间也大大缩减。其二，社会保障优势。依托于超大城市的社会辐射能力，超大城市乡村的基础医疗体系和公共服务设施进一步完善，增强了其吸纳都市外溢人口的能力。其三，生态优势。依托于区位优势和社会保障优势，超大城市乡村的良好的生态环境造就优越的绿色居住环境，成为超大城市乡村强有力的吸引点。

2. 国际大都市圈空间伸展的“扩充”功能

乡村不仅要同超大城市中心城区的空间伸展融合一体，而且也要以相应的城镇体系同长三角形成内外连接、相互呼应和支撑的大都市圈或城市群。超大城市的发展吸引力必然会导致劳动力的过度集聚，而空间的有限性和健康发展的要求使得中心城区难以持续增强其劳动力吸纳能力，需要有特别的空间来吸纳都市“过密”的劳动力，在吸纳的过程中完成扩充。超大城市乡村作为紧邻都市的空间，具有吸纳和消化逆城市化趋势中所出现的中心城区外溢人口的先天优势。

3. 国内外经济要素流入的“承接”功能

乡村要承接中心城区产业的迁移和扩散，承接国内外产业的入驻。超大城市的发展过程中必然伴随中心城区的产业升级和产业转移。这些迁出的产业不全是超大城市发展所不需要的，而是嵌入在超大城市产业链中的重要一环，只是不再适合在中心城区发展。因此，超大城市需要能承接中心城区产业的迁移和扩散的空间，需要承接国内外产业入驻的空间。即超大城市需要国内外经济要素流入的承接空间，以保持超大城市的持续发展力。曾经，郊区是承接中心城区产业迁移的核心空间。随着超大城市的有序扩张，郊区空间已经被纳入城区范围内，承担都市区功能，成为产业转移的迁出方。在这种情况下，超大城市乡村是都市辐射范围内，最具有承接中心城区迁移和扩散产业的优势空间。这是因为，其一，社会功能完善。在都市的辐射下，超大城市乡村的公共交通体系、公共服务设施以及基础医疗体系等社会基本保障体系趋于城乡一体化发展。其二，劳动力保障。超大城市乡村承担着吸纳都市外溢人口的功能，具有承接产业转移的劳动力优势。其三，具有产业基础。随着超大城市的现代化发展，超大城市乡村的产业结构趋于多元化，具备产业链中下游制造业的发展基础。

4. 现代化国际大都市内外辐射的“走廊”功能

乡村应发挥一系列的“走廊”功能，如航空客运走廊、航运物流走廊、产业群走廊、旅游景点走廊、绿色居住群走廊等。当前长三角一体化战略推进过程中，长三角地区共同打造的四条走廊：G60 科技创新走廊、G50 绿色发展走廊、G42 高端智能制造走廊、临海临港战略性新兴产业走廊，都离不开乡村的承载、嫁接和建设。G60科创走廊的效果显著。G50绿色发展走廊将从上海大虹桥开始，经过青浦、吴江、嘉善、湖州等地，一直延伸到皖南地区，发展绿色产业，建设特色小镇，成为践行“两山”理论的示范区。G42高端智能制造走廊则势从上海桃浦向西经过嘉定、苏州、无锡、常州、镇江、南京以及安徽的皖江经济，着力发展高端制造和智能制造。临海临港战略性新兴产业走廊，则是从温州开始，经过台州、舟山、宁波、上海、南通、盐城、连云港，结合高铁战略、海洋强国战略，辐射南北，建设成为一条重要的沿海发展走廊。

5. 维系现代化国际大都市健康发展的“屏障”功能

乡村担当着维系全市生活生产所需水体的活化、净化、储存，循环的江海、湖泊、河流、湿地等资源的作用发挥，以及不断增加绿色面积和提高绿色质量的生态重任。超大城市的“过密化”发展导致都市缺乏生态发展空间，生态系统的相对脆弱。超大城市乡村作为都市农业的承载空间，拥有为都市提供生态屏障的先天优势。这是因为：其一，净化空气。都市农业的发展有利于减少都市大气中的二氧化碳。都市农业不仅可以凭借自身农业特性来吸收二氧化碳，更可因降低农产品的运输距离而减少二氧化碳的排放。其二，增加绿地。都市农业的发展增加了都市的绿地面积，缓解因城市高楼建筑密集等因素导致的“热岛效应”，使城市的温度更加适宜。其三，涵养水源。都市农业的发展使雨水可通过农地渗透到地下，借此提高都市涵养水源的能力。因此，超大城市乡村担当着维系都市生活生产所需水体的活化、净化、储存，循环的江海、湖泊、河流、湿地等资源的作用发挥，以及不断增加绿色面积和提高绿色质量的生态重任，是超大城市健康发展的“生态屏障”。

6. 现代化国际大都市全方位的“服务”功能

乡村要提供绿色、安全、无公害和标准化的农产品；吸纳和消化逆城市化趋势中所出现的中心城区外溢人口；提供市民居住、休闲、度假、旅游等的服务载体等。第一，超大城市乡村拥有提供绿色、安全、无公害和标准化的农产品的优势，承担超大城市高质量有机农产的“供应服务”功能。超大城市乡村有提供有机农产品的区位优势。短距离的运输可最大程度上保证有机农产品的新鲜和安全。超大城市乡村有提供有机农产品的技术优势。依托于超大城市，超大城市乡村农业现代化的发展和农业技术的创新使其可在减农药、减化肥基础上生产更优质的有机农产品。第二，超大城市乡村有提供市民居住、休闲、度假、旅游等服务载体的优势，承担超大城市“休闲服务”功能。超大城市乡村的面貌早已今时不同往日。整洁的村容、便捷的交通、与都市截然不同的田园风光使超大城市乡村成为都市居民缓解压力，放松心情的“解压地”“充电地”。

七、遵循超大城市乡村振兴的“六个需要”

1. 需要有长期作战的思想准备和物质准备

即使在超大城市，跨越城乡鸿沟的乡村振兴的艰巨性和长期性，也是万万不能轻视的，更不可能一蹴而就。基于如此的认识，推动超大城市的乡村振兴，既不能急于求成，也不能漫无章法，而是应该先行制定中长期的统筹规划，明确方向，瞄准目标，精准施策，然后予以分步实施。

2. 需要辩证地认识城乡差异的基本内涵

古今中外，城乡差异无处不在，一些发达国家经过努力，有的方面消除了，有的方面却依然存在。为什么呢？这就需要辩证地去认识城乡差异的内涵。例如，农业与工业及服务业的差异是产业性质和特征所决定的，而农村的生态和自然风貌当然也应该同城市有所差异，凡此种种，既不可能消除也不应该消除。这就提醒我们，如果机械地理解消除城乡差异，就有可能把农村搞成“城不城、乡不乡”，似乎也要吃“夹生饭”了。那么，缩小或消除城乡差异的关键点在哪里呢？那就是城乡在收入、教育、医疗、卫生、文化、社会保障、基础设施和人居环境等方面的差距。如果站在这个高度去认识，乡村振兴的突破方向和建设重点自然就会明晰起来。

3. 需要遵循农业、农村的自然规律和经济规律

对于一个超大城市来说，往往都是对推进工业化和城市化的冲动比较强烈，实践的经验也比较丰富，这无疑为郊区乡村振兴及破解“三农”问题创造了有利条件，但不能因此简单地套用推进工业化和城市化的思维去指导新郊区新农村建设，更不能机械地照搬工业化与城市化的发展模式。看来，还是应该在充分遵循农业、农村的自然规律和经济规律的基础上独辟蹊径，更要使农村内生力量和外部推动力量的劲往一处使。同时，也需要尊重农民的意愿，充分发挥农民的主体作用。唯有如此，新郊区新农村建设才能真正地有效、有序地建设起来。

4. 需要强调系统集成的理念

党的十九大报告提出实施乡村振兴战略“产业兴旺、生态宜居、乡风文明、治理有效、生活富裕”的总要求，这就是说，超大城市乡村振兴建设是一个综合而又复杂的系统工程，需要方方面面的共同推动，也就是系统推进。以往的发展经验也表明，单兵孤战的系统推进仅仅是基础，更重要的是要站在全局的高度进行系统集成，进而产生整体效应。为此，也就需要形成组织体系、明晰操作主体、强调综合协调、落实统筹规划。

5. 需要明晰乡村振兴的基本取向

当前，乡村振兴最重要的是要进一步贯彻落实“多予、少取、放活”的方针。“多予”的核心在于多推动城市资源向农村倾斜、多为农村建设提供资金、多为农民收入增长打开门路、多为现代农业发展提供支撑。“少取”的核心在于执行最严格的土地制度，保护好乡村各类资源，进一步减轻农民负担。“放活”的核心在于深化农村改革，理顺体制机制，释放农村活力，加强农村民主法制建设进程。

6. 需要探索“工业反哺农业，城市支持农村”的路径

其一，工业反哺农业的直接体现之一，就是所谓的“工业下乡”。昔日的乡镇企业曾经起到过这个作用，而当今郊区的各级开发区都可以成为农民非农就业和农民收入增加的一个重要载体，尽管实现这个目标还有种种困难，但毕竟可以朝着这个方向去努力。其二，城市支持农村的直接体现之一，就是加大财政转移支付力度以及推进城市资源向农村的流动和配置。要通过城乡基础设施，社会事业和生活水平的有效对接，脚踏实地、有的放矢地去缩小或消除城乡在收入、教育、医疗、卫生、文化、社会保障、人居环

境等方面的差距。

八、构建“各司其职、协同推进”的乡村振兴动力机制

乡村振兴战略的推进是一个综合而又复杂的系统工程，需要多方力量共同推动，也就是系统推进。过去的发展经验表明，要站在更高的角度，从全局出发进行系统集成，构建起多主体相结合的动力机制，要落实统筹规划，形成组织体系、明晰操作主体、强调综合协调。这个动力机制，应该“纵向到底，横向到边”。

在市级层面上：一是要抓好思想认识提高，形成广泛共识。由于乡村在超大城市经济社会发展中的权重很小，因此，乡村发展很容易被忽视、轻视，或者就事论事，而不是全局谋划，协调推进。因此，在全市层面上需要统一认识，统一行动。二是要抓好城乡协调发展，完善顶层设计。要用城乡协调发展的战略思想与视角去统领全市总体规划，明确市域内都市区域和乡村区域的功能定位，都市区规划和乡村区域规划之间必须要有衔接、有合力点，实现都市区和乡村区域的错位发展和合力发展，并在此基础上形成城乡一体化发展的基本构架。三是要抓好各类资源配置，形成支撑体系。要推进整个市域内经济社会要素的统筹配置，尤其要把城市的优质资源向乡村地区广泛辐射，提高乡村教育、医疗、文化、社会保障等水平。

在区级层面上，一是要把乡村振兴作为区级政府政绩考核的重要内容。鉴于目前的体制机制使然，没有一定的考核作为约束条件，就难以形成乡村振兴比较强大的动力。二是要把制定乡村振兴推进方案作为区级政府的工作抓手。区级政府要根据资源禀赋和地方特色，制定乡村振兴具体的发展规划和操作规则。当然，区级政府要重视乡村发展特色，强调科学规律，坚持不强迫，不包办，不定任务，不下指标，不搞翻拍，不一哄而上。三是要把乡村振兴示范建设作为区级政府的推进重点。乡村振兴需要面上推进，更需要点上突破和示范，因此，区级政府要选择好相应的示范乡镇、示范村、示范点，在取得成功经验之后，复制推广到其他乡村地区。

在乡镇层面上，一是要贯彻落实好乡村振兴的各项规划。乡镇一级，是贯彻落实乡村振兴各项规划承上启下的关键环节，应该根据乡镇特点和发展目标，把握好区域内乡村振兴推进的分寸、节奏、效果。二是要统筹协调好各类扶持政策的落实。目前，推进乡村振兴和解决“三农”问题的扶持政策不少，因此，乡镇政府要把握好乡村振兴各类主体的发展意愿和发展需求，对接好各类扶持政策的落实。三是要平衡好各类主体的利益诉求和利益保障。应该说，致力于乡村振兴的经营主体很多，例如，仅仅涉及农业的就有种养大户、家庭农场、农业专业合作社、农业龙头企业等经营主体，因此，乡镇政府要把握好扶持政策的平衡，避免厚此薄彼，还应重视不同经营主体扶持政策的协调，推动各经营主体之间的协同发展和合力发展。

在村级层面上，乡村振兴的动力机制应该体现在：一是能够增强村级发展动力和发展后劲的；二是能够发展壮大村级集体经济的，三是能够增强村级基础设施建设的；四是能够明显改善提升村容村貌的；五是能够持续地提高农民收入的。

在农民主体方面，乡村振兴的动力机制应该体现在：一是能够持续地增加收入，包

括土地流转收入、涉农或非农收入、财产性收入、集体经济分配收入等；二是能够提供更多的就业机会，包括涉农就业、非农就业、就近就业，乃至投资和创业机会等；三是能够增加更多的各类社会福利，包括教育、医疗、文化、养老等。

课题负责人：张兆安
课题组成员：陈建勋　林之豪　袁　辰　陈　迪

4. 上海超大城市乡村发展战略和功能定位研究

上海的乡村振兴是习总书记亲自点题、亲自关心的一项重要工作，是必须做好的一篇大文章。李强书记强调，上海要“把乡村作为稀缺资源，作为城市核心功能的重要承载地、提升城市能级和核心竞争力的战略空间”。如何落实中央和市委要求，进一步明确乡村发展战略和功能定位，是当前亟待解决的突出问题。

一、上海乡村功能定位演变历程及其规律

乡村在城市发展中始终扮演重要角色，上海乡村功能已经或正在经历“三个转变”。

一是从被动退缩的城市发展空间提供者，向总体空间相对稳定、总体地位不断提升的发展主体转变。新中国成立初期，全市建成区不到 80 平方公里。现在外环线内建成区 680 平方公里，“十三五”期末建设用地总规模将达 3 185 平方公里。与此相对应的，则是乡村的退缩。从 2000 年到 2016 年，全市耕地面积减少约 140 万亩即 933 平方公里；农业劳动力从 255.6 万人锐减至 38.61 万人，实际从事农业生产的人口不足 10 万；农业占 GDP 的比重由 1.6%下降到 0.4%以下。在这一大背景下，上海乡村长期处于“等待开发”状态。但随着城市开发边界趋于稳定，上海乡村发展将结束这种消极等待状态。以 2000 年到 2015 年为例，建设用地年均增长下降了 4.55 个百分点，城市扩张速度减慢。按 2035 城市总规，未来上海建设用地增长空间只有几十平方公里。可以说，随着上海城区在空间扩张上的放缓甚至逆转，乡村范围将逐步稳定，上海乡村将改变长期以来的被动退缩、消极等待状态，积极主动承担新的发展功能。

二是从单一的城市供应保障功能，向多元复合功能转变。随着城市的发展，上海乡村逐步从单一的城市供应保障者，逐步转变为多种城市功能的承载者。很长一段时间，市郊农村主要功能就是“保供应”。对此的直观描述就是“米袋子”和“菜篮子”。1986 年，上海提出郊区“一二三四”发展方针，其中的“二”就是两个立足点，即郊区农民口粮立足自给、城市农副产品供应立足郊区。这一时期，农业生产是郊区的主要功能。到

20 世纪 90 年代中期，尤其是进入新世纪，上海市郊农村功能逐步多元。比如，“十五”期间提出要“大力发展远郊休闲度假为主的旅游业”。“十一五”要求“按照‘1966’城镇体系规划目标，分步实施，整体推进，建设一批与上海国际大都市发展水平相适应的新城、新市镇”。“十二五”时期提出“把郊区放在现代化建设更加重要位置，推动城市建设重心向郊区转移”。“十三五”时期更是提出“持续推动公共服务资源配置向郊区人口集聚地倾斜、基础设施建设投入向郊区倾斜、执法管理力量向城乡接合部倾斜”，将更多城市功能放在农村。郊区农村功能不断拓展，逐步形成了“繁荣繁华看市区、实力水平看郊区”的格局。

三是从承担基础和附属功能，向承担更高能级和城市核心功能转变。一方面，市郊农村提供农产品的结构和品质都在不断优化和提升。突出表现为“有减有增”。“有减”就是大众的、初级的、基本农产品靠大市场大流通，粮、肉、蛋等满足基本生活需求、能够长途运输的农产品产量逐步下降。“有增”就是蔬菜、水果、鲜奶、水产品等对鲜度要求较高、产品附加值高、体现品质生活需求的农产品产量明显上升。粮食产量从 1995 年峰值的 219 万吨减少到 2019 年的 95 万吨，而水果、鲜奶则分别从 1995 年的 21.7 万吨、21.8 万吨增加至 2019 年的 28 万吨和 29.7 万吨。另一方面，在农业生产、休闲旅游等方面，出现了一些高端化、品质化、品牌化的产品，同时乡村在高端制造业、战略性新兴产业、创新创业和高端生产、生活服务业等方面，承担了越来越多的功能。

回溯上海郊区乡村功能的演变历程，可以清晰看到：整体上，我市乡村的功能定位，取决于各历史阶段城市发展需求，乡村是在或被动或主动服务超大城市发展需求中实现自身功能调适。发展到现阶段，我市郊区乡村发展已出现“三大拐点”，即空间收缩拐点，乡村空间将稳定下来，为整体规划、长远谋划乡村发展奠定了基础。价值实现拐点，乡村的稀缺性已经显现，乡村的价值将进一步显化。整体地位拐点，我市郊区乡村必将脱离附属地位，成为一个能和“城”相呼应、相协调、相融合的另一个发展主体。这就要求我们对乡村功能定位进行再审视、再思考、再明确。

二、上海乡村优劣势分析

（一）优势和机遇

上海乡村优势主要有七方面。一是市场优势。加上流动人口，上海人口总量达 3 000 万，对农产品需求量大，每天要吃掉 7 万吨食物；上海 GDP 达 5 000 亿美元，人均 GDP 达 2 万美元，达到发达国家水平，市民消费能力强，对农产品品质、品牌要求较高，只要有品质保证的优质农产品根本不愁销路。背靠国际化大都市、大市场，这是上海乡村发展得天独厚的优势。二是科创优势。上海正在建设有全球影响力的科创中心，拥有一批高水平功能平台和新型研发组织，初步形成了以企业为主体、市场为导向、产学研深度融合的技术创新体系，培育了一批组织化、专业化、市场化的科技服务机构。2019 年全社会研发投入占 GDP 比重达 4.1%。科创领域的优势，为农业科技创新与乡村产业发展提供了坚实的基础，有利于提升上海农业资源集聚力和辐射带动力。三是窗口优势。长期以来，上海是世界观察中国的窗口，也是世界进入中国的码头。作为枢纽和窗口，上海最有条件汇聚、吸收全球最前沿、最好的农业农村发展信息、产品、理念、技术和模式，最有条件走出世界视野、中国特色、上海特点的乡村发展路径，向其他地区复制推广。四是人才优势。近年来，上海形成了门类齐全、梯次合理、充分满足发展需求的人才体系，成为人才集聚新高地。目前，上海正在大力发展高端、高科技、高附加值的都市现代绿色农业，实施乡村振兴战略，迫切需要各类涉农人才和复合型人才。充足的人才储备为上海乡村发展提供了有力支撑。五是平台优势。现代农业发展的重心已经从生产转向销售营销，农业发展的平台化趋势更加明显，许多土地资源紧缺的地区通过发展域外农业弥补土地资源的不足。目前，上海有着拼多多、盒马鲜生等一批重大商贸平台，这些平台是全国各地农产品的销售市场，买家也遍布全国，为上海发展“两头(研发、营销)在沪、中间(生产种养)在外”的发展模式提供了有利条件，拓宽了上海农业发展空间。六是空间优势。中心城区人口密度高，异常拥挤，而郊区乡村面积占全市面积的 85%，集中建设区和开发边界外的郊野面积占到 60%，空间广阔，人口密度低，对部分企业、人才有天然的吸引力，有些产业功能只有郊区的空间才能承载。目前，郊区乡村还有大量的宅基地、低效建设用地有待激活，这些都是潜在的空间优势。七是战略机遇。目前，上海承担着一系列国家战略，对乡村发展有着巨大的溢出效应。习近平总书记交给上海三项重大任务和进博会，构成了上海未来发展的战略支撑，也是乡村发展的重大机遇。特别是新片区、示范区都在郊区，将极大地增强上海特别是乡村的发展动力，重塑城乡格局。新片区将为农业离岸贸易、引进国际农业投资提供更多空间，示范区建设将为郊区生态绿色发展创造更多可能。另外，打造“四大品牌”、优化营商环境等市重点工作也为打响农业品牌、农业“放管服”提供了新的契机。

(二)劣势和挑战

一是自然资源禀赋与周边地区形成落差。自然资源禀赋是乡村发展的前提条件。相对而言，浙江、江苏乡村资源丰富、风光旖旎，像安吉等地生态环境同欧洲相比也不逊色。上海乡村资源禀赋相对单一，山、水、林、田、湖、草等要素多元化不足，比如，9 个郊区只有金山、松江有几座小山，许多市民都觉得江浙的农村更漂亮。

二是环境和配套现状与承担更多功能的要求有明显差距。乡村要成为城市核心功能的重要承载地、提升城市能级和核心竞争力的战略空间，对硬件和软件提出了更高要求。这些年我们关注中心城区、郊区新城以及集镇建设较多，对村级的投入不足，肌理景观、基础设施、公共管理、公共服务仍然是农村地区最大的短板，教育卫生资源、污水治理、垃圾分类设施等供给不足，道路、桥梁等基础设施建后管养维护不足。许多农村地区长期处于被管控、待开发状态，很多 20 世纪 80 年代的农民房屋破败不堪，部分地区“脏、散、乱”的情况比较突出。这些短板抑制了乡村承担更重要功能。

三是乡村特色不明显和引领力不够与超大城市定位不匹配。农业经营主体中，农户、合作社等“小舢板”占有很大比重，缺乏规模大、竞争力强、拉动效应强的龙头公司等“航空母舰”。上海乡村发展缺乏特色和个性，比如缺乏一批非吃不可的农产品、有全国知名度和影响力的农业品牌企业，非去不可的乡村旅游景观。总体上，上海农业发展、农村业态的相对低层次供给不能满足市民的高层次需求。许多市民节假日宁可舟车劳顿去江浙的乡村，也不愿在上海郊区乡村休闲游。此外，上海农村农业发展对周边和全国辐射能力较弱，缺少有区域影响力的著名企业、产品品牌和服务品牌。

四是全国“三农”政策的普适性与超大城市特殊性、发展阶段超前性之间存在矛盾。上海作为超大城市，城市化率达 90%以上，远高于一般城市，农业占比不到 0.3%，远低于一般城市，“大都市、小郊区”“大经济、小农业”的特征十分明显。由于城市化更早、更快，上海比其他城市更早地碰到一系列新情况、新问题。但全国“三农”政策仍然是普适性的，上海和其他省份执行时并无差别，这使得上海乡村资源稀缺性和价值实现路径不畅并存。一方面，乡村的集体建设用地、农房是稀缺资源，是城里市民、企业家眼中的“香饽饽”；另一方面，由于在融资、税收、社保、土地利用等方面仍然缺乏足够有效的政策供给，宅基地退出、集体建设用地入市等重大改革存在障碍，资本、企业、人才等向农村流动的积极性不足，许多乡村资源仍然未被激活，处于低效闲置状态。

三、国内外大都市郊区乡村发展定位比较分析及启示

（一）江苏和浙江的经验

上海与江浙地缘相近、经济发展水平相当，其乡村发展极富特色，有不少做法值得借鉴。

江苏的“苏南模式”，主要特征是发展乡镇企业，以集体经济为主，主要由乡镇政府组织资源。在总体功能上，改革开放后的相当长时间内，苏南农村不仅承担了粮食生产等传统农村基本功能，更依靠集体经济带动整个农村地区的发展，使农村成为不输于城市的另一个重要发展空间和发展力量。近年来，江苏着力加强“特色田园乡村”建设，系统性谋划、整体性提升、多元化定位乡村功能。

专栏 1　江苏建设“特色田园乡村”

江苏将特色田园乡村建设作为乡村发展的总抓手。通过村庄环境整治、美丽乡村建设，推进乡村基本公共服务标准化，促使城乡融合发展。建设过程中，重点把握注重乡土气息、彰显个性特色、提升多元价值、焕发内生活力这四个方面，使乡村实现在风貌塑造上留住乡村的“形”，在文化传承上留住乡村的“魂”，在功能布局上体现乡村的“全”，在宜居宜业上留住乡村的“人”。尤其是功能布局上，注重培育可持续发展产业，多渠道促进农民增收，从整体上带动乡村综合发展。

浙江的乡村发展，主要是依托乡村资源禀赋，特别是围绕“绿水青山就是金山银山”这一绿色发展理念做足文章。政府主要职责是打好生态环境底板及公共服务基础，通过全域土地综合整治、“万千工程”等实现“绿水青山”，然后再将“绿水青山”转化为“金山银山”。在总体功能上，浙江注重发挥乡村护生态、兴产业、富农民等功能，用“美丽乡村”发展“美丽经济”，把“美丽生态”转化为“美丽红利”。“浙江模式”之所以能成功的一个重要因素是强大的市场基础，民间投资活跃、市场资本充沛以及宽松的市场氛围为乡村发展注入动力和活力。其中最具代表性的就是德清“民宿经济”的崛起，就是市场运

作的结果。当然，在市场发挥作用过程中，政府的相关政策发挥了关键作用。一方面是放权搞活。打破社会资本进入乡村的政策束缚，使各方资源能够流入乡村、留在乡村。另一方面是加大财政投入，由政府出资，为待开发地区建设基础设施，为后期社会资本进入提供基础和可能。

专栏 2　德清民宿经济发展

德清的民宿均由市场投资，且基本走高端路线。比如“裸心谷”投资 6 500 万美元；“法国山居”投资 3 000 万美元；后来的一些民宿总投资基本都超过 1 亿元。与此相对的是，价格也极其昂贵。德清莫干山地区 66 家民宿酒店平均房价达千元，一个床位年平均税收贡献达 10 万元。德清民宿发展起来的关键是“先上车后补票”的做法。大部门民宿一开始都属于无证经营、非法经营，政府对此并没有一关了之、一概否定，而是先等一等、看一看。在其发展起来之后迅速补位，出台相关标准，使不合法的事物合法化。

江浙的经验对上海农村发展有一定借鉴意义。比如“苏南模式”，上海集体经济实力较强，总资产全国第二，但主要是买物业、搞出租，自我发展动力不足、能力不强，增强镇村集体经济组织自我发展的主动性亟待提升，发展壮大的思路亟待拓宽。浙江经验中最值得学习借鉴的是，政府要“有所为，有所不为”，乡村发展主要还是依靠市场力量。乡村资源本身就极富价值，尤其对于超大城市来讲，越来越成为稀缺资源，资本有意愿也有动力进入乡村。但正是现有政策上掣肘，使得一些资本不敢也不能进入乡村，乡村资源也无法进入市场。浙江的实践证明，只要打破这些条条框框，乡村本身就有无限发展潜力。另外需要注意的是，两种模式可以借鉴但不能照搬。不管是浙江还是江苏都是大农村，其功能完全可以“大而全”。但上海却不同，上海是“大城市小农村”，市郊功能定位必须在上海城市发展整体定位中寻找、设定。同时，上海市郊农村和浙江、江苏的农村在自然禀赋等方面也有差异，适合江浙乡村的发展模式未必适合上海。

（二）国际经验

我们考察和比较了英国、荷兰、日本、德国等国家大都市郊区乡村功能定位情况。

英国伦敦、日本东京等郊区农村的特点是生态宜居、城乡融合、功能复合。伦敦和东京郊区乡村的生态基底和环境都非常好，伦敦的绿化及水域覆盖率达到 66%。考察发现，伦敦郊区乡村整体是个大花园，乡村小镇古朴典雅、错落有致，感觉非常生态宜居。伦敦、东京的郊区，本质上是生态宜居的城市居民社区，住在乡村的主要是有产阶级，属于中等收入以上阶层，真正的农民很少。大量的非农业人口居住在乡村，不仅优化了乡村人口结构，也提高了乡村经济社会发展水平。在功能方面，英国最好的大学都在乡村，教育产业带动乡村发展；东京郊区的筑波，聚集了 30%的国家级科研机构；德国前 100 名的企业总部仅有 3 个设在柏林，其余企业的总部都设在乡下的小市小镇。

专栏 3　乡村正在成为全球科技创新策源地

英国牛津郡本是生产小麦、燕麦为主的传统农业郡，在 1985 年散裂中子源落户之后，顶尖科研人才和国际投资随散裂中子源而来，带动计算机、生物科技等成为当地主导产业和发展动力，现已成为欧洲主要科技创新中心。日本筑波是一个含 4 个镇和 2 个村的农村地区，地势平坦、水源充足、绿化带宽，自然环境优美，地理条件优越。目前，日本 30%的国家研究机构、40%的研究人员都集聚在筑波，国家研究机构全部预算的 50%左右投资在这里。最大特点是设备精良、人才众多、研究基础雄厚。比如，筑波高能物理研究所是国际上重要的高能物理研究中心之一。

荷兰、日本农业的最大特征是优质高效、竞争力强，承担了满足品质需求、成为支柱产业等功能。荷兰农业劳动力占全社会劳动力的 2%，农业增加值却占 GDP 的 4%，出口占总出口的 25%。全国农业劳均产值 4 万多欧元，劳均出口 3.3 万美元，第一产业劳动生产率和农民收入均高于第二、第三产业，是国民经济的支柱产业。日本的农产品品优质佳，是精致农业的典范。日本都市农业仅占全国 2%的农地，却贡献了 8%的农业产值。农业的生产生态、抗灾防灾、文化传承、休闲体验等多元化功能在东京都表现得淋漓尽致。两者的共同经验，一是依托高科技支撑。日本十分重视利用人工智能、云计算实行农业全自动化管理。荷兰大力发展种源农业，利用基因技术在蔬菜、园艺新品种育种方面已走在世界最前沿，温室彩椒单位产量高达 50 公斤/平方米，1 公斤番茄种子价格远远高于 1 公斤黄金。二是实现全产业链增效。始终贯彻大农业、大食品的理念，实行农林牧副渔结合，坚持农业与其他产业跨界融合发展，做到产学研一体，通过延伸产业链不断提升价值链。在荷兰绿港，从种子、育苗、生产到加工、贸易、物流、金融，农业关联产业高度集聚，形成了上下游紧密联系的全产业链。日本大力倡导一二三产业融合的六次产业发展，2017 年六次产业总额达 3.9 万亿日元（约 2 500 亿元人民币），年均增幅 4%。

综合来看，江浙乡村情况和上海不同，国外乡村发展的阶段和制度基础也有较大差异，以上国内外经验不能照搬照抄，但还是有不少启示。一是超大城市郊农村完全有条件、有能力承担多元化、多层级城市功能。二是乡村承担更多更高层次城市功能，是城市发展到一定阶段后的必然规律，也是乡村自身发展的必然要求。三是乡村功能定位主要基于市场的选择，如果减少城乡分割的制度障碍，资源会根据市场需求在城乡之间流动，使乡村形成更适宜的功能定位。四是农业完全可以成为一个赚钱的产业，甚至成为一个地区或国家的支柱产业。

四、上海乡村功能定位建议

（一）乡村功能定位的基本原则

依托自身优势。乡村功能定位必须符合乡村的比较优势，只有这样乡村功能定位才能更精准，功能才能更强。不同乡村的资源禀赋、区位优势不同，其功能定位也大相径庭。

遵循市场选择。市场在乡村功能定位时应发挥决定性作用。乡村功能是市场演进的结果，而不是人为主观规划出来的。

加强政策引导。乡村发展的过程，就是乡村功能的成长和强化的过程，会面临各种困难和瓶颈。政府要发挥好支撑和托底作用，加强政策供给，助推乡村功能升级。

突出前瞻布局。乡村功能定位不能只顾当前，必须保持足够的弹性。要面向全球、面向未来，体现前瞻性、先进性，适应未来发展的新情况、新趋势。

(二)上海乡村功能定位的总体考虑

谋划上海超大城市乡村功能，总的要深入贯彻习近平总书记关于“三农”工作的重要论述和对上海“三农”工作的重要指示，按照李强书记“把乡村作为稀缺资源，作为城市核心功能的重要承载地、提升城市能级和核心竞争力的战略空间”的要求，坚持规划引领，强化市场参与，优化投入方式，加大改革力度，聚焦政策突破，主动服务和适应超大城市发展，促进城乡共同繁荣、融合发展。总体上，上海乡村功能定位要坚持“一个中心”和“两个面向”，明确两大方面功能。

“一个中心”，就是围绕率先实现高水平的农业农村现代化这一中心，坚定不移地推进美丽家园、绿色田园、幸福乐园工程建设(“三园”工程)，努力在全国“三农”发展和乡村振兴工作中走在前列、做出示范。

“两个面向”，一是坚持面向全球，同上海建设具有世界影响力的社会主义现代化国际大都市相匹配，对标全球性城市郊区乡村发展的理念、路径和形态，紧密结合上海实际，积极探索符合规律和自身特点的乡村振兴、城乡融合发展新路子；二是坚持面向未来，同上海要代表国家参与国际经济、科技合作与竞争，建设“五个中心”和承担国家战略的特殊使命相适应，进一步显化超大城市郊区乡村作为稀缺资源的战略价值。

明确两大方面功能，即基本功能和提升功能。不管是一般乡村、一般城市乡村，还是超大城市的乡村，都具有一些最原始、最基础的功能，我们可称之为基本功能。同时超大城市的乡村还承担一部分体现城市能级和核心竞争力的功能，我们可称之为提升功能。基本功能是美丽上海的底色，超大城市要求更高，基本功能必须确保和优化。提升功能是国际化大都市的亮色，与城市核心竞争力和城市能级息息相关，必须进一步明确和强化。

总的看，上海乡村的功能定位可概括为“3＋5”架构，“3”是基本功能，分别为保障供给功能、生态涵养功能、文化传承功能；“5”是提升功能，分别为：在农业发展方面强化示范作用，成为高科技农业的领军者；在产业空间方面强化承接作用，成为优质产业发展的重要承载地；在品质生活方面强化引领作用，成为城乡融合和生态宜居的示范区；在高端服务方面强化集聚作用，成为高能级服务的新高地；在区域协调发展方面强化辐射作用，成为长三角高质量一体化发展的桥头堡和实践区。

(三)站在超大城市生命体、有机体高度，厘清上海乡村的基本功能

城市是一个生命体、有机体。要维持城市正常运行和健康循环，乡村必须发挥保基本、守底线、立根魂的功能。总的看，上海乡村的基本功能至少包括以下三方面：

一是保障供给功能。乡村要为超大城市提供必要的且难以由外地提供的高品质农

产品。随着交通物流运输水平的提升，大多数食品可以从山东等其他地区运输过来，但鲜活农产品仍然高度依赖郊区农村。1995—2015 年的数据显示，我市大部分农产品如粮食、出栏生猪、出栏家禽、鲜蛋的产量下降幅度较大，但鲜活农产品如蔬菜、水果、牛奶的供给水平上升明显。目前，上海中心城区 90%的绿叶菜、70%的鲜奶、20%的水产品是郊区乡村供应的。随着超大城市的发展和市民收入水平提高，对鲜活农产品的数量、质量、新鲜度、营养等方面的要求在提高，对高品质农产品的需求在增强，上海乡村保供给的任务并没有减轻。在节假日和新冠疫情期间等特殊时段，乡村农业保供给的任务更重，对超大城市安全稳定发挥着至关重要的作用。

二是生态涵养功能。乡村的草、林、滩涂、湿地、农田等各类自然资源，提供水土保持、涵养水源、净化环境、生物多样性等作用，是上海的绿肺。农业一方面提供生态的农产品，同时也提供生态环境，一大片稻田就是一大片湿地。乡村是上海生态涵养、生态净化的主体，是提升城市生态系统质量和稳定性、改善城市生态循环系统的关键，把林地资源和耕地都算上，郊区共有超过 3 000 平方公里的绿地，占全市绿地的大部分，全市饮用的水和中心城区的每条河都是从郊区流过来的。根据 2035 城市总规，到 2035 年，市域生态用地占市域陆域面积比例达到 60%以上，森林覆盖率达到 23%左右，河湖水面率达到 10.5%左右。要完成这些目标，重点在乡村。

三是文化传承功能。上海是江南农耕文化的发祥地之一，广大乡村地区蕴含着许多优秀的传统乡土文化、民俗风情和农耕文明，承载着家乡味道、故土情结和精神寄托。要把这些承载上海历史、维系文化根脉的特色乡村文化遗产资源保留、保护好，让乡村成为市民群众了解上海历史、体验农耕文化的载体，让活态的乡土文化传下去。

（四）站在超大城市发展全局高度，凸显上海乡村的提升功能

上海是“五个中心”。习近平总书记去年考察上海时强调要强化全球资源配置功能、科技创新策源功能、高端产业引领功能、开放枢纽门户功能。强化四大功能是对上海整座城市的要求。对上海乡村而言，关键是找到发力点、切入点，明确强化提升功能，服务城市大局，推动城市能级和核心竞争力的提升。总的看，上海乡村的提升功能应包括以下五方面：

第一，在农业发展方面强化示范作用，成为高科技农业的领军者。上海在全国的作用不在于规模和体量，而在于引领和示范。上海农业发展也是如此，关键是发挥好示范作用。上海耕地面积少，不适合走土地密集型新大洲农业发展道路，但可以学习日本、荷兰、以色列等国先进经验，通过科技为农业赋能，走高科技农业之路，占据农业价值链高端地位。农业产业要立足全球最先进技术。农业发展归根结底要掌握农业产业链核心环节、占据价值链高端地位，体现高附加值。要加大农业供给侧结构改革，推动农业革命性改造，依托科创中心建设优势，抢占行业制高点，聚焦规模农业、科技农业、绿色农业、品牌农业，加大招商引资力度，引进一批有经营理念、有资金实力、有品牌意识、懂市场销售的市场主体，重点发展无土栽培、无人农场、植物工厂、工厂化养殖、高端设施农业、现代花卉等土地集约型的高精尖农业，推动传统农业脱胎换骨。如现代花卉产业市场潜力巨大、效益很高，要以举办花博会为契机，打造花卉研发、生产、销售全产业链。

目前，我市绿叶菜种植主要是外地来沪从业人员，特殊时段绿叶菜种植都面临种植人力不足的压力，要加大机器换人力度，打造蔬菜机械化生产基地，确保80%的绿叶菜需求由植物工厂供应。农业科研要成为全球创新策源高地。农业发展优势不仅要表现在产业上，更要体现创新策源功能。上海要成为农业科学新发现、农业技术新发明、农业产业新方向、农业发展新理念的策源地，要成为农业科学规律的第一发现者、农业技术发明的第一创造者、农业创新产业的第一开拓者、农业创新理念的第一实践者，形成一批农业基础研究和应用研究的原创性成果，成为全球农业科技研发的高地。与之相适应，和高科技农业相匹配的，不再是面朝黄土背朝天的传统农民，而是懂科技、有技能、会管理、善经营的新型职业农民和农业产业工人。

专栏4　崇明开启设施农业新应用

国家设施农业工程技术研究中心位于港沿镇鲁玙村，占地220亩，是一个集研发、设计、示范、生产、培训、推广于一体的现代农业综合体，总投资2 000多万元。设施中心引进先进的智能温室，运用现代技术种植各类果蔬、名贵中药。自主研发的南极温室“样板田”，使得极端条件下蔬菜仍能“自给自足”。中心运用设施农业控制技术、设施农业绿色高效种植技术、有机循环生态能源技术等，建立了黄瓜、番茄“半封闭”长季节栽培和鱼菜共生等温室高效生产模式，产量和经济效益比原有技术提高20%以上。

第二，在产业空间方面强化承接作用，成为优质产业发展的重要承载地。乡村发展，产业先行。乡村功能定位，首先是产业定位，关键也是产业定位。长期以来，乡村的主要产业是农业及相关行业。但随着乡村空间广阔、密度低、生态美丽、成本低等方面的优势逐步凸显，许多产业正在乡村集聚，乡村的产业功能更加丰满、立体、多元。与之前以大规模承接制造业为主不同，未来上海乡村主要是结合资源禀赋和全市产业特征，将生态优势转化为发展优势、产业优势，重点发展三类产业。一是集聚总部企业和研发中心。越来越多的跨国公司把研发机构和总部搬迁或设立在郊区乡村，国际经验表明，许多世界500强企业都是从乡村走出来的。上海乡村可主动作为，承接一批跨国公司总部和研发机构，青西的华为研发总部、奉贤的“三园一总部”等就是好的例证。二是发展低能耗、轻资产、知识密集型的产业。乡村是发展低碳、低能耗、高附加值的产业的最佳空间，许多金融小镇、基金小镇、体育小镇、康养小镇等特色小镇正在兴起。上海乡村要立足资源禀赋，突出特色优势，围绕乡村资源开发加强谋划策划规划，发展文化体育、设计创意、现代金融、康养旅游等环境友好型、知识密集型产业。三是培育新经济。有好风景的地方一定有好经济、新经济，美丽生态一定会带来美丽产业、美丽经济。许多新经济、新业态、新模式都发轫于乡村，比如，盒马产业基地总部落户浦东航头镇，特别是新冠疫情催生了一批在线新经济、不接触消费等新业态。上海乡村要因势而谋、应势而动、顺势而为，积极承接优质产业，并依托资源优势成为孕育新经济的重要平台。

专栏 5　盒马扎根乡村力拼线上新经济

2020 年 4 月，盒马产业基地及总部落户浦东，成为盒马在上海的“新基石”和发展加速器。该加工配送中心集全自动立库、自动存储输送、分拣加工为一体，预计 2022 年投产使用，年营收将超 100 亿元，服务于上海各大盒马门店。围绕订单农业基地和数字农业示范基地建设，打造“盒马村”，实现从农业基地到盒马门店全链路。围绕航头镇现有的法制主题公园打造体验基地，从农业生产基地、航头数字农业公园到盒马产业基地，把休闲、认领、农家乐到体验等贯穿其中，打造“盒园”。

专栏 6　奉贤打造三园一总部

奉贤区发挥乡村资源应有价值，提出“三园(院)一总部”的发展模式，即：一庄园一总部、一公园一总部、一庭院一总部，发展总部经济，2019 年奉贤区全区已落户“三园(院)一总部”项目共 140 个，实现税收约 2.1 亿元，引进了弘正新能源、合景泰富办公展示基地、淘璞部落、青春里养老社区等一批企业总部。

专栏 7　华为“总部经济”带动青西地区发展

2019 年 1 月，华为上海青浦研发基地顺利完成土地摘牌。该项目位于上海市青浦区科创走廊建设的发展主轴，拟投资建设新的研发中心及配套人才公寓，总投资约 100 亿元。其中，华为研发中心，选址位于金泽镇西岑社区，项目规划用地面积 2 400 亩(其中一期 1 400 亩，二期 1 000 亩)，拟建建筑面积 100 万平方米以上，主要用于科研、办公及配套设施，预计将导入 3 万名科技研发人才。

一个华为，半座城区。华为的类似“产业造城”效应，将加快推进大科技、大旅游、大文化、大健康、大总部产业协调发展。未来的青西地区，将不是传统上海人眼中的“偏远乡村”，而是一个现代化的科技之城。

第三，在品质生活方面强化引领作用，成为城乡融合和生态宜居的示范区。我们讲创造高品质生活，乡村是重要的发力点和突破口。当前，逆城市化成为全球城市发展的趋势，乡村引领健康生活风潮，欧洲的高净值人群都选择居住在风景美丽的郊区。习近平总书记强调，新冠疫情警醒我们，超大城市人口密度过高带来一定的安全隐患，要将中心城区功能和人口向郊区、新城疏散转移，推动多中心、郊区化发展。上海城市化水平高于国际上许多城市，中心城区人口密度极高，逆城市化动能更强，将来越来越多的市民会选择在生态宜居安全的乡村居住生活。功能上，进一步强化生态优势。良好的生态是乡村未来发展的支撑点，上海乡村要在完善基础设施和公共管理服务水平促进城乡融合发展的基础上，加强自然环境与人文环境的融合，打造宁静典雅、山清水秀、天蓝地绿、抬头仰望可见繁星的美丽村落，让生态美起来、环境靓起来，让更多人愿意来乡村居住生活。空间上，打造一批生态宜居的特色集镇和村。品质生活必须有具象的空间载体，优化完善乡村空间布局至关重要。分类推进新市镇发展，选取部分镇高标准配置公共资源，加强社会治理，完善居住功能，打造高品质生活区，生态农业镇的屏障功能要发挥好。从长期趋势看，村级层面是未来农村功能承载、人口集聚的关键发力点。同新城、新市镇相比，村层面将更稀缺、更有吸引力，必须把村层面最基本的功能做实做深。要以农民相对集中居住为牵引，重点打造一批配套功能完善、交通便利、辐射带动力强的中心村，吸引更多农民集中居住。

第四，在高端服务方面强化集聚作用，成为高能级服务的新高地。服务是中心城市的使命所在，更是提升全球资源配置能力的关键所在。在国际上，国外许多科研机构就在一个小镇上，一所大学就是一座城，许多重要组织、机构都在乡村，乡村正在承担更多服务功能。上海乡村要立足“四个放在”，在服务的辐射度上下功夫，为“上海服务”品牌增光添彩。增强科研、教育等生产型服务功能。上海正在建设全球科创中心，大科学装置等重大科研项目的落地往往需要一定的土地空间，乡村是最理想的场所，最有条件成为科技创新的重要策源地。许多高校都在往郊区搬迁，或在郊区选择新址，要优化教育资源配置，打造一批高校集聚区。增强居住、休闲娱乐、康养、医疗等生活型服务功能。住房已成为制约引进人才、留住人才的棘手问题。高居住成本是超大城市中心城区的烦恼，但却是乡村的机遇，基于产业人群的居住正在乡村兴起，并带来与之相配套的运动、休闲等公共服务功能提升。要谋划利用空置农房、建设用地打造人才公寓，解决人才居住问题。目前，中心城区就医养老“一床难求”，要发挥乡村良好的生态优势，要利用上海的人才、资金和技术优势，为市民打造休闲养老、康养医疗的居所。郊区乡村正在承担更多的国际性赛事，比如，上海网球大师杯在马桥举办，闵行郊野公园承担了几项国际赛事。打造一批顶级服务平台载体。各种博览会、交易会、论坛等，是促进各类战略资源集聚、增强服务能级的重要抓手，国外的达沃斯论坛、国内的博鳌论坛都在乡村。上海也要有一批类似的乡村，打造一系列有全球影响力的平台载体，高水平运作，办出特色和声势，以新平台推动新要素向上海集聚，服务全世界。

专栏 8　张江镇打造“乡村人才公寓”破解创新人才居住难

随着张江科学城的规模壮大，不断增长的住房需求和有限的供给空间之间存在很大矛盾和缺口。目前，由国资主导的人才公寓排队申请居住的人数超过 2 万，申请一间人才公寓要等两年以上，人才公寓面临 5 万套住房缺口。

张江镇将“农民房”改造为长租公寓，探索出一条由政府牵头、农民供房、镇企改造，三方合力的“乡村人才公寓”模式。按照现代白领的生活需求，乡村人才公寓兼具居住、学习、休闲、娱乐等功能，周边绿地公园、篮球场、村卫生室、小型超市、公交站点等配套设施完善，为白领人才提供了便利的出行环境和优美的居住空间。

由于定制个性化、交通便利，且租费便宜，房间均价在 1 500 元左右，只有市区一室租金的一半不到，越来越多的企业有意在张江镇租赁成套的乡村人才公寓，满足员工居住需求。

第五，在区域协调发展方面强化对接辐射作用，成为长三角高质量一体化发展的桥头堡和实践区。区域协调发展是一个重大的使命和课题，重点在乡村，难点也在乡村。上海郊区乡村面积占85%，郊野面积占60%，有条件也应该在区域协调发展上走在前列，形成上海道路和上海方案，为实施长三角高质量一体化国家战略添薪助力。形成若干典型示范区域。依托国家战略、重大项目、重点区域、重大平台精心谋划，打造一批提供乡村振兴整体解决方案的重点区域。比如，青浦区利用示范先行区建设、华为研发中心建设等有利条件，在西岑小镇率先打造世界著名湖区、创新经济中心、生态价值高地、江南水乡典范、乡村治理样板。目前，我市正在推进第二批乡村振兴示范村建设，要坚持以点带面，增强示范引领，在村庄规划建设、乡村产业发展、农民增收、等方面形成一系列可复制、可推广的经验，特别是抓紧探索与乡村产业升级、人口集聚、空间优化、基础设施配套集中等新的乡村形态相适应的农村社会治理模式。加强改革集成。积极向中央申请重点领域和关键环节改革的先行先试，在宅基地使用权流转市场建设、建设用地入市、村庄土地规划等重大问题上率先突破，加快取得更多实质性、突破性、系统性成果，加强对改革创新的系统集成，为全国改革探索路子、贡献经验。此外，长三角一体化绿色生态示范区要坚持创新、绿色、协调、开放、共享的理念，在严格保护生态环境的前提下，打破行政边界，强化区域一体化制度创新，充分发挥在长三角一体化中的示范引领作用。

五、相关政策建议

（一）提升公共配套水平，强化生态优势

乡村发展空间有多大、功能有多强，很大程度上取决于乡村生态宜居水平有多高、生态优势有多强。一是推进全域土地综合整治。按照山、水、林、田、湖、草系统治理的理念，进行全域规划、全域设计、全域整治，对田水林路村进行全要素综合整治，推进存量建设用地整治利用，优化用地结构和布局，统筹农房建设、产业发展、公共服务、公益事业、基础设施、生态保护等各项用地，实现农田集中连片、建设用地集中集聚、空间形态集约高效的乡村空间格局。二是加快推进农民集中居住。以农民集中居住为牵引，加强中心村建设，改善乡村风貌，保护乡村肌理，改善农村生态环境。三是提升农村硬件软件水平。补好农村基础设施的短板，在道路、桥梁、污水处理等方面要形成可持续的投入机制和管养维护机制。要前瞻性加强农村新基建投资，扩大5G、光纤网在农村的有效覆盖，防止城乡之间产生新的“数据鸿沟”。提升乡村公共管理和公共服务水平，特别是教育、卫生、生活配套等方面要缩小和中心城区的差距，真正做到城乡一体化。伴随乡村产业发展的产业人群和农业产业工人，将逐渐成为乡村居住的主体，各地乡村要结合产业特点，提供针对性的、个性化的公共服务。四是加强生态建设。继续优化森林空间布局，增加森林空间整体规模，持续加强湿地保护，加快推进一批湿地生态修复项目落地。围绕公园城市建设目标，完善全市公园体系，加快建设一批环境优美、配套完善、运维有效、游客青睐的郊野公园，打造一批体现城乡融合发展的若干特色休闲片区、精品旅游线路、乡村游憩休闲功能区。

（二）增强制度供给，释放乡村发展活力

乡村产业发展速度很快，必须要有与之相适应的政策体系。要聚焦乡村产业发展的重点领域，坚持需求导向、问题导向，加强制度供给。一是加大宅基地改革力度。当前，宅基地用途受限、流转不畅，要通过“三权分置”改革，先行先试推动宅基地使用权市场化流转，扩大使用用途，加快城里人下乡的步伐。二是加大对工商资本扶持力度。在融资门槛、贷款贴息、费用减免、社保等方面要出台更有力的支持政策，为乡村产业发展注入新动能。比如，集体建设用地抵押贷款、参与人才公寓建设等有强大的需求，但仍然需要打通最后一公里，明确操作细则，让政策落地。三是继续完善乡村规划用地政策。如加快点状供地政策的操作流程，减量化增加的建设用地指标一定比例用于乡村振兴领域。

（三）强化功能对接，找准工作切入点

明确乡村功能特别是提升功能在全市核心功能中的地位和主要发力领域，并在相关政策上予以配套支持。比如，将农业科创纳入全市科创中心建设。利用上海充满活力的创业投资体系，大力发展农业投资，引导国有创投机构投资农业项目，培育一批农业独角兽、瞪羚企业。科创人才的户籍政策要向高科技农业重点领域倾斜，吸引农业类顶级人才。中以创业园将农业科技创新作为重要着力点，引进农业先进技术。比如，把乡村高能级服务作为“上海服务”的重要方向。重大国际赛事、活动选址承办向郊区倾斜，打造一批具有全球影响力和标识度的乡村地标和服务IP。积极把握国家扩大服务业开放机遇，争取在康养、文化、体育等领域开展对外开放试点，支持各郊区服务经济特色化发展。放大进博会的溢出带动效应，以线上线下展示交易平台建设为契机，集聚更多高能级农业贸易主体，推动进博会贸易便利化等改革创新政策在农业贸易领域推广，努力把上海打造成为联动长三角、服务全国的进出口农产品集散地。

（四）加强政府引导，吸引多元主体

要提升乡村功能，各级党委和党组织要加强领导，总揽全局、协调各方，把乡村党组织建设好，把领导班子建设好，各级政府必须加强顶层设计，完善工作机制，加强规划谋划策划，真金白银抓好投入，发挥好政府资金四两拨千斤的撬动作用，让市场活力竞相迸发、充分涌现。市场主体要多元化。综合帮扶、示范村建设都需要大量的资金投入，不能全靠财政资金，要出台针对性更强、吸引力更大、精准性更高的政策，引导民营企业、国企等各类市场主体用一流的经营理念、高效的经营机制投身乡村发展。借鉴乡悦华亭模式，将农民房屋、集体建设用地、农用地、农村集体资产等统一委托专业公司经营。人才要多元化。吸引企业家、白领、专业技术人员下乡，培育一批乡村发展的核心力量，打造一批适应未来乡村发展的、有技术技能的新型职业农民和农业产业工人。

牵头领导：张国坤　丁伯婕　方　芳

牵头处室：市委研究室地区处　市委农办秘书处

课题组成员：吴祖麒　方志权　姚　烈　王常雄
姚丽霞　郑培泉　陈　云　张　晨
楼建丽

5. 欧、美、日农业政策支持体系研究

绿色农业是指在符合资源、环境、生态安全要求下，满足人民日益增长的营养健康需求的优质农业。在中国特色社会主义新时代，绿色农业代表着我国农业发展的方向。"十三五"期间，本市绿色农业发展稳步推进，全市绿色食品认证率达到20%以上，但仍存在资源环境约束加剧、地产优质产品供给不足、生产经营体制落后、科技创新水平不高等问题。因此，为进一步推进本市绿色农业发展，破解难题、应对挑战，课题组围绕国外绿色农业发展模式及其支撑体系开展了深入调研。

一、国外绿色农业发展模式

（一）美国可持续农业发展模式

1. 美国农业特点

美国农业是国外规模化经营的代表，具有较高的专业化程度，其家庭农场是美国农业的基础及核心单位。美国农业部的数据显示，截至2017年，美国农场数量约为204万个，其中96%为家庭农场。近年来，家庭农场呈现出数量减少、规模扩大的趋势，且农场间合作持续加强，提高了家庭农场的话语权、降低了生产成本；同时，家庭农场内部分工明确，经营模式国际化、市场化。

得益于规模化经营，美国农业专业化程度较高。规模化经营促使专业化分工的发展，进而使美国各个地区能充分发挥各自的比较优势，有利于降低成本，提高生产率，而区域分工和专业化生产又有力地推动了附近地区相关产业的发展。美国的农业体系被称作"农工综合企业"（Agribusiness），覆盖了"从田间到餐桌"的全过程。在这个体系里就业的人数占全国劳动力的17%，大大高于农业本身所能吸收的劳动力。同时，美国农业信息化、智能化水平也很高。美国利用其自身强大的科技水平，促使农业不断信息化、智能化，主要表现在生产更加智能、农产品溯源变得可行、农业经济和生态效益增加、农业全球竞争力提升。此外，美国设立了超过100个数据搜集站用于汇集和发布全美的各类农业基础信息，且大都为免费资源，大大提高了农业生产的精准性。此外，美

国已建立起以赠地大学为依托，遍布各州的农业科研、试验和推广体系，提供涵盖农业与自然资源、家庭与消费科学、农业社区发展、4H(Head、Heart、Hand、Health)青年发展等方面的综合性服务；而且，美国农业技术推广人员整体素质较高，其收入和工作经费也由各级政府提供相应的保障。

2. 美国可持续农业发展路径

美国农业的高产出是以高昂投入为基础的，大规模的机械化、自动化使其对外界的资源有较大的依赖。资源、能源与土地之间的关系基本上达到了极致，再追加投入可能也无法取得更多的收益，而投入加速产生较大的环境压力。因此，20 世纪 80 年代，美国提出了发展"可持续农业"(Sustainable Agriculture)为方向的转型。可持续农业主张以农业生产效益提高和资源环境保护为出发点，注重农业生产力提升和生态技术的应用，注重资源环境的节约和保护，制定相应的策略和技术开发体系，尽可能减少化工产品，节约资源，降低成本，促进农产品质量和农业生态环境的转型，并以立法形式对可持续农业的发展提供强有力的保障。

尽管美国不同时期《农业法案》侧重点不同，但其核心目标是通过对农业实施干预和补贴，促进农业生产和保护资源环境，保持美国可持续农业的竞争力。在修订过程中，美国农业政策的基本目标和主要工具始终得以保存，主要包括：一是以合理价格向国内消费者提供充足的食品和营养保障；二是使人们在农业部门得到的收入与在其他部门得到的收入基本相同；三是农业部门以家庭农场为单位；四是保护农业资源和生态环境。

(二)日本环境保全型农业发展模式

1. 日本农业特点

(1)在小规模土地经营制度的基础上实现了农业现代化。日本人多地少的资源禀赋决定了其长久以来农业小规模经营特征，占据了日本农业经营的主导地位，借助"外生力量"和"内生力量"实现了农业现代化，并推动了工业化进程，使日本跻身于发达国家行列，与西欧及美国等发达国家的大规模农场经营形成了鲜明的对比。外发性力量包括：一是日本农业协同组合的保护；二是日本政府的政策支持和政党团体的压力；三是日本消费市场的倒逼作用。三者联合作用于农村外部环境变迁，被认为是促进农业发展、激活农村内部力量的重要外部作用机制。而"内生性"发展指的是在农村内部，通过建立一二三产业融合发展体系("六次产业")，延长农业产业链，拓展农业功能，让农民分享农业全产业链利益和农业增值收益，实现地域价值的发展模式。

(2)实现专业化生产，农产品商品化率较高。日本早已脱离了自给自足的、小而全的农业模式，而是通过专业化生产促使了日本农产品的商品率达到 95%以上。日本农业的专业化主要体现在区域生产专业化、家庭生产专业化和生产环节专业化等方面。

(3)高度注重精细化农机技术发展，农业现代化装备水平高。日本注重适用于地块狭小零散的中小型农业机械设备研发，并因地制宜地将农机和农艺有机结合起来，在创造新工艺、新机具上不断取得突破和进展。日本中小型农机的高速发展对于缓解本国农业劳动力过度流失、农村人口老龄化和妇女化等问题做出了重要贡献，通过研发和推广系列适合于老年人和妇女操作的小型化、轻便化、智能化农业机械，促使在农业深度兼业化引致青壮年劳动力严重缺失的背景下，依然能够稳定基本农业生产，并为农业适度规模经营提供了有力的技术支撑。以小型拖拉机为例，同等耕地面积上日本小型拖拉机保有量是德国的45倍，法国的35倍，英国的80倍。

2. 日本环境保全型农业主要模式

1992年，日本农林水产省在其发布的《新的食物、农业、农村政策方向》中，首次提出了要大力发展“环境保全型农业”的新思维，其主要目的是恢复农业的多样化功能，实现农业的可持续发展。1996年，日本“农林水产省环境保全型农业推进本部”将环境保全型农业定义为：“要充分发挥农业所拥有的物质循环功能，不断协调与生产力提高间的关系，通过土壤复壮，减少化肥、农药的使用，减轻对环境的负荷，是具有持续性的农业”。至此，日本人对农业发展的价值观有了根本性的转变：由单纯地追求扩大规模和提高效率转变为重视农业自身的各种自然功能及物质循环功能。环境保全型农业关注点从基本框架下的“农业”扩大到“食品”以及发展环境友好型农业上，多项法律法规、政策、规划计划等不断完善。日本环境保全型农业的主要模式有：

(1)减化肥、减农药型农业。减少化肥和农药的使用量，减轻环境污染及食品有毒物质含量。主要是利用已有技术在保证单产、品质不下降的情况下，确定环境容量和环境标准；掌握在环境容量内对生产技术环境、农业环境的影响；合理减少化肥、农药的使用量以减轻对环境的污染及食品中有毒物质含量；有效地利用土壤诊断技术，进行水旱轮作、侧条施肥、施用缓效性肥料等；形成机械除草体系；形成高度的病虫害观测预防体系，病虫害防治多样化、综合化；应用天敌和微生物等防治病虫害。

(2)废弃物再生利用型农业。构筑禽畜粪便的再生利用体系，主要是构筑畜禽粪便的再生利用体系，通过对有机资源和废弃物的再生利用，减轻环境负荷，预防水体、土壤、空气污染，促进循环型农业发展。其主要措施有：将家畜粪便经堆放发酵后就地还田作为肥料使用，将污水经处理后得到的再生水用于农业灌溉。

(3)有机农业。完全不使用化学合成的肥料、农药、生长调节剂、饲料添加剂等外部物质，通过植物、动物的自然规律进行农业生产，使农业和环境协调发展。其主要措施有：选用抗性作物品种，利用秸秆还田、施用绿肥和动物粪便等措施培肥土壤，保持养分循环；采取物理和生物的措施防治病虫草害；采用合理的耕种措施保护环境，防止水土流失，保持生产体系及周围环境的基因多样性。

(三)欧盟共同农业转型模式

1. 欧盟共同农业发展历程

欧盟共同农业政策(Common Agriculture Policy，简称CAP)是规范欧盟内部农产品的生产、贸易和加工的一项基本公共政策，是欧盟最早提出、最重要的公共政策之一，与关税同盟一并被认为是欧盟的两大支柱政策。对欧盟各国的农业发展起到了关键作用。从20世纪60年代以来，CAP经半个多世纪发展，逐渐实现从价格支持到直接支付、再到单一支付的转型。CAP发展历程表明了欧盟农业支持政策由黄箱向绿箱转变，从与生产挂钩向与收入挂钩的转变，体现了其与WTO贸易规则的适应性。自提出以来，欧盟共同农业政策经过了数论改革调整，目前该政策基本上维持 6 年调整一次。

- 1962—1992 年：以价格支持为主的贸易保护阶段
- 1993—2002 年：以直接支付为主的市场化改革初期
- 2003—2013 年：以单一支付为主的市场化改革强化期
- 2014—2020 年：以绿箱政策为主的可持续化改革阶段
- 2021—2027 年：以创新发展为重点的可持续发展改革

2. 欧盟共同农业政策转型特征

欧盟的农业支持政策转型过程中，始终坚持问题与目标导向相统一，呈现出强化绿色可持续发展、注重政策实施的灵活性、确保农民获得政策改革红利、依靠科技创新等特征。

(1)围绕增强农业绿色发展能力逐步转型

以 1992 年麦克萨里改革为转折点，欧盟持续推动政策转型，逐步削减价格和市场支持力度，通过降低目标价格和启动干预的阈值价格等做法，使其农产品价格逐步接近甚至低于国际市场价格。可以说，竞争力低下问题已经不是困扰欧盟农业发展的首要问题。与此同时，随着世界范围内环保议题的持续升温，无论官方或民众，欧盟都站在环境保护的前沿，对各个产业的环境友好要求颇高。鉴于农业部门和食物等领域关联密切，这使农业环境保护更受社会关注。总而言之，在这些因素下，欧盟农业发展的环保现状和官方及民众的诉求还有较大差距，很有必要通过调整农业政策，更加强调绿色发展以回应各类环保呼声。因此，欧盟在制定 2003 年改革方案、2008 年改革方案、2014—2020 年改革方案时，始终把握强调绿色发展，提高农业绿色发展能力作为主要着力点，逐步构建了绿色发展导向的农业支持政策体系。

(2)关注地域差异，能够通过权力下放增强政策实施的灵活性

例如，在 2004—2020 年的改革中，欧委会即规定在 30%的自愿性直接支付中，各成员国在资金的具体用途和使用份额等方面拥有较大自主权，可将最高 15%的资金从第一支柱调配至第二支柱，用于加快各地农村地区发展和环境保护。

(3)确保农民从改革中获利

欧盟在削减价格和市场支持以削弱共同农业政策的增产导向时，注重通过挂钩直接支付以及环保效应更强的脱钩直接支付来弥补农民因削减价格和市场产生的损失。在欧盟农民的收入构成中，超过 50%来自直接支付。

(4)注重科技创新

欧盟在英国脱欧加剧财政紧张的背景下，依然加大对“欧洲地平线”和“农村发展项目”等农业科研相关项目的经费支持，体现出对通过科技创新，提高农业绿色发展水平的高度期待。

二、国外绿色农业支撑体系

(一)智慧农业“新基建”

1. 基本情况

近年来，随着传感技术、数字技术、物联网技术等科技领域的快速发展，国外各类农业产业在装备化、信息化、智能化方面提升显著，促进了农业“新基建”的发展和应用，美国、日本、意大利等国家在农业“新基建”方面形成了各具特色的发展模式、应用案例和支持政策，涌现了一批以美国 Farmlogs 和 CropX、意大利 Planet Farms 等为代表的农业“新基建”企业，推动了农业绿色可持续发展，“智慧农业”奠定了良好的基础。

2. 发展趋势

(1)农业机械化

农业机械化和农机装备是转变农业发展方式，提高农村生产力的重要基础，没有农业机械化，就没有农业农村现代化。

美国农场规模大、机械化水平高，每个农场都配有各种型号的拖拉机及配套农机具，且大功率的拖拉机占多数，农作物各个环节都实现了机械化；新的科研成果、高新技术被广泛应用于农业机械化，随着生物学、遗传学、化学的不断发展，现代化的激光、计算机、声控技术在农业机械化上的大量采用，以及激光平地机、高地隙电子控制式植保机械、电脑数控喷灌技术的应用，标志着农业机械化正面临着第二次革命；农业机械实行企业化经营一条龙服务，美国大农业分工较细，有供农场需要的各种服务公司，各公司为占领市场，都千方百计地提供一流服务来赢得用户；区域化种植、劳动生产率高，美国的平原地区土地规划好，连片布局较规律，以便于使用飞机和大型植保机械治虫等操作；农民文化、技术素质高，美国农民不但普遍受到 12 年义务教育，受高等教育也占 30%以上，而且这个比例越来越高，无论是农场主还是一般农民，都会使用农业机械，工作效率都比较高。在农业机械化已高度发展的美国，今后的发展主要集中在以下几个方面：(1)继续提高现有机具的生产率和作业质量，提高操作人员的乘坐舒适性、操作安全性和方便性；(2)应用电子技术和电子计算机技术，实现生产过程的自动化和自动控制；(3)从农业生物学和工程技术两个方面，继续解决尚未实现机械化的作业项目，如某些鲜售蔬菜和水果的收获和运输等的机械化；(4)降低农业生产中的能耗，特别是减少石油燃料消耗。发展节能机械化农业生产工艺、节能动力机械和作业机械；发展各种非石油能源特别是可再生能源在农业中的应用，包括风能、太阳能、生物质能等。

日本由于国土面积狭小，可用耕地面积有限，地形并不利于农业耕作，农户的农业生产往往以家庭经营方式为主。相比美国的大规模机械化模式，日本结合自身实际，走上了一条独特的小规模精细机械化模式。20 世纪 60 年代初，日本就基本上实现了全面的农业机械化，由于其耕地规模小且主要是家庭经营，日本兼业农户多，其农机是以中小型为主。以日本国内种植的主要农产品水稻为例，目前已基本实现从种到收的全程机械化，特别是在平原地区，水稻全程机械化已经完全实现，到 2010 年日本农民平均在水田中的劳动时间降至 26 小时。近些年来，日本水稻机械和其他农业机械均有向大型化发展的趋势，效率不断提高，使用更加方便。

(2)农业信息化

农业的信息化就是农业的生产、经营、管理和服务等各个环节要实现数据全贯通，实现精准种植、供需有效对接、数字化全程管理。

美国作为农业信息化的先行者，一直致力于提高农业生产管理的精准程度，从而从技术层面助力美国的农业实现"工业化"。由于美国精准农业的发展，是面向大农场来发展的，而不是面向小农户，因此其精准农业应用具有尺度较大的特点，并且遥感等技术得到充分利用。至 2015 年，美国有超过 83%的农场采用精准农业技术，82%以上的农场使用了 GPS 自动导航技术，74%以上的农业装备使用了 GPS 辅助导航技术，超过 30%的农场使用了基于 GPS 和处方图的变量作业技术。

根据对美国农业信息创业创新企业的调查，这些企业主要业务集中于农产品生产管理服务，尤其是精准种植、生产决策建议、农场管理及动物健康监测。在总共 57 家此类企业中，绝大部分企业集中于生产端的精确化管理，即研发的核心还是集中在生产端的精准化；而美国的 10 家新型农用设备生产企业均聚焦于精准农业生产管理设备的生产（包括 4 家农用机器人生产企业），还有 3 家则致力于开发可在减少农药或肥料投入的情况下提高产量和质量的农作物新品种开发或相关服务。随着物联网、移动互联网、大数据、云技术、人工智能、图像处理（包括遥感、光谱信息技术等）等技术发展，以及无人机、机器人等新型设备的使用，被逐渐应用于美国的农业信息化，如定位技术与变量施肥技术（Variable Rate Technology，VRT）、互联网与物联网、人工智能与大数据、遥感技术与人工智能等。美国精准农业技术应用中，土壤取样、农田绘图、变率处理播种技术的应用最为广泛，其中无人机应用增速最快。

专栏 1　美国 Farmlogs 和 CropX 公司

Farmlogs 公司：2011 年成立于硅谷的一家基于平台的生产管理平台类公司，农场主通过桌面界面及移动端 App 来管理农场；通过云端分析为作物种植生产提供智能预测和优化，为农场主提供即时高精度决策支持。目前，美国超过 15%的农场已经使用了 FarmLogs 的服务。

CropX 公司：成立于 2015 年，更加聚焦硬件的开发、环境数据的获取与开发应用，主要产品是一个探测土壤参数的硬件和帮助农民展示相关数据的软件，通过土壤探测硬件，探测地形、土壤结构和含水量，在农场建立起土地的"物联网"，帮助农户节约大量灌溉用水。目前，已拓展服务功能到播种、肥料供应、作物保护及收获预期等。

日本则建立了农、林、牧、副、渔等十分完善的市场信息服务系统，主要由两个系统组成：一个是由"农产品中央批发市场联合会"主办的市场销售信息服务系统。日本现已实现了国内 82 个农产品中央批发市场和 564 个地区批发市场的销售数量及海关每天各种农产品的进出口通关量的实时联网发布，农产品生产者和销售商可以简单地从网上查出每天、每月、年度的各种农产品的精确到公斤的销售量。另一个是由"日本农协"自主统计发布的全国 1 800 个"综合农业组合"组成的各种农产品的生产数量和价格行情预测系统。凭借着两个系统提供的精确的市场信息，每一个农户都对国内市场乃至世界市场什么好销、价格多少、每种农产品的生产数量了如指掌，并可以根据自己的实际能力确定和调整自己的生产品种及产量，使生产处于一种情况明确、高度有序的状态。值得一提的是，日本十分重视民间在提供市场信息方面的作用。日本各地的农产品批发市场均为经营性的特殊法人，政府为批发市场的运行制定了一套严密的法律。根据这些法律批发市场有义务及时地将每天的各种农产品的销售及进货数量、价格上网公布。由于一个市场信息发布工作做得越好，它的交易量就可能越大，因此日本的农产品信息发布做得准确、及时和全面，对整个农业起到了良好的指导作用。

(3)农业智能化

随着人工智能在农业生物工程、农业环境工程和智能化栽培生产中都有广泛应用，可根据动植物生长的适宜条件进行环境智能监控和调控，使得温、光、水、气、肥诸多环境要素协调至最佳状态，农业标准化和科学化大大加强，促进农产品量质提升。目前，国外农业智能化在设施农业栽培中应用较多，尤其是近年来兴起的"植物工厂"，成为展示农业科技发展水平的重要标志。

20世纪60年代以来，美国、荷兰、以色列、日本等一些发达国家开始研究设施农业工厂化，使传统农业逐步摆脱了自然资源的束缚，进一步满足了多元化、多层次消费需求。荷兰是世界著名的设施园艺发达国家，地域虽小，但拥有世界上最先进的玻璃温室。全国有世界闻名的5大温室制造公司，在计算机智能化、温室环境调控方面居世界领先地位。以色列的温室设备材料、滴灌技术、种植技术均属世界一流，在设施灌溉技术方面处于世界领先地位，其高效节水灌溉系统可把设施土壤的盐渍化程度控制在很低水平。美国的温室多为大型连栋温室，在设施栽培综合环境控制技术方面，美国开发的高压雾化降温、加湿系统及夏季降温用的湿帘降温系统处于世界领先水平。日本是世界上果树设施栽培面积最大的国家，也是世界上最先采用工业成套设备从事水产养殖的国家，几乎所有品种的蔬菜在很大程度上都依赖温室生产。日本的温室配套设施和综合环境调控技术居世界先进水平，所开发的设施栽培计算机控制系统能够全面地对栽培植物的生长环境进行多因素监测与控制，清选、分级、包装等农产品采后加工作业也基本实现了自动化或半自动化。

目前，发达国家设施农业已具备了技术成套、设施设备完善、生产比较规范、产量稳定、质量保证性强等特点，形成了设施制造、环境调节、生产资材为一体的产业体系，能根据动植物生长的最适生态条件在现代化设施内进行四季恒定的环境自动控制，使得不受气候条件影响，实现了周年生产、均衡上市。设施农业智能化是设施农业发展水平的标志和发展的方向。智能化程度越高，设施农业和农业科技发展水平越高。从初级自动化控制向高级智能化转变，从非标准化设施向标准化产品过渡，控制系统从自动化向智能化转变是设施农业发展趋势，突出体现在现代化温室和植物工厂等方面。

专栏 2　意大利 Planet Farms 公司

Planet Farms 植物工厂(垂直农场):2019 年,在意大利米兰附近建设了欧洲最大和最先进的垂直农场,占地面积 9 000 平方米,年产 800 吨色拉蔬菜;毛细管传感器系统自动控制生产全过程,空气、水、光和土壤都是控制变量,其建筑设计、照明系统、能源系统、灌溉系统、技术基建、传感器等方面,整个技术体系是各领域先进技术的集合体。相比于传统农业,减少 90%以上的占地和 97%的用水量。

3. 支持政策

(1)美国农业信息化支持政策

建立多源、无壁垒的农业大数据收集与共享机制。美国农业信息化相关产业的发展,前提是农业大数据的积累与共享机制。在顶层设计上,美国将农业农村信息化建设纳入国家信息化建设规划,并对农业物联网、农业机器人和农业大数据等新一代信息技术的发展战略进行了顶层设计。1966—2014 年,美国先后出台了 6 项与农业信息化相关的法律法规和发展计划,包括《信息自由法案》《农业研究、推广和教育政策法》、"国家信息基础设施"计划、《联邦农业完善和改革法》《农业安全与农村投资法案》和《农业法案》,为"智慧农业"及其产业链条的发展提供了良好的政策环境和财政支持。自 2005 年开始,美国联邦政府每年拨出大约 20 亿美元的农业信息经费来保证农业信息网络及资源的运转、更新及服务,约占农业支出的 10%。

建立法律、政策支持制度与技术推广体系。法律方面,每五到六年修改一次的《农业法》对农业信息化过程中的资源、信息、研究等工作做了详尽的规定,如 2014 年美国农业法案设有专门一览"农业信息化"。此外,联邦政府非常重视农业信息的立法及法律监督工作,保证农业信息来源及发布、共享渠道中信息的真实与及时,确保信息化主体及农业主体的合法权利。国会也通过授权立法的形式,将农业信息法律体系建设纳入农业部,农业部主导在农业法案的基础上享有农业信息化法规制定、运作的自主权,积极推动农业信息共享,反对信息垄断,推动信息资料的出版及发行。当然在涉及农业机密信息资料的时候,还制定了严格的保密制度及法律责任。此外,美国农业科技推广体系发挥着重要作用。政府农技推广体系、科研单位和企业能有效协协作。美国的农业服务体系经过近 100 年的发展,特别是近三四十年来对于精准农业服务体系,已经达到非常发达的程度,美国农业信息化快速发展与推广体系密不可分。美国的农业科技推广体系具有科研、教育和推广"三位一体"的特点,农业科技推广与生产需求紧密结合,有利于科技成果及时向现实生产力转化。在农业信息化方面,在大学增设农机和农技专业、建立农业试验站、农机合作推广站等手段,实现农业新技术、新装备的研发、试验和推广;减免农业与农机投资税收。

(2)日本农业机械化支持政策

以立法的形式促进农业机械化发展。日本颁布《农业机械化促进法》,是日本较短时间内实现农机化的重要保证。农机化的法律法规是政府发展农机化的依据,也是农机化发展资金、农业现代化资金援助以及农机研究、制造、试验、培训、推广、销售、使用、安全管理等各方面工作的行为准则。日本一系列法律法规的颁布实施,都围绕着“大力发展农业机械化、促进农业现代化”这一根本目的,因此在政策上具有很强的连贯性且相互补充。

加大财政支持力度。主要包括:(1)购机补贴。日本政府的农业保护政策主要体现在国家财政对农业发展的扶持特别是“农业补助金制度”。同时,日本政府对农机及配套服务的补贴非常广泛,政府对下述项目补贴50%经费:农机展览场所和农机培训机构的建设及活动经费;用于农业机械合作组织的建设活动经费;作为农民操作培训和教学使用的农业机械;农业机械修理厂的建设及其工作费用;农民购置大型高效农业机械和设备。(2)购机贷款。日本政府从1961开始专设农业机械购置贷款项目即农业机械化基金,日本政府于1961年主导成立了农业机械化专项基金,专门为农户购置农业机械提供贷款。后来又设立了新的农业改革基金,为农户提供更加优惠的融资贷款政策。优惠的融资政策吸引了大量农户,较好地解决了农户购置农业机械的资金问题,为日本农业机械化做出了重要贡献。

建立“农机银行”制度。日本针对农户小而全的农业经营形式建立了“农业机械银行”,有效地解决了农机化资金不足的问题。其做法是由几户农民联合起来,一家买收割机,另一家买插秧机,其余的几家分别买拖拉机、排灌机械等,独立经营管理,统一集中协调使用,使用人向机具所有者支付租金。这种做法投入资金少,使用效益高,作业成本低,社会效益显著。自1972年,日本政府出资补贴成立了农业机械银行,职责是农机服务的委托代理,特别是空闲农机的租赁,有代理人负责对配备的机械登记。这种经营方式因为降低了市场搜寻成本,所以资金投入、作用成本都比较低,获得的经济收益和社会效益没有降低,因此得到日本政府的支持,1978年后开始在东京推广。目前,在日本国内已有“农业机械银行”这样的组织1 000多个。

4. 总体结论

近十年,国外智慧农业依托扎实的农业大数据积累、健全的农业大数据共享机制、完善的市场信息服务系统等农业“新基建”发展,在生产及经营环节借助于农业物联网、人工智能及大数据分析,实现了农产品全生命周期和全生产流程的数据共享及智能决策,极大提升了农业装备化、信息化、智能化水平,显著提高了劳动生产率,并大大降低了资源能源消耗量。

(二)农业专业化服务体系

1. 基本情况

农业现代化的要义在于用现代化的方式来解决农户生产经营环节中存在的问题,实现小生产与大市场的有效对接。目前,发达国家已基本形成“一条龙”式的农业社会化服务体系,通过规模化、专业化、组织化的社会化服务体系,极大地推动了农业产业集聚发展进程。其中,以美国基于农工综合体的农业专业化服务体系和日本依托农协组织的农业专业化服务体系最具代表性。

2. 发展趋势

(1)基于农工综合体的美国农业专业化服务体系

家庭农场是美国农业的基础及核心单位，且农场间的合作持续加强，通过成立非营利的合作组织，提高了家庭农场的话语权，降低了生产成本。如农业合作社通过提供加工、销售、金融等方面的服务大幅提升了经营效率；农产品生产者联合会专门代表农场主进行对外公关，争取政府支持等。通过各种合作组织使得整个农业体系有机结合、优势互补、自行运转。规模化经营促使专业化分工的发展，进而使美国各个地区能充分发挥各自的比较优势，有利于降低成本，提高生产率，而区域分工和专业化生产又有力地推动了附近地区相关产业发展。

专栏 3　美国农工综合体

垂直融合发展的农工综合体：农工综合体公司实质上是一体化生产企业，是把农业生产本身同农用生产资料的生产、供应或农产品的加工、过程的若干环节纳入一个统一的经营休内，融合为一个企业，综合体实行统一核算，形成完全垂直一体化的综合经营。

以合同为纽带的“工商企业—农场”农工综合体经营形式：由私人工商企业与农场主签订合同通过明确双方的责任与义务以直接的业务往来向农场主提供服务通过合同建立一种相对稳足的联系，从而把产供销统一起来，原有的工商企业和农场仍保持各自的独立地位不变。

因此，美国农业专业化服务体系的构成是多层次性的，主要有：①政府服务系统。主要是由农业部下属的农业研究局、农业推广部门及州际合作部门，还有各州立大学农学院、州立农业试验站及各县农业推广等部门共同构成，其职能是在联邦财政的支持下，积极开展农业科技、金融及信息服务，为农业生产提供指导。美国政府很少直接通过行政手段干预农业发展，其对农业的支持主要是通过服务实现的，比如加强农业基础设施建设，为农业发展提供信贷资金，创造完善发达的流通体系等。在政府服务系统中最为突出的亮点是各州立大学农学院的服务，农学院与农业试验站、农业推广站紧密结合，形成了农业教育、农业科研及农业推广三位一体的服务体系。②私人公司服务系统。这些企业为农业发展提供全面而完善的加工、运输、物流及购销服务，甚至在一定程度上也承担农业科研和技术推广及教育的职能。私人服务系统是通过农业生产资料的供应、农产品后续加工及销售服务将其与农场主结合为一体。在为农业服务过程中，私人系统能够及时客观为农场主提供市场信息，可以有效地调节农业生产结构，保证农场主少走弯路。③农业合作社。美国的农业合作社类型多样化，主要是营销及流通领域，可以分为供销、信贷及服务合作社等，每一种合作社的功能是单一的，不具有综合性。在上述三种类型中，供销合作社是最重要的，也是最具实力的。

专栏 4　美国农业供销合作社

美国农业供销合作社主要分为三种形式：供应合作社，专门提供农业物资采购；销售合作社，专门负责农产品的销售；供销服务合作社，专门提供农产品供销社会化服务。此外，美国的农业合作信贷体系发达，该系统主要是由联邦土地银行、合作社银行及联邦中期信用银行三大银行系统组成，接受联邦政府农业信贷管理局（NCUA）的领导。农业合作信贷金融机构不以营利为目的，提供较低利率的农业贷款，并向农业从业群体传授金融理财知识。

（2）基于农协组织的日本农业专业化服务体系

日本农业根据资源禀赋特征，做到了“小而精”，其成功的主要经验体现在小农经济的基础上实现了高度的组织化，而日本农业组织化正是由日本农业协同组合（Japan Agricultural Cooperatives，JA，简称农协）所实现。日本农协作为农业生产者的互助组织，在农业生产的产前、产中和产后各个环节上扶持了农村家庭经营的现代化发展，通过农协主导的合作化来促进、维护小农与大市场衔接的体系。农协实现了农业的产、加、销纵向一体化，由此形成了“由下而上”的合作社组织，但同时也是政府实施农业政策的工具，因而完全不同于美国和一般西方的专业型合作社，日本农协的主要特质，可以归纳为国家领导下的农民自主联结体，并且充分代表小农户利益。

从现象上看，日本农协组织规模庞大，组织体系十分严密，对农村社会经济覆盖面很广，政治、经济、生活、文化各方面功能齐全，这与日本农民在历史上很强的分散性与很弱的组织性形成鲜明对比；从组织来看，农协是系统的组织，完全的社会化服务体系；从社会作用来看，可称之为农村的“第二政府”；从经济上看，像是垄断了农村市场的超级公司。因此，农协应视为不同于合作社的、反映日本独特性的社会组织。在组织发生上，它不是共同目标者自愿、自主联合起来形成的，而是根据政府的旨意，在政府直接推动下产生的，是政府扶助下形成的社会性事业组织。政府培育农协，不是去形成自己的机构，而是培育一个民间组织，将成千上万的小农经济型农户汇入到农协这个经济共同体中，成为实现政府在农村的发展目标与执行政府农业政策的中枢。

专栏 5　日本农协管理模式与主要功能

管理模式：日本农协实行的是三级网状管理模式，形成了完善的“中央—都道府县—市町村”三级组织架构，自上而下、层层相扣、覆盖全面，其中起关键作用的机构分别是中央层面的 JA 全中、都道府县层面的 JA 都道府县中央会、市町村层面的地域农协。这种网络状构造克服了东亚地区农户规模小、居住分散、服务成本高的难题，将专业人才聚集到专业的联合社，发挥规模经济，提升了农产品销售、农资购买等领域的竞争力，增加了农民收入。

主要功能：生产指导服务、农产品销售服务、生产资料集中采购服务、信用服务、保险服务等。

3. 总体结论

农业专业化服务体系是农业社会化服务的一种网络，包括各类农业服务主体在农业生产过程中提供各种公益性、专业性的专项或综合服务，在服务过程中依托政府或社会组织为平台，构建一种综合性社会化服务网络。农业专业化服务体系是一个国家农业发展的重要标志，也是衡量一个国家农业现代化的标准，能够为农业发展提供支持力，是现代农业发展不可缺少的支持力量。

发达国家农业专业化服务体系非常完善，为农业发展提供了强有力的保障，完善的服务体系改变了农业生产经营模式，保证了农业生产资料的投入，为农业发展提供了资金支持，物流营销体系为农产品流通提供了便捷；同时，完善的服务体系还为农业发展带来了先进的技术，节省了劳作时间，提高了农业劳动生产率，提升了农产品的附加值，为农民带来了实惠，加快了农工一体化进程，最终促进了农业现代化的发展。

发达国家农业专业化服务体系在服务内容与形式上十分全面且质量很高，政府视为农业服务是其职责与任务，农业合作组织以为农业服务为根本宗旨，私人公司及企业将农业社会化服务与自己的经营相结合，在为农业服务的过程中实现自己利益的最大化。不同层次的服务主体提供的服务涵盖了农业生产及加工销售的全过程，从产前生产资料的供应，到产中科技服务、融资服务、信息服务，到产后的加工、销售、流通服务是面面俱到，使农业生产的每一个环节都能够有高效的服务相伴，农业生产完全没有后顾之忧。

（三）优质农产品标准体系

1. 基本情况

农产品质量安全是农业产业绿色可持续发展的最终体现，农产品品牌化则是农业转型升级的重要抓手。发达国家通过农产品质量安全认证、农产品品牌培育等措施，打造农产品优势品牌，提高农产品整体竞争力。

2. 发展趋势

(1)美国农产品质量安全规范标准

美国在农产品质量安全保障和农产品品牌发展方面，集中体现在重视农产品认证、对农产品进行分级、推动农产品品牌建设等多个方面。

多样化农产品认证。美国农产品认证有十几种，分为强制性和自愿性认证两种类型。自愿性认证有有机食品、公平贸易、安格斯牛肉和“俄克拉荷马制造”等认证，自愿性认证的开展有利于提高农产品的市场竞争力。典型的强制性认证包括良好制造规范(GMP)、食品安全体系认证(HACCP)、良好农业规范(GAP)和“海豚安全”金枪鱼标志等认证。强制性认证主要满足各方面对农产品质量安全、环境以及员工健康和动物福利等方面的要求，在农产品生产、加工和流通领域实施强制性认证。

分级分类产品管理。美国的农产品分级标准有300多个，涵盖所有农产品，包括13个奶类产品、85个蔬菜和水果产品、225个加工产品分级、18个粮食和豆类产品分级、18个畜产品分级和多个烟草类分级等。政府部门提供农产品质量分级的标准制定和修订工作以及农产品质量分级的服务。国家层面的农产品质量分级主要有农业部农业市场服务局、农业部联邦粮食检验局、国家海洋渔业局三个部门。

协会助推品牌建设。协会对于农产品品牌发展起到很大作用。以新奇士品牌为例，作为全球最大的柑橘产品品牌，在协会的管理作用下，采用现代企业的运作模式，果农自愿加入协会，形成利益共享体。协会由社员大会、董事会、总经理、员工 4 个层次组成，使用统一种植标准、统一商标、统一价格。协会成立包装厂，负责水果的收购、加工和销售。

专栏 6　美国农产品质量安全认证体系

自愿性认证：美国的有机食品标准于 2002 年开展实施，目前已成为全球最大的有机农产品销售市场；公平贸易的认证目的是帮助农民获得合理的农产品出售价格，主要从事咖啡、茶叶等方面认证；安格斯牛肉认证机构从事非营利性认证，致力于一流高品质牛肉制品的认证，认证产品获得 CAB 标志；“俄克拉荷马制造”认证是区域性认证品牌，规定必须是在俄克拉荷马州生长、制造或加工的产品才有资格获得认证。

强制性认证：食品行业的 GMP 认证从 1969 年开始实施，目前对于婴儿食品、熏鱼、低酸性罐头食品、酸性食品、冻结原虾、瓶装饮用水、辐射食品等领域强制执行；HACCP 认证于 1973 年由 FDA 开始实施，主要应用于禽肉生产企业、果汁行业等保障食品安全生产和质量控制；GAP 认证由 FDA 和农业部在 1998 年联合发布，主要针对初加工农产品进行，包含“从农田到餐桌”全产业链过程，对于蔬菜和水果强制执行。

（2）日本良好农业规范标准

良好农业规范标准（Good Agriculture Practice，简称 GAP）是日本政府积极倡导的一种农业生产过程控制方法，在日本又被称为“农业生产工程管理”。日本实施良好农业规范的具体目的包括四个方面：一是促进农产品安全；二是促进环境保护；三是确保农业生产者的安全；四是维持管理稳定、实现农业生产可持续管理。良好农业规范标准的实施对于日本农业发展产生积极作用，即提高了农业生产管理水平，提高了产出效率和价值，改进了农民及其雇员的生产管理意识，培育了新型农业人力资源，增强了日本农业竞争力。

制定良好农业规范共同基础指南。在农业生产环节普及推广良好农业规范标准，是落实日本《食品安全基本法》等相关法律的重要措施，已经成为日本食品安全法律规定的重要检查项目。为了加快良好农业规范标准全面普及，日本农林水产省于 2010 年制定了“农业生产过程控制共同基础指南”，率先推出蔬菜、水稻和小麦 3 类农产品的良好农业规范标准指南，并于 2011 年对这份指南进行修订，补充了其他作物和林产品项目，又于 2012 年围绕防止水稻霉菌污染对指南进行再次修订。截至目前，日本良好农业规范标准的共同基础指南已经趋于成熟和完备。

对良好农业规范实施分类认证。日本将良好农业规范标准认证分成区域、全国、亚洲和全球 4 类:①符合农林水产省准则的良好农业规范标准认证,该认证的运营主体是都、道、府、县等地方政府部门。②日本良好农业规范标准认证(即 JGAP),该标准由一般财团法人日本良好农业规范协会制定,认证机构目前共有 5 家,认证费用大约为 10 万日元以及相关差旅费,目前日本取得该类认证的经营者为 2 851 个。③亚洲良好农业规范标准认证(即 ASIAGAP),也由一般财团法人日本良好农业规范协会负责运营,认证费用与日本良好农业规范相等,目前日本共有 1 869 个经营者取得亚洲认证。(4)全球良好农业规范认证(即 GLOBALGAP),目前日本共有 3 家机构具有认证资格,费用为 22—55 万日元以及相关差旅费,共有 702 家经营体取得全球认证。根据 2017 年的统计结果,日本全球良好农业规范认证和日本良好农业规范认证的比例共占 2%,约有 24%的产区通过了农林水产省指南实施良好农业规范认证,即都道府县认证比例为 24%。

形成"地产地消"流通模式。农林水产省于 1981 年实施的《地域内饮食生活提高对策事业》首次提出"地产地消"概念,之后日本"地产地消"的模式逐渐由县域范围逐步拓展为全国范围。"地产地消"的基本理念为:直销所为提供基点,提供新鲜、安全、放心的农产品,促进地域经济发展,提高粮食自给率,实现地域农业生产结构的优化,并为地域内"食"和"农"文化传承和发展做贡献。随着消费者更强调饮食健康和绿色食品,强调食品新鲜度和安全度,要求降低"从农田到餐桌"模式的中间环节风险和运输成本,"地产地消"模式则实现生产者和消费者面对面交流,逐渐受到人们的认可。该模式有力地培育了地方农产品品牌,保障农产品的安全,将地方特色农产品集聚,逐渐形成地域性强、差异性明显、竞争力显著的社区品牌。

专栏 7　东京奥运会 GAP 认证行动

东京奥委会要求奥运村食堂及奥运场馆餐饮店所使用的食材须通过 GAP 认证。东京都完全参照日本农林水产省出台的"农业生产过程控制(GAP)共同基础指南"制定东京都 GAP 管理标准书,从 2018 年 4 月开始启动"东京都 GAP 认证制度"。东京都 GAP 认证制度着力于满足东京奥运会组织委员会采购标准,并反映东京农业的特征:一是帮助改善经营管理,如提高农业生产效率和经销商信赖度;二是实现为东京奥运会提供农产品;三是由持有 GAP 指导员证书的工作人员为农业从业者提供从申请到获得认证的全程细致指导;四是减轻获得认证相关负担,如由东京都实施认证审查、缩短审查时间、免除认证费用等。

3. 总体结论

当食品安全成为全球热门话题时,农产品质量安全顺势成为消费者关注的焦点,全球各生产企业在生产过程中都严格将质量监督放在首位,用标准化的程序控制生产过程的质量。发达国家在农产品品牌发展中,更加注重用标准化的程序打造标准化的生产,形成标准化品牌,从农产品新品种的选育,到播种、收获、加工、包装、销售都有一套严格的标准,保证并逐步提高农产品的质量。

牵头领导:方　芳
牵头处室:秘书处
课题组成员:钱晓雍　沈根祥　李金文　王振旗
郭春霞　陈小华　徐　昶

6. 上海市农业农村委青年干部培育研究

上海的乡村振兴是习总书记亲自点题、亲自关心的一项重要工作，是必须做好的一篇大文章。李强书记也强调，上海要“把乡村作为稀缺资源，作为城市核心功能的重要承载地、提升城市能级和核心竞争力的战略空间。”乡村振兴战略的实施关键在人，希望在于青年干部。培养造就一支能作为、敢作为、善作为的“三农”干部队伍是实现乡村振兴的重要保障。

为贯彻落实市委《关于进一步加强干部队伍建设奋力担当新时代新使命的若干意见〔2019〕》关于“要大力发现培养选拔优秀年轻干部，着眼近期需求和长远战略需要，加强优秀年轻干部队伍建设规划”的要求。着力解决在新时代发展背景下，上海城乡发展不均衡的困境，推进与社会主义现代化国际大都市相适应的城乡统筹工作，夯实上海乡村振兴和城乡统筹发展的干部人才基础，为上海乡村振兴战略实施积蓄后备力量，上海市农委干部人事处委托上海社会科学院课题组，就农委系统青年干部队伍培育进行专题调研，以构建优秀年轻干部培养成长使用链为目标，形成研究报告。

一、上海乡村振兴任务对干部队伍建设新要求

中央提出把懂农业、爱农村、爱农民作为队伍建设的基本要求，加强“三农”工作干部队伍培养、配备、管理、使用。各级党委和政府主要领导干部要懂“三农”工作，会抓“三农”工作，分管领导要真正成为“三农”工作行家里手。制定实施培训计划，全面提升“三农”干部队伍能力和水平，拓宽“三农”工作部门和乡镇干部来源渠道，把农村一线工作锻炼作为培养干部的主要途径，注意提拔使用实绩优秀的干部形成人才向农村基层一线流动的用人导向。

1. 乡村振兴战略对干部队伍建设的首要要求是政治素质要求，这项工作既是对干部的政治考验，也是对干部的培养。能否积极主动挑担子，参与乡村振兴工作，体现的是对党的十九大精神的领悟，是对新时代中国特色社会主义的领悟，是对加强党对“三农”工作的领导的领悟。在乡村振兴过程中，要与中央保持一致，要坚持稳中求进的工

作总基调，牢固树立新发展理念，落实高质量发展要求，统筹推进“五位一体”的总体布局和协调推进“四个全面”的战略布局。认识到解决“三农”问题是党的工作重中之重，贯彻落实中央政策指示，按照产业兴旺，生态宜居，乡村文明，治理有效，生活富裕的总要求，建立健全城乡融合发展体制机制和政策体系，统筹推进农村经济建设、政治建设、文化建设、社会建设、生态文明建设和党的建设。深刻认识到“加快推进乡村治理体系和治理能力现代化，加快推进农业农村现代化，走中国特色社会主义乡村振兴道路，让农业成为有奔头的产业，让农民成为有吸引力的职业，让农村成为安居乐业的美丽家园”的政治意义。深刻领悟到“实施乡村振兴战略要顺应农民新期盼，立足国情、各地情况，以产业兴旺为重点、生态宜居为关键、乡村文明为保障、治理有效为基础、生活富裕为根本，推动农业全面升级，农村全面进步，农民全面发展”的政治战略意义。简言之，新时代三农工作队伍建设的新要求是，干部队伍要能够将中央的乡村振兴战略认识到位，落实到位。

2. 推动乡村振兴战略对三农工作干部队伍的专业能力和综合管理能力提出了较高的要求。干部要能够综合驾驭城乡关系，要认识到城镇和乡村是相互促进共生共存的关系，能否处理好城乡关系关系到社会主义现代化建设全局。城镇化是城乡协调发展的过程，但不能以农业萎缩、乡村凋敝为代价。要认识到，近年来在统筹城乡发展方面，做了很多的努力，取得了重大进展，但城乡要素不合理，流动机制还存在缺陷，无论是进城还是下乡渠道都还没有完全打通要素，还存在不平等交换。农村创业者结构和农业人口结构均出现一定的问题，还要有能力解决土地增值效益，长期“取之于农，用之于城”的问题，农村的土地农民“自己用不上，用不好”的困境。现阶段城乡差距最直观的是基础设施和公共服务差距。推动乡村振兴中，干部要提升专业业务能力和锻炼出综合管理能力，能够因地制宜，想办法，克服具体困难，能够把握大局，既是“行家里手”，又是“万金油”，在工作中不断获得全面成长。对相关的能力和素质要求体现在这些任务要求中，能够把公共基础设施建设的重点放在农村，推进城乡基础设施，共建共享，互联互通；能够推动公共服务下乡，建立健全全面覆盖普惠共享城乡一体的基本公共服务体系；能够推动城乡义务教育均衡发展，努力让每一个农村的孩子都能享受公平而有质量的教育；能够健全农村基层医疗卫生服务体系，推进健康乡村建设；能够完善统一的城乡居民基本医疗保险制度和大病保险制度，完善城乡居民基本养老保险制度，完善农村最低生活保障制度，统筹城乡救助体系织密兜牢困难群众基本生活的安全防；能够要把那些农民最关心、最直接、最现实的利益问题一件一件找出来，解决好，不开空头支票，让农民的获得感、幸福感和安全感更加充实，更有保障，更可持续。

3. 掌握群众工作方法是市农委青年干部领导推动乡村振兴建设的关键本领，也是人才队伍培养的关键。面向上级，要能够准确理解中央决策部署的用意；面向基层，能够与群众建立紧密关系，真抓实干，解决难题。推动工作中难题不少，比如，中央指出“乡村振兴要靠人才、靠资源。如果乡村人才、土地、资金等要素一直单向流向城市，长期处于‘失血’‘贫血’状态，振兴就是一句空话。要着力抓好招才引智，促进各路人才‘上山下乡’投身乡村振兴。要解决土地增值收益长期‘取之于农，用之于城’的问题，破解‘农村的地自己用不上、用不好’的困局。”中央提出了问题，也指出了方向，但具体的办法是什么？怎么干才能解决问题和走出困局？中央亦指出“工商资本是推动乡村振兴的重要力量。工商资本下乡，乡村有需求，资本有动力，发挥作用有空间，方向是对的。一方面要优化环境，稳定政策预期，引导好、服务好、保护好工商资本下乡的积极性；另一方面，要设立必要的‘防火墙’，防止跑马圈地、把农民挤出去，防止打擦边球、玩障眼法、钻政策和管理的空子，防止侵害农村集体产权、侵犯农民利益。”在乡村振兴中工商资本既重要，又要防止它乱来，其中的分寸如何才能拿捏得准？如何才能练就点石成金的本领？通过以上几个问题的思考，可以看到乡村振兴绝不是靠投钱就能解决的，解决这些复杂问题、破解这些困境需要有人去创造条件、创造氛围，这都需要年轻干部在基层实践中摸爬滚打，锻炼出能力，造就出很强的人格魅力。

习近平总书记指出“各级党政部门要加强扶贫工作力量，选好配强干部。我在这里重审，脱贫攻坚期内贫困县级党政正职要保持稳定，干得好的可以就地提拔。希望在这个岗位上的同志不辱使命，把党交给的光荣任务全面完成好。扶贫干部要增强责任感，扑下身子到村里同群众一起干，真正干出成效。群众不脱贫，干部不脱贫，干部不离村。要关心爱护脱贫攻坚一线干部，保护和调动他们的工作积极性。”这些话中蕴含的情与理不仅是对贫困县的干部说的，也是对上海三农工作干部说的。

二、上海市农委系统青年干部队伍建设现状

习近平总书记强调“好干部不会自然而然产生，成为一个好干部，一靠自身努力，二靠组织培养”，这是对干部成长规律的总结，是干部成长进步的必经之途。培养高素质的优秀年轻干部队伍，既要管导向，搭平台，压担子，又要引导和激励干部不断努力提升自己的素质和能力。对此，因应上海乡村振兴工作的需要，市农委系统加强了青年干部队伍建设，有创新，有成效，但也存在瓶颈。

（一）上海市农委系统青年干部培育的创新做法与成效

针对上海乡村振兴工作的需要，市农委系统加强了青年干部队伍建设，创新之处是全面的政治素质培养、全过程管理、全渠道交流使用。

第一是面向全系统年轻干部贯穿干部培养使用全过程，始终把提高年轻干部队伍的政治素质放在首位。

为加强青年干部的理想信念，持续抓好干部教育培训工作。为增强市委党校干部教育培训主阵地的作用，把优秀年轻干部参加以党性教育为主课的党校主题班次作为提拔使用的前提条件，在干部教育过程中，干部选择重要实践课程，通过成立课题小组和课题立项、推进和完成，来实现对年轻干部的培养和锻炼。

围绕中心工作加强党性教育。发挥年轻干部所在单位党组织在提高干部政治素质中的作用，把干部的党性教育与推动本单位的工作结合起来。组织和引导年轻干部深入实际，深入群众展开调查研究，在了解和正确把握“三农”情况中增强政治素质意识和群众观念。在工作实践中有针对性地解决好部分年轻干部存在的立场模糊是非不清、心浮气躁、精神不振、爱惜羽毛、不敢担当、不讲规矩、纪律松弛等问题。

严格党内政治生活。干部所在单位党组织通过严格的党内生活提高年轻干部的政治素质，按照习近平总书记所要求的，使党内政治生活真正起到教育改造、提高党员干部的作用，对优秀的年轻干部要有意识地将他们放到党务工作中进行锻炼，比如兼任党支部书记，组织参与各种党务活动，在党务工作的实践和体验中培养他们增强党的意识组织意识。

增强年轻干部自身学习的自觉性。年轻干部要牢固树立终身学习的理念，解决不想学、不勤学、不真学、不深学的问题，向书本学习、向实践学习、向群众学习发挥理论联系实际的优良作风，做爱学习善思考的有心人，不断提高理论素养和专业素养。

第二是始终抓好优秀年轻干部队伍建设，夯实优中选优，优中选强的基础人才资源，着力构建培养人才成长链。市农委在干部队伍建设中，坚持这样的原则：要积极为年轻干部锻炼成长搭建平台、创造条件，年轻干部不能把实践锻炼当做“镀金”，更不能去走过场，等着提拔。

建立了“年轻干部数据库”和“优秀年轻干部人才库”，组织人事部门开展干部工作的系统性专题调研，广泛推荐和储备优秀年轻干部。通过查阅档案、面对面谈话、民主测评等形式，全面刻画年轻干部建立“年轻干部数据库”。在此基础上，通过综合研判、评比、比选、遴选等方式，选出更优的重点后备干部，建立“优秀年轻干部人才库”，组织人事部门根据干部成长情况适时调整“优秀年轻干部人才库”。

在项目攻坚中锻炼年轻干部。组织人事部门可以围绕一些重大项目和任务，抽调年轻干部组成攻坚小组，通过攻坚培养锻炼干部，并在项目在重要岗位上考察和培养干部。

注重在多种关键岗位上磨砺年轻干部。有计划地让年轻干部经历不同岗位、不同职务的锻炼，经过多领域多层次的历练，让他们涉及人财物及重大工程、群众矛盾等不同类别的磨砺，充分利用干部能上能下的工作机制，为年轻干部发展腾出足够的成长空间，敢于把重要岗位拿出来锻炼干部。

三是打通年轻干部交流渠道，优化岗位交流网链。推进干部交流需要各部门增强全局观念，共同着眼于打造年轻干部队伍的人才资源。各部门既要乐于向外部门推荐干部，也要乐于接受、使用培养外部门的干部，这样才能使干部交流真正发挥实效。为此，市农委组织人事部门制定和完善干部交流的刚性指标管理办法，并结合领导班子换届、选派干部竞争上岗等阶段性工作，对促进干部交流提出工作指导意见。有针对性地为每一个后备干部设定培养目标和路径。根据该干部的培养方向、任职经历和能力、发展等需要，或选派到基层单位任职，或参加全局性重大工作，或到上级部门挂职，以保障他们在担任部门领导职务之前有多岗位工作经历。为了保证年轻干部扎实地提高综合素质和能力，确保他们在交流的岗位上有一个完整的周期。

注重横向交流岗位，使干部有机会跳出“三农”看“三农”，如果年轻干部长期只在自己的“一亩三分地”上，容易造成专业能力强而综合能力弱，视野不开阔，发展受限的问题。为此要拓宽农委干部交流网络。与市级党政机关、企事业单位沟通协调，争取合作，有计划地安排年轻干部跨系统挂职锻炼。同时也大力引进区里优秀的年轻干部，促进年轻干部在农委系统内外灵活流动。

（二）上海市农委系统青年干部队伍建设的瓶颈

干部成长漫长与交流不通畅，两个问题相互交织，成为上海农委干部工作中的瓶颈，是影响年轻干部成长慢，优秀干部难脱颖而出，干部队伍活力不足的关键因素。通过分析发现，市农委青年干部队伍主要困境是“下不去，上不来”的困境。

“上不来”是指组织人事部门难看到特别出众的青年才干，青年干部不能脱颖而出，领导者感到很多青年工作态度浮躁，难以重用，以至于选拔工作困难，领导干部队伍中青年人“青黄不接”。“下不去”指青年干部不愿意下乡并长期在乡村振兴一线工作，不熟悉农村各类主体，不熟悉农民，也就无法领导推动乡村振兴。青年干部处于“悬浮状态”。最值得担忧是，很多青年人也逐渐适应这种状态，在“上不来，不下去”状态中集体建构了舒适区域，发发文件开开会，干劲不足，没有开拓创新之气，年纪轻轻气老志衰，不求有功但求无过，成为一种风气，一种亚文化，不必承担领导责任也不必在一线贯彻落实，既不对上负责也不对群众负责，最后就演变成官僚主义和形式主义。在培养干部中，要实现“下得去，吃得苦，留得住，用得上，干得好”。

在《上海市委农办系统青年干部思想状况调查及相关培训建议分析》中，在调查表7与表8“对自身能力优势的认识”“对自身能力短板的认识”中，青年干部对”“学习能力、综合协调能力、专业技术能力”等专业业务能力上比较自信，而在“创新能力、政策研究能力、管理能力、决策能力、应对突发事件和复杂局面的能力”等领导决策能力上自感没把握。我们要指出这一点，专业业务能力可以通过职业培训而获得，但领导决策能力则是在基层岗位上摸爬滚打中获得的，领导力很关键的一点在于人格魅力以及功绩。在调查表10“对个人职业发展的想法”中，青年干部中有30%的人认同的是“天道酬勤，只要个人努力，应该能取得较好的发展”，28%的人“希望得到提拔使用，进一步发挥作用”，不到20%的人认为“目前的岗位能够发挥自身的才能与优势，感到在本部门发展空间很大。”在调查表11“目前最需要组织提供的帮助”中，认同最多的是“希望定期提供高质量的培训和教育机会，系统提高素质能力”“希望多给一些工作平台和实践锻炼机会”。而调查表14“影响干部交流到基层工作的最大顾虑”中，我们看到双重困境，第一是青年干部有畏难情绪，一半的青年干部“不熟悉基层情况，心里没底”，继而担心“工作烦琐，任务更重，压力大”“人际关系复杂，无法适应”。第二青年干部有“后怕”，“对后继职业发展和职级晋升存在担忧”，“基层收入待遇低”，“担心自己不被组织看好”，这表明青年干部对组织还存在一定的信任赤字。我们通过调查统计所看到的双重困境即青年干部存在“前怕后怕”的心态，这种心态不利于青年干部的成长成才，不利于他们干出一番事业。

猛将必起于卒伍，宰相必发于州郡，“向下扎根，才能向上生长”，这是人才成长的普遍规律，让这句话成为青年的共识。市农委选拔高级的人才必须要有一定年限的基层工作经历。要让青年干部挑重担子，这意味着要赋予青年干部相应的职权，权力下放。目标是乡村振兴，至于怎么干，青年干部要大胆探索。探索中出现了问题，要给予宽容，探路者未必是登顶者，而恰恰是倒下的探路者值得敬佩。如果只奖励登顶者，而忽视探路者，必定产生普遍的彷徨者、等待者。

三、上海市农委系统青年干部队伍建设对策

“十四五”将是上海乡村全面振兴的关键发展期，是全面推进“三园”建设的攻坚时期。从乡村主动服务超大城市发展需求中实现自身功能调试，形成“繁荣繁华看市区，实力水平看郊区”的城乡统筹发展新格局，需要从青年干部选拔、青年干部培育、青年干部管理、青年干部领导等方面入手，打造与都市现代绿色农业农村发展相匹配的高素质的青年队伍，推动上海乡村产业、组织、文化、社会和生态全面高质量发展，着力破解制约乡村振兴发展的干部和人才瓶颈。

（一）优化青年干部选拔机制

1. 坚持标准选拔干部

上海市农委青年干部选拔，要严格按照2019年中共中央印发的《党政领导干部选拔任用工作条例》规定的资格和条件，严把选人用人政治关、品行关、能力关、作风关、廉洁关，通过加强思想淬炼、政治历练、实践锻炼、专业训练，推动广大干部严格按照制度履行职责、行使权力、开展工作。

一是坚持以德为先。把政治标准放在首位，坚持德才兼备、以德为先、任人唯贤的方针，选干部、用人才既重品德，也不忽视才干。通过深入考察政治忠诚、政治定力、政治担当、政治能力、政治自律等方面的情况，严格考核和准确评价识别青年干部的社会公德、职业道德、家庭美德、个人品德。

二是坚持注重实绩。要把提高治理能力作为新时代青年干部队伍建设的重大任务，在全面考察青年干部的德、能、勤、绩、廉的基础上，结合上海“三农”工作实际，大力选拔敢于负责、勇于担当、善于作为、实绩突出的青年干部，用好各年龄段干部，注重了解等方面的情况，大力倡导扎实工作、奋发向上的良好风气。

三是坚持群众公认。在青年领导干部选拔作用中充分走群众路线，重点选拔与群众走的最近、与群众关系最亲、为群众服务最卖力的一线青年干部，在选拔中广泛听取各方面意见，凡是多数群众不拥护不赞成的，不能提拔。

2. 优化结构选配干部

习近平总书记在2019年全国组织工作会议上提出：“要建设一支忠实贯彻新时代中国特色社会主义思想、符合新时期好干部标准、忠诚干净担当、数量充足、充满活力的高素质专业化年轻干部队伍。”上海市农委系统要按照为“三农”发展提供人才保障的要求，着力优化干部结构。

一是优化年龄结构。落实各级领导班子配备年轻干部的规定要求，加大选拔配备优秀青年干部工作的力度，保证领导班子形成合理年龄结构。领导班子没有达到配备青年干部要求的要抓紧选拔配备。尤其要重视各级党政正职干部队伍建设，及时将那些政治上坚定、民主作风好、组织领导能力强、清正廉洁的优秀青年干部选拔到各级党政正职岗位。进一步优化后备干部队伍的年龄和专业结构，列入中长期培养的正职后备干部一般应以45周岁以下为主体，列入中长期培养的副职后备干部一般应以40周

岁以下为主体。

二是优化经历结构。进一步拓宽选拔渠道，加大从基层一线选拔领导干部的力度，将与“三农”工作有关的企业、事业以及体制外的优秀青年人才纳入选拔视野，实现在更广范围、更大领域的选贤任能。对于进入农村“班长工程”，经过艰苦岗位锻炼、有党务工作经历且成绩突出的青年干部，优先考虑按规定程序列入后备干部名单。同时，正确处理选拔优秀年轻干部和发挥其他年龄段干部积极性的关系，形成各级领导班子和干部队伍“老、中、青”合理配备的结构。

三是优化能力结构。重点选拔一批政治素质好、社会责任感强、具有全球视野和战略眼光、业务能力突出、年轻的农业产业化经营、农村治理现代化青年干部。注重选拔紧缺专业人才充实后备干部队伍。

3. 搭建平台发现干部

习近平总书记到上海考察对上海干部提出“干事创业要充满激情、面对困难要富于创造、迎接挑战要勇于担当”的明确要求，为上海干部队伍建设提供了根本遵循和行动指南。

一是搭建竞争平台。坚持民主、公开、竞争、择优原则，深化干部人事制度改革。探索引入竞争机制，加大公开选拔、竞争上岗等竞争性选拔力度，逐步实现公开选拔青年领导干部工作的制度化、规范化，提高竞争性选拔的科学性。认真研究优秀青年干部成长规律，完善破格提拔制度。

二是搭建展示平台。围绕超大城市城乡统筹发展的中心任务，组织开展各级各类的业务竞赛、才能展示等活动，广泛调动青年干部和人才参与竞争、积极向上的工作积极性，进一步提升领导干部队伍整体活力。

（二）健全青年干部培育机制

1. 加强教育培训

加强干部教育培训，要聚焦干部政治素养、理论水平、专业能力、实践本领的提升，确保青年干部能力跟上时代发展步伐。

一是完善内容。强化思想理论培训，把思想理论武装摆在青年领导干部教育培训的首位。制订适应新时代超大城市城乡统筹发展实际需要的理论培训大纲，组织领导干部深入学习习近平新时代中国特色社会主义理论体系，进一步坚定中国特色社会主义的道路自信、理论自信、制度自信、文化自信。突出抓好党性教育和道德教育，将党章、党史、党的基础理论等作为领导干部教育培训的必修课，不断加强党员领导干部自身党性修养、道德修养、作风养成和廉洁自律。加强业务培训，牢固树立按需培训的理念，突出“应知应会”培训。结合上海乡村振兴实际，探索建立菜单式培训模式，有机结合组织需求、岗位需求与领导干部本人需求制订培训菜单，努力做到事业需要什么就培训什么，干部缺少什么就培训什么。

二是丰富形式。在坚持开展中心组学习、党校培训、集中自学、理论宣讲、出国进修等形式的基础上，积极运用信息化手段，利用互联网、移动终端等开展在线教育培训，进一步增强教育培训的人性化、灵活性和时效性。

三是加强考核。把组织要求和干部个人需求结合起来，不断增强领导干部参加培训、自我学习的积极性和主动性。加强领导干部学习培训激励约束机制建设，把干部培训情况作为干部任职的重要考核内容和依据，作为干部奖惩的重要依据。

2. 强化实践锻炼

坚持通过实践锻炼这一培养领导干部的基本途径，采取有力措施，丰富领导干部的任职经历，增强领导干部的工作能力。实践锻炼主要采取三种形式，即基层锻炼、轮岗锻炼、挂职锻炼。

一是基层锻炼。树立重视基层的导向，多形式、分层次搭建青年干部服务基层、实际锻炼平台，选派青年领导干部到基层一线特别是环境复杂、条件艰苦的“三农”一线地区或企事业基层单位，直接体验基层、服务群众，丰富其基层一线工作经历和经验。切实提高青年干部的实际工作能力。

二是轮岗锻炼。整合系统内外资源，积极搭建青年干部轮岗交流平台，打破部门、单位、系统和体制界限，有计划地组织单位内、系统内、系统外和体制外交流，进一步丰富领导干部的岗位经历和经验。注意做好党政干部、企业经营管理人员、“三农”人才三支队伍之间的交流。坚持多岗位培养锻炼年轻干部。

三是挂职锻炼。选派青年领导干部到边远地区、信访维稳部门和重大“三农”建设项目挂职，提高其应对复杂局面、破解难题等综合能力。进一步规范助理岗位设置，为青年领导干部搭建高一级的实践锻炼平台，促进其锻炼成长，加强适应性考察。

(三)强化青年干部管理机制

把从严治党、从严管理干部的要求落实到青年领导干部的培养教育、选拔任用和管理监督各个环节中去。对青年领导干部的思想政治品德、纪律观念和廉洁从政等方面提出明确要求，制定行为规范，教育和督促他们严格自律。结合“互联网＋监督”平台建设，加强党内监督、群众监督和舆论监督，严格约束和及时制止不良行为。

1. 加强日常管理

党组织应坚持从严要求，加强对青年领导干部的跟踪考察，既要考察其工作实绩，也要考察其品德作风；既要了解其在工作单位的表现，也要了解其在社会生活方面的情况，通过了解青年领导干部的社会交往、生活作风、家庭关系、兴趣爱好等方面的情况，深入考察其道德品质、廉洁自律状况，针对发现的不足和问题，及时提醒教育。建立青年领导干部队伍状况定期分析制度，对领导干部思想状况、工作状况定期进行调查分析，注意总结经验，发现和推广典型，认真查找存在的突出问题，增强青年领导干部管理工作的针对性、实效性。

2. 开展定期考评

党组织对青年领导干部的定期考评一般每年不少于1次。考评可结合半年度工作总结和年度考核等进行，采取个别访谈、民主测评、个人自评和职能部门专题分析等方法。重点考评其大局观、群众观、责任心、工作实绩、廉洁自律，以及事关原则是非、个人利益得失等关键问题上的现实表现。对青年领导干部的定期考评应及时记录并归档。

3. 实行动态管理

建立后备干部动态调整的工作机制，对表现突出、符合后备干部条件的优秀青年干部，要及时补充进后备干部名单；对相形见绌的，要及时做出调整。凡是年度考核中被评定为基本称职或不称职的、民主测评优秀票和称职票达不到三分之二的；不服从组织调动和工作安排的；违反习近平新时代中国特色社会主义、违法“八项规定”，搞劳民伤财、脱离实际的“形象工程”“政绩工程”或制造虚假政绩的；生活作风、廉政等方面有问题的，要坚决从后备青年干部队伍中调整出去。

（四）创新青年干部领导机制

要深化干部制度改革，完善管思想、管工作、管作风、管纪律的从严管理机制，推动形成能者上、优者奖、庸者下、劣者汰的正确青年干部导向，形成青年干部奉献“三农”、奉献基层、奉贤群众的良好工作氛围。

1. 建立领导责任制

领导责任制是加强青年领导干部队伍建设的关键。进一步明确党组织主要负责人是青年领导干部队伍建设的第一责任人，组织干部部门是领导青年干部队伍建设的第一责任部门。各单位党组织主要负责人要亲自抓，分管负责人要具体抓。党组织每年要听取1至2次青年领导干部队伍建设工作汇报，加强政策措施的研究和制订，完善工作规划和制度，并进行重点工作研究。组织干部部门要加强深入研究和综合协调，做好具体实施落实和督促检查工作。

2. 加强工作指导

各单位党组织主要负责人应加强对责任部门的指导，定期听取工作汇报，亲自研究、指导解决后备青年干部队伍建设中遇到的问题和困难。上级组织干部部门要加强对下级组织干部部门的指导，认真听取基层单位的意见建议，及时发现、分析、指导解决基层在青年领导干部队伍建设中的问题，同时加强信息交流，总结先进经验，不断提高工作水平。

3. 加强督促检查

应严格执行青年干部工作的纪律要求，把领导干部队伍建设工作作为对领导班子和主要负责人考核的重要内容，加强督促检查，并对工作存在的突出问题提出整改意见，督促其整改落实。

四、上海市农委系统青年干部队伍建设三大工程

习近平总书记到上海考察对上海干部提出“干事创业要充满激情、面对困难要富于创造、迎接挑战要勇于担当”的明确要求，为上海干部队伍建设提供了行动指南。按照习近平总书记和上海市委市政府决策部署，“十四五”是上海农业产业化和乡村治理全面振兴的关键攻坚期，农委系统要按照“政治坚定、能力过硬、作风优良、奋发有为”的要求，积极适应超大城市建设需求，以加强青年干部队伍，特别是后备干部选拔为重点，通过三大工程建设，在领导干部梯队建设上取得突破性进展。

（一）农委系统青年干部选拔工程

强化农委系统青年干部选拔要明确工作目标，争取实现3年内40岁以下正处长干

部要达到三分之一;35 岁以下副处长要达到副处长的三分之二,并在严格考核的基础上加快非领导职务的晋升工作,形成合理的梯队结构。

1. 建立公平公正公开的遴选机制

一是以正确用人的导向引领人。严把政治关、作风关、能力关、廉政关,用实实在在的工作业绩评价检验干部,大胆选拔任用敢担当、会干事、干成事的青年干部,及时调整不敢担当、不肯干事、不愿作为的干部。

二是以严谨规范的流程取信人。梳理、评估处级干部选拔、科级干部晋升、公务员招录、军转干部录用等相关制度执行情况,完善相关制度及工作流程,进一步规范干部选拔任用工作。尤其是强化从“班长工程”中选拔青年优秀干部。

三是以全面深入的方式了解人。通过调研、平时考核、年度考核、任期考核、民主生活会、述职述廉等多渠道、全方位识别青年干部,分析干部;及时收集整理纪检监察、信访、审计、巡视、督导等执纪监督方面信息,全面了解青年干部工作圈、生活圈、亲属圈、社交圈的情况,及时动态掌握干部现实表现作为干部选拔任用的重要基础。

四是以能上能下的机制激励人。贯彻落实中央出台的领导干部能上能下规定,研究建立调整不称职、不胜任现职干部制度,进一步明确不称职、不胜任现职领导干部的具体认定标准、调整的方法途径,建立正常的干部代谢机制和退出机制,促进形成农委系统“能者上、庸者下、劣者汰”的良性激励机制。

2. 建立科学规范的考核评价标准

一是健全实绩考核程序。坚持平时考核和年终考核相结合,平时考核突出工作态度、出勤率、制度执行、工作进度、工作质量,落实从严管理青年干部要求,年终考核着重突出奖励工作实绩、工作效果。

二是明确干部考核目标。综合运用总结述职、业绩考核、民主测评、领导评价等方法,改进年度考核工作,将年度考核与纳入市政府工作目标、办重点工作、落实全面从严治党主体责任、年度预算执行等工作完成情况有机结合,更好发挥导向、激励和约束作用,提升工作干劲,营造和谐氛围,推进工作落实。

三是创新干部考核方式。引入第三方评价机制,运用大数据等现代技术,采用定性定量方法,开展对员工职业道德、工作能力、工作绩效、工作态度、工作纪律等多方面考核。加强考核结果的综合分析与利用,把考核结果作为员工选拔任用、培养教育、管理监督、激励约束的重要依据,与选拔制度、交流制度退出机制挂钩。

3. 建立“三农”工作特点的薪酬制度

一是着力提升工资待遇。积极争取上级部门支持,根据行业特点,综合考虑本市经济发展、财力状况、物价消费水平、城镇在岗职工年平均工资水平等因素,合理确定单位绩效工资总量。以岗位绩效工资为主体,建立符合“三农”事业发展要求的绩效工资水平动态调整机制。

二是关心年轻干部生活。重视解决年轻干部的住房、生活等方面的困难,使他们精力充沛地进行工作。要着力深挖具有一定自主性的事业单位薪酬制度,向基层一线工作人员倾斜,向承担重要工作和重大项目的人员倾斜,有重点地提高部分人员的薪酬待遇,加大对“三农”工作强度大、岗位艰苦的重点领域人才激励的倾斜力度。

(二)农委系统青年干部培训工程

强化农委系统青年干部队伍建设,要进一步加强干部培训工作力度,把青年干部培训作为干部工作的重要内容,根据“缺什么、补什么”的原则,对干部分别进行业务培训和学历培训,结合个人实际情况,对干部的个人发展进行设计,针对性地加强干部队伍建设。

1. 深挖潜力、整合资源,形成有效的人才培养体系

一是加强规划计划编制。研究制定《农委系统干部培训规划》和年度培训计划。结合国家和市级“三农”年度任务和项目、各岗位工作要求及员工需求,开展年度培训需求分析制度,制定“三农人”才教育培训办法,完善青年干部培训规划和年度计划,开设农业产业化、“三园”建设、“四个农业”与大数据运用等系列专题培训,将廉政教育内容纳入年度培训计划,加大在职岗位业务培训。

二是整合各类培训资源。继续发挥党校培训资源优势,选送部分处级干部和优秀青年干部进党校进行理论和业务知识集中培训,提高素养、拓宽视野、增强能力;选送本市“三农”系统业务骨干参加国家农委组织的业务培训,提高广大干部适应新形势下“三农”工作的能力。选送系统业务骨干到日本、韩国等国境外培训,学习借鉴国境外“三农”工作先进理念和经验。

三是落实各项培训保障。设立青年干部培训专项经费,支持和资助青年干部和业务骨干参加与业务相关的学历教育和专业技术人才继续教育,结合依法行政培训和党风廉政教育,落实通识教育培训,提升三农干部队伍的整体专业素养。

2. 面向需求、分类组织,开展多样化针对性培训

一是落实新进人员任职培训。组织开展区三农新任领导班子成员业务培训工作,使新任三农干部尽快熟悉城乡统筹发展的业务知识和工作要求。采用集中学习、初任培训、部门见习、综合培养等方式,健全建立“内部导师制度”,做好市三农系统新进人员培训工作。

二是实施专业技术人才在职岗位培训,以中级专业技术人才为基础,兼顾初级和高级专业技术人才,以农业产业化经营、乡村治理创新、乡村发展带头人等岗位业务培训为重点,组织开展新理论、新技术、新方法的专项培训,强化专业技术人才的岗位业务能力。

三是组织党政管理人才培训,着眼于产业兴旺、生态宜居、乡风文明、治理有效、生活富裕的总要求,突出需求导向,加大人才需求分析预测,开发人才培养课程和项目体系。

四是组织处级干部和专业技术干部轮训,开展一线业务岗位实操轮岗锻炼,重点加强领导干部专业技术岗位和管理岗位之间跨岗位锻炼培训,提升政治素质和专业管理水平。

3. 拓宽渠道、增进交流,提升干部履职尽责能力

一是加大干部交流轮岗力度,开展机关干部交流轮岗,安排事业单位部分年轻干部

到机关处室实践锻炼，丰富干部岗位经历、工作阅历和实践能力。组织开展机关和直属单位干部人事工作培训和业务交流，提高青年干部人事工作人员的思想素质和业务水平。

二是通过每年细化挂职交流方案，明确具体交流轮岗岗位、对象、人员数量、方式和具体要求，探索通过有条件、分批次定期轮岗的方式，增强管理和专业技术人才的履职尽责能力。

三是探索建立市、区“三农”人员双向挂职锻炼机制，积极有序地实施管理人才和专业技术人才分批到区农委挂职锻炼计划。合理接收安排区农委及系统相关单位的挂职交流人才，实现市农委直属系统干部人才内外有序循环流动。重点选送青年人才推荐到机关、有关“三农”专业的事业单位、企业等挂职交流。

四是实施重大项目人才抽调机制，打破部门壁垒，加强与国家农委、本市相关系统部门人才之间的双向流动，与政府有关部门人才之间的双向流动，建立联系良性循环机制。

五是加强与有关高校、机构跨界交流，建立定期合作机制，每年集中选派一批优秀人才到相关单位挂职，着力提升青年“三农”干部的综合工作能力。

（三）农委系统青年干部提质工程

“三农”在国家发展中具有压舱石的作用，上海的“三农”工作要以实施乡村振兴战略为总抓手，对标全面建成小康社会“三农”工作必须完成的硬任务，围绕“巩固、增强、提升、畅通”的总体要求，通过农委系统青年干部提质工程，为确保经济持续健康发展和社会大局稳定、如期实现第一个百年奋斗目标奠定基础。

1. 加大人才引进力度，扩大人才蓄水池，突出专业化、年轻化和可塑性

一是有效盘活市农委直属系统编制资源，争取市机构编制管理部门的支持，把握市农委机关和直属事业单位的不同功能定位，定期分析发展需求和岗位需求，制定人才引进方案。

二是加大农委紧缺专业人才和管理人才的引进力度，着力吸引农业产业化经营、农村规划建设、乡村治理创新等领域的紧缺急需人才，扩大市农委直属系统专业人才储备。

三是建立与三农专业相关高校定期联系机制，健全高校招聘机制，建立高校毕业生实习机制，吸引高校优秀毕业生，招募教育基础好、可塑性强的毕业生进入市农委系统工作。

四是结合市农委业务发展和实际需求，探索短期聘用、技术合作、岗位聘用、项目聘用、人才租赁和挂职交流等多种方式，扩大三农专家库和合作单位目录，柔性引进人才和智力。

2. 加大干部选拔任用力度，改善干部队伍结构，突出有潜力、敢担当和善作为

一是针对三农干部队伍结构缺陷，调动各年龄段干部的积极性。加快配齐机关各处室正副处长，有效改善机关正副处长年龄倒挂现象，推进机关副处级领导岗位年轻化，逐步形成一支由各年龄段干部组成、结构合理的处级干部队伍。

二是加快配强配齐事业单位领导班子，选拔一批年富力强、业务能力突出、具有一定管理经验的干部充实到各事业单位副处级领导岗位，适度推进各单位之间的交流任职。

三是直面农委干部队伍存在的担当意识不足、责任心、执行力不强，推诿扯皮的情况，在选拔任用工作当中有意识地将业务能力强、大局意识好、有担当意识、群众公认度高作为一项重要条件，通过选拔任用工作树立标杆，改善工作作风。

四是争取上级和兄弟部门支持，严把入口关，拓展干部任用渠道，做到“开源节流”。争取上级组织部门和转业安置部门支持，军转接收安置侧重专业化、年轻化，主要面向解决直属事业单位的人才需求，推动机关正处级领导干部交流到外单位提拔任职，副处级领导干部到各区三农部门交流任职。

3. 加大后备干部队伍建设力度，完善充实后备干部库，突出制度化、动态化和常态化

一是制订一整套市农委后备青年干部队伍建设制度，以规范文本的形式，将后备干部队伍建设工作放在日常工作的重要位置，明确后备干部队伍建设的客观标准和规范程序，形成共识，推进青年干部储备培养计划落实。

二是进一步推进后备干部队伍建设工作动态化、常态化管理。关口前移至人才引进环节，拓宽渠道、改进方法，坚持公开、平等、竞争、择优的原则，采取多种途径、发现、培育和遴选后备干部，重点选拔 40 岁以下，本科以上学历、思想素质好、业务能力强，有发展潜能的青年人才，进行分类培养、跟踪管理，工作体现导向性、强化前瞻性。

三是定期进行后备干部库更新。充实后备干部人才储量，根据《党政领导干部后备干部工作规定》，按照领导班子职数正职 1∶2、副职 1∶1 的规定进行充实调整，强化分类培养管理，以信息化、网络化的方式，建立健全后备干部信息库，推行跟踪评议和信息分析，采取日常观察、专项测评、定期访谈和重大项目考验等方式，不断提高后备干部队伍的整体质量。

牵头领导：叶军平
牵头处室：干部人事处
课题组成员：姚　训　汪　怿　叶　耿　李汪春
薛泽林　朱雯霞　张　旺

7. 提高本市蔬菜绿色生产能力的调研

提高蔬菜绿色生产能力是实现农业农村绿色发展，满足人们对优质安全农产品需求，推进乡村振兴以及实现全面建成小康社会的重要支撑。农业农村部办公厅印发《2020 年农业农村绿色发展工作要点》，强调要积极推进农业绿色生产，增加绿色优质农产品供给。上海市委市政府高度重视蔬菜绿色生产。近年来，出台了一系列政策文件推进蔬菜产业绿色发展，《上海市乡村振兴战略实施方案(2018—2022)》明确提出要着力发展包括蔬菜产业在内的高水平绿色农业，2020 年 1 月出台《关于推进本市蔬菜生产保护区建设的实施意见》，提出要坚持以生态优先、绿色发展为导向，深入推进农业供给侧结构性改革，全面优化蔬菜产业布局和要素组合，提升本市 15 个蔬菜生产保护镇(见表 1)50 万亩蔬菜生产保护区的供给能力，并逐步向绿色高效生产发展。

表 1　　本市蔬菜生产保护镇保护地块面积统计表

区县	保护镇	地块面积(万亩)
宝山区	罗店镇	0.43
闵行区	华漕镇	0.14
嘉定区	江桥镇	0.16
青浦区	白鹤镇	1.33
	练塘镇	2.41
奉贤区	奉城镇	1.48
	青村镇	1.10
	海湾镇	2.26
金山区	廊下镇	1.27
	吕巷镇	1.08
浦东新区	曹路镇	0.38
	宣桥镇	0.85

续表

区县	保护镇	地块面积(万亩)
崇明	中兴镇	1.93
	向化镇	1.68
	长兴镇	0.31
合　计		16.79

经过多年的发展，本市已逐步形成了设施建设、生产扶持、价格保险、安全监管、信息监测、考核奖励等常态化机制，在优化蔬菜产业布局、发展蔬菜绿色生产、完善提升蔬菜产业能级的相关政策、提高蔬菜科技应用水平、创新蔬菜产销经营管理模式等方面都做出了积极探索，不断促进蔬菜特别是绿叶菜的生产，保障地产蔬菜的稳定供应和质量安全。截至 2019 年，实施设施菜田土壤保育和改良 4.02 万亩，2019 年共有 396 个基地综合应用“四诱一网”技术，完成蔬菜绿色防控面积 6.9 万亩。建成和完善 10 个园艺场蔬菜废弃物综合利用示范点，在示范点区域内实现蔬菜废弃物综合利用率达 100%。地产蔬菜绿色食品认证企业 215 家，认证产品 456 个，认证产量 4 806 万吨，绿色食品认证率达 16.23%。

然而，受资源环境等诸多因素约束，以及疫情等特殊事件的影响，本市蔬菜绿色生产能力面临严峻挑战，在具体推进过程中，仍存在一些突出问题。如市场需求相匹配的蔬菜生产供应相对不足、财政补贴力度有待加强、农业保险支持力度不够、绿色生产人才支撑不足、蔬菜生产基地规模分散且偏小、劳动力紧缺、复种指数偏高、绿色蔬菜优质优价的市场环境尚未形成等问题，制约了蔬菜绿色生产能力的提高。如何提高本市蔬菜绿色生产能力，提升绿叶菜的应急保障能力、日常自给能力，满足市民对地产蔬菜多样化、多元化、高品质的需求，为增强本市农村发展动力、实施乡村振兴战略提供支撑，为大都市城市安全提供保障，亟待破题。市农业农村委专门成立调研组，以问题和需求为导向，主要从蔬菜生产管理人员、技术人员、规模经营主体、散户、消费者等 5 个不同维度展开调研。此外，以蔬菜保护镇奉贤区青村镇为例，开展典型案例调研。通过解析不同利益主体的短期与中长期诉求，提出提高本市蔬菜绿色生产能力的政策建议。

调研的过程和方法：本次调研遵循上下结合、点面结合、相对独立、科学规范的原则，主要采用问卷调研、专家座谈、实地调研等方法，广泛听取了各方的意见和诉求。设计了针对管理人员、技术人员、规模经营主体、散户、消费者等 5 个不同层面的调查问卷，先后与市、区农技中心、郊区蔬菜站负责人、与蔬菜保护镇奉贤区青村镇的相关部门负责人、农科院等科研院所科技人员、合作社、龙头企业负责人代表、散户代表等进行了充分的交流和讨论，形成调研报告。

一、我市蔬菜绿色生产基本情况

(一)蔬菜绿色生产扶持政策框架逐步形成

“十三五”以来，围绕蔬菜生产特别是绿叶菜生产，本市逐步形成了设施建设、生产扶持、价格保险、安全监管、信息监测和考核奖励等蔬菜绿色生产扶持的政策框架。其中，对规模化种植蔬菜、特别是绿叶菜分别给予130元/亩和80元/亩的生产性补贴，同时加强资金用于农药等农资投入品方面的引导，对提升蔬菜绿色的规模化生产积极性起到了较大作用；为蔬菜生产经营主体提供露地气象指数保险、大棚设施险等保险类扶持政策，有效改善了蔬菜生产条件，增强了抗御各种自然灾害的能力，减少了因灾害造成的损失；对设施菜田土壤保育和改良、蔬菜标准园创建和废弃物综合利用实施单位，根据项目开展和实施情况给予补贴，提高了规模化、组织化和标准化程度，增强了蔬菜绿色生产能力；对地产蔬菜特别是绿叶菜种植面积和上市量，设施菜田财政性资产管理工作分别开展考核，根据完成情况给予奖励资金，在一定程度上保障了高标准设施菜田的生产能力。

(二)蔬菜绿色生产能力有所增强

通过划定蔬菜生产保护区、蔬菜生产保护镇，推广应用绿色防控技术、水肥一体化技术、设施菜田土壤保育和改良技术等，本市蔬菜绿色生产能力得到进一步增强。全市共划定蔬菜生产保护区49.07万亩，划定地块面积在1 000亩以上的保护片有192个，总面积占全市蔬菜划定保护地块总面积的85%，奉贤青村镇等15个蔬菜生产保护镇的划定地块总面积为16.79万亩。2019年，地产蔬菜年播种面积125万亩次，上市量247万吨。本市地产蔬菜平均自给率稳定在40%左右，其中以青菜为主的地产绿叶菜自给率稳定在80%左右，保障了地产绿叶菜的稳定供应和质量安全。

近年来每年推广应用绿色防控技术10万亩，水肥一体化技术2万亩次，累计推广设施菜田土壤保育和改良技术4万亩，已创市级蔬菜标准园198家，11.4万亩蔬菜面积、10.1万个种植地块实现电子化、信息化管理。地产蔬菜绿色食品认证企业共215家，认证产品456个，认证产量48.06万吨，绿色食品认证率达到16.23%。

(三)规模经营主体对蔬菜绿色生产认知度整体较高

与散户相比，标准园艺场及龙头企业等规模经营主体负责人的学历相对较高，大多接受过绿色生产相关培训，因此，对蔬菜绿色生产认知度也较高。有67%的受访规模经营主体有大专及以上学历，94.2%的接受过相关培训，79.4%的经营主体获得绿色认证，87%的受访规模经营主体非常了解或比较了解绿色蔬菜的基本概念和要求，86%的受访规模经营主体非常了解或比较了解绿色蔬菜认证(见图1)。有受访者表示，蔬菜生产过程中十分重视土壤的改良，避免施用过量的化学肥料。

二、存在的主要问题

(一)现有规划对蔬菜绿色生产的引领不足

提升蔬菜绿色生产能力，促进蔬菜绿色产业发展，必须坚持规划先行，科学把握全局性和阶段性的特征，因地制宜编制规划方案。虽然，农业在空间布局、产业发展等方面有相关的规划，但尚未有效起到指导发展、优化布局等作用。目前全市50.18万亩蔬菜生产保护区中，现状种植蔬菜的地块面积19.95万亩，仅占蔬菜保护区地块总面积的40%，现状种植水稻的地块面积23.70万亩，占比47%，超过蔬菜种植面积，还有6.53

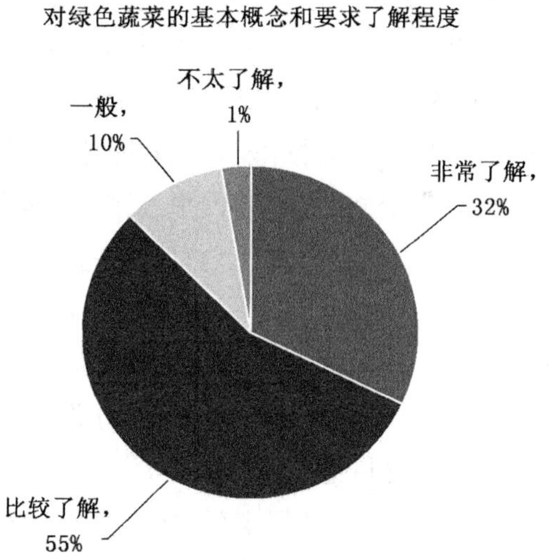

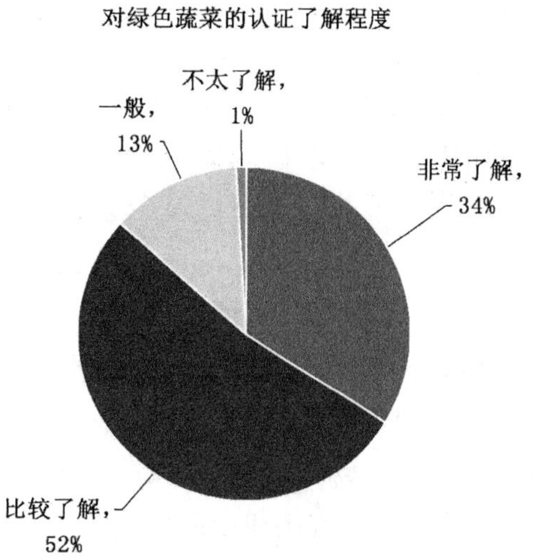

图 1　规模经营主体对绿色蔬菜认知情况图

万亩地块种植其他作物。过去的规划未能做到集中连片引导，导致大规模的种植业栽培区域蔬菜和粮食混种，进而阻碍规模化、组织化和机械化水平的提高；而现有的规划缺乏对蔬菜保护区系统性和阶段性的科学设计，对保护区内产业的先进技术应用缺乏系统规划，对整个蔬菜产业的方向性引导缺乏详细的、切实可行的规划性思考，保护区内蔬菜产业和种植业产业结构布局规划不明晰。

（二）现有经营主体蔬菜绿色生产动力需要提升

受产业布局影响，散户从事蔬菜生产的仍较多。本市主要蔬菜专业合作社共有400多家，种植总面积10.4万亩，仅占全市蔬菜种植面积的24%，蔬菜种植领域的市级龙头企业更是寥寥无几。大量散户种植蔬菜，生产水平和安全意识相对偏低，对新技术、新模式和新方法接受程度不高。以蔬菜保护镇奉贤青村镇为例，66%以上的蔬菜生产经营主体都是来自安徽、山东等地的外来散户，有些散户的经营规模达300—500亩，甚至超过了本地蔬菜合作社。但这部分群体由于没有本地户口，无法申请成立蔬菜合作社，且难以达到成立公司的门槛，因此，也难以享受相关政策扶持，无法接受政府组织的相关培训，绿色生产动力不足。受访散户表示，农资提供的农药品种不能完全满足实际需求，只能从其他渠道购买药效强的进口农药，农药施用存在一定风险。同时园艺场普遍种植多个蔬菜品种，单一化、专业化程度不高，也限制了蔬菜机械生产水平的提高。

（三）现有基础设施无法适应蔬菜绿色生产要求

现有50.18万亩蔬菜生产保护地块中，有政府投资建设的5.05万亩保护地设施菜田和6.19万亩露地设施菜田划入，仅占保护区划定面积的10%和12.3%，农民自筹投资建设的面积有限，且受经济和技术条件限制，工程标准低、配套设施简陋，保护地占比较低，大量露地菜田易受气候及自然灾害影响，抗御自然灾害的能力较弱。同时本市从“十一五”起开始建设设施菜田，虽然对设施菜田运行情况进行考核奖励，但是约有15%的已建设施菜田，由于建设时间较早，运行时间长，维修管护成本较高，工程老化严重，多年失修，抗灾能力和生产能力已明显下降。以青村镇为例，多数连栋大棚都是

2012年以前建造，老化现象凸显。还有部分已建设施菜田不在永久基本农田区域内，被动拆迁的设施菜田逐年增加。另外，无论是政府投资建设的以8米棚为主的保护地设施菜田，还是农民投资建设的以6米棚为主的保护地设施菜田，基础条件都不适应现代机械化操作的要求。因此，一方面蔬菜生产保护区内已建高标准设施菜田比例过低，蔬菜生产保护区范围内整体基础条件薄弱；另一方面现有的高标准设施菜田也存在部分年久失修，已经老化、无法适应现代产业发展需要的问题，而新规划建设高标准菜田面积有限，因此基础设施薄弱的问题还将长期存在。

（四）蔬菜绿色生产技术与管理遇到瓶颈

一是复种指数偏高。本市蔬菜复种指数超过3，高于全国平均水平，部分设施菜田土壤出现连作障碍，土传病害发生严重。个别蔬菜基地盲目追求产量，不注意土地用养结合，土壤次生盐渍化和根肿病等问题日益突出。二是农药超范围使用。由于农药登记作物品种的限制，目前蔬菜实际生产过程中，超范围使用农药的现象较普遍。特别是绿叶蔬菜中登记农药的品种较少，对推动绿色认证形成阻力。三是生态压力大。废旧地膜虽有回收，89.7%的受访规模经营主体表示会处理地膜，其中80.2%的会回收至专业机构，但是缺少有效处置措施。蔬菜生产秸秆处理基本是翻耕还田、粉碎发酵还田。仍有16.8%的受访规模经营主体对农药残留时间完全不了解，这些都对环境造成一定压力。四是蔬菜绿色生产技术人才和管理人才队伍有待提升。在对全市46个蔬菜生产技术人员、43个蔬菜生产管理人员的调研中发现，尽管本科及以上的占比超过70%，但人才队伍相对年轻，特别是从事蔬菜生产管理5年以下的超过50%，高级职称的不足5%，技术人员与管理人员的职称晋升空间不足，在一定程度上会影响蔬菜生产技术推广工作及管理工作的积极性。有24%的技术人员、20%的受访管理人员表示，对绿色认证的蔬菜产品比较认可但有些怀疑，这些都会对蔬菜绿色生产技术推广与管理产生较大影响。

（五）绿色蔬菜优质优价的市场环境尚未形成

从生产端看，蔬菜绿色生产对土壤质量、配套设施及生产技术要求较高，增加了蔬菜经营主体的种植成本。据调查，以青菜为例，合作社种植绿色青菜的直接成本一般要增加20%～30%，产量减少20%左右。但在市场上，这些绿色青菜的价格并未实现优质优价。以上海贤瑞农产品产销专业合作社为例，尽管该合作社已经申请到部分蔬菜品种的绿色认证，但由于与电商对接的投入成本过高，目前该合作社的蔬菜销售渠道仍以批发市场为主，实际市场成交价格并没有因是绿色农产品而有明显提升，绿色认证蔬菜的“优价”并未得到体现。部分受访的规模经营主体表示，从事绿色生产后，成本上升20%，收益却下降20%，从事蔬菜绿色生产不仅未获得明显收益，与之前相比，利润反而下降了。因此，在高成本低收益的市场环境下，经营主体普遍对蔬菜绿色生产缺乏积极性。

从消费端看，市民对绿色蔬菜认知度不高，绿色认证蔬菜消费在市民家庭蔬菜消费中所占比重并不高，仅有30%的受访市民表示购买过绿色认证蔬菜，他们判断绿色认证蔬菜质量安全的依据主要还是认证标签和品牌。45%的受访市民对自己购买的绿色认证蔬菜质量不太放心，有受访市民表示，绿色蔬菜在市场上质量参差不齐，对购买到的绿色蔬菜信任度不高。对于绿色蔬菜的支付金额，70%以上的受访者愿意接受高于一般蔬菜的价格幅度在每斤3元以内。

三、总体思路与对策建议

以习近平新时代中国特色社会主义思想为指导，全面贯彻落实乡村振兴战略，按照“两个面向、两个对标”，坚持生态优先、绿色发展导向，深入推进农业供给侧结构性改革，通过优化布局和要素组合等措施，50万亩蔬菜生产保护区(含15个蔬菜生产保护镇)基本实现区域化布局、专业化种植、机械化生产、社会化服务、品牌化销售、产业化经营，基本做到资源利用更加节约高效、产地环境更加清洁美丽、生态系统稳定可持续、绿色供给能力明显提升，蔬菜产业高质量发展提升到新水平。到2025年，全市蔬菜产业综合生产能力和产品质量安全水平得到全面提升。设施蔬菜面积稳定在10万亩以上，蔬菜自给率稳定在40%以上，其中绿叶菜自给率达80%以上，建成高标准设施菜田2万亩，蔬菜绿色认证率达到20%以上。

(一)加快编制蔬菜保护镇的专项规划

结合绿色田园工程和蔬菜生产保护镇建设，指导区和乡镇充分衔接郊野单元(村庄)规划，开展蔬菜保护镇专项规划编制工作，科学确定蔬菜绿色产业定位、产业结构、重点领域、产业融合等。盘活集体经营性建设用地和存量设施农用地，促进蔬菜保护镇与乡村产业融合发展，为提升蔬菜绿色生产能力奠定坚实基础。

(二)提升蔬菜绿色产业化经营

一是鼓励社会资本参与蔬菜生产经营。优化乡村营商环境，面向国内外加大招商力度，鼓励各类社会资本参与蔬菜生产保护区建设，优先支持重大项目落户蔬菜生产保护区和保护镇。二是加强对现有经营主体的培育与提升。建立和完善农业招商的长效机制，增强综合服务能力，鼓励通过兼并、重组、整合等途径做强蔬菜龙头企业。三是大力发展多种形式的农民产销合作组织。依托龙头企业、合作社联社等，在蔬菜机械化生产、植保、营销等方面，探索和完善蔬菜生产社会化服务体系，培育专业化服务主体，不断创新蔬菜经营模式，推进蔬菜产业化经营，提高蔬菜绿色生产效率和效益，调动蔬菜生产经营主体的积极性。四是鼓励地产蔬菜向商品化处理方向发展，推行实施净菜上市和废弃物处理，建立从基地到餐桌的净菜产业链。五是加强对散户的监管力度。重视对散户的监管，将散户纳入日常监管范围，进一步加强对散户的蔬菜绿色生产专项整治，实现从源头保障，提升产地环境；生产管控，实现生产过程绿色化；全程监管，实现质量安全的可追溯。

(三)加大农业装备信息建设

一是聚焦建设蔬菜保护镇的高标准设施菜田。围绕建设高水平蔬菜业，各类涉农资金优先聚焦蔬菜生产保护区内基础设施和农业装备建设，集中建设一批高标准设施菜田。二是聚焦蔬菜生产全程机械化。以蔬菜“机器换人”绿色生产示范基地建设为抓手，实现工厂化育苗、机械化耕作、自动化灌溉以及采后整理、清洗、分级、包装、贮藏、运输等全程冷链化，推进净菜上市。鼓励和支持引进蔬菜绿色高效生产的节能低耗智能设施装备，推动自动化、智能化农业装备多领域、全方位应用。三是深化蔬菜生产数字化信息平台建设。优化市、区、镇三级资源共享的蔬菜生产保护区“一张图”，实现精准管控和精准查询。聚焦蔬菜保护镇，推进农业物联网、电子商务等信息技术在蔬菜生产经营上的示范应用。深化“种植业生产信息管理系统”建设，归集蔬菜生产、加工、销售等数据资源，推进“一库”建设。通过数据资源等专栏，为生产者、管理者、消费者提供精准化、个性化的信息服务，初步实现绿色认证地产农产品全产业链的数字化、在线化动态监管，有效增强不同主体对绿色蔬菜的认知度和信任度。

（四）提高蔬菜绿色生产科技水平和管理水平

一是完善蔬菜科技产学研用推相结合的工作机制。紧紧围绕蔬菜产业发展的需求和瓶颈，力争在新品种选育与推广、标准化生产与机械化、绿色植保与质量安全、菜田质量保育与生态栽培、采后保鲜与品牌建设等方面的科技攻关和技术应用取得新的更大突破。二是加快形成可操作、易执行、能复制的全程绿色高效生产技术。建立蔬菜全程绿色高效生产技术标准、模式和体系大力推行以杀虫灯、防虫网、性诱剂、色板为主的绿色防控技术，减少化学农药的使用。建立健全土壤保育制度，做到种地与养地相结合，加强土壤夏季高温闷棚、有机质提升、轮作茬口安排、平衡推荐施肥、障碍土壤修复等土壤质量保育技术集成示范与推广，保护蔬菜土壤生态环境，提高菜地可持续生产能力。加强蔬菜废弃物资源化利用，确保蔬菜生产循环利用与改善生态环境。三是进一步加快蔬菜绿色生产技术人才与管理人才队伍建设。加强对蔬菜生产技术人员及管理人员进行蔬菜绿色生产的培训，强化相关人员对蔬菜绿色生产的认知与认同感。通过完善人才评价机制，以技术推广绩效为导向，以技能、业绩、贡献为主要内容，加强对职称晋升的规范，加强绩效激励和考核，畅通晋升通道，加强管理人才队伍建设，进一步提高绿色生产技术水平和经营管理水平。

（五）完善蔬菜政策支持体系

一是加强对蔬菜保护镇的政策倾斜。按照优先保障“三农”资金投入的要求，采取先建后补、以奖代补等扶持方式，优先支持蔬菜保护镇的蔬菜产业发展，强化蔬菜绿色高质量发展导向，实施“大专项＋任务清单”管理机制，鼓励各区加大统筹，逐步下放涉农项目审批权限。涉及蔬菜生产规模化生产重大项目的设施建设，选址难以避开永久基本农田的，由区规划资源部门参照规模化粮食种植，牵头组织论证和管理，重点满足蔬菜产业用地需求。二是加强对蔬菜生产经营主体的政策支持。针对蔬菜生产各类主体，落实农业金融、保险等政策，推广农村土地承包经营权抵押贷款业务，建立全覆盖的金融支持保障制度。加大金融综合服务力度，支持蔬菜产业化龙头企业及联合体发展，延伸产业链、提升价值链、打造供应链，提升蔬菜绿色生产的规模经营主体与电商合作的能力。三是注重根据市场需求和消费特点，合理引导蔬菜绿色生产。充分发挥市场决定性作用，更好发挥政府调控的作用，尊重市场规律，根据市民消费特点落实优化各郊区绿色蔬菜产品结构，提高蔬菜绿色生产的能力。

牵头领导：叶军平
牵头处室：蔬菜办
课题组成员：史　明　朱为民　叶建平　赵京音
沈海斌　李珍珍　杨学东　田守波
马　佳　马　莹

8. 上海市农业种质资源保护与利用发展规划研究

农业种质资源是保障国家粮食安全与重要农产品供给的战略性资源，是农业科技创新与现代种业发展的物质基础。“一个物种影响一个国家的经济，一个基因关系到一个国家的兴盛。”国际上已将对生物遗传资源的占有情况作为衡量一个国家综合国力的重要指标之一。世界各国都已将种质资源的收集、保藏、评价和利用创新放在促进农业生产的重要位置。在未来的农业中，种质资源的丰富程度和有关研究工作的深入程度将决定作物育种的优势。

一、背景

（一）国外农业种质资源保护和管理体系概况

目前，全球共有 1 750 多座种质资源库和种质资源圃，共保存了 740 多万份种质资源。早在 1946 年，美国就开始建立了国家植物种质系统，并于 1958 年建立了全球首家国家级种质资源库。美国农业部的国家农业种质资源体系（NPGS）由 31 个基因库组成，保存的种质资源占世界总份数的 7%以上，代表着世界 50%以上的属。英国皇家植物园 1997 年启动的“千年种子库”项目是全球最大的野生植物种子库，已保存了来自 80 多个国家的 360 个科 5 800 个属 40 000 种野生植物的种子。2008 年，挪威在北极永冻土层中修建了“斯瓦尔巴全球种子库”，称为全球农作物的“诺亚方舟”，可保存 450 万种植物，储存着来自全球超过 4 000 个植物物种的 86 万份种子备份。此外，国际农业研究磋商组织（CGIAR）下属 11 个研究中心都建立了相关农作物的专类种质库，并收集保存了 76 万余份农作物及其野生种质资源。

种质资源管理是一项复杂的系统工程，同时也是一项公益性很强的事业。目前国外种质资源库大多数以政府支持为主，鼓励各类组织和个人赞助。如英国邱园及其千年种子库是受英国政府环境食品和乡村事务部资助的非政府部门性质的公立团体。位于北极圈内的“斯瓦尔巴全球种子库”是由挪威政府出资建造的面向全世界的农作物种质资源备份库，该种质库由全球农作物信托基金、挪威农业和食品部提供运转经费，由北欧遗传资源中心负责日常管理。全球农作物信托基金是由联合国粮农组织和国际生物多样性中心（代表国际农业研究磋商组织）共同建立，是唯一一个在全球层面募集资金，用于拯救因资金缺乏或保护、保存措施不力而濒临灭绝的农作物种质资源，从而为新品种培育提供物质基础的公益性国际组织。目前，该国际组织由超过 20 个国家及多个国际组织、私营企业提供资金捐助，并在 80 多个国家开展了种质资源保护相关资助工作。国际农业研究磋商组织（CGIAR）下属 11 个研究中心的种质资源库主要依托国际组织、国际基金和私人基金的资助运转。如国际水稻所是在洛克菲勒基金会和福特基金会资助下成立和发展的，同时，其种质资源库也获得了全球农作物信托基金的资助。

美国的本土植物种质资源并不丰富，但却是世界上植物种质资源保存量和保存种类最多的国家之一，这得益于其建立的运转良好的植物种质资源管理系统。该系统主要包括国家遗传资源保存中心、分布在全国的 31 个机构组成的植物资源收集贮存系统、作物种质资源委员会和种质资源信息网。植物种质资源管理系统的研究费用由联邦政府和州共同提供，包括种质资源的收集、保存、评价和繁殖等费用。为确保种质资源的收集保存，美国对相关工作在立法中进行了规范和指导。如 1946 年美国颁布了研究与市场法案，在该法案的指导下建立了四个区域性植物引种站，专门用于保存、评价植物种质资源。1990 年，美国国会将国家遗传资源计划纳入国家公法，授权成立国家遗传资源计划，对食品供给和农业生产有重要作用的种质资源进行统一管理，逐步建立起种质资源获取、描述、保存、编目和分发的规范运行体系。该法从机构组成、人员构成、网络的建立和维护以及资金等几大方面进行了规定。植物种质资源是该计划的主要组成部分，整个管理体系都在该法律的规定下进行运作。

（二）国内农业种质资源保护和管理体系概况

我国的国家作物种质库始建于 1986 年，保存了 78 个科、256 个属、810 个种或亚种的农作物种质资源 50 余万份。新国家作物种质库建设已于 2019 年启动，库容量为 150 万份，是现有种质库容量的近 4 倍。2007 年，我国建立了“中国西南野生生物种质资源库”，该库包括种子库、植物离体种质库、DNA 库、微生物种子库、动物种质库和植物种质资源圃，收集保存了 305 科、2 885 属 2.4 万余种生物资源。此外，我国还建立了林业种质资源、园艺植物种质资源、家养动物种质资源保存体系。

我国的种质资源管理体系包括国家体系和地方体系。国家体系包括国家种质资源库、青海国家复份库、32 个国家多年生和野生近缘植物种质圃、10 个专类中期库及中国作物种质资源信息系统构成。国家种质库的建设获得了美国洛克菲勒基金会和国际植物遗传资源委员会的部分资助。国家库、圃及信息系统的管理及主体的研究经费来自政府财政资助。我国各省、直辖市和自治区均建立了省级种质资源库。早期的省级种质资源库的主要依托省级农科院多年工作积累，大多缺少专项支持，各库硬件条件与管理水平参差不齐。近年来，随着国家对种质资源工作的日益重视，尤其是第三次全国农作物普查与收集行动工作的全面实施，各省先后启动了种质资源库的建设提升专项，如浙江、四川、湖南、山西、云南、河北等省。

（三）国家对农业种质资源保护工作日益重视

近年来，中央对农业种质资源的保护与利用工作高度重视。农业农村部先后发布了《全国农作物种质资源保护与利用中长期发展规划（2015－2030）》（农种发〔2015〕2）、《第三次全国农作物种质资源普查与收集行动实施方案》（农办种〔2015〕26 号）和《农业种质遗传资源保护与利用三年行动方案》（农办种〔2019〕15）。为深入推进和加强种质资源保护与利用，强化种质遗传资源对发展现代种业、推进农业高质量发展的基础性支撑作用，国务院办公厅于 2019 年底发布了《关于加强农业种质资源保护与利用的意见》（国办发〔2019〕56）（以下简称《意见》）。此次《意见》是新中国成立以来首个专门聚焦农业种质资源保护与利用的重要文件，开启了农业种质资源保护与利用的新篇章，是一个既管当前又管长远的历史性、纲领性文件。《意见》提出力争到 2035 年，建成系统完整、科学高效的农业种质资源保护与利用体系，资源保存总量位居世界前列，珍稀、濒危、特有资源得到有效收集和保护，资源深度鉴定评价和综合开发利用水平显著提升，资源创新利用达到国际先进水平。

为贯彻落实中央有关文件精神，进一步加强我市农业种质资源保护与利用工作，促进我市种源农业发展，结合《意见》要求，对本市开展农业种质资源相关研究的科研院所、高校、种业企业进行了座谈和问卷调查，综合了解各单位种质资源收集保存、鉴定评价、管理利用、科技成果、人才队伍和支持保障等情况，总结了本市农业种质资源保护利用的现状和存在问题，并提出了今后工作的建议。

二、现状

长期以来，我市农业科研单位和种业企业持续开展种质资源保护与利用工作，在种质资源保护体系建设、资源收集与评价利用等方面取得了较好的成效：

（一）种质资源保护体系雏形初步形成

我市于 2000 年启动了“上海市农业基因库”的建设，建成了包括长期库、中期库、超低温库及种质圃的综合性农业生物基因资源库。长期库、中期库、超低温库库容量为 30 万份资源。初步建立了果树和花卉综合种质圃。建成畜禽保种场 8 个，其中 4 个为国家级，实现了上海地方特有畜禽品种的有效保护。市农业生物基因库设计建设了国内先进的集种质资源实物库位管理、资源信息数据库和资源用户数据库于一体的种质资源保存管理系统，该系统现已在云南、湖南两省种质资源库推广应用。

（二）农业种质资源保存总量超 26 万份

目前上海已收集保存地方种质资源 1 万余份，涉及 93 个科 360 个种，保存遗传群体、DNA 等各类遗传材料 25 万余份，其中水稻功能基因资源、生菜、玉米、萱草等种质资源有了良好积累，已初步形成特色资源库。保存微生物菌种 168 种；保存优质地方畜禽资源 8 个，其中梅山猪、浦东白猪、沙乌头猪、浦东鸡列入国家畜禽遗传资源保护名录。

(三)农业种质资源开发利用稳步推进

"十二五""十三五"期间，我市利用农业种质资源开展创新研究，育成国审品种8个，市审(认)定农作物品种432个(2011年至今)，食用菌品种56个，花卉品种120个，选育畜禽品种及配套系4个。上海市农科院选育的沪软1212和松江区的松香粳1018，分获2018年度(首届)、2019年度全国优质稻米(粳稻)食味品质十大金奖品种。节水抗旱稻作为本市重大发明，获得国家发明二等奖，旱优73荣获2019年度全国优质稻米(籼稻)食味品质金奖品种。上海欣灏珍禽育种有限公司成功培育了申鸿七彩雉新品种，是我国雉鸡行业第一个具有独立知识产权的国家审定品种，突破了我国在雉鸡行业没有国家品种的空白。这些新优品种在保障米袋子菜篮子、打造地方特色产业和特色品牌、助力乡村振兴和服务全国等方面发挥了重要作用。近10年，相关工作获各类科技奖51项，其中国家奖5项，省部级奖46项，向全国提供资源共享利用8万余份次，其中水稻资源共享利用培育新品种327个，累计推广11.9亿亩，产生经济价值超过1 600亿元。

三、存在的问题

(一)种质资源保护体系不完善

主要体现在三个方面，一是保护政策及保障支持体系不完善，缺少地方性农业种质资源管理的规范性文件和支持保障的政策与制度。早在2003年农业部就发布了《农作物种质资源管理办法》，全国先后有27个省市和自治区在地方种子管理条例中规范了种质资源保护工作。此次国办《意见》首次明确了农业种质资源保护的基础性、公益性、战略性、长期性定位。从农业种质资源保护的定位来看，需要政府提供完善的保障政策与制度，使该项工作能够长期有效的推进。二是管理体系不完善，各区农业农村委目前都没有设立专门的种业管理部门，部分区种质资源保护责任不明确，存在管理缺位情况。三是保种单位体系不完善，现有种质库、圃、场主要依托相关科研单位及科研项目建立，没有顶层设计和统筹布局，大多缺少专项资金的稳定支持，设施设备条件良莠不齐，缺少专职人员队伍，极易造成资源的丧失，不利于种质资源保护工作的长期良性开展。

(二)种质资源鉴定评价不深入

种质资源的鉴定评价是发掘优异种质资源并进行种质创新培育的基础。目前，由于鉴定田地及设施不能满足需求，智能化、高通量的表型组鉴定平台匮乏，以及持续稳定的支持和科研项目投入的不足，导致种质资源鉴定评价体系不健全，鉴定评价工作开展较少，尤其是多组学深入系统的精准鉴定分析研究缺乏，不利于优异种质资源及基因的发掘与利用，影响新品种的选育与改良进度，地方品种资源的产业化开发利用滞后，市场竞争力弱。迫切需要建立全市统筹、分工协作的农业种质资源鉴定评价体系，系统深入地开展种质资源表型组及多组学精准鉴定评价。

(三)种质资源的收集、管理和共享效率不高

种质资源分散保存在科研人员手中的现象普遍，未实现应保尽保。虽然市农业生

物基因库建立了国内领先的种质资源保存管理系统，但大多数保种单位未建立科学规范的种质资源保存管理系统，种质资源收集保存、繁殖更新、分发取用等保护与利用各环节缺乏有效的管理，极易造成资源的混乱及丢失。此外，大多数保存单位没有建立资源信息数据库，相关单位及人员资源共享利用的意识不强，以及资源共享过程中知识产权保障制度不健全，导致了资源不能得到充分的共享和利用。

四、对策建议

《意见》全面系统提出了今后一个时期农业种质资源保护与利用的总体要求、目标任务、政策举措。为建设现代种业强市、保障国家粮食安全、实施乡村振兴战略奠定坚实基础，根据《意见》要求，坚持保护优先、高效利用、政府主导、多元参与的原则，围绕农业科技原始创新和现代种业发展的重大需求，以广泛收集、安全保护和高效利用为核心，强化责任落实、科技支撑和法治保障，加快构建多层次收集保护、多元化开发利用和多渠道政策支持的种质资源大保护强利用的新格局，建议如下：

（一）健全本市农业种质资源保护体系

保护体系的健全完善一是要考虑布局，二是要考虑能力条件的提升。目前，我市已建成的农业生物基因库为综合性种质库，具备低温和超低温两套长期保存设施。初步建成了果树和花卉综合种质圃，水产资源种质库正在建设中，地方特色畜禽保种场业已建立。在此基础上，要基于符合并满足我市未来农业种业发展和市民健康美好生活需求的原则，统筹布局全市种质资源保护机构，设立综合库（圃）和专类库（圃、场），分阶段建设建成分类分级、点面结合的种质资源保护体系。对标国际先进设备和技术，加快研究制定种质资源保护单位的建设标准、开展农业种质资源保护能力提升建设。要进一步明确保种单位的主体责任，实施保种单位认定和考核制度，推动种质资源库（圃、场）的积极良性发展。

（二）加强农业种质资源收集和保存技术研究

《意见》指出我国虽然是种质资源大国，但还不是种质资源强国，近年来，我国农业种质资源面临的挑战越来越严峻，加强保护与利用的紧迫性越来越强烈。与全国其他省市相比，上海种质资源面临的挑战更为严峻。其一，上海自然地理和气候类型单一，农业种质资源在数量和多样性上都相对较贫乏；其二，上海城镇化进程迅速，地方品种和野生近缘种生存空间越来越有限，资源消失风险加剧，亟须抢救性保护。在这种形势下，我市农业种质资源的收集保护显得尤为重要，既要做好“内部收集”，也要加强“外部引种”。目前，第三次全国农作物种质资源普查与收集行动已在我市涉农区全面开展，要以此为契机，全面系统地开展本市农作物、畜禽、水产、农业微生物种质资源的普查，查清我市农业种质资源家底，做到应保尽保。要研究开展农业种质资源登记工作，将本市企事业单位、个人掌握的种质资源纳入统一管理体系，对于登记的种质资源依法依规予以保护，扩大对种质资源的保护。要加强种质资源的广泛收集引进，尽可能丰富本市农业种质资源的多样性。要加强种质资源保存技术的研究，针对不同类型的种质资源开展安全保存技术、高效繁殖更新技术、快速无损遗传稳定性和活力监测技术及其他新技术的研究，提升我市农业种质资源安全保存和监测技术的水平。

(三)加强种质资源的精准鉴定与创新利用

种质资源的鉴定评价是一项连续性、长期性、系统性的工作，并且随着鉴定技术的发展不断深入。要依托种质库(圃、场)建立种质资源鉴定评价体系，实现种质资源鉴定评价的长期持续开展。与基因组、蛋白组和代谢组技术相比，表型组技术已成为种质资源精准鉴定的瓶颈，但是人工智能技术为表型组技术发展提供了无限可能。目前，我市的表型组平台建设处于起步阶段，要加强种质资源高通量智能表型组精准鉴定技术研究及能力条件提升，加大利用表型组及各种组学平台技术开展种质资源多组学鉴定和关联分析研究的力度，发掘优异种质资源和基因。要加快高通量智能表型选种平台和分子模块设计平台的研发，结合高通量基因分型平台、高效精准基因编辑技术平台的建设和应用，提高种质资源在种质创新中的利用成效，推进种质资源的创新利用。

(四)建设种质资源保护与利用信息平台

目前，本市种质资源库、圃、场分散独立，资源与信息的管理水平参差不齐，资源与信息未实现互联互通和交流共享。要加快建设本市农业种质资源信息平台，实现各库、圃、场的有机衔接，进一步强化对资源的有效管理，实现资源和信息的互通及共享利用。信息平台应包括种质资源管理、种质资源大数据、种质资源共享利用三个模块。通过种质资源管理模块实现种质资源入库出库流程的规范化标准化，将管理流程信息化并可追溯，通过提高种质资源管理的效率来保障种质资源的安全保存。种质资源大数据模块要对接国家层面的大数据平台，要包括收集引种基础信息和特征特性数据及分子数据，可按资源类别设置子数据库，信息数据可供共享查询和利用。种质资源共享利用模块主要用于资源索取及后续利用跟踪服务，资源的共享利用首先要研究农业种质资源的提供者、保存者、利用者的责、权、利，保障各方利益，要对接国家农业种质资源共享利用交易平台，推进资源的多元化开发利用。

五、保障措施

(一)加强组织领导，切实落实责任

农业种质资源的保护与利用涉及多个业务主管部门，各部门应建立有效的联合工作机制，统筹协调、明确分工、加强合作，研究解决种质资源保护与利用工作中的重大问题。要按照《意见》要求，明确主管部门的管理责任、市区两级政府的属地责任和农业种质资源保护单位的主体责任，建立分级负责、有机衔接的保护机制。将农业种质资源保护与利用工作纳入政府相关工作考核；对政策落实情况依法进行审计监督；对造成资源流失、灭绝等严重后果的，要依法依规追究有关单位和人员责任；经公共财政支持的相关单位，要在农业种质资源管理部门监督下落实好种质资源科研项目成果与信息汇交机制。

(二)制定发展规划，明确发展方向

市农业农村委会同发展改革、科技、财政、生态环境、规划自然资源、人力社保等部门，按照农业种质资源保护与利用的总体要求，结合我市农业农村“十四五”发展规划和种源农业发展需求，研究制定我市农业种质资源保护与利用发展规划，建设完善我市农业种质资源保护利用体系，提出保护与利用的目标任务和保障措施，加快构建农业种质资源保护利用长效机制。各区要结合实际制定本区的农业种质资源保护与利用发展规划。

（三）完善政策支持，强化基础保障

农业种质资源保护是一项长期性、基础性、公益性和战略性工作，要加强政策扶持，给予充分的保障。国土空间规划要合理安排种质资源库（圃、场、区）用地，不得擅自、超范围划定禁养区；财政保障要通过现有资金渠道，统筹支持资源保护工作；科研上要加大支持力度；人才队伍建设方面要制定科学的绩效考核、人才评价与激励机制，改善待遇低、职称晋升难的现状，对有突出贡献的单位和个人给予表彰奖励，稳定人员队伍，激发保护主体的动力。

（四）强化宣传引导，营造良好氛围

农业种质资源保护是一项系统工程，涉及部门多、主体多，需要全社会力量广泛参与和支持。很多古老的地方品种、特色资源都是在老百姓家的房前屋后、田间地头和深山老林，因此，提高公众认知，鼓励全民参与很有必要。要充分利用各种媒体和科普手段大力开展科普宣传与科学教育，引导社会团体和基层群众关心、支持和参与。鼓励支持个人、社会组织、企业等登记其保存的农业种质资源，研究制定表彰奖励机制，在资源的开发利用和文化发掘上探讨更多元化的参与和利益分享模式，激发公众参与资源保护的积极性和主动性，形成资源大保护的良好氛围。

牵头领导：王国忠
牵头处室：种业管理处
课题组成员：张建庭　李建刚　施　标　龚丽英
刘鸿艳　沈富林　夏建明　陆雪林
杨　华　高　欢　祁　兵　陈昕来

9. 上海水产养殖绿色发展对策研究

一、水产养殖绿色发展的背景与意义

中国特色社会主义进入新时代，国家迈入新的发展阶段，社会主要矛盾转变为人民日益增长的美好生活需要与不平衡不充分的发展之间的矛盾。在新时代下，我国渔业的主要矛盾已经转化为人民对优质安全水产品和优美水域生态环境的需求，与水产品供给结构性矛盾突出和渔业对资源环境过度利用之间的矛盾。在这一发展背景与形势下，绿色成为我国水产养殖发展的主流词，绿色发展成为我国渔业发展的主要方向。上海作为国际化大都市，生态环境相对脆弱，应站位更高、理念更新、实效更好，在新理念、新高度、新方位上谋求新方案，开启新征程，为全国水产养殖绿色发展提供上海样板，上海的水产养殖绿色发展意义重大。

（一）新发展理念的迫切要求

以习近平同志为核心的党中央提出的创新、协调、绿色、开放、共享的发展理念是在深刻总结国内外发展经验教训基础上提出的，是对中国特色社会主义发展规律的新认识、新概括，是致力于破解发展难题、增强发展动力、厚植发展优势的治本之策，是实现更高质量、更有效率、更加公平、更可持续发展的必由之路。绿色是生命的象征、大自然的底色，更是美好生活的基础、人民群众的期盼。我国虽然是世界水产养殖第一大国，水产养殖发展不平衡、不充分问题日益明显，社会主义进入新时代要求水产养殖的绿色发展。上海水产养殖绿色发展必须要以这一新的发展理念为根本遵循，在新理念、新高度、新方位上谋求新方案。

（二）乡村振兴的内在需求

党的十九大提出乡村振兴战略，为水产养殖绿色发展提供了新的历史性机遇。实施乡村振兴战略是推动农业全面升级、农村全面进步、农民全面发展的重要举措，对推进农业现代化、促进城乡融合发展、传承和弘扬中华农耕文明等具有重大意义。乡村振兴首先是产业兴旺，水产养殖产业作为上海农业的重要组成部分，是上海都市现代绿色农业发展行动计划和现代农业经营体系构建行动计划中的重要参与者，是上海乡村振兴的重要发展动能。渔业兴旺、渔村美丽、渔民富裕是水产业为乡村振兴做贡献的内在需要。

（三）绿色都市农业发展的强烈驱动

都市绿色农业发展具有三个关键要素：一是农业发展与生态环境和谐共生；二是绿色投入品、绿色技术、绿色投资和消费带动经济增长；三是绿色发展与农业经济增长良性循环。上海绿色都市农业发展的定位和战略部署驱动水产养殖向更高阶层的绿色发展，水产养殖要从生产功能向生态服务功能拓展，从追求产量到追求品质转变，从追求产品到追求品牌提升，绿色成为驱动上海水产养殖发展的内生动力。

（四）绿色地球共同体的可持续发展战略需要

地球是全世界人类的共同家园，地球上70%以上表面积是水，“绿色水体”是地球的主要色彩，是绿色地球的基础。人与自然是生命共同体，生态环境没有替代品，用之不觉，失之难存。人与自然生命共同体的核心思想是经济社会发展、资源利用和生态环境保护协调一致。绿色地球共同体要求坚持绿水青山既是自然财富、生态财富，又是社会财富、经济财富。水产养殖绿色发展是践行习近平总书记“两山论”的重要组成部分，是建设美丽中国、绚丽都市、秀丽乡村的重要支撑力量，可绿色地球共同体的可持续发展战略需要。

二、国内外水产养殖绿色发展的现状与进展

（一）我国水产养殖发展的现状与存在问题

我国水产养殖产量已经连续27年位列全球第一，已成为全球最大的水产品生产国和全球唯一的水产养殖产量超过捕捞产量的国家。2019年，我国水产品总量6 480.4万吨，养殖产量5 079.1万吨，捕捞产量1 401.3万吨，全社会渔业经济总产值26 406.5亿元。我国水产养殖在快速发展过程中，也出现了一些问题，有些还引起了全社会的广泛关注。

1. 生态环境问题

水产养殖是环境依赖型产业，据今年发布的第二次全国污染源普查公报，水产养殖业的年化学需氧量为66.60万吨、氨氮2.23万吨、总氮9.91万吨、总磷1.61万吨，分别占农业源水污染物排放量的6.24%、10.31%、7.00%和7.59%。虽然水产养殖排放的污染物相对较少，远低于种植业和畜牧业，但其影响已引起高度重视，是环保重点关注的产业。

2. 科技水平问题

虽然我国水产养殖取得了重大进展，但水产养殖对象的整体良种化比例仅25%左右。水产饲料工业也面临部分品种营养生理基础研究滞后、饲料品质差、蛋白源利用效率低等问题。一些肉食性养殖种类仍依赖于海捕小杂鱼作为主要饵料，不仅破坏海洋渔业资源，也造成养殖水体环境恶化和病害传播。在设施渔业科技，绿色、生态养殖模式创新等方面，我国与渔业发达国家如以色列、日本、挪威、美国等差距明显，与我国水

产养殖大国的地位并不相称。

3. 水产品供给结构性失衡问题

随着中国社会经济的高速发展和人们生活水平的改善和提高，人们对食品安全的意识和对食品品质的追求也与日俱增。中国水产养殖区域较为集中，而且水产养殖和上市时间受季节变化规律影响，容易出现季节性、区域性供应过剩问题，影响产业经济效益和稳定性发展。另一方面，我国水产品虽然种类丰富、数量繁多，但真正让消费者放心的安全、优质水产品仍较少，在满足人们生活需求方面仍然存在一定差距，无法有效满足广大人民群众对优质安全水产品和优美水域生态环境的需求。

（二）我国水产养殖绿色发展的形势与进展

20 世纪 80 年至 90 年代初，我国绿色农业开始萌芽。2003 年 10 月由联合国亚太经社理事会与我国有关单位共同主持的“亚太地区有机农业与绿色食品市场通道建设国际研讨会”上首次提出了“绿色农业”概念，此后我国绿色农业发展进入快车道。2017 年中共中央办公厅、国务院办公厅印发的《关于创新体制机制推进农业绿色发展的意见》，吹响了我国绿色农业全国发展的号角，标志着我国绿色农业的发展进入新时代。2018 年开始，水产养殖绿色发展开始成为发展主流，可以说 2018 年是水产养殖绿色发展的元年。2019 年 1 月 11 日，经国务院批准，农业农村部等 10 部委印发了《关于加快推进水产养殖业绿色发展的若干意见》，这是新中国成立以来第一个经国务院同意、专门针对水产养殖业的指导意见，是当前和今后一个时期指导我国水产养殖业绿色发展的纲领性文件，也把水产养殖绿色发展提到一个前所未有的新高度上。但我国水产养殖绿色发展也存在一些制约因素：

1. 小农为主的生产模式

我国水产养殖业以中小规模养殖户为主，生产和管理较为分散，距离标准化、产业化生产有较大差距，尚属农业化、牧业化的弱质产业。中小规模养殖户无力开展品牌管理、质量管理、环境管理，导致绿色发展和食品安全风险控制较为困难，难以符合时代对高质量和安全水产品的要求，难以开展水产养殖绿色生产。

2. 绿色养殖成本增加

绿色养殖成本增加，以及绿色养殖与养殖企业和养殖户利益发生冲突时，绿色养殖模式常常被放弃，这种现象相当突出。原因主要体现在以下几方面：其一，绿色养殖的技术标准高；其二，绿色生产要求不用或少用饲料农药，一定程度上影响产品产量；其三，申报绿色认证必须由有资质的检测机构全程质量检测，增加一定成本和经济负担；其四，是绿色水产品的经济效益与普通水产品没有明显差异，绿色水产品没有体现出优质优价、高成本高产出。

3. 政策风险

水产养殖的发展取决于可获得的空间、土地、水和其他资源，在发展过程中存在一定的政策风险。当前中国粮食安全政策主要着眼于以谷物为主的宏量元素供应，而水产品在保障微量元素供应方面做出的突出贡献以及其多样健康膳食的重要意义并没有在当前粮食安全政策中体现出来，有导致“隐藏的饥饿”的风险。《基本农田保护条例》

及农田保护的土地开发红线，对水产养殖形成了制约。

（三）世界水产养殖绿色发展现状与趋势

根据联合国粮食及农业组织发布的《2020年世界渔业和水产养殖状况》报告，2018年全球水产品总产量为1.79亿吨，价值4 010亿美元；水产养殖产量从1986年的1 018万吨增加到2018年的8 210万吨，增加7.1倍，而捕捞产量从1986年的8 690万吨增加到2018年的9 640万吨，只增加了7.6%；水产养殖的产量预计到2030年达1.09亿吨，比2018年增长32%，占渔业总产量的53%左右。亚洲将是水产养殖增长最大的地域，预计占世界增长率的89%以上，其中我国是主要贡献者。

随着对水产养殖产量需求的提高，发展低耗能、低排放的绿色水产养殖是世界各国的共识和趋势。1972年，联合国会议首次提出"水产品健康与生态养殖"，1995年联合国粮食与农业组织第28届大会上颁布了《负责任渔业行为守则》，健康养殖理念开始成为全球共识。水产养殖发达国家如以色列、日本、挪威、美国等，将大量的工业化管理技术应用于水产养殖业，建立了完善的养殖环境影响评估体系和养殖废水排放标准和相关法律。国外目前已在水质调控、环保饲料、养殖工程、投喂技术、养殖设施、复合种养及水处理技术等方面较为成熟。

三、上海水产养殖发展的现状与困境

（一）土地要素对产业发展的限制作用越来越大

土地因素对产业发展的限制作用越来越明显，水产养殖水面面积呈持续下降趋势，淡水养殖面积从2015年的29万亩下降到2019年19.2万亩，年均下降2.5万亩。

（二）从业人员年龄老化问题突出，对外依存度高

上海水产养殖从业人员年龄老化明显，50岁以上者占大多数，且以外来人员尤其是安徽人为主，管理难度增加以及人员的不稳定既容易引发雇佣双方的矛盾与纠纷，又给产业发展带来隐患。

（三）绿色发展的养殖成本增加明显

绿色发展导致水产养殖户（养殖场、专业合作社）成本增加是一个值得关注的问题。据调查，绿色发展导致成本增加40%左右，其中电费增加占15%左右，尾水治理工程造成亩租金增加10%，其他生产成本增加15%左右。

（四）规模分散的养殖格局没有根本改变

上海水产养殖个体规模小、点缀散布的分布格局没有得到根本性改变。上海水产养殖的整体集约化养殖程度低，养殖户（场、合作社）及合作社内部成员大多各自为政，相互之间关系松散，短期行为普遍，产业化经营水平低，难以形成规模效应，品牌水产品的有效生产群体也难以形成。同时，各养殖户（场、合作社）以坐销产品为主，品牌意识不强。

（五）环保压力影响水产养殖业发展

全市对水产养殖产业环保工作的理解和对农业污染源的认定，存在严重的认知误区，已经影响了水产养殖产业正常、有序、可持续发展。当前往往简单地将养殖业作为

污染源搞一刀切，取缔、关停、禁止或限制，在一定程度上导致水产养殖产业加速退养。将养殖业简单地归为“污染源”是欠科学的，搞“一刀切”更不可取，合理规划水产养殖业空间布局，采取合理的养殖方式，不但不会造成环保问题，还可以成为农业循环发展、绿色发展的重要支撑。

四、上海水产养殖绿色发展的目标与任务

（一）发展理念和思路

紧扣国家的新发展要求和上海全球城市的发展定位，落实“人民城市人民建、人民城市为人民”的重要理念，坚持水产养殖的生产功能与生态服务功能并举，打造水产养殖发展的“绿色空间”，更好地满足广大市民对美好生活的向往、对优质水产品的需求。贯彻“坚持一个中心、实施两项战略、构建三大生态、聚焦四优方向、做到五种合理”的理念。

1. 坚持一个中心

坚持人与自然和谐共生，水产养殖绿色发展这个中心。

2. 实施二项战略

一是实施水域环境优美战略：加强水产养殖园林场所建设，构建水清、草绿、底净、园美的新型水产养殖场区，将水产养殖场所打造成既是渔业生产区，又是城市生态涵养区，也是城郊人民休闲区。

二是实施生产过程清洁战略：汇聚全市、全国乃至全球的绿色水产养殖业科技信息和要素资源，研发养殖全过程的清洁生产技术，建立清洁生产的标准化流程，构建全方位的清洁生产技术体系和资源循环利用技术体系，建成全国先进的水产养殖清洁生产示范区。

3. 构建三大生态

即构建“三品”生态、“三绿”生态、“三端”生态。

构建“三品”生态：即构建“品种、品质、品牌”生态。“品种”生态：选用生长速度快、饲料报酬高、资源节约强、病害发生少的新型水产新品种；“品质”生态：生产出以优美养殖环境为基础，清洁生产技术为保障的“绿色”水产品；“品牌”生态：打造具有上海特色、都市特点、绿色特质的水产品品牌。

构建“三绿”生态：即构建“绿色田园、绿色技术、绿色产品”生态。“绿色田园”生态：将上海的水产养殖场构建成都市的绿色田园；“绿色技术”生态：养殖生产的全过程采用绿色的清洁生产技术；“绿色产品”生态：按照清洁生产技术，生产出质量上乘、市民放心的“绿色”水产品。

构建“三端”生态：构建“高端精致消费、中端体验消费、低端幸福消费”生态。“高端精致消费”生态：上海的部分水产养殖场走出一条精致渔业之路，其水产品能满足相关高端人群的消费需求；“中端体验消费”生态：面向上海大都市中产人群，发展部分水产养殖的接触式渔业，促进中产阶级的体验式消费和个性化服务；“低端幸福消费”生态：根据人民城市为人民的要求，以常规水产品场为依托，发展大众化水产品，促进低端消

费群体幸福消费。

4. 聚焦四优方向

优美的养殖环境：水产养殖场的场部环境和池塘水环境优美。

优异的养殖品种：养殖品种具有绿色化特点。

优良的养殖技术：养殖技术符合绿色生产要求。

优秀的养殖人员：吸收和培养文化层次高、技术水准好、业务能力强的养殖人员从事本市水产养殖业。

5. 做到五种合理

水体空间合理利用：利用不同水产养殖对象在不同水体层生活的特点，发展多种养殖对象的合理混养，在不增加资源负荷和水域承载力的情况下，合理利用水体空间，增加水体产出。

物质循环合理流动：按照生产者一消费者一分解者的池塘内循环特点，促进养殖环境内的物质循环合理流动，减少水域环境污染。

资源要素合理使用：将水产养殖投入品资源、养殖设施与工程化资源、科技资源等结合起来，合理使用。

产业形态合理联动：将一二三产业合理融合，促进多产业联动发展。

综合效益合理分配：合理分配水产养殖的经济效益、社会效益、生态效益、文化效益等效益。

（二）主要发展目标

汇聚全市、全国乃至全球的水产绿色养殖的科技信息和要素资源，转变水产养殖发展思路、调整水产养殖区域布局与功能布局，优化水产养殖业态，将养殖环境、养殖过程和养殖产品的清洁化、标准化、科技化、品牌化有机融合起来，实现环境优美、环节清洁、产品安全、技术先进、效益显著的上海水产绿色发展新格局，把上海建设成水产养殖绿色关键技术的高地，全国绿色水产养殖的典范，新时期乡村振兴的绿色样板。

（三）上海水产养殖绿色展的重点实施内容

1. 绿色产业体系

第一产业方面，布局未来绿色发展产业，优先发展种源产业，抢占水产养殖未来发展的战略高地；加快物联网、大数据、空间信息、智能装备等现代信息技术与上海水产养殖产业的深度融合，建设与上海城市地位相匹配的智慧渔业和具有上海城市特色的装备渔业。第二产业方面，增加高附加值外来鲜活水产品净养、暂养基地或设施建设，形成符合大都市要求的精深加工水产业。第三产业方面，选择基础设施好、环境建设美、消费能级强的养殖场实施渔旅融合发展模式，实现多产结合、多效并举，多极多展。

2. 绿色经营体系

鼓励工商资本、社会资本进入水产养殖产业，开展“跨界经营”，以外来资本和理念，促进水产养殖观念更新、模式创新，产业发展提档升级；以渔业科技园区（产业园区）、水产养殖专业合作社联社的建设和发展为着力点，积极推动上海水产养殖绿色发展的组织化程度和集约化经营水平；改革集中成片水产养殖区域规模小、分散养殖现状，进行养殖池塘的集中流转，建立水产养殖绿色发展科技园区、孵化基地或特色产业园区，提高上海水产养殖绿色发展的集约化水平；培育上海水产养殖绿色发展的品牌化产业、品牌化科技园区、品牌化孵化基地或产业园区，以及品牌水产品、品牌水产苗种等。

3. 绿色科技体系

立足于上海科技创新以及开放合作优势，以智能渔业、生态渔业、现代种源渔业等为目标，建立从研发、孵化、推广到产业化的完整创新机制；建立高端、前沿水产养殖绿色发展科技园区和孵化中心(基地)，积极推动全球前沿水产养殖绿色科技在上海孵化、落地和产业化；围绕水产养殖绿色发展的清洁生产技术、高端智能装备等瓶颈问题进行重点攻关，建立与上海全球科创中心相匹配的水产养殖绿色发展科技优势；培育一批绿色养殖技术水平高、成长潜力大的科技型水产养殖企业，形成几个带动性强、绿色发展科技优势明显、具有高新技术特征的产业集群，引领长三角及至全国水产养殖绿色发展。

4. 绿色人才体系

以养殖规模在200亩以上、40岁以下的新型经营主体、高素质水产养殖人才为重点，进行必要的政策扶持，促进其高质量发展，以形成一支向上突破发展的潜在中坚企业家力量，为上海水产养殖绿色发展提供坚实的经营人才储备与支撑；以新型经营主体、高素质农业人才为发展目标，从返乡青年大学生、乡土人才、农村科技带头人等队伍中培育一批水产养殖绿色发展所需要的现代化人才，建立一支水产养殖绿色发展的人才队伍；以水产养殖科技创新示范园区及产学研基地为载体，积极引进高端水产养殖绿色发展科技人才和技术创新团队，提升上海水产养殖绿色发展的人才密度，更好地促进上海水产养殖重点产业的绿色发展；解决好上海水产养殖绿色发展中从业人员对外依存度高的问题，进行必要的制度改革或创新，以有效化解雇佣双方的矛盾或纠纷，促进上海水产养殖绿色发展。

五、上海水产养殖绿色发展的保障措施与建议

上海水产养殖绿色发展的构成和影响因素是复杂的，多种因素和环境系统以不同的方式相互作用，共同形成了上海水产养殖绿色发展系统。根据中央和上海绿色发展理念和要求，考虑上海水产养殖基本资源和现实环境背景，上海水产养殖绿色发展的保障措施与建议如下：

(一)夯实水产养殖绿色发展的群众根基

本市各级渔业管理机制要加强国家、上海市关于加快生态文明建设的政策措施的宣传，将绿色健康发展理念深入渔民群众中去，让他们树立起健康绿色养殖思想和理念。另一方面，要加强对健康绿色养殖生产、健康养殖新模式、绿色渔业、健康渔业、生态渔业、保水渔业以及水域生态环境等取得的新进展、新成就的宣传。加强相关培训，使广大渔业产业从业人员更好地了解水产养殖绿色发展的现状、成就和趋势，为其发展创设良好的舆论氛围和群众思想基础。

（二）建立水产养殖企业（户）绿色信用制度

养殖企业（户）是市场主体，也是绿色养殖的具体实施者和最重要环节，其绿色发展如何，关系上海水产养殖绿色发展的水平。为更好地促进上海水产养殖绿色发展，可建立必要的绿色信用制度或账户，据此识别那些守规践约、守法经营、绿色发展的诚信企业，并加挂绿色养殖明星企业标牌。同时，统筹、整合农业农村委现有项目和资金渠道，向绿色信用良好的水产养殖合作社、企业等倾斜。

（三）构建水产养殖绿色发展的土地保障制度

面对上海水产养殖绿色发展用地不断减少的现状，有必要对水产养殖绿色发展用地的无序、不当退养等进行调查、排摸，研究水产养殖绿色发展科学合理的用地政策，建立与上海水产养殖绿色发展相适应的用地保障机制，对水产养殖规划用地的无序、不当退养等进行问责。正确处理发展和保护的关系（即水产养殖要发展，养殖水面要保护），以确保上海水产养殖产业得以持续发展。

（四）出台水产养殖绿色发展的财政稳定支持政策

深化农业补贴政策改革，出台绿色补贴政策。建议在市级层面设立上海水产养殖绿色发展专项基金或绿色银行，用以支持绿色发展综合服务平台、消费者绿色消费补贴、绿色水产品牌培育与传播、第三方水域污染治理企业或组织培育、绿色发展领域的创业创新等。建议出台科技稳定支持政策，用以持续支持绿色养殖科技支撑平台、绿色养殖养关键技术创新和集成应用、绿色养殖模式的创新实践等。

牵头领导：王国忠
牵头处室：渔业处
课题组成员：周建敏　刘华楠　王成辉　唐中文
吕　鸣　曹世娟　朱　敏　田青霄
何　清　张振宇　刘利平

10. 关于进一步加强市农业农村委涉农补贴资金监管的调研

2020 年上半年，市纪委监委驻市农业农村委纪检监察组通过处室访谈、召开座谈会、实地查看、专家咨询等方式进行专题调研，梳理了市农业农村委涉农补贴资金的总体情况，分析了市农业农村委涉农补贴资金监管工作的基本现状，研究了市农业农村委涉农补贴资金监管存在的突出问题，提出了加强市农业农村委涉农补贴资金监管工作的对策建议，形成如下调研报告：

一、市农业农村委涉农补贴资金的基本特点

一是资金规模大。2018 年市农业农村委、市财政局联合管理的涉农专项项目经费 10.11 亿元，专项转移资金 21.04 亿元，合计 31.15 亿元；2019 年涉农专项项目经费 12.47 亿元，专项转移资金 33.73 亿元，合计 46.2 亿元；2020 年涉农专项项目经费 11.34 亿元，专项转移资金 35.06 亿元，合计 46.4 亿元。总体上市农业农村委管理和使用的涉农补贴资金具有一定规模，并呈现逐年增长态势。

二是品种门类多。2014 年之前，全市涉农专项资金基本处于分散管理、按各自的资金管理办法和流程并行运行的状态。经初步梳理，2014 年全市涉农专项资金约为 61 项，由市农业农村委负责管理的有 48 个。自 2014 年起，根据中央和上海市关于统筹整合涉农资金的工作要求，市农业农村委将 48 项由农业农村委负责管理的涉农专项资金整合为全新的“6＋1”财政支农政策体系。“6＋1”包括“农业综合补贴”“科技兴农专项”“农业生态与安全专项”“都市现代农业发展专项”“农村改革与发展专项”“村庄改造专项”和“浦东支农整合专项”。此外，为配合国家农村帮扶政策，新设“农村综合帮扶专项”。

三是涉及环节杂。从纵向上看，涉农补贴资金涉及国家、市、区等三个层级的财政资金，或独立运行或者配套运行，拨付形式有直接拨付、专项转移支付和均衡性转移支付，对于不同种类的项目，各级的要求又不尽相同。从横向上看，涉农补贴资金的管理

和使用主要涉及市农业农村委和市财政局，但发改委、民政、林业、教育、科技、经信、社保、卫健等主管部门也在各自的职权范围内管理部分涉农补贴资金项目。就市农业农村委机关内部而言，对于同一个专项一般由一个综合处室牵头，多个项目处室共同参与管理。

四是社会影响广。财政惠农补贴资金政策关系国计民生，是发展农村经济、促进农业农村现代化、推动乡村振兴的重要举措，是实现国家现代化发展进程的重要组成部分。涉农补贴资金的监管工作，事关党和政府利民惠民政策的落实，关系到农民群众的切身利益。广大农民群众对于补贴的项目、金额、程序以及公平性向来十分关注，一旦产生腐败问题，危害极大。轻者会损害农民的切身利益，严重者将削弱党和政府支持农业、扶持农民政策的实际效果，并加大广大农民群众对公职人员的不满情绪，甚至影响党的执政基础和政府的公信力。

五是廉政风险大。一方面是“乱作为”的风险。涉农补贴资金就单笔来讲数额不大，如果放松监管，仍会化作涓涓细流流淌得无影无踪。根据以往案例，尤其到补贴的终端，公职人员与不法农民勾结，虚报骗补、人情拨付、吃请回扣等情况屡有发生。另一方面是“不作为”的风险。各级主管部门往往“重资金争取，轻资金管理”“重资金分配权力，轻资金监管责任”，监督检查考核评估不到位，让涉农补贴资金项目存在廉政风险隐患。

二、当前市农业农村委涉农补贴资金监管的总体做法

（一）初步形成涉农补贴资金监管工作机制

为提高涉农补贴资金分配、使用、管理的安全性、规范性和有效性，目前对涉农补贴资金的监管的主体主要有行业主管部门、财政审计部门、基层政府。同时，涉农补贴资金还要接受人大、社会公众以及纪检监察部门的监督。行业主管部门及财政部门主要负责牵头制定相关资金补贴管理办法和资金项目实施方案，并对相关政策及补贴结果进行公示。在落实资金补贴项目时，村镇基层政府主要负责涉农补贴资金的初审把关，市区两级农业农村委的主管业务部门对涉农部分资金的使用进行复审和抽查，确保资金补贴使用的合规合理。审计部门、财政部门会同相关业务主管部门不定期开展联合检查，对发现的问题及时反馈整改。市区两级农业农村委通过委托第三方机构以及审计机构对部分资金执行情况进行评估和审计，发挥第三方监管中立高效的优势。纪检监察部门落实“监督的再监督”责任，对于涉农补贴资金中出现的违纪违法问题坚持在从严查处的基础上，推动有关部门举一反三、建章立制。

（二）稳步推进涉农补贴资金管理制度建设

针对各类涉农项目，市农业农村委会同相关职能部门制定了相关的管理办法，主要有：《市级财政农业综合补贴资金管理办法》《上海市都市现代农业发展专项项目和资金管理办法》《上海市科技兴农项目及资金管理办法》《上海市农业生态和农产品安全专项资金管理办法》《上海市美丽乡村建设项目和资金管理办法》《上海市市级农村综合帮扶资金管理办法》《上海市农田建设项目和资金管理办法》等，基本涵盖了市农业农村委所

有涉农补贴资金的管理和使用。这些管理办法主要从项目意义、管理职责、支持对象、资金管理、抽查监督、绩效评估等几个方面对本市的涉农补贴资金管理全过程进行了规范,明确了项目财政投入上限和市区投入比例,对于支持本市农业发展、落实国家兴农惠农政策以及提高涉农补贴资金使用效率起到了十分重要的基础作用。

(三)探索建设涉农补贴资金监管平台

2011年1月,上海市涉农补贴资金监管平台正式上线运行。该平台由市纪委、原市监察局、原市农委、市财政局在嘉定区先期试点的基础上,在全市9个涉农区共同推进建设。涉农补贴资金监管平台依托"农民一点通"为载体在全市1 057个涉农行政村推广应用,具备宣传、公开、查询、管理、咨询、投诉等功能,农民可以到所在村的"农民一点通"监管平台界面查询到本人应得、本人实得各项涉农补贴,若有疑问,可以随时咨询投诉。经过多年的建设和改进,从首期13个补贴项目到2019年已扩展至39个项目,覆盖了本市大部分的涉农补贴项目,相关业务主管部门可以从数据填报、数据维护、数据汇总、数据核查等四个板块掌握补贴资金的情况。平台运行以来,市农业农村委建立健全了监管平台管理维护的相关制度,拓展了监管平台公开的范围和内容,稳步提高了监管平台开发建设的成效。

三、市农业农村委涉农补贴资金监管存在的主要问题

(一)涉农补贴资金整合有待进一步加强

市农业农村委涉农补贴资金现有20余项,涉及种植业管理处、农田建设处、畜牧兽医处、产业发展处、农村合作经济指导处、计划财务处、农机化处、村镇建设处、科技教育处、蔬菜办、质量监管处、种业管理处、渔业处等13个处室,如果再把管理线条延伸到区级,那么涉及的部门以及部门中的科室将会变得更为复杂和分散。虽然各部门在申报立项、资金分配、项目运行、资金监管等方面各有侧重,但现实中涉农补贴资金项目在项目安排、项目实施、项目验收等各个环节经常出现重复和交叉,容易出现一个项目在不同部门重复申报,同一个项目拆分成多个项目多头申报。一个涉农主体申请项目或补贴资金,可以是生产农作物,也可以是种植绿化林,可以是发展水产规模化养殖,也可以是发展农业产业化,可以是耕地地力保护,也可以是病虫害防治。本市就发生过一块农田的不同作物在农业农村委的不同处(科)室多次申报不同类型补贴的事件。

(二)涉农补贴资金政策宣传方式有待进一步完善

涉农资金项目的制度解读和信息公开工作十分重要,涉农主体往往是相对文化水平不高的农民,也没有较强的法治意识,"人情社会"亦是该群体的普遍认识。农民获得信息的渠道主要还是一些村务宣传栏,一旦信息更新不及时或者表述晦涩,就会导致部分农民看不懂宣传栏的具体内容,更难以理解种类复杂的涉农补贴资金的细节要求。同时,部分执行政策的领导干部对强农惠农的政策认识不够,过于依赖网络以及村务宣传栏,宣传和信息公开工作流于形式,立项之前没有摸清底数、没有走村入户,立项之后缺乏解读、缺乏服务,导致相关政策、制度宣传不细致、不深入。基层主管部门对涉农补贴资金的政策宣传力度不足,有些政策甚至只有村干部的亲戚知晓,造成财政补贴资金

不能真正发放到应该受到补贴的农民手上，各地乡镇公布补贴项目信息的方式单一、单调、老套、及时性差、内容不规范、时滞期长。

（三）涉农补贴资金使用的精准度有待进一步提高

这一问题是本次调研中各职能处室普遍反映的问题。如果把视角拉高，俯瞰一个项目的全过程，涉农补贴资金项目的各个环节都存在影响资金使用精准度的负面因子。首先，项目审核把关不严格。一些部门盲目抢项目、上项目，缺乏对项目科学性、可行性的分析与论证。一旦项目的必要性打了折扣，在使用过程中就可能导致资金用不出去，进而影响项目实施进度，易造成资金闲置、被挤占等违法违规行为。2017 年就发生过某协会申请农民培训项目搁置多年导致财政资金滞留协会账上的情况。其次，无法精准审核项目信息。实际工作中，精确的项目申报信息以目前的管理手段操作难度很大，造成需求和供给的信息不对称，对立项、资金拨付、项目验收都产生重大影响，可能导致资金分配不公平。比如，由于信息审核有难度，被不法分子钻空子，审计部门发现 2013 年至 2016 年金山区个别人员假借他人名义申购农机具以违规申领购置补贴的情况。最后，项目评价验收环节具有"验收走过场，复核走形式"的倾向。具体表现为评价工作与资金执行工作节奏不匹配，往往资金从上往下拨付，还未完全落实到涉农主体，上级部门已经过早开始进行绩效考核，导致评价结果无法反映实际情况。同时由于人力、精力、知识等方面的缺陷，加上扭曲的政绩观作祟，害怕担责任、认错误，难以开展有效的绩效评估及后续跟踪。市审计局近年在对原市农委领导的经济责任审计中就发现 2015 年和 2016 年原市农委委托第三方对水稻种植面积的复核比例不符合要求，对蔬菜的种植面积没有委托第三方进行复核。

（四）涉农补贴资金管理的精细化有待进一步改进

涉农补贴资金来源多头，使用链条较长。被补贴的单位和农户分散面广，管理难度高，主管部门存在"重资金争取，轻资金管理"的倾向，尤其基层部门普遍把资金争取作为重要政绩，这是造成涉农补贴资金存在管理风险和廉政风险的重要原因之一。同时，不同层级的主管部门对于管理职责的认识存在偏差，市级主管部门认为自己只负责分配资金，区级主管部门则将精力大部分花在抽查任务上，导致涉农补贴资金的日常管理重心完全落在基层。基层管理机构由于信息不对称、力量不充足、相互无制约等原因，导致涉农补贴资金风险点难以定位、隐患排查费时费力、责任追究阻力重重，最终使得涉农补贴资金的管理事倍功半。

（五）涉农补贴资金监督的有效性需要进一步增强

由于对涉农补贴资金发放、使用、效能的动态监督、全程监督缺乏有效手段和机制，实际工作中存在注重前端形式审核，忽视后端实质考核的问题，导致监督检查效果不理想、绩效评价不到位等问题。同时，涉农补贴资金监管合力尚未形成，表现为三个方面：一是主管部门的监管不到位。理论上每个主管部门应对自己所安排和管理的涉农补贴资金负有主要监管职责，但实际工作中，业务主管部门往往认为自己只负责资金安排和分配，监管是财政、审计部门的事，"重资金分配权力，轻资金监管责任"的心态普遍存在，推诿扯皮现象仍然较为突出。二是缺乏涉农补贴资金监管的沟通协调机制。各监督主体在实际工作中缺乏“跨前一步”的监管意识，亦没有信息共享的普遍共识，造成监管职责不清、监管缺位、重复监管等问题，对于热点问题多头检查、重复检查，对于非热点问题反而“选择性失明”。三是社会监督未能充分发挥作用。部分涉农补贴资金分配过程没有落实公示公告，广大人民群众仅能从政策公示和结果公示中获取相关信息，这直接影响了社会监督的效果。现阶段我国农业主体参与社会治理、社会监督的意愿也不够强烈，这就为部分基层干部曲解政策创造了机会，进而导致人情补、关系补，甚至贪污截留等腐败问题。

(六)责任追究力度有待进一步加大

一方面，涉农补贴资金往往被认为是“唐僧肉”，作用神奇并且谁都可以吃。部分公职人员和涉农主体怀揣着对于公有资金“有利不图，过时作废”“不拿白不拿”的心态，加之长久以来普遍认为农民是弱势群体的观念，这些错误的意识一定程度上淡化了涉农补贴资金监管的紧迫性。尤其对于一些普惠型补贴和一些专业性很强的项目，违规的涉农主体侵害的是国有资金，对于其他个体没有直接的利害关系，这其中的虚报冒领、套取骗取行为以及管理这些资金的公职人员失察失管，责任往往很难被追究。另一方面，对于违法违规人员的处罚力度有待进一步加强，负面名单制度尚待确立。目前，除了一些涉嫌诈骗、贪污、渎职等上升到刑法惩罚的行为以外，对于日常监管、专项监管过程中发现的项目设置不科学、资金分配不合理、资金使用效益低下、财务管理不规范、公示程序有瑕疵等违规问题，大多仅要求涉事主体整改而未问责和追究，导致违法违规的成本过低，前查后犯、屡查屡犯的问题时有发生。比如，本市农业机械购置补贴管理办法规定享受补贴的机具在规定年限里不得转让，2018 年金山区某合作社一名工作人员将两台享受补贴机具违规转让给其他合作社，因为该管理办法缺乏罚则以及法理依据，只能认定行为违规而无法进行行政处罚。

四、进一步加强市农业农村委涉农补贴资金监管的对策建议

(一)优化政策设计，做到“三个整合”

一是要整合政策制度。重点归并政府收支分类科目，同时整合相关资金管理办法。如支持农业生产类项目的补贴资金在制定收支分类科目的层面上尽可能地归并为同一科目进行管理核算。对于不同部门关于涉农补贴资金存在矛盾或交叉的政策制度，可由财政部门牵头，以多部门联合发文的形式制定一个管理制度。从政策层面推动涉农补贴资金项目的整合是“事半功倍”，可高效降低补贴资金的审核、拨付以及监管的行政成本。

二是要整合涉农项目。确保重点、关注绩效，发挥涉农补贴资金“四两拨千斤”的作用。可以按照涉农补贴资金项目的性质，将使用分散但性质用途相近的项目进行整合；也可以按照涉农补贴资金项目的运行，围绕重点产业和主导项目，将周边起补充作用的项目与之整合；也可以按照财政资金的层级，将中央、省、区内容用途相近但目前分别管理核算的资金进行整合。

三是要整合管理流程。一方面，对于每一个涉农补贴资金项目进行全流程管理，针

对事前、事中、事后不同阶段的管理要求制定科学的工作流程。事前着眼于严格审核，事中强调监督检查，事后着重责任追究。另一方面，要把监督制约机制、用权公开意识以及党风廉政建设要求内嵌到涉农补贴资金管理和使用的整个业务流程中。并将其融入涉农补贴资金管理和使用的各个环节，提升管理流程的科学性、协同性和有效性。

（二）落实监管责任，加快形成合力

一是要纵向上明确各级政府监管侧重点。市政府要重点加强全市涉农补贴资金项目使用管理的方向引领、战略设计、政策制定和督促指导，推进落实国家支农惠农政策，保障乡村振兴战略的实施；九个涉农区政府要重点负责涉农补贴资金的具体项目设计、管理使用、推进落实与监督检查；乡、镇政府要重点履行涉农补贴资金的审核把关和日常监管职责，做到涉农补贴资金政策制定科学，涉农补贴资金配置运行监管有力，涉农资金项目使用运转高效。

二是要横向上厘清各业务主管部门监管边界。落实涉农补贴资金管理的主体责任，理顺发改委、财政、农业农村、林业、水利、商务、教育、科技、民政、卫健、社保等业务主管部门之间的职能交叉部分，切实改变过去多头管理、权责失衡的混乱状况，建立分工明确、运行顺畅、协调高效、监管有力的工作机制。对确实需要多方管理的涉农补贴资金项目，必须建立有效的联合监管机制，防止产生相互推诿扯皮的现象。

三是要形成监管合力。应以政府为主导，财政部门牵头，推进各业务主管部门、审计部门、纪检监察部门以及社会力量共同参与、分工协作，形成联合监管的合力。在厘清监管职责的基础上建立监管工作沟通协作机制，采取联合检查、互通信息、资源共享、联席会议等方式，共同制定监管计划，共同细化监管方案，共同执行监管任务，形成齐抓共管、分工明确、配合默契的监管格局，提高监管效率和成效。

（三）加强政策宣传，扩大政策影响

一是要改进宣传方式。优化报刊、公告栏等传统的政策宣传方式，采取平易近人、通俗易懂的表达方式进行宣传。在经费允许的情况下，业务主管部门可利用广播、电视等途径进行宣传，制作视频宣传内容，丰富宣传手段，扩大政策知晓范围。要注意防止互联网宣传的局限性，各业务主管部门不可过分依赖互联网传递政策信息，谨防宣传方式过于单一。结合当前移动通信设备智能化的普及，可以在适当范围利用微信、支付宝等常用App，探索构建信息发布、在线申报、审批、公示、投诉、监督等全方位信息平台。

二是要完善政策传导。在目前法律法规尚不完善的情况下，涉农补贴资金仍然依靠政策进行调整，政策的动态统一和精确传导就显得十分重要。涉农补贴资金涉及业务条线较多，各涉农区政府要根据上级精神紧密结合实际制定本级的相关管理办法并坚决落实，避免出现下级与上级政策矛盾或混乱的情况，需保持全盘政策的高度稳定性。与此同时，各级涉农补贴资金管理单位要加快政策传达速度，规定传达时限，要明确传达责任，避免"谁都管等于都不管"的推诿扯皮现象。

三是要加强警示教育。各行政主管部门尤其是具体承担涉农补贴资金管理职责的部门，应当加强对工作人员的职业道德教育、党风廉政教育，不断夯实勤政、廉政的职业道德基础。针对部门领导和涉农补贴资金具体经办人员定期组织法律法规学习、党风廉政教育、预防职务犯罪等专题培训活动，通过不同形式和渠道宣讲反面案例，通过正面教育和反面警示相结合，引导每一个涉农补贴相关工作人员筑牢遵守纪律规矩的从政从业底线和拒腐防变的思想道德防线。

(四)加大检查力度，提高检查实效

一是要把好基层第一道检查关口。基层业务主管部门和财政部门贴近涉农主体和农民群众，是涉农资金监管的终端，应充分发挥基层部门就近就地的天然优势，完善自上而下的政令通道，改进自下而上的信息反馈渠道，确保政策传递快，反馈信息真实，监督检查有效。上级部门对于基层反馈的问题要充分重视、跟踪分析、及时指导。基层部门尤其在项目申报、信息核实方面要充当“守门员”的角色，确保办事公正不阿，确保申报数据准确无误，确保监督检查事无巨细。同时，要推进制定基层监管工作的评价激励制度，将监管水平纳入考核指标，与涉农补贴资金的安排挂钩，避免大量资金流入风险较高地区。

二是要提高日常检查强度。为了切实提升检查实效，日常检查要增多检查频次、扩大检查范围、增加检查深度。充分调动市、区监督力量，按照各类涉农补贴资金管理要求，分门别类制定科学、合理、详细的日常检查计划并严格执行，尽可能覆盖所有的涉农补贴资金项目。在此基础上，着重关注涉农补贴资金管理和使用过程中具有廉政风险的环节以及涉农主体普遍反映的问题，以问题为导向，提升日常检查的实际效果。同时，日常检查应与专项检查行动相结合，形成相互补充、相互协调的格局。

三是要合理利用第三方监管。委托第三方机构对涉农补贴资金项目进行考核已成为一种重要的评价手段。要进一步发挥第三方独立、专业、高效的优势，扩大第三方监管的范围，除了对项目结果进行评价外，把第三方监管引入涉农补贴资金运行的其他环节，有针对性地对资金项目的立项、实施、验收、使用以及效果开展评估和检查，必要时还可引入安信农保等商业保险机构，发挥市场力量的监管作用。同时，对于第三方的提供的服务要做好指导、培训、监督工作，强调主管部门检查和第三方检查相互配合、相互弥补。对于第三方机构检查结果不合格的项目，主管部门要主动启动调查，厘清责任，及时问责，避免过于依赖第三方而主管部门失责的情况出现。

(五)善用科技手段，探索智慧治理

一是要总结涉农区 GIS 系统建设试点经验。目前，浦东、金山、崇明等涉农区相继启动了区级农用地管理系统建设，都取得不错的成效，其中浦东新区的做法非常值得借鉴。浦东新区农用地管理系统将 GIS 技术与涉农补贴发放相结合，补贴项目的面积信息直接采集于图上数据，从而有效杜绝多报、虚报、错报、瞒报等情况的发生。通过总结和汲取浦东等涉农区的试点经验，要进一步推进本市农业 GIS 系统建设，通过归集农业和地理空间数据，汇聚航拍遥感影像、高景卫星遥感影像、土壤环境、永久基本农田、“三区”成果等多源数据，形成本市农业 GIS 空间数据库，有利于准确获取涉农主体基础信息，保障涉农补贴资金精准发放。

二是要整合现有信息平台资源。市农业农村委涉农补贴资金监管平台从设立以来已过了 9 个春秋，平台的功能已不符合新时代的要求，亟须对平台进行升级改造。目前,市农业农村委"数字农业"和"一图一网一库"项目正在紧锣密鼓的建设中,把涉农补贴资金监管的相关功能整合入该项目,可迅速实现精准的数据分析、全面的资源共享、完整的过程监管、智能的风险预警等功能。市农业农村委要进一步推进"数字农业"和"一图一网一库"项目建设,完善"上海农业地理信息公共服务系统",利用"感知硬件架设""大数据分析""云平台服务"等全新信息化手段,整合涉农补贴资金监管功能,加快数据质量校核和优化,探索"以应用促更新"的用地数据适时更新机制,最终实现"一图观三农、一网管全程、一库汇所有"的目标。

三是要发挥"智慧治理"支撑功能。要把智能化建设摆到突出位置,充分发挥"智慧治理"手段在全程留痕、动态监控、监测预警、统计分析、公开透明等方面的优势,推进涉农补贴资金管理体系架构、运行机制、工作流程的智能化再造。基于新型监测硬件和5G网络建设,可以对涉农补贴资金管理和使用的各个环节进行实时监控,将整个运行过程记录在案,最大限度减少监管盲区。依靠AI科技及时发现推演涉农资金风险点,提升防范化解的能力水平,做到未雨绸缪、防患未然。利用大数据这个"显微镜""透视镜""望远镜",对涉农补贴资金的相关数据进行全面分析,从而推动相关决策科学化,强化决策的实效性,有效落实决策实施中的风险管控、效果评价、反馈纠偏,确保决策持续优化改进。借力面向公众的新型应用开发,深化"放管服"改革,大力推进"互联网+三农"建设,构建线上线下一体的智能化公共服务平台,让涉农补贴资金处于阳光之下,涉农主体可以方便申请、方便使用、方便监督,用"小程序""小服务"解决涉农补贴资金监管的"大事情"。

(六)强化精准监督,提升监督实效

一是要加强专业监督。财政部门和审计部门在涉农补贴资金监管中发挥极为重要的国家机关监督作用,要进一步发挥这两个部门专业监督的优势。财政部门实施监督要坚持事前、事中和事后监督相结合,建立覆盖涉农补贴资金运行全过程的监督机制,将监督结果作为预算安排的重要参考依据,根据监督结果完善相关政策、加强财政管理。审计部门主要进行事后监督,发挥"经济体检"功能,既要通过审计发现涉农补贴资金使用和管理中存在的违规违法问题,更要积极探究问题根源,推动解决问题,脱离传统审计只关注微观,从宏观层面、更高层次发挥审计的作用。

二是要加强公众监督。公众监督是宪法赋予公民的权力,引入公众参与亦是我国提升现代化治理能力和治理水平的必然要求。要进一步强化涉农补贴资金政策制定的互动性,方便群众及时了解决策信息、参与论证过程、凝聚思想共识,最大限度把问题化解在萌芽状态。明确涉农补贴资金公开无例外,以有效管用为目标,运用现代的、传统的多样化手段和途径,将涉农补贴资金相关的政策、条件、标准、要求、数额全面公开,让涉农补贴资金成为阳光下的资金。加大公民、舆论和社会媒体对涉农补贴资金使用和管理的监督力度,可以组织公民、媒体对涉农补贴资金项目进行明察暗访、随机抽查,可以在部分地区召集涉农主体开展座谈会或问卷调查活动,可以在目前举报制度上推进建立举报奖励制度,通过引入公众监督将更加有利于完善涉农补贴资金的全过程监督机制。

三是要加强派驻监督。纪检监察部门履行“监督的再监督”职责，要督促业务主管部门履行主体责任，健全涉农补贴资金管理和使用的工作机制、沟通机制和协调机制。横向上，市区两级纪委监委派驻农业农村委纪检监察机构要加强与农业农村、财政、审计、巡视巡察等部门的联动，借势借力，督促各司其职，提升监督实效；纵向上，市纪委监委相关职能部门、市纪委监委驻市农业农村委纪检监察组以及各涉农区纪委监委相关派驻机构要加强上下联动，在政策指导、监督检查、课题研究等方面形成合力，尤其是在涉农补贴资金使用管理的上、中、下游各环节监督中，形成上下贯通、系统完整的再监督链条。

（七）加大惩处力度，保持纪法威慑

一是要加大行政处罚力度。对于涉农补贴资金管理和使用中涉农主体的违法违规行为要依法从严进行处罚，并在条件成熟时引入负面名单制度，建立“守信走遍天下，失信寸步难行”的诚信体系。对存在虚报基础信息、不履行规定义务的行为主体，在一定期限内不仅要取消其再次申请原补贴资金的资格，而且还要取消其申请其他补贴资金的资格，通过增加违法成本，降低涉农主体违法违规的概率。

二是要加大执纪问责力度。对于涉农补贴资金管理和使用中党员干部存在的违纪违法问题，纪检监察部门要把纪律挺在前面，严肃监督执纪问责，以纪法为尺子判别党员干部的行为，有错即纠、违纪即查，抓早抓小、动辄则咎，防止小管涌变成大塌方，确保党员干部认真履责、全面履责、廉洁履责。对于涉农补贴资金管理使用过程中“不作为”“乱作为”造成不良后果的，纪检监察部门要进行严肃问责，加强责任追究，加强问题整改，提高资金运行效能。

三是要加大犯罪打击力度。涉农补贴资金关系公共利益，对于挪用、贪污、骗取、套取涉农补贴资金等犯罪行为，社会危害很大，发现一起应当移送一起，按照《刑法》《刑事诉讼法》规定严格追究刑事责任。对于严重违反制度导致国有资金发生重大损失的，应当追究其失职、渎职的刑事责任，切不能因为主观没有故意而以行政处罚、纪律处分代替刑事处罚。

牵 头 领 导：邓帅萍
牵 头 处 室：派驻纪检组
课题组成员：郁彩虹　王爱平　刘映芳　洪佳晔
魏慈航　彭湘莹　柳　铮　陶玉佩

11. 关于本市农村集体产权制度改革后集体经济发展的路径研究

深化农村集体产权制度改革,促进集体经济发展是巩固农村基本经营制度、实现乡村全面振兴的一件大事。习近平总书记多次强调,“农村集体产权制度改革是对农村生产关系的进一步调整和完善”,“发展集体经济是实现共同富裕的重要保证”。近年来,在市委市政府的高度重视和正确领导下,我市持续深化农村集体产权制度改革,构建起归属清晰、权能完整、流转顺畅、保护严格的农村集体产权制度,为发展壮大集体经济和保障集体经济组织及其成员合法权益奠定了基础。

改革只有起点而没有终点。应该看到,在我市巩固集体产权制度改革成果、促进集体经济高质量可持续发展的过程中,依然遇到了机制体制以及资金、土地、人才等要素配置方面的困难和问题。为了研究破解这些政策难点、盲点和堵点,市农业农村委专门成立调研组,赴涉农区和相关乡镇开展专题调研,与区政府相关部门、镇政府、农经部门负责人、村书记及主任、相关集体资产公司负责人等进行座谈交流,梳理总结基层已有探索创新的经验和做法,广泛听取各方意见和诉求,在此基础上结合当前法律法规和政策实际,提出相关工作建议,探索乡村振兴大背景下后改革时代集体经济高质量发展的“上海样本”。

一、我市农村集体资产及产权制度改革现状分析

(一)我市农村集体资产情况分析

1. 集体资产初步形成规模

截至 2019 年底,我市共有 122 个镇级、1 677 个村级集体经济组织,集体总资产 6 140.27 亿元、净资产 1 964.83 亿元,其中村级分别占 33.94%、47.02%。集体经济组织年收入 650.43 亿元,其中村级占 42%;年支出 542.51 亿元,其中村级占 42%;年纯收益 107.93 亿元,其中村级占 40%,村均年收益约 36 万元(见图 1)。

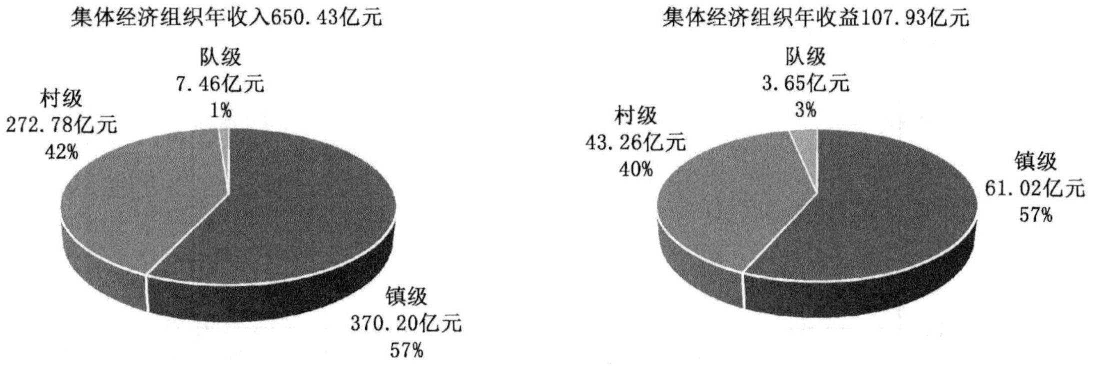

图 1　上海市农村集体资产情况

2. 集体经济呈波动式发展

2014 至 2019 年，我市农村集体总资产、净资产呈逐年递增趋势，年均增长分别为 9.91%、10.28%。从时间段来看，2014 至 2016 年间增幅较大，2017 年开始增幅放缓。村级集体经济经营性固定资产波动增长，其中经营性固定资产原值从 2014 年的 279.49 亿元增长至 2019 年的 372.67 亿元，经营性固定资产净值从 2015 年的 232.59 亿元增长至峰值 2018 年的 251.03 亿元，之后又降至 2019 年的 240.87 亿元(见图 2、图 3)。

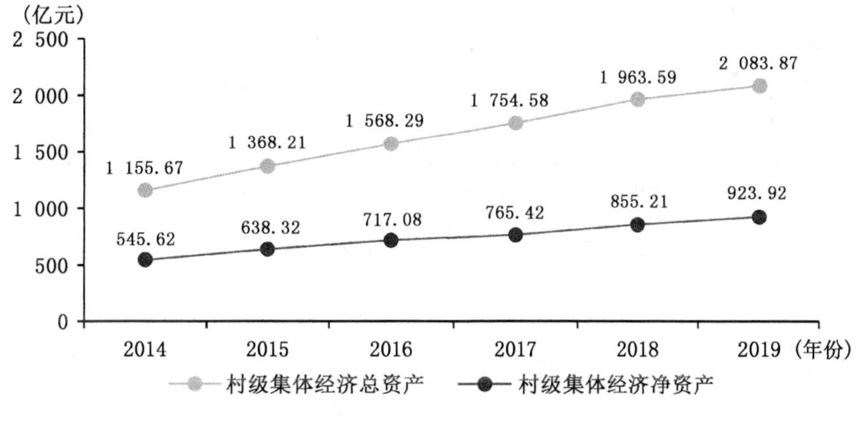

图 2　2014 年—2019 年村级集体经济资产发展情况

3. 集体经济因各涉农区区位条件不同而呈分化态势

2019 年，我市涉农区农村集体经济组织总资产、净资产排名前三的依次为闵行(1 345.27 亿元、471.94 亿元)、浦东(1 036.10 亿元、322.14 亿元)、嘉定(758.49 亿元、223.82 亿元)(见图 4、图 5)。经营性固定资产原值排名前三的依次为闵行(246.46 亿元)、宝山(84.91 亿元)、松江(76.69 亿元)。

(二)我市农村集体产权制度改革情况分析

按照国家要求，2014 年起我市全面启动农村集体产权制度改革。经过多年的努力，创新了集体经济组织治理结构和集体资产管理制度，建立了新型农村集体经济治理机制，保障了农民按份共有集体资产、参与经济管理并分享收益的合法权益。到目前为

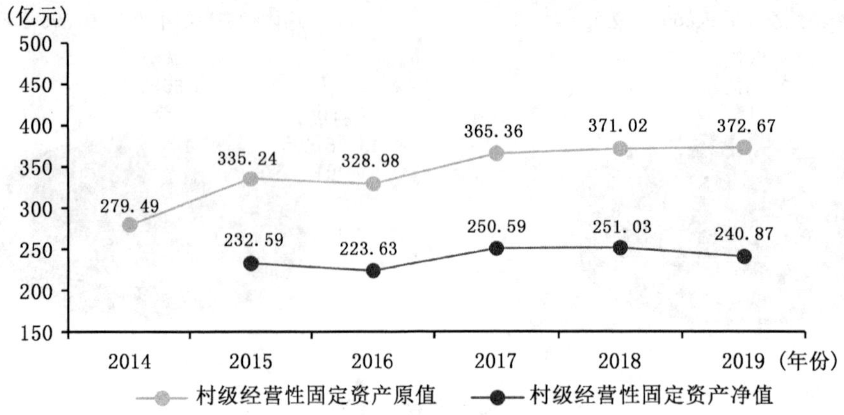

注:2014 年尚未分经营性固定资产净值。

图 3　2014 年—2019 年村级经营性固定资产发展情况

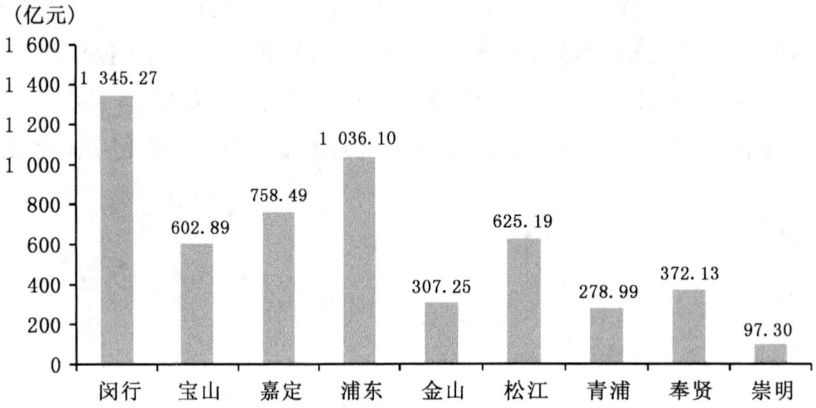

图 4　2019 年本市各郊区农村集体总资产情况

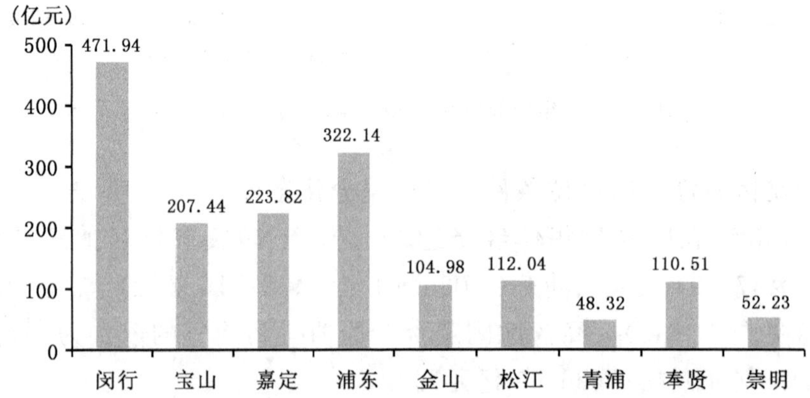

图 5　2019 年本市各郊区农村集体净资产情况

止,我市村级产权制度改革基本完成,镇级改革已完成我市总数的 90%,改革进展在全国居于领先地位。

1. 制度成效上，构建了全方位“一揽子”制度体系

一是明晰了每个村民在集体经济组织中的产权份额，改变了集体资产看似“人人有份”，实际上“人人无份”的状态，真正做到“资产变股权、农民当股东”，集体资产由此前的虚拟共有变为实实在在的按份额共有，产权制度发生了根本变化。二是建立了集体经济组织收益向成员按份额进行分红的制度，保障了集体经济组织成员的集体资产收益权。三是建立了“三会四权”(成员大会或成员代表会议、董事会、监事会，成员的知情权、参与权、表达权和监督权)的治理结构，形成稳定的集体资产长效管理机制和运行监测机制，促进了集体资产保值增值。四是建立了集体“三资”监管信息化平台，集体“三资”纳入我市管理网络，实行实时查询和监管，增强了监管实效。

2. 经济成效上，促进了集体经济发展壮大和农民增收

一是农村集体经济总量不断增长，初步形成与市场经济相适应的运行机制，为农村集体经济发展创造了良好的体制环境，改制后的集体经济通过投资运营，体量不断增大。二是农民收入水平不断提高。通过改革，农民开始享有分红。2019 年我市有 600 家集体经济组织进行了年度收益分配，分配金额 26.83 亿元，涉及成员数 233.25 万人，分配组织数比 2018 年增加 31%，收益分配面不断扩大，增进了农民的获得感。

3. 社会成效上，维护了农村地区的社会稳定

一是切实保障了村民各项权益。通过改革，涉及农民切身利益的如投资、经营、收益分配等重大事项都由成员代表大会讨论决定，村民真正成为集体资产的主人，享有充分的知情权、参与权、表达权、监督权，成为改革的参与者和受益者。二是促进了农村社会和谐稳定。通过改革，有效解决了长期存在的因土地征占、资产处置、财务和收益分配管理等问题引发的社会矛盾，改变了原来由少数干部掌控和随意支配集体资产、监督缺位的状况，从制度上遏制“小官巨贪”的现象，防止损害集体经济组织利益的情况发生，维护了农村地区的社会稳定。

二、改革后集体经济发展过程中面临的困难和问题

农村集体产权制度改革为集体经济发展提供了强有力的制度保障，也取得了一些成效。但后改革时代集体经济发展所面临的困难和问题也逐步暴露出来，如资产管理能级较低；资产运作的市场化机制尚未完全建立；经济管理和发展所依赖的精细化、专业化人才支撑不足；土地资源效能发挥受制约等等。总的来说，我市农村集体经济被管得过紧，集体经济勉强保值、增长乏力的困境尚未彻底扭转。

(一)集体资产产业形态单一、能级偏低

数据表明，目前我市农村集体以土地、房屋等物业为主要资产形态，占比高达 76%，农村集体经济主要采取出租集体所有土地、房屋等物业经济模式，租金是集体自我经营的主要收入来源，单一的产业结构和形态导致管理层级低、风险抵御能力弱、经营效益水平低，在经营理念上偏保守，缺少符合经济规律的对外投资策划，资产的经济效益能不能充分发挥等诸多问题，限制了集体经济的高质量转型发展。

（二）集体经济自我发展意识不强，主体作用尚未充分发挥

2017年颁布的《民法总则》早就对农村集体经济组织的特别法人地位做出了明确的法律界定，我市也出台政策文件明确以经济合作社为村级集体经济组织改制形式、经济联合社为镇级集体经济组织改制形式，并要求集体经济组织按照现代企业管理成立成员代表大会、理事会、监事会等机构，明确相应的职责和民主决策程序，同时，我市也对集体资产设定了较多的外部约束制度，如资产处置除要满足内部决策程序外，还要经村党支部、农经部门、集资委的层层审议核准。这种制度设计出发点是好的，确保了资产管理使用的公开公开和透明，但如事无巨细都按照这类流程操作，农村集体经济组织独立进行经济活动的自主权不能得到保障。集体经济自我发展意识不强，积极性、主动性发挥不足，也影响到集体经济的市场竞争力和正常经营。

（三）集体经济发展所需的带头人和精细化、专业化人才支撑不足

乡村振兴对农村集体发展所需的技术、创新、管理等方面提出更高的要求，在一定程度上农村集体经济是“能人”经济。但从我市基层的实际情况来看，具备经营头脑、乐于奉献、事业性强的高素质年轻干部非常缺乏。同时由于农村政府性事务繁重，农村基层问责制度下，针对公共管理与服务的层层考核多，缺少干部激励机制，加之年轻村干部上升空间有限，且福利待遇不高，年轻农村干部流失严重。此外，农村集体经济市场化运营处于短板，金融、管理等专门领域的精细化、专业化人才支撑不足，培育引进的政策扶持力度不够。

（四）集体资源尚未发挥经济效能，经营性建设用地利用受到制约

房屋和土地资源是集体经济发展的基础，近年来我市通过农村地区低效建设用地减量化和环境综合整治等专项工作，改善了农村产业布局和环境质量，但短期内建设用地资源的减少对农村集体经济发展产生了冲击。过去五年，不完全统计显示，农村集体经营性房屋建筑物固定资产原值从355.1亿元减少到269.05亿元，减幅24.2%，直接造成村集体年租金收入下降，特别是崇明、金山、奉贤等远郊地区，租金收入减幅超过50%。而且从存量来看，现有的工业用地及其上房屋的功能提升改造也面临困难，如闵行区村经济合作社所在产业园区的厂房面临着不能“长高”、不能“长胖”的限制，相关手续办理烦琐、周期长，成为制约产业升级的因素。此外，集体所有资金的效能也未充分发挥，据不完全统计，目前我市涉农区集体“三资”中资金约840亿元（除了历年经营积累、土地征地补偿费和政府补助形成外，还包括近年来农村“五违四必”和低效建设用地减量化的补偿款），这些资金长期沉淀，没有进行有效的资本运作。

（五）集体经济刚性支出大，扩大再生产资金积累不足

随着乡村振兴战略的推进，农村面貌得到很大提升，但各项建设成本支出和后期的大量维护费用，除财政资金投入外，其他缺口都需集体经济承担。以一个远郊非经济薄弱村为例：该村集体2019年总支出808万元，包含了管理费用264万元、公益项目（大部分为创建项目）和社会福利（主要是村民社会保障支出）支出384万元，劳务报酬（村民组长等）90万元，经营性成本支出36万元；从收入来看，财政转移支付214万元和一次性创建奖补资金外，村集体经济组织本年自主经营性收入仅有297万元，勉强实现资

金平衡，可用于扩大再生产的集体资金积累所剩无几。这种情况面上普遍存在，长此以往不利于集体经济的持续健康发展。

三、改革后我市集体经济发展的路径选择

针对上述困难和问题，各涉农区开展了积极的探索和创新，也取得了一些成效，对研究完善我市相关支持政策和措施具有重要借鉴意义。通过对这些模式和途径的梳理总结，我们认为，对后改革时代我市集体经济发展的路径选择，总的思路是：要在实施乡村振兴战略的大背景下，坚持以集体所有、民主管理、市场导向为原则，以城乡融合、城市功能承载为导向，以深化农村集体产权制度改革为动力，切实提高集体经济组织综合管理和决策能力水平；进一步提升集体所有土地、房屋和资金等存量资源要素的统筹能级，进一步提升财政扶持集体经济发展资金的可持续造血能力，进一步提升社会资本与集体经济规范有序开展合作的参与度；不断加强与现代农业产业结合，与乡村振兴示范村建设相结合，与农村综合帮扶工作相结合；持续壮大集体经济实力，持续拓展收益分配覆盖面，持续提升农民群众获得感。

（一）要强化集体经济自我发展意识，释放集体经济发展内生动力

其一，要坚持以集体所有、民主管理、市场导向为原则，按照《上海市农村集体资产监督管理条例》的要求，持续深化农村集体产权制度改革，继续加强集体“三资”监管，对于集体资产重大处置行为，必须按法律规定履行相关审核和民主决策程序，切实防范村级组织决策“一言堂”、村干部寻租、财务监督不到位等问题。其二，要健全现代企业管理制度，优化外部监管机制，完善内部治理机制，赋予集体经济组织更多的经营权和决策权，培育集体经济组织自我发展意识，建立以市场为导向的经营理念，鼓励其参与市场竞争，释放和强化集体经济发展的内生动力。

（二）要提升集体资源要素统筹和产业能级，发挥规模效应

其一，政府部门要营造良好的营商环境，在区级或镇级层面建立统一平台，整合村集体经济组织的资金和资产，明确村集体经济组织的股东身份，建立股份合作实体，委托区、镇属企业实际运营，通过“国集联动”“结对帮扶”等方式，提升管理运营水平，帮助村级集体经济从“单打独斗”转向“抱团取暖”，发挥资金集聚效应。其二，要引导优化集体经济产业业态结构，要在继续发挥物业经济能效的基础上，引导集体经济积极拓展新的产业形态，以城乡融合为导向，鼓励集体经济发展健康养老、农业休闲、创意办公、职工公寓等新型产业，不断增强承载城市功能的能力，逐步改变物业资产占比过高的现状，形成物业租赁、实业投资和金融产品等资产形态比例合理、有机结合的多元化格局。其三，要鼓励农村集体经济组织以入股、合作等方式与农民专业合作社、农业企业等各类新型农业经营主体，建立新型产业联合体，推动一二三产业融合发展。

（三）要大力培养引进新型干部和精细化、专业化人才，打造“能人”经济

其一，集体经济发展关键靠村社干部，要大力培养新型职业干部，提升村干部政策素养和综合谋划能力，培育可以凝聚和组织群众的“能人”，要切实发挥村干部的引领带头作用，去研究、去引导、去带领农民共同发展壮大集体经济。其二，要回引优秀本土能

人，健全奖励机制，吸引更多企业家、专家学者、技能人才等，通过投资兴业、捐资捐物等方式服务乡村振兴事业，因村施策，共同振兴集体经济。其三，要扶持培养一批有文化、懂技术、善经营、会管理的专业人才和职业经理人，大幅度提升集体资产利用率，使农业经济效益最大化，真正实现农民生活富裕。

（四）要推进综合帮扶项目建设，鼓励集体经济组织在乡村振兴中发展壮大

其一，要继续推进落实综合帮扶“造血”项目，保证资金下乡的同时，重视造血项目相配合的技术、人才、政策同步下乡，进一步指导区镇不断提升项目管理能力，引入专业化团队规划、开发和经营，提高项目的质量、效益和水平，确保造血项目的成功。其二，要激发和调动农民参与乡村振兴的积极性和主动性，利用乡村振兴和美丽乡村示范村建设的有利契机，梳理农业农村领域有稳定收益的公益性项目，鼓励集体经济组织及其成员以土地经营权、劳动、技术等入股，优先让集体经济组织投资可预期、有回报、能持续项目，参与村庄基础设施建设、农村人居环境整治和产业融合发展。财政全额投资的基础设施等项目所形成的资产归村级集体经济组织所有，可以有偿租赁给专业合作社或者其他经济主体使用。

（五）要盘活集体资金、资产和资源，引导集体经济和社会资本合作

其一，要激活集体存量沉睡资金，在确保本金风险可控的前提下，用于参与集体经营性建设用地入市、购买物业、政府债券、兴办产业等有长期稳定收益的投资项目。其二，要厘清政府与集体经济组织的事权财权关系，要求集体经济组织以外的任何组织个人使用或占用集体经济资产，均需有偿使用，通过恢复集体资产属性，实现集体经营性资产的产出效益。其三，要巩固和利用集体资产清产核资成果，盘活存量集体土地资源要素，支持符合规划条件的集体建设用地入市；鼓励以村级为单位整合闲置宅基地资源，充分发挥资源效能。其四，要充分发挥市场在资源配置中的决定性作用，营造公平竞争的市场环境、政策环境、法治环境，有效挖掘乡村产业投资潜力，创造良好稳定的市场预期，引导社会资本与集体经济有序开展合作，充分发挥社会资本市场化、专业化等优势，将人才、技术、管理等现代生产要素注入农业农村，建立集体经济发展和利益共赢机制。

四、改革后集体经济组织发展路径保障的对策建议

改革后集体经济组织得以顺利转型并实现高质量可持续发展，一方面取决于集体的发展基础条件；另一方面取决于集体对自身优势的挖掘以及政策的引导。走城乡融合发展之路，促进乡村振兴和农业农村现代化，就需在集体经济组织内部管理机制和治理机制、城乡要素自由流动的分配机制、人才入乡激励机制等方面予以更有力的机制保障和政策支撑。

（一）明确主体责任

区政府要切实强化组织保障，成立专门牵头协调机构，从保障规划、土地、资金、人才等相关政策落实的角度出发，研究出台符合本地实际的支持政策体系。乡镇政府要增强工作主动性和自觉性，根据相关扶持政策，进一步细化完善具体的工作措施，做好集体资产的统筹整合和发展支持。村集体经济组织是集体经济发展的实施者和受益

者，要发挥积极性和主人翁精神，主动参与和实施相关项目建设，按照民主决策程序切实加强对其资产经营的监督管理，夯实集体经济发展体制机制基础。

（二）深入推进改革

要进一步加大农村集体产权制度改革推进力度，健全和完善集体经济组织内部治理机制，规范组织机构设置和运行制度、资产财务管理制度、法律责任制度、监管制度等。进一步规范农村集体经济组织运转行为，理顺经济合作社与村级集体企业的投资关系，及时进行股权和产权关系变更。进一步指导集体经济组织规范开展收益分配，完善集体经济组织成员份额管理，通过扩大集体经济收益分配范围的覆盖面，不断提升农民的获得感。

（三）强化基层建设

落实农村基层组织建设责任，建立并规范针对农村集体经济组织理事会的主要负责人和相关工作人员的综合评估评价机制和薪酬激励机制。建立并完善正向激励机制，稳定现有的村干部队伍，将促进集体经济发展纳入其工作的主要考核内容，推进能上能下机制。对善于发展集体经济、实绩突出的村干部，给予其更大的发展通道。

（四）创新金融服务

针对集体经济组织不同资产类型、不同发展阶段，积极探索多种形式的金融创新，提供差异化的金融服务。对经营开发型集体经济，可以提供资金托管、理财、授信、抵押贷款等为内容的一揽子金融服务；对物业型集体经济可以提供以资金托管、投资理财为主要内容的金融服务；资源开发型集体经济短期内以开发性资金需求为主，可以开发性基金、财政资金质押贷款等方式提供配套金融服务。

（五）加快人才引进

制定财政、金融、社会保障等激励政策，吸引各类人才返乡入乡创业；鼓励原籍普通高校和职业院校毕业生、外出农民工及经商人员回乡创业兴业，引进本土人回村挂职，为新型农村集体经济提供人才续航。要突出经济合作社的市场经济属性，可由成员大会选举出有经营能力的人担任，或外聘职业经理人负责合作社的经营，多渠道为农村工作补充有生力量，提升乡村振兴活力。

（六）强化管理监督

市、区要强化考核指导，明确村级集体经济发展的任务、工作目标和时间节点，将村级集体经济发展情况列入对下级政府的年度考核评价体系，增加在绩效考核指标体系中的权重，推动《关于进一步加强我市农村集体资金、资产、资源监督管理的若干意见》落实落地落细，确保集体“三资”保值增值，实现管理出效益。

牵头领导：黎而力
牵头处室：农村合作经济指导处
课题组成员：金　英　侯廷永　任一澎　金　峰
张建官　陈晓华

12. 上海乡村建设指引研究

一、研究背景

中共十九大提出乡村振兴战略，明确要重点解决我国乡村发展不平衡不充分的问题，建设农业农村的现代化，推动农业全面升级、农村全面进步、农民全面发展，谱写新时代乡村全面振兴新篇章。上海积极响应、高度重视乡村振兴战略实施。上海市委书记李强强调，乡村振兴事关上海城市发展全局，全市上下要统一思想，重新认识和发现乡村的价值；要遵循乡村自身发展规律，体现江南特色，挖掘提炼自身特色韵味，打造具有江南水乡特征和大都市郊区特色的上海农业农村新风貌；在风貌塑造上留住乡村的“形”，在文化传承上留住乡村的“魂”，让乡村既有外形之美，更有内涵之美、文化之美。《上海市乡村振兴战略规划（2018—2022 年）》和《上海市乡村振兴战略实施方案（2018—2022）》以推进“三园”工程、实施六大行动计划、落实三大保障机制为抓手，聚焦建设乡村振兴示范村，充分挖掘村庄的自然禀赋和文化价值，强化特色优势产业的培育，支持乡村基础设施建设，引导乡村风貌的统一性、协调性和美观性，彰显地域特色。

为把农业农村的内生动力与发展活力充分激发出来，将“产业兴旺、生态宜居、乡风文明、治理有效、生活富裕”落到实处，让乡村成为国际大都市的亮点和美丽上海的底色，彰显全球城市乡村的魅力和品质，开展本研究，旨在为上海的乡村建设提供指引。

二、上海乡村发展分析

（一）历史沿革

上海起源于长江泥沙在河口三角洲的堆积，成陆于距今六七千年前，最早的居民点可以追溯到良渚先民活动遗址。长期以来，受行政建制的变革、地理区位的影响、水系交通的变迁、自然地理和物产经济的影响上海形成了独具特色的风貌特征和文化传统。既有鲜明的江南水乡印记，又是东西方文化交汇的窗口，对上海地区的乡村发展和整体风貌形成了深远的影响。

（二）上海乡村发展历程

改革开放以后，上海乡村建设发展经历了长时间不断优化与调整，形成了如今的乡村风貌，从其发展历程上可以划分为四个阶段。

第一阶段（1978—1999年）：改革开放后，家庭联产承包责任制推行，农民获得土地经营权，乡镇企业异军突起，农村的生产生活条件开始得到改善。这个阶段的上海乡村强调“田成方，水成网，农民住新房”，鼓励农业适度规模经营。

第二阶段（2000—2008年）：这一时期通过践行“三个集中”的发展策略，推进中心村试点，鼓励农业适度规模经营，使得村庄数量开始减少，同时2007年市农委牵头启动村庄改造工作，农村基础设施和环境状况有了很大的改善和提高，但这一阶段的村庄改造工作资金需求过大，规划与土地政策缺少衔接，落地性较差。

第三阶段（2009—2015年）：2009年以后上海的乡村建设进入政策调整和规划引导的发展阶段，城乡建设用地增减挂钩、美丽乡村建设工作启动、郊野单元项目的编制，村庄建设管控开始完善，村庄风貌改善成效明显。同时郊野地区的用地和风貌建设的管控也得到重视，乡村地区的整体风貌开始有所改善，但这个阶段的村庄建设以环境改造（筑巢）为主，更多体现以城带乡的乡村发展模式。

第四阶段（2016年至今）：2016年开始，上海以村庄布点规划为抓手推进乡村地区土地集约高效利用，首轮村庄布点规划以解决农民集中居住为重点，2018年乡村振兴工作启动，在环境改造基础上振兴乡村产业，同时农民集中居住工作得以启动实施，助力改善上海农民生活居住条件和农村面貌，解决村庄散、小、乱等问题。乡村地区的整体风貌得到很大改善，政策管控开始精细化发展，经济活力逐步激发，部分地区开始表现出城市资源紧缩背景下，产业向村庄外溢的特征。

（三）新时代上海乡村发展新愿景

1. 新时代上海卓越全球城市的建设目标

上海2035总体规划提出建设“卓越的全球城市”的总目标，打造令人向往的创新之城、人文之城、生态之城，具有世界影响力的社会主义现代化国际大都市。在此背景之下，《上海市乡村风貌规划设计导则》提出以建设“卓越的全球城市”的生态郊野地区为目标，对乡村地区的发展提出了较高的发展要求和发展期望。

2. 上海乡村新愿景

上海乡村地区作为上海大都市的底色，占上海市域总面积近一半，将是城市转型和乡村振兴的主战场，也是上海全球城市功能升级的战略承载空间。其广大生态空间、农业空间是大都市稀缺资源，承担保障大都市生态安全和农业安全的功能，也是弘扬江南文化、农耕文化的主要载体，应依托大都市资源优势，彰显江南水乡田园与上海时代特征。

因此，应挖掘上海乡村的生态优势、产业特色、文化基因，打造有风貌更要有韵味，有颜值更要有气质，有入眼的景观更要有走心的文化的上海乡村。

三、上海乡村建设现状研究

上海乡村地区作为超大城市的稀缺资源，作为城市核心功能的重要承载地，作为提升城市能级和核心竞争力的战略空间。由“田、水、路、林、宅、设施”等多元核心要素构成。其中,“水、田、林”三大要素是郊区生态的重要载体,构筑了乡村生态基底,“村、路、设施”是承载村民生活、文化记忆和生产功能的核心场所,也是乡愁延续的空间载体,构建成了乡村的人文基底。

经过几十年的发展,上海乡村在建设实践和政策管控中取得了较大的成效,但仍存在一些缺憾之处。

(一)政策和规范分析

1. 政策分析

自2017年党的十九大报告提出乡村振兴战略以来,上海积极响应,高度重视农业农村农民问题,有序推进上海乡村高质量发展。上海市陆续出台相关政策,聚焦打造乡村振兴示范村,引导乡村建设。《上海市乡村振兴战略规划(2018—2022年)》对如何推进和落实上海乡村振兴战略指出具体的发展路径,是对上海乡村振兴战略的总体部署。规划中指出:一是在构建上海市乡村振兴新格局方面,要发挥规划引领的作用,加快实现多层次规划全覆盖;二是在壮大乡村产业方面,牢牢把握都市现代绿色农业功能定位,促进一二三产业融合发展,构建现代乡村产业体系;三是在全力打造生态宜人的美丽乡村部分,要推进环境治理和生态建设,持续改善农村人居环境。《上海乡村振兴战略实施方案(2018—2022年)》是规划的重要衔接,进一步落实规划要求,明确了上海乡村振兴的重大抓手是打造“三园工程”,实施六大行动计划,落实三大保障机制。

上海市出台《关于本市推进美丽乡村建设工作的意见》(沪府办〔2014〕17号),大力推进本市美丽乡村建设工作。围绕体制机制创新和乡村内涵发展,陆续推出《关于推进本市乡村振兴做好规划土地管理工作的实施意见(试行)》(沪府办规〔2018〕30号)、《上海市全面提升美丽乡村建设水平行动计划(2018—2020年)》《上海市农村人居环境整治实施方案(2018—2020年)》等一系列政策,提升乡村规划引领和先导水平,助推乡村发展,加快打造具有与江南水乡特征和大都市郊区特色的上海农业农村新风貌。

农业设施建设是农村发展新动能转换的重要手段,也是农业供给侧结构性改革的内容之一,符合现代农业的发展方向。《关于进一步完善设施农用地管理支持设施农业健康发展的通知》(沪规土资综规〔2016〕227号)是上海设施农用地管控的指导性文件,在加大乡村设施农业政策扶持力度的同时,进一步强化执法监督,规范上海的设施农用地的使用。

同时,上海针对乡村建设推进过程中面临的突出问题,在设施农用地建设、农田水利建设、农村道路建设、林地建设、农民住房建设等方面都有出台相应的政策,进一步强化政策在乡村振兴过程中对乡村要素建设的导向作用。

2. 标准规范

在乡村建设过程中,需要标准规范提供框架性、方向性的技术指导。《上海市美丽乡村建设导则(试行)》《乡村振兴示范村建设指南》《上海市乡村规划导则》《上海市郊野乡村风貌规划设计导则》等标准规范使上海的乡村建设“有标可依”,支撑乡村建设的机制和模式创新。

(1)《上海市美丽乡村建设导则(试行)》(以下简称“美丽乡村导则”)

由市美丽乡村建设工作领导小组办公室组织编制,于 2014 年 8 月印发。美丽乡村导则是在充分遵循上海市地区实际的基础上,对上海乡村建设中田、林、水、宅、农村设施、农业设施等要素都提出了相应的管控要求。

(2)《乡村振兴示范村建设指南》(以下简称“乡村振兴指南”)

由市美丽乡村建设工作领导小组办公室组织提出并组织实施,2018 年 9 月上海市质量技术监督局发布。乡村振兴指南与“三园”工程目标任务充分衔接,进一步体现了优化生态环境、优化发展方式、优化整体风貌、优化公众参与的“四优化”导向。

乡村振兴指南相比于美丽乡村导则内容更加丰富,在引导田、林、水等生态要素和农村设施以及农业设施发展的同时,进一步提出了乡村风貌引导的内容。更加聚焦乡村产业发展,从农业和其他产业两个方面对乡村产业发展进行引导,在农业发展方面进一步提出完善农业设施的管控要求。

(3)《上海市乡村规划导则》(以下简称“乡村规划导则”)

由上海市规划和国土资源管理局(现上海市规划和自然资源局)编制,于 2018 年颁布。规划导则致力于优化完善村庄布局规划,加快推进郊野单元(村庄)规划编制,有序开展村庄设计,为乡村振兴引方向、打基础。

乡村规划导则重点对于郊野区域涉及建设用地、耕地保有量、建设用地减量化等指标进行管控,对规划建设用地进行图则管控。

(4)《上海市郊野乡村风貌规划设计导则》(以下简称“风貌规划设计导则”)

由上海市规划和国土资源局(现上海市规划和自然资源局)编制,于 2018 年颁布。风貌规划设计导则重点围绕上海郊野乡村“田、水、路、林、村”的现状风貌和特色肌理进行研究,针对上述要素提出了进一步的管控要求。风貌规划设计导则对乡村自然村落和村落以外的农田、水网、村路、林地等方面进行风貌引导。

(二)推进机制

上海以美丽乡村和乡村振兴示范村为抓手,通过政策管控和建设实效两方面发力,以点带面促进乡村整体环境和面貌的改善。

2014 年起,上海市以“美在生态、富在产业、根在文化”为主线,推进美丽乡村示范村创建;同步编制《上海市美丽乡村建设导则(试行)》,从规划编制、基础设施、生态环境、产业发展等方面提出具体的工作要求。2018 年,上海市在创建成功的市级美丽乡村的基础上,探索推进乡村振兴示范村建设,通过转变农业发展方式、优化农业产业产品结构,促进乡村产业发展,充分激发农业发展的内生动力,为乡村的发展提供持续有力的保障。

(三)建设成效

上海乡村建设一手抓现代都市农业发展,一手抓美丽乡村建设。通过多年设施农业发展和美丽乡村打造,不断提高上海农业现代化水平和农村宜居化水平。

1. 设施农业发展

为适应都市现代绿色农业发展的需要,近年来上海设施农业大规模建设,设施农业总体水平不断提高，设施农业装备得到大力提升。总体来说本市设施农业发展分为三个阶段：一是20世纪六七十年代，为上海设施园艺的起步阶段。主要依靠简单的设施和覆盖材料对蔬菜生产的环境进行调控。二是20世纪八九十年代，主要以单栋大棚为主，设施小型，起到防风避雨和保温的作用，大流通尚未形成前，这些设施在提高农业经济效益方面发挥了重要作用。三是20世纪末引进国外温室15公顷，带动了上海温室业的发展。逐步形成当前以单栋大棚为主、多种设施类型并存的格局。使温室设施逐步向温、光、水、气、肥自动调控、配套设施齐全的方向发展。

2. 美丽乡村建设

上海自2013年开始启动美丽乡村建设，先后在松江、金山、奉贤、崇明4个中远郊区县选择了7个村作为美丽乡村建设试点。2014年，上海市在村庄改造实践的基础上，成立了美丽乡村建设工作领导小组，并下发了《本市推进美丽乡村建设工作的意见》。2015年确认15个村成为上海首批美丽乡村。至2019年全市累计评定市级美丽乡村124个美丽乡村正逐步由点及面、串点成线、连线成片，由一处美迈向一片美。

3. 乡村振兴示范村建设

2018年上海启动“乡村振兴”示范村建设，同年9个乡村振兴示范村认定，2019年第二批有28个，2020年有33个。前两批乡村振兴示范村建设过程中探索形成了农业特色型、生态宜居型、区域联动型、产业融合型等多种发展模式，在村庄布局优化、乡村风貌提升、人居环境改善、农业产业增效、乡村治理深化等关键领域取得重要突破，为探寻超大城市乡村振兴实施路径做出了积极贡献，形态和风貌焕然一新，较好地发挥了典型示范引领作用。

（四）现状问题

经过多年的建设和引导，上海乡村风貌得到了较大的提升，基本上形成了以水为脉、以路为骨、以林为肌、以宅为核的江南水乡肌理特征。但局部还存在风貌特色不鲜明的问题，如农田细碎化、驳岸过于硬化、村路材质不乡土、建筑风格差异大、设施外形简陋风貌凌乱、农业结构布局不合理、农业设施风貌建设、农业设施与三产融合的指导内容缺失等。应进一步加强村落外田野中的设施风貌引导，将其打造成田野风貌的“点睛之笔”。

1. 田为底——农田耕作斑块

田为大地景观的基本风貌要素，郊野乡村地区的生态本底。由蔬菜、果树等构成的农业种植微景观，由集中连片的规模农田和具有历史印记、工作肌理的农田斑块形成了差异化的田野风貌。

从总量上来看，截至2018年底全市共计建成高标准农田面积164.68万亩，农作物播种面积达到423.41万亩，受上海城镇化的快速发展的影响，从2000年至2018年农作物播种面积总体呈现出现下降趋势。从风貌上来看，上海农田规模化经营程度高，农田肌理规整，整体风貌较好，但局部存在由于农田的细碎化、风貌不佳的问题。

2. 水为脉——江、湖、海、河

水为乡村地区自然基底特征的首位风貌要素。由江、湖、海、河等要素构成，形成了上海拥江面海、河网交织的自然格局。

当前上海乡村地区经过河道整治工程以及河长制的推进，整体河道整改率高，水质清澈、沿线景观绿化较好、养护管控力度较强，但局部存在河道沟渠设施较差，水质较差，护坡破损等问题，应加强河道整治和养护管理力度，打造水清岸绿的乡村水系网络。

3. 路为骨——乡村道路、田间路

路为观景体验的动态风貌要素，串联起了郊野乡村地区各大功能和景观系统，由乡村道路和田间路构成。

当前上海乡村的道路整体风貌改进较快，出现众多风貌较好的乡村道路，比如崇明的三双公路、仙桥中路等。但局部也存在问题，主要表现在道路防护、照明、景观等附属设施配套不足；道路养护不及时；道路破损比例较高；局部路面材质单一、乡土特色不明显的问题。应当尊重自然环境与乡村格局，形成体现乡村特色的路网系统，塑造良好的乡村道路景观。

4. 林为肌——农田林网、沿海防护林、立体绿化网、产业防护林带、郊区集中片林

林是体现生态景观的重点风貌要素，是郊野乡村地区的生态本底的重要元素之一。由农田林网、沿海防护林、立体绿化网、产业防护林带、郊区集中片林等构成。

当前林业部门在加大林业产业的发展，促进产业养林、项目养林的同时，十分重视对林地管控，上海森林覆盖率增长由 20 世纪末的 3%增长到 17.56%，增长较快，但同时还存在林相风貌不佳，缺乏养护，林下空间利用度不高的问题。应当构建大规模、多层级、网络状的平原森林体系，同时依托水网体系，塑造展现地域特色的林地风貌，适度引入休闲游憩活动，丰富林地功能。

5. 宅为核——自然村落

宅是人文景观的核心风貌要素，上海乡村在空间肌理、色彩材质、屋面立面、构造工法等方面形成了自己独特的江南文化和海派文化风格。从郊区县居民点空间分布特征来看，金山、奉贤居民点突出呈现小而散的状态；青浦的居民点规模较大，相对较为集中。

当前上海民宅整体延续江南粉墙黛瓦的风格，整体风貌较好，建设面貌较新，但局部也存在着面貌散乱，墙面屋面色彩材质不统一、建筑风格差异性大的问题。

6. 设施为睛——农业设施、农村设施

设施是人文景观的点睛风貌要素，由农业设施、辅助农业生产和乡村生活的农村设施构成。

农业设施——功能实用，风貌各异

规模化经营的农业设施，风貌简洁现代；个体农业生产设施，外形比较简陋，以满足功能性需求为主，风貌各异，建筑布局形式缺少统一。

农村设施——外形简陋、特色不足

新建农村设施风貌较好，但整体外形简陋、朴素，缺乏美感。在材质、色彩上没有体现上海江南水乡的地域特色，同时缺少与周边环境的协调。

总体来说，从政策和规范来看，上海市出台了助推乡村振兴战略实施的系列文件，

但是这些政策文件更多是从整体层面进行统筹管控，其关注点更多聚焦在村落、产业、生态等内容，对于农业设施风貌建设、农业设施与三产融合的指导内容缺失。已发布的标准和规范对于村庄（民宅、公共建筑）的建设引导已经较完善，但对于村庄外的农业农村设施偏向于建设标准的管控，缺乏风貌的引导。

从建设成效和现状问题来看，水、田、路、林、宅等要素经过美丽乡村和乡村振兴示范村的建设，从系统到风貌整体都有了很大的改善，并且在逐步美化的过程中。但散落在郊野地区的部分农业设施和辅助农业生产、乡村生活的农村设施以满足实际使用和功能性要求为主，在建筑布局上缺乏引导，建筑外形较为简陋，色彩、材质和景观搭配上没有体现上海乡村的地域特色，整体缺乏美感。

四、乡村建设指引

（一）总体目标

生态为基，尊重“田、水、路、林”等生态自然机理；文化为魂，凸显江南文化和海派文化的上海地域风貌。通过建设集约高效绿色的农业设施和精致实用的农村设施，促进构建农业现代可持续，乡村宜居可记忆，乡野风貌和谐统一，地域特色鲜明的乡村整体风貌。一是集约绿色的农业设施。以功能性要求为前提，植入江南建筑元素和特色，融入生态本底，构筑选址韧性环保、布局合理科学、功能复合集约、建筑传承创新、风貌协调统一具有江南特色的农业设施。二是精致实用的农业设施。挖掘乡村特色文化、符号，满足使用需求，建设色彩和谐统一、材质乡土韵味、造型美观艺术的农村设施。

（二）基本原则

一是协调统一原则。融入乡村的生态基底，注重体现建筑的艺术性、地域特色、造型、装饰、色调与周边环境相协调，结合合理的植物搭配，形成整体风貌协调的景观环境和融合景观环境的农业农村设施。

二是标志引领原则。尊重乡村文脉，展示地方文化和民居特色。材质、色彩要体现江南风貌和乡土特色，栽种本地树种，形成具有地域特色和浓郁的乡野气息的乡村风貌。

三是安全绿色原则。设施设计和建设，符合相关规范、标准的要求，满足功能性需求满足相关规范和安全性规章制度，保证生产、生活安全。

三是生态集约原则。在安全实用的前提之下，鼓励生态理念在生产生活中的普及应用，鼓励生态种养殖技术普及、生态建筑理念的普及、生态建筑材质普及；结合生产工艺流程，促进设施功能复合，布局合理，集约化利用。

（三）主要内容

1. 明确引导对象

（1）农业设施

①现有对象和分类

现有农业设施按照设施类型和管理条线来分类，可分为作物种植设施、畜禽养殖设施、水产养殖设施、农机库房和粮食烘干设施、中间平台设施。

作物种植设施用地包括粮食、蔬菜、水果、花卉、食用菌等作物生产前端为生产服务的农资农机具存放场所、油料库、维修间、蓄水池、泵房、配电房、道路、管理用房等设施用地；生产过程中的大棚(管棚)、温室、场地、检验检测、育秧育苗场所(含组培室)、先进技术应用和智能化管理设施用地；生产后端与生产农产品直接关联的产品晾晒烘干、分拣包装、初加工、保鲜存储和废弃物处理等设施用地。

畜禽养殖设施用地包括畜禽养殖生产及直接关联的库房、道路、场地、青贮、废弃物处置、水电设施、检验检疫、管理用房和配套绿化等设施用地，不包括屠宰和肉类加工场所用地等。

水产养殖设施用地包括水产养殖生产及直接关联的池塘、温室大棚、库房、进排水系统、库房、管理用房、道路、场地、尾水处理系统、绿化等设施用地。

农机库房与粮食烘干设施。

中间平台设施包括清洗包装车间、配套车间、配电间、废弃物处理设施、冷链设施等。

②风貌引导分类

上述农业设施分类主要考虑农业生产的类别，在设施单体上存在重复，不适宜用于风貌管控引导。建议结合设施的服务对象将所有农业设施分为两大类，为项目型和区域型。项目型为服务具体农业项目，区域型为服务整个区域内农业生产，并在此基础上，进一步将设施单体进行归类汇总，形成可适应风貌管控引导的对象(见表1)。

表1　　建议引导对象和建设内容

类　型	对　象	建设内容
项目型设施	塑料棚、玻璃棚、温室	
	畜禽养殖舍	分为单层、多层
	养殖池塘	有温室、无温室
	库房	①单层独栋；②单层与管理用房综合设置；③多层
	生产车间	①食用菌接种、生产车间，单层；②花卉、水果生产加工等，多层；③工厂化养殖
	管理用房	①看护房；②其他管理用房
	设备用房	①泵房、配电房小型用房；②锅炉房、防疫设施、计算机控制室中型用房
	农业废弃物处理设施	①蔬菜、植株、基质；②养殖类；③尾水处理系统
区域型设施	烘干库房	
	库房	
	农业废弃物处理设施	

(2)农村设施

①现有对象和分类

农村设施是指位于村域内村庄外，为村民生产生活服务的设施，按照管理条线分，可分为市政类、交通类、家具类。市政类主要包括乡村小型环卫、水、电、消防设施；交通类主要包括乡村点状交通设施；家具类主要包括标志标牌和艺术类设施见表2。

②风貌引导分类

由于设施建设的风貌和形式上存在差异性，同时也存在交叉，不适宜用于风貌管控引导，因此，建议按照设施形式进行分类。

表2　建议引导对象和内容

类型	具体内容
交通类	公交站点、停车场、桥梁、农村道路
市政类	箱体市政设施、市政建筑物设施、线性设施
家具类	标志标牌、艺术装置

2. 整体引导策略

聚焦对象，梳理建设、管理的要点和要求，按引导的适用性分成通则性引导和要素性引导。

通则性引导为普适性通用引导。农业设施的通则性引导主要分为两类，一类是选址与布局的引导，适用于作物种植设施、畜禽养殖设施、水产养殖设施、农机库房与粮食烘干设施、中间平台设施五大类设施；另一类是场地与绿植、色彩与材质、外观与形态引导，适用于大棚温室、养殖池塘、畜禽养殖舍、库房、烘干库房、农业废弃物处理设施等。农村设施的通则性引导，主要为乡土材质、植物配置方面，适用于交通类、市政类、家具类等三类设施。

要素引导则是个体性具体引导。农业设施要素性引导，主要为基本要求、风貌引导方面；农村设施要素性引导，主要为材质铺装、植物配置、设施造型方面。

(1)通则性引导

①农业设施

一是选址与布局。针对作物种植设施、畜禽养殖设施、水产养殖设施、农机库房与粮食烘干设施、中间平台设施五大类设施对选址、布局进行引导。选址要满足环境保护要求、相关规划引导和要求、生产工艺要求，提出设施的选址的原则和底线。布局要立足生产工艺、交通要求、环境保护要求等相关的因素，提出引导性的要点。

二是场地与绿植。结合场地的使用功能和工艺要求，聚焦场地的铺装和分区特色，对场地实际使用、铺装特色等提出布局策略和铺装建议。结合在不同场地的功能、景观要求，提出不同场地景观设置的原则、布局要点。

三是色彩与材质。挖掘地域建筑风格，提出农业设施建构筑物的屋面、门窗、装饰的推荐色彩和不建议色彩，以及推荐材质。

四是外观与形态。提炼上海地域建筑特色要素，满足设施生产工艺性需求的基础之上，对建筑组合形式、建筑构件(包括屋顶、山墙、檐廊、门窗)、院落的形制、组合方式等提出引导和建议。

②农村设施

农村设施通则性引导应针对乡土材质和植物配置进行引导。

一是乡土材质。挖掘上海乡村的乡土材料和特色材质，形成农村设施建设的材质库。

二是植物配置。结合植物习性、场地要求，形成以乔木、灌木、草本为主的上海乡土植被库。

(2)要素性引导

①农业设施

结合项目服务对象，分项目型设施和区域型设施分别对设施的建设要求和风貌进行引导。

一是项目型设施。整合相关规范和政策要求，满足设施功能性要求，形成设施建设的基本要求。结合设施功能性要求、环保、规划等要求，对各类设施的具体选址、外观形态、色彩材质分别进行针对性的引导和建议，提出可实施的正面案例参考。

二是区域型设施。对区域型设施的建筑组合方式，外观形态、色彩材质分别提出引导和建议。

②农村设施

满足功能性要求，对交通类、市政类、家具类等设施的色彩材质、设施造型、植物配置进行引导，同时提出正面引导的典型案例。

3. 构建管理的长效机制

提出管理流程和保障措施，构建审批和管理的长效机制。

(1)管理流程

管理流程方面明确农业设施和农村设施的审批的步骤和责任部门。农业设施方面分别明确普适性的农业设施和使用集体建设用地的农业设施项目两种情况的审批流程。农村设施方面主要明确小型公服设施、基础设施项目为主以及用地面积不超过500平方米且建筑面积不超过1 000平方米的设施的审批流程。

(2)保障措施

保障措施方面，宜结合用地保障、制度保障、管理机制、巡查监管等四个层面对保障措施进行梳理，提出优化建议。

①用地保障

用地保障方面，通过规范农业设施用地政策、优化乡村设施用地分类管理、探索农用地复合利用三个方面的制度来规范设施用地类型，提高设施用地效率。

②制度保障

制度保障方面，通过强化农业农村设施建设的智力支撑、完善农业农村设施审批流程、建立完善本市农业农村设施管理信息系统三个方面的制度来完善要素保障制度，优化申报审批程序。

③管理机制

管理机制方面，通过建立协同管理工作机制，实施正负面清单管理，实行属地负责制监管，建立健全共同监管责任机制、问题发现和执法联动机制来完善管理工作机制，强化监管责任分工。

④巡查监管

通过建立完善的目标考核机制、强化实际部门的联合巡查和监管来明确目标考核机制，切实加强巡查执法。

牵头领导:黎而力

牵头处室:村镇建设处

课题组成员:温祖良　俞　进　冯伟民　张　彬　侯明明　李　颖　刘　珺　程　荣　周淑婷

13. 推进上海农业保险高质量发展研究

一、上海农业保险发展成效

自1982年恢复国内保险业务以来，上海一直重视农业保险发展，2000年出台了《关于推进上海农业保险工作的若干意见》，2003年上海明确将农业保险补贴列入公共财政体系，2004年成立了我国第一家专业性的股份制农业保险公司即安信农业保险股份有限公司。近年来，上海加大对农业保险的支持力度，针对上海农业特点不断创新险种，各项工作都走在了全国的前列，在保障上海农产品供应、稳定上海农产品价格、增加上海农民收入方面起到了积极作用。总体来看，上海目前农业保险主要的特点与成效可以总结为：

一是政策支持力度大，主要指标远超全国平均水平。上海对农业保险补贴力度大，2019年上海农业保险保费收入超过7亿元，仅市级财政补贴就超过了2亿元，对于上海的农业体量来说，财政的支持力度已非常大。在政府的支持下，2018年上海农业保险深度达5.99%，农业保险密度为1 187.8元/人，同期全国农业保险深度为0.89%，农业保险密度为182.4/人。可见，上海在保险深度与保险密度方面均远超全国水平，甚至超过发达国家水平。此外，上海在水稻、生猪、能繁母猪、奶牛等重点农产品的保险覆盖率方面也处于全国领先水平。

二是不断创新保险品种，防范不同领域农业经营风险。在农业保险品种创新方面上海一直走在全国的前列，当前，上海政策性农业保险品种近30个，涉及传统种植与养殖保险以及价格指数保险、气象指数保险等。如：2010年上海在全国率先推出了“淡季”绿叶菜价格保险，实现了农业保险从保自然风险向保市场风险转变；2014年推出露地种植绿叶蔬菜气象指数保险，是国内首次以露地种植绿叶蔬菜作为保险标的的气象指数保险；2018在全国范围内率先推出耕地地力指数保险，将保险的“逆向赔付”转变为“正向激励”，调动了农民保护耕地的主动性和积极性。上海很多创新的农业保险险种已推广至全国。

三是保障了农产品的有效供应，稳定了农民收入。上海农业保险激励了农户的生产积极性，稳定了地产农产品的供给。对于上海来说，保障绿叶菜的供应是农业的重要作用之一。“淡季”绿叶菜价格保险的推出，有效激励了农民的种植意愿，日均供应量从2009年的3 500吨左右增加到当前的4 000吨以上，增幅超过10%，并且，由于供应量的稳定，明显缩小了蔬菜市场价格波幅。此外，农业保险也稳定了上海农业经营收入。据统计，2013年到2017年，上海农业保险共支付保险赔款13.78亿元，年均赔付2.76亿元，稳定了受灾农民收入。

四是助力农业改革，拓展了金融服务现代农业领域。上海通过农业保险助力农业政策的实施，如以农业保险支持新型农业经营主体的发展、以农业保险授信农民信贷、以农业保险激励农户保护耕地等，在对农业风险进行管理的同时，促进了现代农业的发展。2008年上海首创针对涉农信用的小额信贷保证保险，在一定程度上解决了农业经营主体融资难的问题。

二、上海农业保险存在的问题

研究过程中，通过对上海农业保险发展状况的审视、访谈以及问卷调查等，查找了上海农业保险当前面临的问题。其中，问卷调查主要面向上海新型农业经营主体，共获得428个有效样本。

一是农业保险保障水平仍有待提高。一方面，农民的风险保障诉求还没有满足。调查显示仍然有46.26%样本认为目前的农业保险不能满足其农业经营风险保障需要，部分农民对部分险种还存在扩大承保面积的诉求，或是希望增加新的保险品种。有38.08%的农业经营主体对所有农产品品种都投了农业保险，17.76%的因为经营主体个人投保意愿问题而没有投保，但有44.16%的农业经营主体因为没有相应的保险品种而不能投保。另一方面，农业保险的保额还存在提升潜力。调查显示，有46.5%的样本认为目前的保额水平太低。当前很多险种的保额仅覆盖到物化成本，特别是能繁母猪、育肥猪、奶牛等保额水平还比较低。例如，生猪养殖保险的保额仅为1 000元/头，能繁母猪养殖保险的保额仅为2 000元/头，甚至覆盖不了物化成本。此外，在农业保险的服务领域方面还有待进一步拓展。上海农业属于典型的都市农业，因应都市现代农业发展，针对绿色高端品牌农业产品、农业环境污染责任、农产品品质等领域的险种还有待进一步开发推进。上海目前涉农保险60余个，而宁波则多达75个，涉及种植业、畜牧业、渔业、林特业和森林、农机、农产品质量安全、农业生产用房等各个产业。

二是农业保险运作机制有待进一步完善。首先，市场竞争机制相对缺失。目前上海农业保险市场仅有一家农业保险公司，尽管这有利于政策的对接与管理，但长远来看并不利于上海农业保险市场的创新发展。特别是在安信农业保险股份有限公司被太保集团增资扩股后，其政策性农险公司的属性已弱化，引入一定的竞争机制将有利于上海政策性农业保险作用的充分发挥。针对微观经营者的调查也显示，希望增加农业保险公司的农业经营主体占到了69.63%，而选择不希望的仅占到10.51%。其次，农业保险应急救灾机制有待完善。面对重大疫情及灾害，往往政府行政补偿走在前面，农业保险的作用没有充分发挥。最后，农业保险市场的监管机制相对薄弱。当前上海农业保险的运作过程中还存在一些不规范的现象，不但影响了农民的满意度，也影响了农业保险作用的发挥。

三是财政补贴资金效益有待进一步提升。根据近年来上海农业保险的赔付情况，上海农业保险的赔付率明显较低，影响了财政资金的效益。除2019年因台风影响赔付率相对较高外，2016—2018年上海农业保险市级层面简单赔付率平均值仅为54.66%，综合赔付率三年的平均值也仅有75%，大棚设施保险三年的赔付率甚至仅有13.73%。作为对比，2018年上海农业保险的简单赔付率为63.57%，而同期全国的简单赔付率则达到了73.49%，明显高于上海的赔付率水平。较低的赔付水平使财政补贴资金并没有有效到达农户手中，影响了财政资金效益。此外，上海农业保险经营机构农业保险大灾风险准备金累积数额较高，缺乏触顶使用机制，难以转化为对农民的补偿与支持，也在一定程度上降低了财政资金的利用率。

四是服务效能有待进一步提升。首先，目前农业保险的保单(清单)到户率还有待进一步提升，承保到户、定损到户、理赔到户没有很好地落实，影响了农户享有政策性农业保险的权益。其次，农业经营主体对保险政策及保险服务的满意度还存在提升空间。课题组调查显示，认为农业保险服务“一般”、“较不满意”和“很不满意”的样本约三分之一。再次，农民对农业保险政策以及保险条件的了解情况并不理想。调查显示，对于上海农业保险政策不了解的样本占到27.10%，对于农业保险条款，比较了解的样本仅占32.24%，大部分不清楚的占到了22.20%，有部分条款内容不清楚的占到了45.56%，大部分不清楚的样本占到了22.20%，这将在一定程度上影响农户对农业保险险种的选择。

五是农业保险基础设施有待进一步完善。一方面，上海农业保险基础数据信息有待进一步完善，如农业生产基础数据、家庭农场的财务数据、农业生产风险与天气的关联数据等信息的不完善，影响了相关险种的开发与农业保险费率的科学拟定；另一方面，保险信息化有待进一步推进，特别在以信息化更好地服务农户方面还有很多工作要做。

三、农业经营主体对农业保险的认知与诉求

对农业经营主体诉求的回应，提高农业经营主体的满意度，是评价农业保险绩效的重要方面，也为下一步农业保险的发展提供了参照。除了通过微观调查了解上海农业保险现存问题外，也对农业经营主体的认知与诉求进行了考察。

从对拓展农业保险服务领域的诉求来看：在农业保险的风险覆盖诉求方面，43.46%的农业经营主体最希望增加保自然灾害的农业保险，但对于保价格波动以及保地租、劳动力等生产成本上涨的需求也比较大，各有近20%的样本将之视为最期望增加的保险内容。在扩面、提标、增品、提速等诉求方面，有44.16%的样本选择了“提高农业保险保费的补贴，降低保费的价格”，23.83%的样本选择了“提高保额水平，损失时给予更多的赔付”，然后为“增加对不同农产品品种的保险”，可见，经营主体对降费与提

标的诉求更大。

从对收入保险及补贴政策改革的意愿来看:收入保险同时考虑产量风险与价格风险对农业经营的冲击,已成为当前农业保险的发展趋势之一,也是解决保额较低的方法之一。在收入保险投保意愿方面,调查表明66.82%的农业经营主体愿意投保收入保险。改变过去对农产品的价格补贴,增加对农业保险的补贴,符合WTO绿箱补贴政策,是农业支持政策改革的方向。对于是否支持通过减少农业直接补贴而增加对农业保险的补贴,45.09%的样本选择了不支持,43.22%的样本选择了支持。而对于补贴1 000元现金和补贴1 200元农业保险保费,高达62.15%的样本选择了要保费补贴,大部农户更愿意接受数额更高的保费补贴。

从对新型险种的需求来看:农业保险的创新要契合农业的发展趋势。对于农产品质量安全责任险,选择“会投保”的样本占比达到56.07%;对于贷款信用保险,50.23%的样本农业生产经营主体选择了有需求,表明超过一半的农业生产经营主体存在以保险翘动信贷的需求。

从对以保费补贴作为政策工具的态度来看:政策性农业保险可以作为农业政策工具,促进农民生产经营过程中符合政策导向。调查表明,79.44%的样本农业经营主体同意农业保险补贴与生态或安全生产行为相挂钩,以通过良好的生产行为获得更大力度的保费补贴。可见,大部分农业经营主体认同将政策导向纳入保费补贴机制中,对于良好行为采用奖励性补贴。

从对运营机制的认知来看:对于问题“您是否希望有更多的保险公司提供农业保险,使保险公司间有一定的竞争?”,调查结果显示选择“希望”的样本占到69.63%,而选择“不希望”的仅占到10.51%,表明大部分农业经营主体支持引入竞争机制。对于问题“您是否希望农业保险更多地开展线上投保、线上理赔等网络服务?”,调查结果显示,选择“非常希望”的占到了69.6%,说明绝大部分农户希望进一步推进保险业务的信息化。

从对保险赔偿的认知来看:对于问题“若您连续三年购买农业保险但没有获得赔付,是否会对您后续购买保险的意愿造成影响?”,高达58.41%的样本选择了“会有影响,会考虑减少购买农业保险”,这表明很多农业生产经营主体对农业保险的认知还不充分,部分经营主体往往把农业保险作为了一项投资。此外,对于问题“购买农业保险后是否出现过您认为应该赔付的却没有赔付的情况?”,调查显示,46.03%的样本选择了“有过,但不多”,而选择“经常出现”的样本占到12.85%。这在一定程度上表明农业经营主体也许对赔付条件认知存在偏差,对保险合同条款信息缺乏充分了解。

四、上海农业保险高质量发展的思路目标

推进上海农业保险高质量发展思路:在发展方向方面,要对标都市现代绿色农业发展要求,创新农业保险品种,拓展保障范围,提高保险水平,助力都市现代农业的发展;在发展诉求方面,要以重点农产品的稳定供给以及农民收入的逐步提高为出发点,以农业保险促进农民生产的积极性与收入的稳定,实现政府、产业、农民与经营主体的多赢

局面;在发展重点方面,要进一步提高财政资金的补贴效率,发挥政策性农业保险的政策导向作用,提高财政资金的杠杆效应;在发展路径方面,要以完善农业保险的体制机制为重点,以基础设施建设为支撑,完善上海农业保险的财政补贴支持机制、保险市场的竞争机制、保险品种的创新机制、保险的运作机制、政策性农险与商业性农险的协同机制、保险的监督机制等,着力推进上海农业保险的规范高质量发展。

从发展目标来看:通过农业保险基础设施建设以及农业保险补贴机制、险种创新机制、运营机制的完善,基本建成与上海都市现代绿色农业发展相适应,满足上海农产品供应稳定要求与农民收入稳定诉求的现代高质量农业保险体系。进一步巩固重要农产品保险覆盖面,适度提高农业保险深度与保险密度,让收入保险成为重要险种,促进农业保险由保成本向保收益过渡,显著提高生猪养殖保险保额,不断创新与都市农业发展相适应的新险种。进一步推进农业保险信息化,提升农业保险服务水平,提高农户对农业保险政策与农业保险条款的认知。进一步提高农业保险的赔付率,完善农业保险大灾风险准备金触顶启用机制,提高财政补贴资金的效益。农业保险市场运作更加规范,监管体系更加完善。

五、推进上海农业保险高质量发展的主要建议

(一)提高保障水平,因应都市农业发展需要扩大保险服务领域

上海农业保险在大宗农产品保险覆盖面以及保险深度、保险密度方面已走在全国的前列,但部分保险险种的保额标准还比较低,特别是因应上海都市农业发展需要的险种还应进一步创新。一是要在巩固现有保险覆盖面的基础上,提高农业保险保额,建立农业保险保障水平动态调整机制,促进农业保险逐步由保成本向保收益转变。二是要提高收入保险的比重,可以借鉴美国、日本等国家收入保险的经验,探索针对大田作物以及新型农业经营主体开展收入保险。三是要因应都市农业发展需要创新相关险种,上海农业是典型的都市农业,要围绕绿色、生态、高质量、多功能等都市农业发展诉求,创新相关农业险种。四是要拓展农业保险的服务领域,在提供自然灾害风险保险的基础上,关注投入品供给及市场风险、流通环节风险、销售环节风险、外向型农业经营风险、农产品初加工风险等,并针对农业财产、意外伤害等涉农风险,探索开展一揽子综合险,助力上海乡村振兴。五是鼓励农业保险公司开展“农业保险+”服务,通过农业保险与信贷、担保、期货等金融工具联动,增加农业经营主体的融资能力,通过农业保险与电子商务的结合,助力农业经营主体经营模式的创新。

(二)提高农业保险赔付率,发挥财政资金政策导向作用

政策性农业保险的目的就是为了通过对农业保险保费的财政补贴,让农民获得实惠并实现农业政策目标。上海农业保险无论简单赔付率还是综合赔付率都相对较低,财政资金的效益没有充分发挥,并且,政策性保险的政策导向的作用还不明显。为了充分发挥财政补贴资金的效益:一是要进一步提高农业保险的赔付率。要对不同险种的赔付率进行专门的审视,查找导致赔付率低的原因,从而有针对性地或通过降低保费、或通过调整赔付条款等举措,使赔付率达到国内平均水平。例如,2016—2018 年上海

大棚设施险的简单赔付率仅为13.73%，水稻种植保险的简单赔付率仅有28.05%，可以研究降低保费或是调整赔付条件提高赔付率。可以从政策层面对赔付率设定一定的要求，如宁波市出台规定，对累计三年简单赔付率超过120%或低于60%的险种，启动费率调整程序，每次调整幅度为20%，调整后三年内费率不变。对于承保比例连续三年低于20%的险种，经综合评议后，对保额、费率、保险责任、理赔标准等要素进行调整，以适应市场需求，或退出市级财政补助目录。上海应出台相应的政策，对赔付率进行动态监测。二是要出台政策，完善农业保险大灾风险准备金触顶启用机制。由于上海农业保险的赔付率较低，经过几年的积累农业保险大灾风险准备金已达到相当大的规模，为发挥资金效益，可以在大灾风险准备金已达安全规模的基础上研究制定资金的触顶使用机制，促使财政补贴资金还利于民；三是探索实施无赔款优待政策，对于连续一定年限未触发理赔的经营主体采取优惠的保险费率，以在鼓励农业经营主体在防范风险的同时，使低风险主体获得更多的政策支持；四是要发挥政策性农业保险的政策导向作用，可以探索政策性农业保险与农业生产布局、生态发展、新型农业经营主体培育等政策相挂钩，对于不符合上海农业发展政策的经营主体，采取降低保费补贴甚至取消政策性农业保险投保资格的举措，使农业保险成为助力上海农业高质量发展的政策工具。

（三）引入市场竞争，进一步完善农业保险的运营机制

上海政策性农业保险目前主要由一家农业保险公司承担，尽管相对便于管理，但长期来看，或不利于上海政策性农业保险市场的发展。为了进一步激活上海政策性农业保险市场，完善政策性农业保险的运营机制：一是可以考虑引入市场竞争机制，鼓励其他一到两家具有农业保险经营资质的公司进入上海市场，激活上海农险市场。二是进一步完善政策性农业保险险种创新机制，鼓励保险公司对险种进行研发，通过建立广泛的信息反馈机制让有保险需求的经营主体可以通过更为顺畅的渠道反映保险需求。此外，还应充分调动区、镇的积极性，使其结合当地特色与农民需求参与保险的创新。三是建立多层次的农业保险体系，鼓励保险公司在政策性农业险种的基础上根据需要推出不同类型的附加险，并且，鼓励农业保险公司推出多层次的商业性农业保险险种，实现商业险与政策险的协同。四是优化农业保险在应对重大灾害中的作用机制，将农业保险纳入农业灾害事故防范救助体系，在发生重大疫情或灾害后保险公司应按照市场化机制及时进行赔付，赔付应先于政府的补贴，在充分发挥农业保险灾害救助作用的同时及时弥补农民损失。

（四）提高服务水平，增加农民对农业保险政策与条款认知

调查表明，农民对上海农业保险服务的满意度还有待提升，农民对农业保险政策与条款的认知情况还不理想，这或将影响农民对农业保险的选择。为了提高农业保险服务水平，可以考虑：一是要完善农业保险灾后堪灾理赔流程，进一步提高农业保险灾后理赔速度，及时弥补参保农民损失。二是要提高保险的保单（清单）到户率。要保障农户对农业保险的知情权，切实保证承保到户、查勘定损到户、赔款到户，防止村集体、合作社等主体代替农民行使政策性农业保险权益。三是要关注不同主体对农业保险的差

异化诉求。不同类型、规模农业经营主体对农业保险存在不同的诉求，在险种供给、费率组合等方面，可以针对农业经营主体类型提供不同的服务。四是要提高农业保险服务水平。要进一步发挥农业保险网点的服务功能，将农业保险网点作为农业保险的服务中心，及时接收农民需求。并且，进一步加强对保险业务员的培训，提高业务员素质与服务能力。五是要加强信息沟通，增加农民对农业保险政策与条款认知。针对农民对保险政策、保险条件认知有限的情况，政府以及保险公司可以通过网络、宣传手册、座谈会、讲座等形式加强对农业保险政策、险种的宣传。要切实做实承保情况公开、服务标准公开、惠农政策公开、监管要求公开、理赔结果公开。此外，要推进农业保险条款的通俗化，让农民更容易理解保险条款内容。

（五）加强农业保险监管，防止各层面的道德风险

上海农业保险的监管还比较薄弱，农业保险运作过程中仍然存在一些不规范的地方。要进一步采取措施保障上海农业保险操作过程中的规范化：一是加强对保险公司的监管。在尊重保险公司市场主体地位，充分激发保险公司创新活力的同时，要进一步加强对保险公司的监管，要整合财政、农业农村、保险监督管理以及保险机构的涉农数据和信息，充分利用大数据与信息技术手段动态了解参保主体情况，防止出现虚报承保面积等骗取保险财政补贴的行为，并督促农业保险公司降低经营费用，进一步提高财政补贴资金使用效率。二是要加强对农业保险作业人员的约束，防止保险代理人、协保员、定损人员等在保险作业过程中弄虚作假。三是要防止农民在参保过程中出现道德风险。要建立损失核查机制、诚信机制，对于骗保主体给予相应的处罚。要通过机制设计及相关的教育，让农民树立风险防控意识，不能因为参加了农业保险而忽视农业种植与养殖风险。

（六）加强农业保险基础设施建设，助力农业保险高质量发展

农业保险基础设施是支撑农业保险险种创新、保险费率科学拟定、推进风险事前防范等的重要支撑。针对上海农业保险基础设施还不完善的情况，应进一步加强建设：一是要建立农业风险及相关基础信息数据库，如不同农产品不同区域的自然灾害发生情况数据库、天气与相关农产品生产关联信息数据库、农产品价格波动与影响因素数据库等，从而为科学判断农业风险、合理拟定费率以及开发各类指数保险提供支撑。二是要进一步完善农业经营主体财务制度，为推进基于农业经营主体的收入保险提供条件。可以借鉴日本收入保险的经验，对于新型农业经营主体实施记账制度。三是要进一步推进农业保险的信息化建设。一方面要通过信息化技术的应用，提高堪灾、定损、理赔等过程的技术应用，提高作业的效率与精度；另一方面，通过大数据、信息化建设，特别是保险信息与相关基础数据库的匹配，规范承保数据，提高保险全过程可视化水平，减少农业保险机构及相关主体违规作业的隐藏空间，避免虚假承保、虚假理赔现象的发生。同时，信息化的建设也有助于提高保险信息的到户率，提高对农户的保险服务水平。

牵头领导:徐惠勤
牵头处室:计划财务处
课题组成员:钟绍萍　王常伟　王　琪　单树峰
刘慧颖

14. 强化农业科技成果转化，促进上海农业生产力发展研究

农业现代化，关键在农业科技现代化。当前，上海农业生产力发展水平已进入科技投入要素驱动的重要阶段，加强农业科技协同创新，加速农业科技成果转化，解放和发展农业生产力，成为新时代促进农业高质量发展的重要路径。课题组立足乡村振兴“三园工程”建设宏伟蓝图，对标“人民城市人民建、人民城市为人民”领航指向，聚焦农业科技成果转化对农业生产力发展的促进作用，深刻分析了上海农业科技成果转化促进农业生产力发展的主要成效和面临问题，在借鉴吸收国内外先进做法和改革经验的基础上，提出了进一步提高农业科技成果转化效率、促进农业生产力提档升级的对策建议，为构建与农业科技创新中心定位相匹配、与科技创新策源等城市“四大功能”相契合的都市现代绿色农业格局提供了“上海生产力提升方案”。

一、农业科技成果促进农业生产力发展的实现路径

（一）农业生产力及其要素构成

农业生产力是在充分尊重自然、顺应自然和保护自然的前提下，在一定区域和时代背景下，农业生产过程中农业科技、生产经营主体、农田等劳动对象以及农业生产资料、农业社会管理等要素相互协同形成的农业价值产出能力。农业生产力的要素构成按其作用方式不同可分为实体性要素、组合型要素和渗透性要素三个层次。第一层次为实体性要素，含农业劳动力、农业劳动资料和农业劳动对象。第二层次为组合性要素，它的作用是将各种实体性要素按一定的方式组合起来，以形成现实的生产力，包括分工协作、管理与信息。随着农业生产企业化和社会化的发展，管理的重要性也日益凸显，信息化也愈发重要，规模化和专业化成为先进农业生产力分工与协调的必然结果。第三层次为渗透性要素，包括科学、技术和教育，其作用渗透在生产力的实体性要素和组合性要素之中。农业技术在农业生产力发展中的作用主要表现为：渗透到劳动资料中，促使农业生产工具不断更新；渗透到农业劳动对象中，使对象种类增加、质量提高，从而促

进生产力不断发展;渗透到生产经营主体中,使劳动者素质不断提高,创造出新的劳动资料和劳动对象。上海农业生产力是以典型的都市农业为立足点,依托国际化超大城市的经济、科技、社会、文化融合性优势,优质农业生产要素高度聚集、城乡关系高频互动的一种发达形态的农业生产力。

(二)农业科技与农业科技成果

农业科技是人类在农业生产领域中认识自然、改造自然的活动及活动成果。狭义的农业科技是指与农业生产直接相关的新品种、新栽培方法、施肥技术等。广义的农业科技除了资金、劳动等经济要素外,还包括能导致农业生产发展、生态改善等的方法和技能,如管理水平、技术创新等。农业科技成果指通过农业科学研究与技术开发所产生的具有实用价值的成果,包括但不限于新产品、新技术、新方法、新工艺、新材料等。农业科技成果可分为无形成果和有形成果两大类,无形成果主要是指以知识形态的研究报告、论文、图纸、配方、录像等表现的专利、方法、技术标准、方案、工艺、理论发现等,有形成果是指以物质形态表现的新品种、品种权、新农药、新兽药、疫苗、新肥料、软件著作权等物化类农业科技成果。

(三)农业科技成果对农业发展水平的影响

农业科技是现代农业发展的主要推动力,它经过研发、成果转化、推广应用等环节,将农业生产力的实体性要素和组合性要素向农业生产力渗透,并最终推动农业发展水平取得突破与跃升。农业科技成果转化对农业发展水平影响可分为两个传导阶段,分别为农业科技成果对农业生产力的推动以及农业生产力对农业发展水平的影响,其中,农业生产力的媒介作用突出(见图 1)。具体而言,农业科技成果对农业生产力起到正向促进作用,农业科技投入的力度和农业成果数的增加,可促进农业科技成果的进一步转化,从而带动农业科技进步贡献率、农业劳动生产率等要素的提高,进一步提升农业生产力。农业生产力对农业发展水平也起到正向促进作用,它通过优化配置农业资源、促使农业总产值不断增长,带动农业发展水平跃升到更高层级发展。

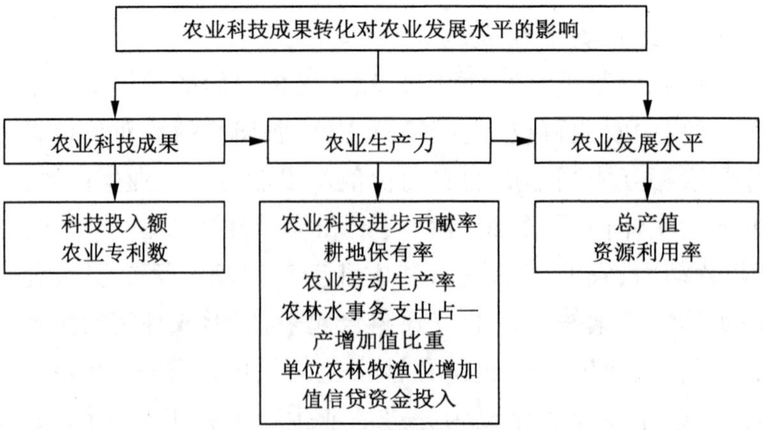

图 1　农业科技成果对农业发展水平的影响机制

(四)上海农业生产力发展的特殊阶段

为分析上海农业生产力发展的主导贡献因素,课题组将农业科技进步贡献率代替科技要素、播种面积变化率代替土地要素、农业劳动力变化率代替劳动力要素、农林水事务支出变化率和农业信贷资金投入变化率的复合数代替资金要素,采用聚类分析法分析了不同变量要素为主导因素的城市类型。结果表明,上海、北京和深圳等城市科技投入要素对农业生产力的促进作用突出(见表 1)。

表 1　大中型城市农业生产力聚类分析

主导类型	城　市
科技投入要素	上海、北京、深圳、南京、青岛
劳动力要素	长沙、银川、贵阳、厦门、合肥、西安、兰州、长春、重庆、成都、武汉、石家庄、南昌、太原、济南、广州、杭州、沈阳、哈尔滨、郑州、宁波
土地要素	呼和浩特、乌鲁木齐、天津、西宁、南宁、昆明、海口、大连

课题组进一步分析了各个城市农业科技进步贡献率及农业劳动生产率水平。结果表明,2018 年约一半大中型城市农业科技进步贡献率高于 59.2%的全国平均水平,其中上海位居 35 个大中城市榜首,与发达国家农业科技 70%～80%的贡献率水平持平,但上海农业劳动生产率仅为 3.12 万元/人,处于全国中游水平,仍有进一步提升的空间(见图 2)。

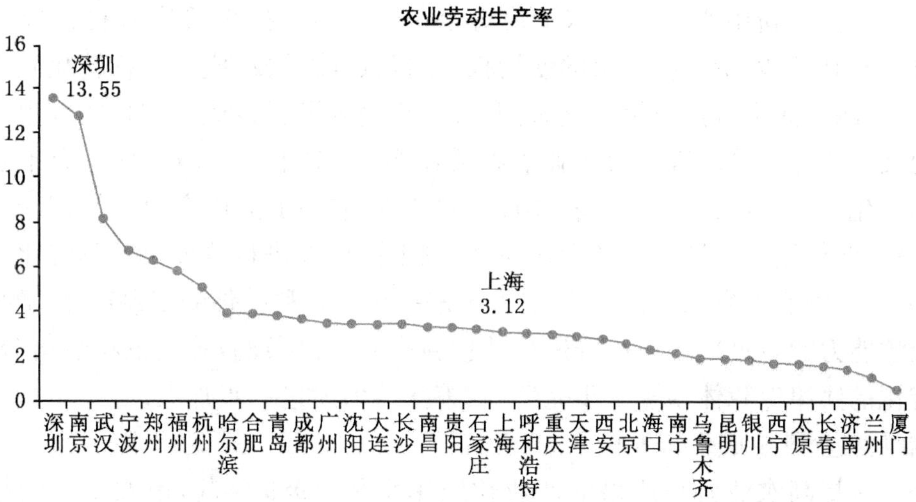

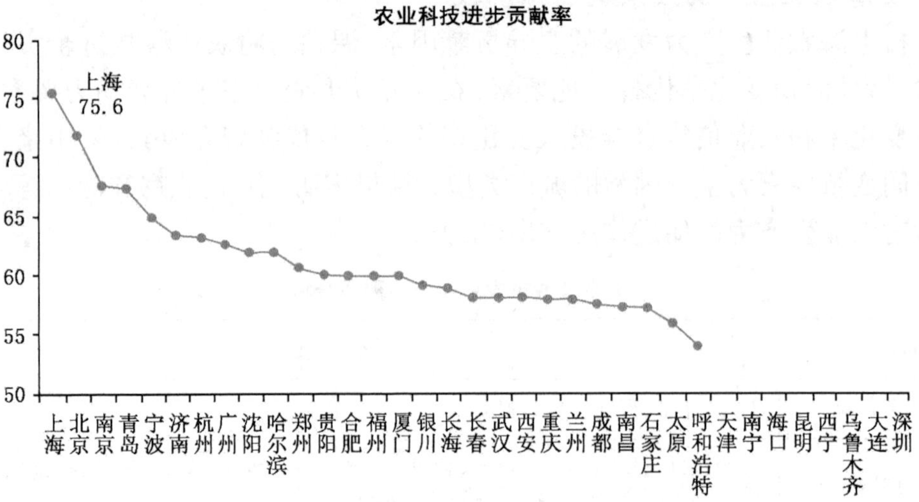

图 2　农业科技进步贡献率及农业劳动生产率①

二、上海强化农业科技成果转化促进农业生产力发展的做法及成效

(一)主要做法

1. 完善农业科技成果转化政策体系

为进一步提升农业生产力发展水平,近年来上海市制定出台了一系列促进科技成果转化相关法律法规。2015 年,《中共上海市委上海市人民政府关于加快建设具有全球影响力的科技创新中心的意见》(沪府办〔2015〕76 号)提出要完善科技成果转化机制,下放高校和科研院所科技成果的使用权、处置权、收益权,成果转移转化收益全部留归单位。《上海市促进科技成果转化条例》进一步明确了科技成果转化实施渠道、形式、收益分配及相关配套等内容。市农业农村委出台了《关于进一步加强上海市农业科技成果转移转化工作的通知》(沪农委〔2017〕341 号),进一步强化农业科技创新策源能力提升,促进农业科技成果转化和产业化应用。《上海市促进科技成果转移转化行动方案 2017—2020)》(沪府办发〔2017〕42 号)《关于进一步深化科技体制机制改革 增强科技创新中心策源能力的意见》《上海市推进科技创新中心建设条例》等政策相继出台,农业科技成果转化的法律保障体系进一步完善,政策扶持力度进一步加大。

2. 加大农业科技成果研发投入力度

为进一步提高农业科技成果的产业化应用水平,1989 年起,市农委会同市财政局设立了上海市科技兴农专项,项目资金由设立时每年 300 万元逐步增至 3 亿元左右。专项资金围绕问题导向和需求导向,重点聚焦都市现代农业产业发展的短板和瓶颈,开展绿色农业新品种、新技术、新材料、新装备、新模式的创新研究及推广应用。近两年,科技兴农项目对涉农企业的支持力度逐年上升,占项目总数量的 60%左右,进一步提升涉农企业自身科技创新能力与发展水平。"十三五"期间,种源农业、设施农业、生态

① 说明:35 个城市 2016—2019 年农业科技进步贡献率的平均水平,以各城市官方发布的数据为准,部分以省级数据替代,个别城市未发布市级或省级数据。

农业、信息农业等多个方面取得了成果丰硕，共获得专利500余项、新品种审(认)定100余项、植物新品种权30余项、计算机软件著作权70余项。科技兴农项目的持续实施与推进，有效提高了本市农业生产力发展水平。

3. 完善基层农技推广体系构架布局

大力构建"一主多元"农技推广体系，充分发挥公益性推广机构的枢纽作用，组织农技推广人员包村到户、结对服务，与涉农高校、科研院所、社会化服务组织共建服务平台，深度参与农技推广工作，并积极推进家庭农场特色经营模式，搭建"农超对接"平台，通过个性化服务、物化补贴、技术培训等方式提升科技示范主体生产水平，通过组织现场展示、田间教学等活动着力发挥示范主体辐射带动作用。近三年，上海累计推广相关农业技术900余项，培训相关农业从业人员3.2万余人次。

4. 加强农业科技成果转化平台建设

围绕"农业科技要有显示度，老百姓要有获得感"的总体要求，2013年起，上海市农业科技服务中心联合国家技术转移东部中心、上海技术交易所、上海临港・枫泾科创小镇等第三方机构，通过建立农业科技成果信息库，创新农业科技成果转化路演推介新形式，汇聚多种农业科技成果转化新模式(见表2)，形成"五步法"农业科技成果转化交易服务流程(见图3)，构建起上海农业科技成果转化交易"一站式服务平台"。通过汇聚涉农科研单位、中介服务机构、企业等多方要素主体，形成农业科技成果转化"合力"，通过市场化推广应用，使农业科技成果在经济效益、生态效益和社会效益等方面实现对农业生产力的正向提升效应，有效促进农业高质量发展。

表2　　典型平台农业科技成果转化主要模式

典型平台	主要模式
国家技术转移东部中心	构建平台化、国际化、市场化、资本化、专业化的第四方平台，提供技术交易、科技金融、产业孵化全链条服务，打通高校、科研机构、企业间科技成果转化通道
上海技术交易所	通过投融资功能的加载和聚集创新要素，实现服务技术要素集聚，激励科研群体提高创新能力，优化科技资源配置，加速科技成果向现实生产力转化
上海交通大学	作价投资创办企业的模式，形成了"预期权益＋自行转化"的方式进行科技成果转化，促进了科技成果的生产应用，并在2019年国家技术转移机构考核中获得优秀成绩
上海市农业科学院	形成了农业科技成果公开挂牌交易模式，研究团队直接与相关企业洽谈磋商，通过公开平台挂牌，开辟了科研人员成果转化职称晋升通道

5. 扩大农业科技成果宣传普及影响

积极拓宽农业科技成果宣传报道途径，充分发挥农民日报、解放日报、东方城乡报等相关媒体在农业科学技术普及等方面的功能优势，扩大农业科技服务"三农"的整体影响力。"十三五"期间，累计完成农业科技宣传报道200余篇，编制发放农业科普读物8万余本，拍摄制作科普宣传片10余部，并通过科技入户、成果路演、进社区等创新形式进行全方位、全过程宣传报道，进一步提升优秀农业科技成果的知晓度和影响力，提高科技成果的应用水平。

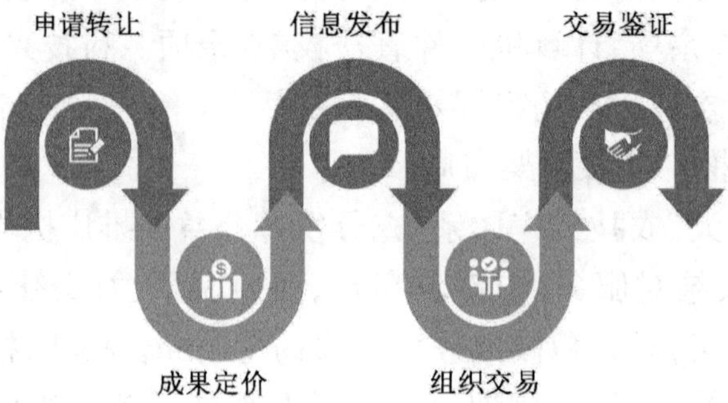

图3　上海农业科技成果转化“五步法”流程图①

（二）主要成效

1. 都市现代绿色农业高质量发展水平稳步提升

上海都市现代农业在农业结构调整、机制创新、绿色发展、农村改革等方面取得突破性进展，现代农业科技创新水平、转化推广能力、农业生产条件不断改善，农业生产力要素不断优化与重新组合，有效促进了农业科技成果转化应用和农业生产发展水平提升。上海中国现代都市农业竞争力综合指数、中国都市现代农业综合发展指标评价指数、中国农业现代化发展指数均位列全国第一，农业科技进步贡献率领跑全国，与世界发达国家水平接近(详见附表1、2)。

2. 农业主推技术应用效果明显

“十三五”期间，本市累计发布60余项农业主推技术，涉及粮油、果蔬、畜牧、水产、农机等农业产业全领域，实现了农业科技向生产力的有效传递。优质稻新品种推广面积30万亩次以上，生态种植和资源循环利用水稻示范应用面积达15万亩次，化肥和农药施用量减少30%以上；繁育优质花卉种苗(种球)5 000万株(粒)，工厂化培育的花坛花种苗在国内市场占有率达到30%以上；培育30个高水平绿色防控和机械化的绿叶蔬菜生产示范基地和50个绿叶蔬菜生产核心基地；建立鲜菇质量和安全技术体系，金针菇、真姬菇自主品种使用率达到30%以上；培育优质、多抗鲜食玉米新品种4—6个，示范种植10万亩次；“江海21”良种在上海和全国推广应用25—30万亩，良种覆盖率在蟹种阶段达10%，在成蟹阶段达80%；推广草莓、西甜瓜主要病虫害绿色防控技术，推广草莓脱毒苗5 000亩以上，“二维码”质量安全信息追溯系统应用覆盖率达到30%以上。

3. 农业科技成果转化应用效果显著

“十三五”期间，累计完成近80项农业科技成果转化交易，其中农业专利技术55项、农作物新品种(权)22项(见图4)，交易金额近1亿元。4GCDZ—100自走式电动绿叶菜收割机通过转化实现了绿叶菜生产、收割、运输过程的全程机械化，对推动上海市

①　注：
申请转让：成果拥有方对成果的所有权或使用权提出转化需求。
成果定价：对农业科技成果价格进行确定。
信息发布：将成果转化交易的相关信息在相关网站平台发布。
组织交易：组织转让方与受让方签订转让合同。
交易鉴证：为转让方、受让方提供农业科技成果转化交易凭证。

蔬菜绿色生产的"机器换人"工程、提高农业科技服务水平有重要意义;优质甜瓜品种"华蜜 0526"是本市通过公开平台开展农业科技成果转化的第一单,打通了因农业科技成果转化和技术转移不畅而制约农业成果落地开花的壁垒;中华绒螯蟹新品种"江海21"种源技术、线上商品蟹销售权和品牌使用权的成功转化,彻底打通了大闸蟹产业从种源起始端到消费终端的完整价值链;"花优 14"是本市首个通过平台公开竞价实现成功转让的农业科技成果,开创了农业科技成果竞价交易的先河(详见附表 3)。

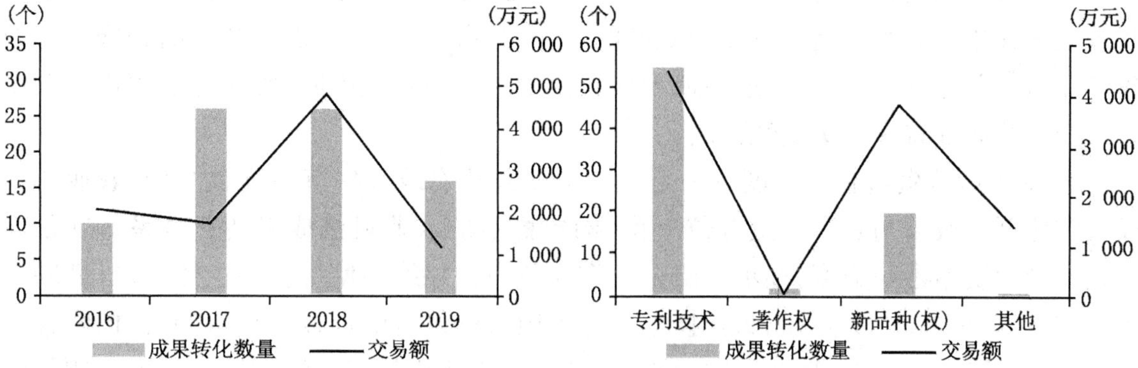

图 4 部分农业科技成果转化交易情况(2016—2019)

三、国内外促进农业科技成果转化的主要做法及经验启示

(一)国内主要做法

近年来,国家科技成果转化政策相继落地,为强化创新引领,促进成果转化,推动生产力向高质量发展,全国各地开展了积极探索,通过营造科技成果转化的政策环境,实施技术创新工程,加强以科技为主要内容的社会化推广服务体系和技术交易市场建设,推进科技与金融的结合,探索优化科技创新资源配置方式,激发创新动力,降低科技创新成本,突破制约产业发展的关键核心技术,畅通技术、市场、产业、经济社会的大循环,充分发挥科技要素对生产力提升的促进作用,推动科技成果转化为生产力(详见附表4)。一是鼓励科研和推广部门的协作配合,对科技成果的主要参与者给予更灵活的市场化奖励,对科技成果转化中科研人员的奖励比例不低于 70%或作价股份的 70%,自行转化或与他人合作的在成功投产后连续 3—10 年,从营业利润或营销额中提取不低于 5%~10%的比例用于奖励。其中浙、皖、滇三地对成果出让方或受让方按实际支付总额 10%~20%的比例后奖补,鼓励科技成果就地实现转化,江、滇、渝等地对转移组织奖补,完善专业化服务体系助力转化。二是强化财政金融支撑,通过科技创新券政策激发需求端的有效需求,推动科技成果加速转化为生产力。三是鼓励和引导社会资本设立科技成果转化基金,鼓励保险机构开发促进科技成果转化的险种,对投保科技保险的创新主体给予保费补助,完善知识价值信用评价机制和信贷金融工具。

(二)国外主要做法

农业发达国家农业科研推广始于 19 世纪 60 年代的美国。当今,各主要国家均已形成农业教育、研发、推广协同推进，涵盖政府、科研机构与私人部门，从中央到地方横纵向一体的农业科研成果转化管理体系，农业科技成果应用成为现代农业发展的重要支撑。发达国家科技成果转化的横向及纵向体系、农业科技投入重点领域、农业投入主体、中介组织及渠道建设等方面的成熟模式，可为上海提供借鉴(详见附表5)。

(三)国内外经验启示

1. 厘清政府和市场的职责。农业生产力发展水平的提高涉及多个环节，要进一步明确政府和市场的权责边界。政府能建立有利于农业生产力发展的外部环境，激发各环节主体在生产力水平提升方面的积极性，能弥补市场失灵，提供公共产品和服务。但政府在做好服务的同时，不能过多地干预农业生产力各发展主体，要充分发挥市场在农业生产力资源配置中的决定性作用。

2. 加大政策资金扶持力度。一是进一步加大政府政策扶持力度，加大对农业科技成果转化开展政策与资金等全方位支持，构建稳定的农业科技成果转化体系。二是充分激发社会资本参与力度，逐步突出企业作为科技成果终端使用者的主体地位，鼓励市场主体尤其是农业龙头企业、高新技术企业等通过提供科研资金、牵手科研机构联合研发、共建实验室等方式直接参与农业科技创新，让农业科技成果的供给侧与需求侧无缝衔接。

3. 完善科技成果转化体系。借鉴国内外的成功经验和做法，组建由市、区、镇农业主管部门，涉农高校、科研院所，产业经营主体，第三方成果转化服务机构等组织于一体的农业科技成果转化与推广体系。各级农业技术推广部门围绕全市郊区各主要农产品产区，对接龙头企业、高新技术企业等经营主体，按市场需求多渠道扎实推进农业科技成果转化与推。

四、上海强化农业科技成果转化促进农业生产力发展面临的主要问题

(一)高质量原创性科技成果不足，促进生产力发展的源头活水欠缺

涉农高校、科研院所部分科研成果的创新性、引领性和原创性不强，市场认可不高，与产业发展连接不够紧密，转化应用价值不高，甚至不具备转化价值。在农业某些领域主打品种仍以引进为主，重大农业生产机械装备特别是智能化农业装备主要依赖进口，产前、产中、产后等系列技术集成、配套不够。

(二)成果转化市场服务能力不强，促进生产力发展的转化效率不高

现有农业科技成果转化服务机构规模小、服务少、能力弱，服务水平难以满足技术转化需求，且技术经理人培养体系不健全，成果转化队伍存在"有行业无职业，有人员无专业，有服务无规范"问题，成果展示推介形式单一，转化交易平台的影响力不高，农业科技成果数据库分散、条块分割现象严重，导致成果转化应用信息不对称。

(三)产学研用结合机制运行不畅，促进生产力发展的内生动力不足

农业科技成果转化市场发展不成熟，科研与推广、成果与市场之间没有完全按照市场规律运行，科技创新缺少市场的推动和激励。农业科技成果创新源头与市场需求的互动性不强，专业化农业科技成果转化服务机构与涉农企业、高校、科研院所联动有待

加强，科研单位与涉农企业对接不畅，亟待建立健全产学研用一体化的科技成果转化机制。

（四）科技成果实施人员素质不高，促进生产力发展的基础力量薄弱

目前，基层农技推广体系存在萎缩现象，人员流动性大，知识结构老化、农技推广经费投入不足等若干亟待解决的问题，难以适应农业转型升级和高质量发展的需要。此外，农业生产经营主体规模普遍偏小，从业人员老龄化严重，整体素质有待提升，对农业生产中新品种、新技术、新材料的接受能力较弱，在一定程度上阻碍了先进农业科技成果有效服务农业生产力。

（五）金融机构参与转化程度不深，促进生产力发展的支撑力量不足

农业科技成果产业化应用具有高投入、高风险、低效益、回报周期长的特点，同时缺乏风险防化机制、投资保险制度、价值评估制度等，导致相关金融投资机构对其缺乏足够的投融资兴趣。此外，相关农业科技成果金融投资运行和保障机制不完善不健全，运行环境不完备，成为农业科技成果转化领域金融投资资金匮乏、发展缓慢的重要原因。

五、强化农业科技成果转化促进农业生产力发展的几点建议

（一）加强组织领导，发挥政府对农业生产力的引导作用

1. 提高农业生产力发展站位

充分发挥上海科技创新资源集聚优势，立足上海，辐射长三角，服务全国，面向全球，不断提升上海农业科技在世界的影响力，把上海建设成为世界农业创新人才、农业科技要素和农业高科技企业的重要聚集地，产生一批具有世界水平的农业科技成果。坚持以种源农业作为农业产业的压舱石，以“机器换人”工程为突破口向现代智能化农业、环境友好型农业转型升级，依托科技兴农运行机制为核心的成套创新制度，孕育农业高科技企业，完善农业科技成果转化服务平台，加快技术交叉融合作为激发农业科技创新活力的催化剂，促进农业技术与现代信息技术、现代工程技术、新材料技术、新能源技术等领域的协同创新，拓展和培育农业领域发展新动能，从源头为农业生产力提升注入“活水”。

2. 明确农业生产力发展思路

深入贯彻落实《中华人民共和国促进科技成果转化法》《上海市促进科技成果转化条例》，紧扣创新发展要求，完善农业科技成果转化政策环境，强化技术、资本、人才、服务等创新资源向农业领域的集聚和深度融合与优化配置，建立农业科技成果转化促进农业生产力提升的总体目标，积极营造支持农业科技成果转化促进上海农业生产力发展的良好氛围。开展农业科技成果转化效果评价研究，加强对典型案例和成功经验宣传报道力度，促进本市农业科技成果有效转化，助推农业科技与生产应用紧密结合。

（二）优化资金投入，提高农业生产力先进要素配置水平

1. 优化项目立项导向

进一步突破政策体制机制障碍激发创新活力，确立以市场为导向、以需求为基础的农业科研项目立项机制，优化“市场——立项——研究——成果——市场”的立项模式。

项目立项部门严把立项审查关，对于一个科研项目是否具有立项的价值，建立更完善和全面的指标评价体系，评价项目成果是否具有转化前景。农业科技项目立项倡导产学研用结合，聚焦生产力布局，培育现代农业经营主体，逐步让市场成为农业科技创新的第一主体，以减少技术创新的盲目性，缩短产品研发到市场化的周期，有效降低技术创新的风险和成本，以需求引导和规范供给，将科研项目立项过程与市场实际需求紧密结合，让农业科技成果通过产学研用为纽带的有效结合，找到促进农业生产力发展的落脚点。

2. 加大金融扶持力度

设立农业科技成果转化专项引导资金，通过成果转化后补助、科技创新券等方式加大对转让方和受让方的双向支持。推进金融机构与转化交易市场投融资信息对接，创新支持农业科技成果转化的金融产品和服务方式，建立符合农业科技企业特点的抵(质)押担保方式和融资工具，探索拓宽以农业科技企业股权、品种权、专利权等为质押进行贷款的融资渠道。吸引社会资金、信贷资金、创业资金参与农业科技成果转化；支持符合条件的农业创新创业企业通过发行债券、资产证券化等方式进行融资，拓宽农业科技成果转化资金市场化供给渠道；鼓励保险机构开发符合农业科技成果转化特点的保险种类，降低转让方与受让方交易风险。通过金融杠杆撬动农业生产力要素的自由组合，从而逐步推动农业科技成果的广泛应用，实现向农业生产力的转化。

(三)强化集成示范，加大农业科技成果转化基地建设力度

1. 加强农业科技服务载体建设

鼓励涉农高校、科研院所开展乡村振兴科技服务，推广科技小院、专家大院、院(校)地共建等创新服务模式。鼓励涉农企业牵头组织各类产学研联合体研发和承接转化先进、适用、绿色技术，引导企业根据自身特点与农户建立紧密的利益联结机制，探索并推广“技物结合”“技术托管”等创新服务模式。鼓励有条件地区建立完善农业科技服务后补助机制，激励企业开展农业科技服务。加大农业科技服务企业培育力度，开展农业科技服务企业建设试点示范。

2. 壮大农业科技成果转化集成示范和孵化基地

依托全面建设具有全球影响力的科创中心的有利时机，加快推进一批以资源循环型、立体种养型、智慧农业和全程机械化型等涉农企业向“绿色田园”示范园区成果集聚。依托农业科技园区、科技兴农示范展示基地等载体，创建一批具有专业特色的国家级、市级农业科技示范展示平台。支持农业科技企业孵化器、“星创天地”建设，推动建设长效稳定支持机制，把农业科技成果转化孵化基地打造成示范展示基地，带动农业生产力实现高质量发展。

(四)完善平台服务，提升农业科技成果转化质量和转化效率

1. 加速农业科技成果信息库建设

鼓励涉农高校、科研院所建立健全农业科技成果信息交汇机制，定期向主管部门报送农业科技成果转化情况。通过国家技术转移东部中心等第三方平台，构建全范围、全过程、全链条的农业科技信息、成果信息集聚及处理系统，整合不同渠道来源的农业科

技成果动态数据库。依托创新挑战赛，面向国内、国外发布先进农业技术需求与成果信息，为农业科技传递、扩散、交流提供丰富完备的信息资源支持。拓展线上成果转化综合服务功能，开展线下需求发布、成果路演、咨询培训等活动，为涉农科研单位、企业、技术中介等提供数据支撑服务。

2. 完善农业科技成果转化平台

鼓励涉农高校、科研院所继续完善已有的交易体系和服务模式，通过公开交易平台进行农业科技成果转化，规范交易行为，规避交易风险。汇聚完善一批以市场为主导服务一体化、政策协同化、交易标准化、带动可视化的第三方农业科技成果交易服务机构，为农业科技成果转化提供技术咨询、信息发布、价值评估、公开挂牌、竞价拍卖、融资贷款、交易确认等服务。树立“立足上海、辐射长三角、服务全国、走向国际”的发展定位，打造区域协同一体的农业科技成果转化服务平台，实现农业科技成果转化应用互联互通，为农业生产力的发展赋予更为充实的资源。

(五)优化培养机制，提升农业科技成果转化队伍整体水平

1. 优化农业科技人员职称评价与晋升体系

充分释放涉农高校、科研院所农业科技服务动能，完善考核机制，将服务“三农”和科技成果转化的成效作为学科评估、人才评价等各类评估评价和项目资助的重要依据。引导涉农高校、科研院所设置一定比例的成果转化类高级职称岗位，并把农业科技服务成效作为专业技术职称评聘和工作考核的重要参考。建立健全农业科技成果转化考评机制，充分考虑成果转化后产生的效益，建立以成果转化在职称评定、晋升等环节的主体性，提高农业科技成果转化在农业科技人员职称评定、职务晋升等环节中的比重，将成果转化后产生的经济效益、社会效益与生态效益纳入科技人员评价指标体系。

2. 加强农业科技成果转化专业化人才培养

依托现有涉农高校、科研院所转化机构、中介服务机构，加强和突出专业人才的培养，建设专业化的农业科技成果转化队伍。在相关高校开设农业科技成果转化课程，探索设置农业科技成果转化专业或专业方向，把成果转化专业人才的培养放到与创新人才培养的相同高度，尽快弥补专业化人才短板。明确农业科技转化人员应具备的专业技能和素质，提高技术转化工作人员的岗位要求，明确其职责和绩效考核方式。加快涉农高校、科研院所建立农业科技成果转化优秀技术经理人的激励机制，探索适合成果转化工作人员的职称晋升路径。

3. 完善农业科研人员双向流动制度体系

鼓励涉农高校、科研院所制定出台科研人员到企业兼职从事农业科技成果转化或离岗创业相关政策制度。创新农业科技服务方式，搭建跨高校、科研院所和各级农区的资源整合与共享平台，深入推行科技特派员制度，突出为民目标、科技属性、特派特色，建立健全符合农业科技服务需求和特点的科技特派员服务体系，将科技特派员队伍打造成为“三农”政策宣传队、农业科技传播者、科技创新创业领头羊、乡村脱贫致富带头人。支持企业科技人才到涉农高校、科研院所兼职，鼓励产学研相结合，实现科技研发与成果转化紧密结合，加快推进农业科技成果转化，扩大农业科技成果转化为农业生产

力的人才“蓄水池”。

4. 加强基层农技人员和经营主体的培训

加强基层农技推广体系改革与建设，加速社会化农技推广机构培育，不断完善“一主多元”农技推广体系。加强基层农技推广机构专业人才队伍建设，加大对基层农业科技人员专业技术职称评定的政策倾斜，不断充实农业科技成果转化人才队伍力量。加强农业科技培训和农村科普力度，扩大新型职业农民、科技示范户的引领带动作用，不断提高农民科学文化素养，为农业经营主体提供全程化、精准化和个性化科技服务，提高各类农业企业、合作社及家庭农场对高效适用农业科技成果的接受度与应用度，增强农业科技成果向生产力转化的内生动力。

牵头领导：徐惠勤
牵头处室：科技教育处
课题组成员：周　培　刘佩红　曹正伟　石达祺
田吉林　吴立峰　徐　浩　蔡保松
高　岩　刘春燕　李　强　李　卓

附表 1　　中国都市现代农业综合评价指数指标体系

一级指标		二级指标		
名称	权重	序号	名　称	权重
“菜篮子”产品保障能力	20	1	主要“菜篮子”产品保障水平	4.28
		2	耕地保有率	2.51
		3	农产品质量安全综合抽检合格率	6.29
		4	三品认证农产品产量比率	6.93
农业生态与可持续发展水平	24	5	化肥施用量强度	3.83
		6	农药施用量强度	7.59
		7	秸秆综合利用率	4.41
		8	畜禽养殖粪便综合利用率	8.18
三产融合发展水平	22	9	农产品加工业与农业总产值比	2.20
		10	农业生产性服务业发展水平	6.67
		11	休闲农业与乡村旅游发展水平	8.45
		12	地市级以上农业科普教育基地数量	4.69
农业先进生产要素聚集水平	18	13	农村创业创新园区(基地)数量	3.06
		14	万人农业技术推广服务人员人数	2.24
		15	农林水事务支出占一产增加值的比重	2.00
		16	农村金融服务水平	3.35
		17	农作物耕种收综合机械化水平	3.55
		18	农村卫生厕所普及率	3.82
现代农业经营水平	16	19	农业劳动生产率	2.41
		20	农业土地产出率	2.11
		21	农村居民恩格尔系数	3.67
		22	农产品品牌建设水平	3.56
		23	城乡居民收入比	4.26

附表 2　　中国现代都市农业竞争力综合指数指标体系

一级指标		二级指标		三级指标	
名　称	权重(%)	名　称	权重(%)	指标名称	目标值
1. 农产品供给和质量安全指数	16	(1)主要菜篮子产品自给率	30	1. 每日人均蔬菜摄入量(g)	500
				2. 每周人均肉类摄入量(g)	525
				3. 每周人均水产品摄入量(g)	525
				4. 每周人均禽蛋摄入量(g)	350
				5. 人均菜地播种面积(亩/人)	0.03
		(2)农产品质量安全水平	40	6. 农产品质量安全抽检合格率(%)	100
		(3)农产品标准化水平	30	7.“三品”认证农产品产量比重(%)	40
2. 农业生态和可持续发展水平指数	18	(4)化肥施用强度	30	8. 化肥施用量占耕地面积比重(公斤/公顷)	147
		(5)农药施用强度	30	9. 农药施用量占耕地面积比重(公斤/公顷)	7
		(6)农业节能减排水平	40	10. 单位能耗创造的农林牧渔增加值(元/吨标准煤)	22 000
				11. 农作物秸秆综合利用率(%)	97
3. 三产融合能力指数	19	(7)农业产业化水平	20	12. 农产品加工业产值占农林牧渔总产值比重	2.7
		(8)农产品品牌化水平	20	13. 农产品品牌建设水平(%)	2.86
		(9)土地产出率	30	14. 地均农林牧渔增加值(元)	3 120
		(10)劳动生产率	30	15. 劳均农林牧渔增加值(元)	35 000
4. 农村居民生活水平指数	15	(11)农村居民收入水平	50	16. 农村居民人均可支配收入(元)	2 300
		(12)农村居民住房保障水平	25	17. 农村居民人均住房面积(平方米/人)	48
		(13)农村居民耐用品消费能力	25	18. 每百户农户小汽车拥有量(台)	35
5. 科技化水平指数	12	(14)农村信息化支撑水平	40	19. 农村互联网普及率(%)	100
		(15)农业科技服务能力	60	20. 万人农业技术推广人员(人)	26.43
6. 物质技术装备水平指数	10	(16)农业机械装备水平	70	21. 主要农作物耕种收综合机械化比重(%)	90
		(17)农业电气化水平	30	22. 农村居民人均用电量(千瓦时)	5 000
7. 政府支持与农业保障水平指数	10	(18)公共财政支持水平	40	23. 农林水事务支出占农林牧渔业增加值的比重(%)	10
		(19)金融投入水平	60	24. 农业保险深度(%)	1.5
				25. 单位农林牧渔业增加值的信贷资金投入(元)	1.1

附表 3　　农业科技成果转化应用效果

成果	转让方	受让方	转化效果
4GCDZ－100 自走式电动绿叶菜收割机	上海市农业机械研究所	上海达汇农业机械设备有限公司	1. 应用于绿叶蔬菜全程机械化生产中的最后收割环节，采用纯电动动力，具有无污染、噪音小，操作方便等特点，造价约为进口收割机的三分之一 2. 已广泛应用于市郊大型绿叶菜生产企业，推广应用面积达 500 亩次以上，实现了绿叶菜生产、收割、运输过程的全程机械化，相较于传统蔬菜采收模式，减少了作业环节，效率是人工的 16 倍 3. 能显著提高劳动生产率，降低蔬菜生产者的劳动强度，起到节本增效的作用
优质甜瓜品种“华蜜 0526”	上海市农业技术推广服务中心	上海市惠和种业有限公司	1. 不断扩大制种生产规模，种子的销量也逐年上涨，经济效益显著 2. 破解南方难种哈密瓜“软肋”，瓜农种植热情高涨，可春、秋播种两季，颇受南方人喜爱 3. 在国内和国际范围内积累了良好口碑，种植面积遍布全国包括新疆、内蒙古、云南、黑龙江等 29 个省市及韩国、马来西亚、越南等地区
中华绒螯蟹新品种“江海 21”	上海海洋大学	上海福岁乐生物科技有限公司	1. 蟹农购买种苗热情高，转化首年便销售一空，年营业收入约 700 万元 2. 成果推广范围大，辐射效应强，成果转化后，由 2012 年沪苏皖扩张到 2019 年 16 个省，在各地起到了良好的社会效益 3. 打破本市河蟹种源窘迫局面，极大改变了本市河蟹产业“有种源、无良种”的窘迫局面，拥有了“沪”字牌优质蟹
优质杂交粳稻新品种“花优 14”	上海市农业科学院	上海弘辉种业有限公司	1. 种子经济效益高，2017－2019 年年均销售额均超过 3 500 万，经济效益显著 2. 科技成果突出，连续两年获市级优质稻米金奖 3. 种植面积不断扩大，在全市杂交水稻市场占有率超七成，成果转让后的种植面积提升近 40%，并拓展到江苏海门、浙江杭州、安徽宣城、铜陵等长三角地区

附表 4　　国内典型省市促进科技成果转化的激励措施的主要做法

类别	上海市	浙江省	江苏省	安徽省	深圳市	贵州省	云南省	重庆市
科技人员奖励	≥转化净收入 70%或作价股份 70%	≥转化净收入 70%或作价股份 70%	作价股份的 20%	≥转化净收入 70%或作价股份 70%	≥转化净收入 30%或作价股份 30%	≥转化净收入 70%或作价股份 70%	≥转化净收入 70%或作价股份 70%	≥转化净收入 70%或作价股份 70%
自行转化奖励	≥利润的 5%，连续 5 年	≥10%利润，连续 5 年	≥0.5%销售额，连续 3—5 年	≥利润的 5%，连续 3—5 年	≥新增留利的 30%，连续 10 年	≥利润的 10%，连续 5 年	≥利润的 5%，连续 5 年	≥利润的 5%，连续 3—5 年
后奖补	—	受让 15%－20%	—	转让方 10%	—	—	出让方和成果受让方各 20%	—
转移组织奖补	—	≤50 万元(前十名，交易额超过 2 000 万)	—	—	—	—	交易额 1%－1.5%，重大转化平台 1 亿元	≥5%
科技创新券	≤50 万	各市自主制定	实际支出的 50%，且不超过 20 万元	8 个市(县)实施科技创新券政策	≤单项服务合同金额的 50%，2 万—20 万元	≤交易额的 50%，20 万－50 万元	≤合同金额的 50%	2 万－20 万元

附表 5　　发达国家农业科技成果转化的主要经验

国别	横向体系	纵向体系	投资主体	中介与渠道建设	科研重点领域	人才培养
美国	教育、科研、推广“三位一体”，企业与大学长期产学研合作，如提供科研资金、联合研发、共享实验室	农业部相关研究系统成员共同推进成果转化，农业技术推广系统以州公立或者赠地大学为主	企业发挥主导作用；70%以上投资来自企业，关注投资回报，政府投资以公益性项目为主	通过法律、政策加强知识产权保护，最大限度地避免搭便车	—	重视人才培养，以基础科学、交流知识为重点；庞大的成人教育工程
日本	企业与研究机构两种合作制度：共同研究、委托研究	注重建立法律规范推动科技中介组织的发展	—	市场机制运作，以民营和私营机构为主，官方中介组织建立支持和服务等公共服务体系	—	—
德国	以市场为导向，企业、大学和独立科研机构的三大支柱	没有专门的科技成果管理机构	经费来源：企业、政府和非营利性基金	大量的科技中介服务机构	—	—
以色列	政府所属科研机构和社区（基布茨、莫沙夫）及社会科研机构组合而成	国家与区域农业推广中心，常规工作由区域农业技术推广中心完成	—	科技孵化器、成果转化基金	农业灌溉技术与装备、作物与农畜新品种研发	—
澳大利亚	联邦科学与产业研究组织、州农业局所属的科研所或实验站、高等院校等三支队伍	各州农业局设乡村事业发展总部，实施垂直管理，各州农区划分若干大区一小区	—	—	数字农业、技术对劳动替代、抗逆性强品种、生物防治等	农技推广人员必须是大专院校毕业生，进行职前培训和在职培训

15. 关于加快推进上海蔬菜机器换人的调研

随着我市乡村振兴进程的不断加快，农民劳动观念深刻变化，蔬菜生产“用工难、用工贵”问题日益突出，蔬菜生产成本不断攀升，如果不解决蔬菜生产中的“机器换人”瓶颈问题，将严重制约上海蔬菜保供任务的完成。围绕如何加快上海蔬菜生产“机器换人”这一课题，我们组织农机化管理处、农机鉴定推广站等有关人员对全市 358 个主要园艺场通过问卷调查，资料查阅，并选择部分有代表性的园艺场进行实地问询和座谈交流的基础上，通过梳理汇总和典型案例剖析，初步找到了上海蔬菜生产中存在的经营机制落后、蔬菜种类多、关键装备紧缺、生产农艺不规范、配套设施宜机化差、产销方式滞后等短板，回顾总结上海近年来的实践探索，认真借鉴国外的先进经验，形成调研报告如下。

一、我市蔬菜生产机器换人的基本情况

上海是一个拥有 2 400 多万常住人口的超大型城市，因传统习惯和气候等因素，上海市民特别喜爱蔬菜，特别是绿叶菜，上海每天消费蔬菜总量近 16 000 吨，其中，绿叶菜近 5 000 吨。另外，每天供应的绿叶菜中，本地生产的绿叶菜 4 000 吨左右，占 80％以上。

（一）蔬菜生产的基本情况

为保障地产蔬菜市场供应，本市从 2005 年开始新一轮设施菜田建设。以 2019 年为例，全市蔬菜播种面积 125 万亩次，总产量 246.5 万吨。其中，叶菜类蔬菜的播种面积为 62 万亩次，占 50 ％，产量 131.4 万吨，占 53.3％；青菜（含鸡毛菜）播种面积为 28.8 万亩次，占蔬菜播种面积的 23％，占叶菜类播种面积的 46.5％；叶菜类蔬菜的产量为 131.4 万吨，占 53.3 ％；青菜（含鸡毛菜）产量为 55.8 万吨，占蔬菜总产量的 22.6％，占叶菜类产量的 42.5％。

据统计，2019 年蔬菜播种面积 125 万亩次，比 2011 年减少 69.7 万亩次，减幅 35.8％，平均年减少 8.7 万亩次；2019 年我市蔬菜产量 246.5 万吨，比 2011 年减少了

134.5万吨，减幅35.3%，平均年减少16.8万吨。而同期，郊区2019年的水稻面积135万亩，比2011年只减少了17.2万亩，减幅11.3%（见表1）。

表1　近年市郊蔬菜种植面积与产量变化　单位：万亩次，万吨

年份	2011	2012	2013	2014	2015	2016	2017	2018	2019	量+/−	%+/−
面积	194.7	189.9	185.3	176.9	157.1	147.0	139.4	136.3	125.0	69.7	35.8
产量	381.0	373.3	360.0	347.7	320.1	290.3	281.9	271.9	246.5	134.5	35.3

蔬菜生产环境差、劳动强度大，许多年轻人都不愿从事蔬菜劳作，目前在田的劳动力大多是55—65岁的老年农民，用工难和用工贵已成为园艺场的普遍问题，严重制约着我市蔬菜生产健康发展（见表2）。

表2　嘉定绿望蔬菜园艺场劳动力年龄结构分析

年龄段	55岁以下	55—60岁	60—65岁	65—70岁	70岁以上
人数	4	28	14	6	2
%	7	52	26	11	4

以嘉定区外冈镇绿望蔬菜园艺场的典型调查为例，种一茬青菜每亩需人工62个工时，620元，占总成本的44.6%（见表3）；其中，移栽、采收环节分别需20个工时和32个工时，分别占总用工量的32.2%和51.6%，成为亟须突破的关键环节（见表4）。

表3　青菜生产成本构成　单位：元/亩

类别	种子	农资	人工	农机	场租费	合计
数量	10	320	620	60	400	1 390
%	0.7	23.0	44.6	4.3	28.8	100

表4　青菜各个环节用工量构成　单位：工时/亩

环节	作畦	育苗	移栽	施肥	植保	采收	合计
数量	4.5	0.5	20	2	3	32	62
%	7.3	0.8	32.2	3.2	4.8	51.6	100

（二）我市蔬菜生产机器换人的探索与实践

近年来，我市农机和蔬菜部门紧密合作，面对蔬菜生产劳动力紧缺、现有蔬菜机械可供选择种类有限的困境，勇于担当、敢于创新，大胆探索，坚持引进消化吸收与自主研发改造相结合，产学研推齐步走的工作机制，典型引路、以点带面的工作模式，在推进蔬菜生产机器换人方面取得了一定成绩。一是基本解决了蔬菜育苗、耕整地与作畦、喷滴灌、植保和废弃物处理等环节的机械选型和示范应用。通过引进消化吸收，基本解决了鸡毛菜、米苋、高秆茼蒿、广东菜心等绿叶菜品种全程机械化的机器选型，并形成了相关的配套技术规程。目前正在攻关青菜、生菜等主要绿叶菜高密度移栽与整颗采收机械的选型、消化吸收和集成配套技术等工作。二是通过蔬菜机械化生产示范点建设，先后

组织了 30 家蔬菜园艺场开展机械化生产试点示范，基本解决了绿叶菜耕、种环节的机械化，示范基地综合机械化水平超过 55%，成为引领本区蔬菜生产机械化的领头羊。同时，以点带面，辐射周边的良好格局。三是通过蔬菜机械演示展示会，搭建蔬菜机械生产企业与合作社对接的平台，加强蔬菜机械化生产操作实训，2018 年以来培训蔬菜机械操作手 1 200 多人次。

（三）蔬菜生产机械换人面临的主要问题

尽管前期我们在蔬菜机械化生产方面做了一些工作，但推动上海蔬菜生产“机器换人”依然面临诸多瓶颈。

1. 经营机制落后、基础设施不配套

长期以来，我市蔬菜园艺场经营机制大多以农场主总包，农户分散承包经营为主，一般每个农户的经营面积 5—10 亩，客观上导致了园艺场经营者对机械化并不太关心。358 个园艺场总经营面积 11.3 万亩，其中设施面积 5.6 万亩，包括 8 型棚 3.2 万亩，6 型棚约 2 万亩，联栋棚只有 4 000 亩。传统大棚门口小而矮，空间狭小，有些园艺场道路与农田的落差大，过道狭窄，农机“路难走、门难进、头难掉”等现象比较普遍。另外，围绕蔬菜生产全产业链服务的前端育苗环节和末端的分级、包装、初加工、冷藏设施以及农机库房、维修网点等配套设施大多还缺乏系统规划，面临着规划、用地和扶持政策的诸多困难。

2. 种植规模小散、品种多而杂

我市蔬菜园艺场生产规模小，本次调查了 358 个园艺场，平均面积 240 亩左右，一般在 100 亩——300 亩，园艺场之间也相对分散，基本没有集中连片。而且，大多蔬菜园艺场的销售方式上或与学校、企业合作定点供应，或上批发市场，或由小贩上门来收购，迫使园艺场通过品种多样化来满足客户需求，80%的园艺场种植蔬菜品种 5—15 个，多则 20—30 个，而且多品种夹种，茬口复杂。

3. 关键农机紧缺、服务机制亟须创新

国内蔬菜生产机械的研发起步较晚，国外先进农机与国情又有较大差距，蔬菜生产上实用、好用的农机装备不多，特别是高密度移栽、机械收获等关键环节的机械更是难觅。而且，我们种植蔬菜品种很多，又以毛菜上市方式为主，市民对菜品的整齐度比较关注，客观上对蔬菜机械研发增加了难度。传统农机制造企业对蔬菜生产机械不重视，关注少、投入少、技术储备少，关键技术难以突破。另外，目前小规模、分户包、多品种的生产经营方式下，自购自用的农机作业方式，不利于先进农机的示范推广，亟须探索新型的农机服务模式。

4. 总体规划滞后，产销形式还需完善

蔬菜生产机器换人不能仅解决种植环节的机械化问题，而是一项系统工程，整体性的顶层设计和有序的生产经销非常重要。以前，我们只注重生产环节的大棚设施，对产前的育苗，到产后的产品整理、分级、初加工和冷藏以及农机服务组织的农机库房、维修点配置等全产业链的服务重视不够，规划滞后。同时，针对目前随行就市的销售方式，既不利于蔬菜生产宜机化需要的规模化、标准化、专业化，也会因产品销售的不确定性，导致大量产品销不出去，浪费资源，增加成本，加大环境压力。

二、国外蔬菜生产机械化的发展启示

近年来国外蔬菜机械化发展速度很快，欧美和日本等发达国家的发展速度更快。美国的大规模机械化生产、日本的植物工厂、荷兰的设施农业等在世界上占有重要地位。

美国自然气候条件优越，适宜发展蔬菜产业，由于市场经济发达，美国已率先实现蔬菜生产机械化，解决了蔬菜周年均衡供应问题。其发展特点为：一是布局区域化，主要体现为适应市场竞争的需要，气候和土壤环境等自然优势的良好条件，发达的交通运输和通信系统。50个州中有37个州从事蔬菜生产，生产布局区域化特征明显。中南部集中在得克萨斯州西部及新墨西哥州，西南部集中在加利福尼亚州，南部集中在得克萨斯州东部至佛罗里达州墨西哥海岸，北方集中在威斯康星、华盛顿、明尼苏达等州。二是全程机械化，蔬菜产业从整地、播种、收获以及采后处理都实现了机械化，部分环节已经实现了自动化智能化。三是服务社会化，蔬菜产业服务体系完善，手段先进，基本实行了产前、产中、产后的全程多方位社会化服务，专业化生产以社会化服务为前提，生产工艺划分为若干不同职能的专门作业，分别交由不同农场完成，可靠的合同信用和完善的社会化服务是该模式必备的前提条件。

日本人多地少、自然资源不丰富、蔬菜生产与上海相类似，户小而分散，主要供应本地市场的需求。但供应方式与我国相反，通过农协和各地的中央批发市场，实现了“分散生产、集中供应”。日本蔬菜产业发展特点：一是注重先进技术的应用和科技创新，形成了规模化、专业化的蔬菜生产基地，以新型机械替代劳动力为主，辅以化学及生物型技术进步以节约土地资源，从播种、育苗、施肥、收获、包装基本上实现了机械化，并逐步向自动化、智能化方向发展；二是农协是组织和发展蔬菜生产的关键机构，日本因土地私有化，难以自然形成较大规模的生产经营体，政府通过发展和培养农协等合作组织提高蔬菜流通的组织化程度；三是日本从中央到地方普遍实行一体化的蔬菜管理体制，颁布10余项法律法规实行依法治理，实行指定品种、指定产地、指定消费地的产销计划管理建立完善的信息系统为保护农民利益和稳定物价，对农产品实行严格的保护措施。

荷兰是世界上第二大农产品出口国，2018年农产品出口值高达1 000亿美元，主要为设施蔬菜与花卉。荷兰用于蔬菜生产的玻璃连栋温室约4 700公顷，其中番茄甜椒、黄瓜三种作物总生产面积占到蔬菜面积的85%以上。荷兰设施园艺产业发展有5个特点：一是专业化程度高，荷兰耕地少，低洼潮湿、光照不足，为提高生产效益，荷兰农业一般都是专业化生产，产业分工明确，大多企业都采用集约化、规模化的生产方式；二是科技水平高，自动化、智能化控制技术与配套装备在设施园艺产业广泛应用，实现了区域种植专业化、农艺制度标准化、温室结构大型化、作业机具多样化、生产全程机械化生产管理智能化，代表了世界领先水平；三是单位产值高，平均每公顷年产值60万欧元，人均年产值467万欧元，设施大果型番茄每平方米产量可高达70千克以上，是我国平均的3倍以上；四是注重技术的输出。荷兰凭借其在设施园艺先进的技术和完备的管理经验,积极开拓全球市场,目前在俄罗斯、法国、乌克兰、墨西哥、美国、中国都进行了大量技术输出。

三、蔬菜生产机械换人的指导思想和对策建议

加快推进蔬菜生产机器换人工程,既是加快推进农业现代化、解决劳动力短缺的迫切要求;也是节约蔬菜生产成本、提高生产效益,确保蔬菜生产健康发展的迫切要求。

(一)蔬菜生产机器换人的指导思想

按照上海农业功能定位和"三区"规划,坚持政府引导与市场主导相结合,坚持政策扶持与调动企业机制创新相结合,坚持引进消化吸收与自主研发相结合,认真贯彻"两融合、两适应"的要求,结合推进蔬菜保护区、保护镇和高标准设施菜地建设,围绕产前、产中、产后全产业链,统筹规划、科学布局、协调推进,狠抓关键环节突破,以点带面,分步推进,加速我市蔬菜生产向规模化、专业化、标准化、信息化方向发展。

2022年实现主要绿叶菜机械化移栽环节的重大突破;建成30个标准化的绿叶菜机械化生产示范园艺场;全市蔬菜机械化率60%以上。

2025年实现主要绿叶菜机械化采收环节的重大突破;建立数个以上具有国际先进水平的智能化蔬菜生产示范场;基本建成产前、产中、产后全产业链的蔬菜生产服务体系;全市蔬菜生产机械化率80%以上。

(二)加快蔬菜生产机器换人的对策建议

学习国内外的先进经验,结合上海近年来的探索,对加速推进我市蔬菜生产机器换人工作提出如下对策建议。

进一步强化对蔬菜产业发展的引导和支持。蔬菜是特大型城市"菜篮子"的重要内容,解决2 400多万人口吃菜问题的一项重大民生工程。加快推进蔬菜生产"机械换人"不能仅依靠市场的作用,政府应该成为重要推动力量,进一步完善和加大对蔬菜产业发展的政策支持,发挥财政资金的引导作用,从根本上保证上海蔬菜生产的稳定。实施蔬菜生产"机械换人",提升蔬菜机械化水平是一个系统工程,需要多部门协同配合,多学科技术支撑,多要素集成创新,要结合已经划定的蔬菜保护区和蔬菜保护镇,围绕蔬菜生产产前、产中、产后全产业链,从区域性育苗中心、分级加工冷藏基地、农机库房和维修网点的规划布局与设施用地供应,技术路线、重点突破环节和示范基地的确定,到农机服务机制创新、蔬菜产销形式完善等各个方面统筹谋划,协同推进,加快构建蔬菜机械化生产体系,实现蔬菜规模化、标准化、宜机化、设施化(装备化)、集约化生产。另外,要建立蔬菜信息交流机制实现信息共享,合理组织生产、帮助蔬菜园艺场规避市场风险。

(三)因地制宜完善蔬菜生产布局规划

要借鉴美国蔬菜生产区域化、日本三个指定制度等做法,从发挥区域比较优势和有效利用资源出发,提高蔬菜生产的规模化和专业化水平,依托前期划定的农业"三区"以及蔬菜保护镇,加快出台《关于推进本市蔬菜生产保护区建设的实施意见》,进一步夯实蔬菜保护区产业发展基础,完善政策支持体系,指导和支持浦东宣桥镇等蔬菜保护镇建

设，集中打造一批蔬菜绿色高效机械化生产基地。加快出台《设施菜田建设指导意见》和《设施菜田宜机化建设导则》，加快推动设施菜田的基础设施和配套装备朝宜机化方向转型。

（四）构建农机农艺融合的蔬菜标准化生产体系

美国、日本、荷兰等国蔬菜的生产、分级、包装、运输贮存和销售等环节都建立在严格执行科学标准的基础上，蔬菜生产机械化离不开设施的标准化和农艺的规范化。在当前蔬菜种类繁多、种植农艺复杂、设施装备不配套的选择下，要积极借鉴国外蔬菜生产标准化、规模化、专业化的经验，支持和推动蔬菜机械化生产国家、行业、地方和团体标准的制定和实施。在蔬菜园艺场建设、设施装备设计、农业机械配套、生产农艺规范、作业质量统一等方面的标准中，将适宜机械作业（宜机化）作为重要评价内容，充分发挥标准在蔬菜生产中的指导作用。我市蔬菜生产标准化与发达国家差距明显，生产环节标准化工作更为紧迫，面临农机农艺脱节，当务之急是从根源上解决部门条块分割，形成农机农艺融合的协作机制，从重点蔬菜品种、主要环节入手，研究标准化技术模式，按照分步推进的原则，逐步提高蔬菜生产标准化水平，为专业化、规模化生产创造条件。

（五）加快薄弱环节先进的农机选型推广

我国蔬菜品种繁多，据有关专家统计大约有 14 大类 150 多种，不同的季节只能种不同的品种，而且不同时段蔬菜的生长速度、形态大相径庭，蔬菜生产的复杂性决定了发展蔬菜机械化必须在充分试验论证、不断示范总结的基础上，按照种植规模、技术难易，分品种、分环节开展联合攻关，形成农机农艺相融合的蔬菜机械化生产技术规程，加以推广。针对绿叶菜生产过程移栽和采收二大薄弱环节，要继续引进消化德国、意大利、荷兰等国的先进机械和设施园艺生产技术，加快蔬菜生产高速高密度移栽和整颗采收机械的选型、研发和示范推广。同时也要加强自主创新，要将蔬菜采收机器人、设施农业的智能控制技术、农业智能感知技术以及农业无人机等纳入上海先进制造业的支持范围，加大蔬菜生产先进装备研发和栽培农艺技术的示范，推动蔬菜生产农机和农艺相结合，形成可复制、可推广的蔬菜生产机械化技术模式和解决方案。

（六）完善蔬菜机械化生产经营服务机制

蔬菜生产环节多，作业要求高，装备投入大。要加快打破上海蔬菜生产小规模、分散承包为主经营模式，借鉴日本、荷兰等集中供应、专业化分工的先进机制，大力发展规模化新型蔬菜生产经营主体和专业化农机服务经营主体，鼓励蔬菜园艺场采用订单作业、托管服务等方式，委托现有的农机服务组织或大型蔬菜园艺场的农机服务队进行作业服务，逐步建立蔬菜机械租赁＋专业服务的服务模式，并支持农机服务企业向产前、产后和其他领域延伸服务，提高服务能力，着力解决蔬菜生产播种、移栽、收获、分拣、包装等机械化程度不高问题。引导蔬菜园艺场与“盒马”“新博海”等新型销售平台对接，加快构建以“生鲜直送”“中央厨房”为目标的新型产销体系，鼓励蔬菜园艺场实施净菜上市和废弃物场内处理，建立从基地到餐桌的净菜产业链，推动蔬菜生产向规模化、专业化方向发展。同时，还要引导市民科学消费，鼓励市民选用包装的净菜，既解决城市垃圾问题，又能化解目前机械不能整颗采收的困境。

（七）全面提高农业生产者的素质

借鉴美国、荷兰等关键的经验，推动蔬菜生产“机械换人”，必须切实提高蔬菜生产从业者的素质。荷兰政府对职业农民要求高，需要达到一定要求（职业技能考核评估）才能从事温室生产经营，不是简单付钱购置土地就可随便从事温室生产。现代先进农机装备和信息化技术的大量应用，也需要高素质的职业农民。荷兰大多数拥有温室和从事蔬菜花卉生产的人员均掌握积累了丰富的园艺技术，并通过新技术应用不断提高生产效率和促进产业可持续发展。目前上海蔬菜生产缺乏高素质的从业队伍，日常承包管理的多为外地农民工，临时工为本地老年农民且妇女为主。即使是蔬菜园艺场的经营者，也多是农民工中一些有商业头脑的人或跨行进入农业的土地流转企业，经营模式和管理技术落后，因此，要学习借鉴美国、荷兰经验，采取引进来和走出去相结合的办法，强化蔬菜产销企业实用人才培训，努力提高上海蔬菜生产从业人员的整体水平。

牵 头 领 导：施　忠
牵 头 处 室：农机化处
课题组成员：郑　雷　余一韩　刘利光　楼勳炜　岳崇勤　王琪琛　张寒波　夏　焕　赵海旭

16. 上海盘活闲置宅基地资源打造乡村人才公寓的调研

近年来，盘活利用闲置宅基地和闲置住宅已成为我国农村土地改革的重要内容。2018年中央一号文件提出：完善农民闲置宅基地和闲置农房政策，探索宅基地所有权、资格权、使用权“三权分置”，落实宅基地集体所有权，保障宅基地农户资格权和农民房屋财产权，适度放活宅基地和农民房屋使用权。2020年中央一号文件再次提出：以探索宅基地所有权、资格权、使用权“三权分置”为重点，进一步深化农村宅基地制度改革试点。2020年正式实施的新《土地管理法》也提出：国家允许进城落户的农村村民依法自愿有偿退出宅基地，鼓励农村集体经济组织及其成员盘活利用闲置宅基地和闲置住宅。2019年，农业农村部针对宅基地的利用专门出台了《关于积极稳妥开展农村闲置宅基地和闲置住宅盘活利用工作的通知》。在中央政策不断完善的背景下，各地不断探索以多种形式盘活闲置宅基地资源。

上海作为城镇化水平较高的大都市区，近年来农村宅基地户籍人口及实际居住人口不断减少，宅基地的闲置率相对较高，这对土地资源相对稀缺的上海来说，是资源的极大浪费。为此，在中央政策的指导下，上海积极开展盘活闲置宅基工作。早在2005年上海就在出台的《关于推进本市农业旅游发展的若干意见》中提出了要促进宅基地的流转。在政府推动与市场需求的双重作用下，近年来上海通过发展民宿、发展乡村产业，如休闲养老、总部办公、创意产业等，盘活闲置宅基地资源，取得了良好的成效。2018年，浦东张江首先探索了以乡村人才公寓盘活宅基地资源，获得了农户的认同和企业的认可，并在一定程度上解决了企业员工居住难的问题，为盘活闲置宅基地资源提供了新路径，并开始在其他地区推广。通过将闲置宅基地流转至村集体，以乡村人才公寓盘活闲置宅基地资源，不但有效提高了农民的财产性收入，还为年轻白领提供了居住条件，为企业稳定人才提供了帮助，实现了各方利益的改善。本研究在对上海以乡村人才公寓盘活闲置宅基地资源调研的基础，对该模式的作业模式、具体成效进行了分析，并提出了相应的建议，希望对上海其他区乃至全国进一步盘活宅基地资源提供相应的经验。

一、宅基地利用的研究状况

宅基地相关研究是当前国内的热门话题，吸引了国内大量的学者进行研究，积累了丰富的研究成果。已有文献基于法学、管理学、地理学、经济学及政治学等学科从政策文本（朱新华等，2012；周小平、高远瞩，2018；刘守英和熊雪峰，2018；胡新艳等，2019）、路径依赖（印子，2014）、产权合约（李宁等，2014）、管制与赋权（高圣平，2019）和供求博弈模型（刘庆乐，2017）等方面探索了宅基地制度变迁基本历程、权能演进、变迁思路等问题，其中也包括宅基地取得、流转、抵押、退出和置换等专门研究。我国宅基地制度历经农户私有、集体公有、制度适度调适、腾退机制探索和“三权分置”改革五大阶段。宅基地制度变迁是多方主体行为互动及其逻辑演化的结果，但主要受国家权威与地方政府的影响，其中，国家因平衡政治、经济和社会等因素而进行产权管制，地方政府的决策受科层制和土地财政的激励，村集体组织则面临个体理性与集体非理性的困境。在不同阶段，各主体互动结果的差异较大，大致遵循“国家政策引导—地方实践创新—村集体需求反馈”的循环演化方式，总体呈现渐进式强制性变迁模式和制度创新路径依赖等特征（杜焱强等，2020）。

农村闲置宅基地盘活利用是协调乡村人地关系、优化农村土地资源配置及激发乡村发展活力、促进乡村振兴的重要“引擎”（张勇，2020）。2019 年 9 月，中央农村工作领导小组办公室和农业农村部联合印发《关于进一步加强农村宅基地管理的通知》，明确指出“鼓励村集体和农民盘活利用限制宅基地和闲置住宅。”同月，农业农村部在印发的《关于积极稳妥开展农村闲置宅基地和闲置住宅活利用工作的通知》中再次明确提出，要积极稳妥地开展农村闲置宅基地和闲置住宅盘活利用工作。目前，国内围绕宅基地盘活利用的相关问题展开了一系列研究。针对宅基地的利用现状及闲置成因，李婷婷等（2019）调研全国典型村庄，发现全国宅基地闲置率将近 11％，认为这主要是由宅基地利用与乡村人口结构变化失衡所造成的；宇林军等（2016）研究发现，全国农村宅基地平均的空心化率达到 10.2％，农村居民点用地与农村人口关系失衡是造成基地闲置的主要原因。针对宅基地盘活利用的影响因素，杨璐璐等（2018）认为，随着宅基地“功能性剩余”特征的出现，农村经营性建设用地的需求增加会激活农村存量土地优化配置的潜力，进而促进闲置宅基地再利用。魏程琳等（2017）提出，宅基地市场化改革路径往往会忽视很长一段时间内大多数进城民工仍要返乡的现实，忽略了宅基地的保障功能，从长远来看反而不利于盘活利用宅基地。针对盘活利用宅基地的模式，刘红梅等（2018）提出，可依托建设用地减量化政策来实施宅基地换房。亢德芝等（2019）研究认为，为了实现放活宅基地使用权和农民土地收益最大化，可探索政府主导搭建宅基地流转平台、农民在平台上交易的盘活利用模式。朱凤凯等（2017）提出，随着宅基地功能从居住保障向生产经营功能演变，可采取出租、入股等方式实现再利用。但是，随着乡村振兴战略的实施，在实践中推进闲置宅基地盘活利用仍面临着一些挑战，现实中还存在诸多亟待破解的障碍，仍需深入研究。

二、上海盘活闲置宅基地的必要性及条件

(一)上海进一步推进宅基地利用率的必要性

一是充分利用闲置宅基地资源的需要。有关数据表明,2015 年上海集体建设用地现状总量为 823 平方公里,是上海建设用地总量的 1/4 多;农村人均建设用地面积为 564 平方米,是城市居民用地标准的 5 倍多。农村宅基地占住宅用地总量 45%,而同期全市农业户籍人口仅占全市户籍人口的 10%,农村宅基地规模与农业户籍人口规模明显不相匹配。与之同时,上海宅基地闲置较高,存在严重的资源浪费。据市规土部门统计,2010—2016 年全市农村宅基地总量由 477 平方公里增加到 514 平方公里,约占集体建设用地总量的 50%,农村宅基地不降反增。上海市农业农村委大调研组通过对浦东、闵行、松江、金山、青浦、奉贤六区走访调研发现,一户多宅、建新不拆旧、城镇户口家庭占用等现象突出,“空心村”宅基地出租、闲置和废弃现象明显。调查样本中,农村房屋完全自住的仅有 33.0%,自住为主、子女偶尔回家的占 41.3%,有空余房间出租的占 20.8%,完全空关的则有 4.9%。本课题组的调研也表明,上海农村宅基地的闲置率还比较高,有些村庄甚至达到了 30%左右的闲置率。因此,在上海这样一个土地资源稀缺的大都市,进一步盘活闲置宅基地资源是集约利用土地资源,提升城市承载力的要求。

二是促进农民增收的需要。宅基地资格权是农民的重要土地权益,闲置农房也是农民重要的财产性收入来源。特别是在上海,土地资源稀缺,市场需求旺盛,通过盘活闲置宅基地,或是创新宅基地的利用方式,可以更好地促进农民收入的提升。而从目前的现实情况来看,一方面,很多农民的房屋处于闲置状态,没有带来相应的收益;另一方面,部分农房已出租的农户租金收益也比较有限。根据上海市农业农村委大调研组的调研显示,目前上海农民农房的出租收益还不高,部分用于出租的空置房屋,每间房租最低仅有 100 元/月,平均为 460 元/月[①]。部分原因或由于宅基地房屋硬件条件较差,相应的服务配套也不健全,单户出租难以实现规模效益,因此难以获得较高的收益。因此,进一步提高宅基地的利用率,是增加农民财产性收入,提高农民收入水平的重要举措。

三是支持产业发展的需要。产业兴旺是乡村振兴的基础。近年来,上海着力推进乡村振兴,发展适宜的乡村产业,特别是促进一、二、三产业融合,带动乡村经济。但产业的发展需要有相应的土地资源,由于乡村建设用地指标有限以及规划约束,新建办公用地受到一定的限制且成本较高。已有宅基地资源则为乡村产业发展提供了条件。例如,近年来上海乡村利用闲置宅基地资源发展民宿,利用闲置宅基地资源发展文创产业等,不仅激活了宅基地资源,增加了农民收入,而且激活了农村经济,推动了乡村振兴。因此,宅基地资源不仅仅是农民增收的资源与资产,还是乡村经济发展的重要资源要素,要充分利用闲置宅基地资源,为乡村产业的发展,如农业产业链相关产业、旅游康养

① 如何盘活宅基地这份“沉睡资产”,上海大调研干部走遍六个区,载澎湃网,https://www.thepaper.cn/newsDetail_forward_2807216,2019 年 1 月 3 日。

产业、科创文化产业等，提出土地资源支持，从而促进上海乡村产业兴旺，推进乡村振兴。

（二）上海具有盘活闲置宅基地的条件

1. 制度环境不断完善

宅基地的利用涉及制度的改革，过去宅基地利用率不高与制度的不完善有很大的关系。近年来，国家将盘活宅基地资源作为农地改革的重要内容，不断完成相关制度，这为上海提高宅基地的利用率提供了条件。2018 年中央一号文件明确提出“探索宅基地所有权、资格权、使用权‘三权分置’，落实宅基地集体所有权，保障宅基地农户资格权和农民房屋财产权，适度放活宅基地和农民房屋使用权”。宅基地的“三权分置”明确了宅基地的权属安排，为闲置宅基地的流转提供了制度保障。2019 年与 2020 年中央一号文件也对闲置宅基地的利用做出了部署。2019 年 9 月，农业农村部下发《关于积极稳妥开展农村闲置宅基地和闲置住宅盘活利用工作的通知》，要求突出服务乡村振兴，在坚持集体所有、农民主体、规划先行的基础上，因地制宜、分类指导，积极稳妥开展农村闲置宅基地和闲置住宅盘活利用工作。

早在 2005 年 11 月，上海市农业农村部门便出台《关于推进本市农业旅游发展的若干意见》，明确提出要“完善农村土地使用权流转机制，激活农村宅基地资源。要根据农民意愿，在满足农民居住自用的基础上，引导将多余产权房入股参与建设集中的、规模型产权式农业旅游住宿设施，开展农业旅游经营活动”。2017 年 11 月，原市规土局《关于支持本市休闲农业和乡村旅游产业发展的规划土地政策实施意见》也明确提出“鼓励农村集体经济组织通过规范的民主程序，协商收回闲置宅基地、非本集体经济组织成员因房屋继承占用存量宅基地等，现状房屋由农村集体经济组织统一管理，保持原批准用途不变的前提下，可以临时用于民宿体验、餐饮服务等休闲农业和乡村旅游服务设施”。2018 年 9 月，市政府出台《关于促进本市乡村民宿发展的指导意见》，“鼓励利用农村依法建造的宅基地农民房屋、村集体用房、闲置农房、闲置集体建设用地等资源，为旅游者休闲度假、体验当地风俗文化提供住宿、餐饮、农副产品展销等服务”①。此外，上海市在盘活闲置宅基地的同时，也出台了相应的宅基地管理制度，《上海市农村村民住房建设管理办法》（市政府 16 号令）的出台，规范了宅基地的管理。宅基地改革的方向已明确，宅基地的盘活、流转以及退出等制度体系也逐步完善，为上海市进一步提高宅基地的利用效率提供了制度条件。

2. 农民具有意愿

宅基地附着农民的土地权益，宅基地利用制度的完善为进一步激活了宅基地的潜在价值，为农民收入的提高提供了通路，是维护与发展农民利益的具体体现。为了解上海农户宅基地流转意愿，国家统计局上海调查总队联合奉贤区委研究室于 2018 年在奉贤区开展了专项调查，共获取全区 10 镇 156 村 3 100 户农户意愿样本。本研究主要说明调查中关于农户将宅基地流转至村集体的意愿。

① 市农业农村委：对市十五届人大三次会议第 0310 号代表建议的答复，载市农业农村委员会网站，http://nyncw.sh.gov.cn/jyta/20200608/f2e76856177e41cda1f4d4a390d6d155.html，2020 年 5 月 27 日。

当前，上海很多农民将闲置农房进行出租，但由于房屋陈旧，出租收入并不高，并且还存在管理问题。近期也有地区通过将农房流转至集体经济组织，对农房进行统一改造经营，取得了良好的成效，农民收益得到了保障。对于问题“您与集体经济组织签订流转协议，将闲置宅基地及其上房屋统一出租给集体经济组织，由集体经济组织改建后统一运营，集体经济组织会定期支付您一定的租金。租赁期满后宅基地及其上房屋交还给您”，调查结果显示，48.6%的农户选择了“愿意”，39.1%的农户选择了“不愿意”，12.3%的农户选择了“说不清”。可以看出，一半左右的农户愿意将闲置农房交给集体经济组织统一经营。以上是面向全样本的调查结果，而从对已存在出租行为农户的调查情况来看，则有55.3%的样本选择了“愿意”，选择“不愿意”的下降到31.0%。可见，大部分农户愿意把闲置农房交给集体经济组织进行统一经营(见图1)。

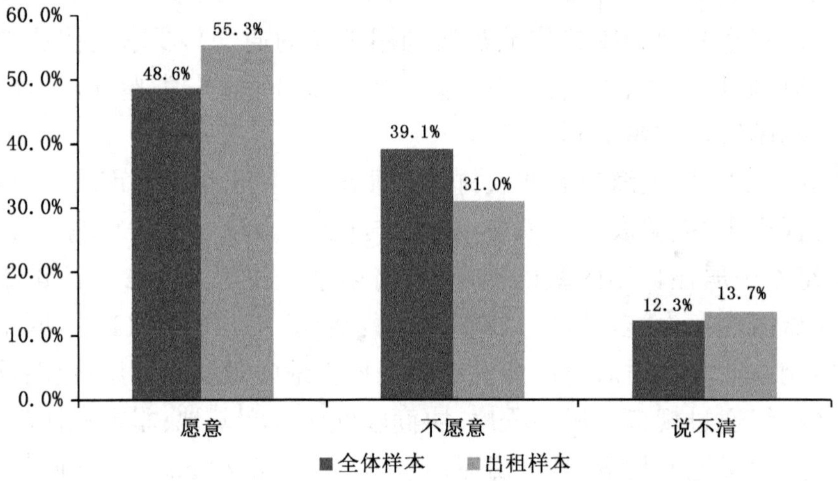

图1　将宅基地交给集体经营组织统一经营意愿

除了向集体经济组织流转农房使用权外，调查中还考察了农户将宅基地处置权交由集体经营组织的意愿，对于问题“您与集体经济组织签订流转协议，将闲置宅基地及其上房屋的处置权给集体经济组织，由集体经济组织改建后统一运营，集体经济组织根据协议给予您一定的款项，属地政府出具地票作为凭证。一旦您想收回您的处置权，则根据协议支付集体经济组织一定款项，属地政府则收回地票。”对于这一问题，调查结果显示，面向全样本的调查中44.3%的农户选择了“愿意”，而面向已存在农房出租行为样本的调查结果显示，选择“愿意”的占比达到了50.0%(见图2)。可见，即使将房屋处置权交由集体经济组织，仍然有较大部分的农户会同意，这也反映了农户希望集体经济组织在盘活闲置宅基地中进一步发挥作用的意愿。另外，相对将宅基地处置权交由集体经济组织的盘活利用方式，农户选择将宅基地使用权流转至集体经济组织统一经营的占比更高。

需要说明的是，以上调查中并没有考虑租金变动等因素，现实实践表明，将宅基地流转至集体经济组织，由集体经济组织进行统一的改造提升，面向企业等主体进行招租，农户所获得的租金收入往往会更高。并且，调查中也发现很多农户之所以不愿意将

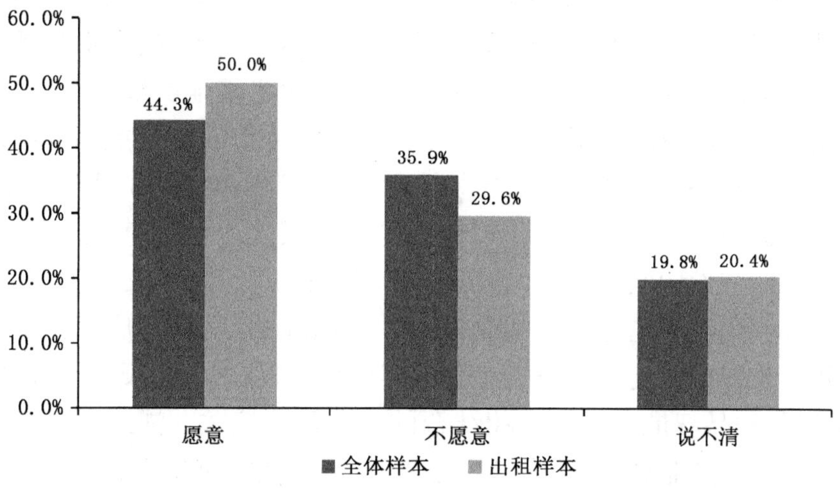

图 2　宅基地使用权流转给集体经济组织的意愿

宅基地流转至村集体，某种程度上担心流转后其宅基地的权属将在一定程度上受到影响，随着宅基地“三权分置”的提出以及流转制度的完善，这一疑虑将随着农户对政策信息的了解而弱化。因此，考虑到制度完善以及租金增长因素，农户将宅基地流转至集体经济组织的意愿将进一步提高。

3. 上海具有盘活宅基地的市场需求与途径

上海作为超大城市，地域空间相对有限，农村土地资源相对稀缺。近年来，上海对农村空间越来越重视，上海市委书记李强指出，要把乡村作为超大城市的稀缺资源，作为城市核心功能的重要承载地，作为提升城市能级和核心竞争力的战略空间。上海的快速发展，自由贸易试验区、新片区等一个个板块的开发，加之长三角一体化发展战略的推进，进一步辐射到了相应的农村地区。此外，随着休闲消费模式的转变，农业旅游、农耕文化等涉农元素受到了市民的热捧，也为上海农村的发展提供了机遇。总体来看，上海巨大的人口规模、市场优势、产业优势，都为盘活农村闲置宅基地提供了机会，使上海盘活宅基地的途径存在更多的选择集。如在乡村旅游方面，民宿、农家乐等业态的快速发展，对宅基地存在较大的需求，带动了宅基地利用率与价值的提升；在商务办公方面，很多科创、文创企业将办公地点选择在了乡村地区，不仅盘活了宅基地资源，而且促进了乡村经济的发展。总之，结合上海经济的发展，对现有宅基地资源进行整理、开发与利用，盘活闲置宅基地资源，提升宅基地的价值潜力，上海有着巨大的优势。

三、上海盘活闲置宅基地的主要探索

近年来，在国家有关政策的指导下，上海结合本地实际情况，充分发挥地方政府的积极性、主动性与首创性，在推进宅基地的利用方面进行了相应的探索，取得了较好的成效。具体来看，除了农民自行对外出租宅基地外，还出现了以下新型的利用方式：

（一）以民宿盘活闲置宅基地

随着乡村旅游的兴起，催生了民宿产业，带动了宅基地的利用。上海市早在 2018

年9月，便在全国省级层面率先出台《关于促进本市乡村民宿发展的指导意见》，解决了长期制约乡村民宿发展的土地、消防、工商登记、安全保险等瓶颈性问题，为上海民宿的发展提供了制度条件。各涉农区高度重视民宿在盘活宅基地资源、促进乡村旅游发展以及带动农民收入带动中的作用。截至2020年6月，上海获得证照的乡村民宿共有75家，分布在崇明、金山、浦东、奉贤、嘉定、青浦、松江等7个区，房间数734间、床位数1 247个。上海民宿在风格设计、运作机制以及赢利模式方面都存在着多样性，体现了以市场为导向。如在设计风格方面，浦东“宿予”民宿将其所有的10栋民宅分别打造成烘焙、纺织、稻香、节能、陶艺等不同主题，金山“江南莲湘”民宿将廊下镇的非物质文化遗产莲湘舞融入装饰中；在赢利模式方面，既有房费、餐饮费等主要收入来源，又有与主题活动、产品展示和品牌推广等内容相结合的复合盈利模式。浦东新区鼓励本土优质涉农企业与民宿结成产业联盟，民宿导入客流，涉农企业提供生产、加工、销售等体验参观资源。调查显示，目前上海民宿平均入住率约47%，房价在210—2 000元，较好地增加了农民收入[①]。

（二）以办公物业经济盘活闲置宅基地

除了将闲置宅基地直接出租给个人之外，近年来上海还积极通过宅基地的整治与改造，将宅基地面向企业招租，满足企业对办公用房的需求，同时增加了租金收益。在这一过程中，政府与农村集体经济组织发挥了重要的作用。如奉贤区金汇镇明星村与相关企业合作，由村委会负责村民宅基地流转相关事宜，引入第三方企业主导招商、修缮和运作，将农村闲置宅基地和企业项目需求充分对接。通过这一模式，在为产业发展提供办公资源的同时，也增加了农民的财产性收入。以明星村为例，该村宅基地空置率长期超过30%，平均租金只有每月2 000多元。如果流转给村委会，再由企业租赁用于办公，租金可以提高到每天0.7元/平方米，一年下来，平均每户可以拿到10万元租金，较原先至少提高4倍。引入企业后，农村集体经济组织也获得了相应的收益，入驻企业至少要达到每栋一年300万元的税收。村集体可以通过“租税联动”的形式，获得部分集体收益。符合产业政策的企业的进驻，带动了乡村经济的发展，为乡村经济注入了活力[②]。近年来，奉贤区以“三园一总部”（“一庄园一总部”“一公园一总部”“一庭院一总部”）激活宅基地资源，实现了产业用地需求与闲置宅基地供给的供需结合，盘活了闲置宅基地，变资源与资产，为乡村振兴探索了新路径，促进了农民收入的增加。2019年奉贤区已落户“三园一总部”项目140个，实现税收2.1亿元，村级可支配收入和村民分红收益分别比上年增长8.7%和10.7%[③]。

（三）以乡村人才公寓盘活闲置宅基地

乡村人才公寓是上海在提高宅基地利用率过程中探索出的盘活宅基地资源的又一路径。浦东新区张江镇发挥毗邻科学城的区位优势，结合美丽庭院创建，积极探索盘活农民闲置宅基地，率先打造了乡村人才公寓，既缓解了创新人才“居住难”的老问题，也

① 顾海英：新土地管理法下上海“三农”发展思路研究，课题报告，2020年9月。

② 杜晨薇，茅冠隽：怎么让宅基地“活”起来？上海这些地方有新招，载东方网，http://n.eastday.com/pnews/1579301616010209，2020年1月8日。

③ 邱爱荃：上海奉贤“三园一总部”照亮乡村振兴路，中国经济导报，2020年3月31日。

为农民增收找到了新源头。与此同时，奉贤、青浦等区乡村也开展了这一探索，形成了良好的发展势头。如奉贤南桥镇农户将宅基房屋使用权流转到村后，统筹江海园区、运营公司、村民、入驻企业的管理工作，在硬件上完善了周边配套设施，增加了相应物业服务，便利就学就医、居住证办理等服务，在此基础上鼓励园区组织入驻的企业人才租赁房屋。华严村依托周边产业园区、资源优势，以南桥房屋租赁管理有限公司作为运营主体打造了“星公寓”，用于解决园区高级管理人员及员工居住需求。

四、以人才公寓盘活宅基地资源的具体做法

上海市盘活宅基地资源打造乡村人才公寓始于浦东新区张江镇。2018年，不少企业反映，随着张江科学城建设发展，不断增长的住房需求和有限的供给空间之间存在巨大缺口。针对这一情况，浦东新区主动作为，率先在张江镇新丰村将长期闲置的“农民房”改造为长租人才公寓，探索出一条由政府牵头、农民供房、镇企改造三方合力的乡村人才公寓新业态。这一实践得到不断复制，2019年，奉贤区在南桥镇华严村开办了“星公寓”；随后，奉贤区、青浦区将这一模式应用到乡村振兴示范村建设中，成为了上海促进农民持续增收的新亮点。据调研统计，截至2020年6月底，全市共有浦东张江、宣桥，奉贤南桥、庄行、奉城，青浦重固等3区6镇在辖区内的8个行政村开展了这项改革实践，共计改造宅基地房屋86栋503个房间，建筑面积2.36万平方米。

（一）坚持集体统筹，经营主体多元

开办乡村人才公寓，村集体经济组织的综合统筹作用至关重要。在自愿、依法、有偿的基础上，村集体与村民签署协议，统一流转宅基地房屋实现集中管理，租期10到15年不等；村集体接洽经营公司，委托其从事房屋修缮改造和对外招租运作。这一方式有效保障了村民的财产权益。实践中，乡村人才公寓的经营主体呈现多元化的特点。据了解，8个村的人才公寓建设项目中，4个由镇属集体企业负责经营，3个委托第三方企业负责经营，1个由村集体经济组织自主经营。无论何种运营方式，农村集体经济组织都发挥了重要的作用，农民对集体经济组织有充分信任，而作为人才公寓的需求方，也对农村集体经济组织充分信任。农村集体经济组织作为宅基地土地所有权的持有者，有责任也有条件在以乡村人才公寓盘活闲置宅基地资源中发挥统筹作用，而在具体的运营过程中，则可以根据条件引入市场化的运营主体。

（二）坚持需求导向，农房变身公寓

为使老旧的农房变身青年人中意的新式公寓，乡村人才公寓在改造时都坚持市场需求：一是实现硬件升级。经营企业根据宅基地房屋的建造年代和样式结构进行一对一的设计和修缮，并在确保建筑安全的同时，为每间居室加装卫生间，设置公共洗衣间、厨房和活动室等。如上海微创医疗器械（集团）有限公司租住的张江镇新丰村三层人才公寓经过改造后，兼具居住、学习、休闲、娱乐等功能，一层和二层共分布着16间平均13平方米左右的独立房间。三楼是公共活动区域，有1间阅览室、2间休闲活动室，工作之余年轻人可以在这里打牌看书。人才公寓还备有1间共用厨房，1间洗衣房以及多个停车位。二是完善软装配套。人才公寓还进一步完善了相应设施设备，回应了年轻

人的需求。如公寓配备了密码门锁、全方位 24 小时监控探头、电子围栏、烟感报警等智能化安全设施以及无线 WIFI 等软装配套。三是组团开发统一风貌。经营企业尽可能选取相邻的房屋进行流转改造，组团式开发，形成集聚效应，既能降低成本，又做到了房屋整体风貌的和谐统一，维护了乡村的自然肌理。

（三）坚持提升品质，打造人才之家

乡村人才公寓经营企业注重在运营维护上加强服务，为青年白领营造“家的感觉”。一是提升安全性。经营企业有针对性地与当地企业洽谈，以整栋包租的方式为企业职工提供住宿，有效防止了无序出租产生的人员结构复杂问题。二是提升舒适性。尽可能地改善乡村人才公寓的周边配套，如经营企业联合村委会共同完善绿地公园、篮球场、村卫生室等公共场所，为年轻白领提供良好的居住和休闲环境，引导他们与村民互动，成为乡村振兴的参与者。三是提升便捷性。在方便周边产业园区职工居住的同时，经营企业还增加了相应的物业服务，便利就学就医、居住证办理、快递收纳等服务，用于解决园区高级管理人员及白领生活配套。四是融入党建。有些乡村人才公寓还考虑了人才的组织生活需要，通过党建加强思想学习。如浦东张江镇在人才公寓的公共空间内特别布置了党建和科创主题展示。随着主题教育的深入开展，益丰小区所在居民区党支部在入住员工闲暇期间，邀请镇党建中心、镇综合服务公司会同相关企业共同商讨，最终决定以大飞机“蓝天梦”为主题，将 64 号居民楼打造成一个集科普、党建、教育、青少年活动于一身的“五星”楼宇，彰显张江科创特色①。

五、盘活宅基地打造人才公寓的成效

调研显示，盘活农民闲置宅基地打造乡村人才公寓的做法实现了多赢，受到了广泛好评，为城市和农村架起了桥梁，实现了城乡融合“双破题、双提升”。

（一）城市人才安居和农民持续增收“双破题”

乡村人才公寓之所以受到欢迎，最大的优势就是价格优势。对于年轻的新入职的企业员工来说，房租往往是影响其居住选择甚至职业选择的重要因素。由于空间的充分的利用，乡村人才公寓单间的月租金一般明显低于市场价格，并且，由于人才所在公司与公寓经营企业建立了合作关系，往往还会给予入住乡村人才公寓的职工一定的租金补贴，进一步减少了人才实际月租金支出。例如上海微创医疗器械（集团）有限公司一名入住乡村人才公寓的员工提道：原来自己租房单间房每月的租金要 2 000 多元，而张江镇乡村人才公寓单间的每月租金只要 1 500 元，公司对申请人还会有租房补贴，实际个人每月支付的房费只要 800 元左右，大大降低了房租成本，在一定程度上减轻了经济压力。除了价格外，人才公寓由于是村集体统一组织的项目，因此，租约的稳定性相对较高；并且，相应的服务、配套也好于向个体农户租房。此外，由于人才公寓是面向企业客户整租，人才所在公司也方便提供其他福利，如由于公司员工居住在一起，可以更方便地开展集体活动，有利于丰富外地员工业余生活，增加融入感，也有公司派出班车

① 上海张江盘活农村资源 推出乡村人才公寓缓解人才住房短板，载搜狐网，https://www.sohu.com/a/344231208_260616，2019 年 9 月 29 日。

接送员工上下班，使员工的获得感进一步增加。

对当地村民来说，将宅基地房屋流转后，不仅可以获得可观的租金收入，修缮改造后的房屋质量和外貌都有了显著提升，也带动了房屋增值。人才公寓的建设都会对农房进行一定的整治改造，硬件条件更好，配套更完善，另外，空间的利用也更加充分，容纳能力更强，因此，即便每个租户的房租下降，但农户的总收益依然会有增加。据统计，近郊的人才公寓项目平均每栋可使村民增收10万元，远郊的租金在4—5万元。此外，签约村民还得到未来的收益保障，在已有乡村人才公寓协议中，往往将租金怎么增长、未来动拆迁了该怎么办等关心的问题写得一清二楚，使农民吃下了“定心丸”。人才公寓由村集体统一运作或委托第三方运作，农民获得了相对稳定的收益，不用担心房屋的空置期。此外，由于具体租赁管理不再由农户直接负责，省去了农户的交易成本，减少了相应的管理费用，也避免了不确性的矛盾。可以说，乡村人才公寓让农民省心、省力，并且收入有保障。

(二)解决了企业的后顾之忧，为稳定人才提供了条件

对于企业来说，解决了人才的居住问题，人才才能更加稳定，更加安心地投入工作中。随着上海的发展，很多区域低成本的住房越来越紧张，上海是人才聚集的地方，但也是人才流动性较高的地方。由于房价较高，居住成本已成为很多年轻人择业或是流动的重要影响因素，如何为员工提供可承受的居住条件，直接关系着企业人才的稳定。以张江科学城区域为例，范围内各类租赁式住宅供给总量约3.89万套，未来五年预计将新增10万人口，租赁住房和需求相比仍面临5万套的缺口。在愈演愈烈的人才竞争中，能够提供优质的居住和生活环境，已经成为聚集英才、留住人才的优势。乡村人才公寓的推出，在盘活闲置宅基地提高农民收入的同时，也为公司协助员工解决居住问题提供了条件。调查表明，公司有积极性与村集体签订人才公寓租赁合同，甚至有些公司还对房屋租金给予一定的补贴。很多公司将之作为对员工的一种福利，从而更好地留人。

(三)农村人居环境和乡村发展活力“双提升”

对于村集体来说，人才公寓首先是主动作为、积极作为的具体体现，充分维护与发展了农民的利益。通过主动梳理宅基地资源，具体运作、出台相应制度，实现了企业、员工对人才公寓的需求与村民闲置宅基地的供给之间的匹配，从而提升了村民、企业以及员工的福利，发挥了集体经济组织的功能。乡村人才公寓发展，还有利于乡村社会的治理与美丽乡村建设。乡村人才公寓通过与企业直接签订租赁合同，确保了外来人员的有序管理，提高了社会治理的精细化水平。通过对宅基的统一修缮与改造，改变了农房原本的面貌，使之焕然一新。乡村人才公寓还有效带动了所在村庄道路、河道、绿化等软硬件的整体提升，原住村民宅前屋后美化庭院的意识得到增强，村庄外围脏、乱、差的现象得到有效遏制，村庄“景点化”的趋势日益显现。如上海微创医疗器械(集团)有限公司租住的张江镇新丰村三层人才公寓，通过对楼房的整修，提升了硬件水平与外在形象，打造了白墙红瓦的江南住宅。屋外还有一个占地一亩左右的独立小院，与江南水乡的乡村景致相协调，也满足了青年人对美丽环境的要求。通过发展乡村人才公寓，不但

增加了农民的收入，激活的农村闲置宅基地资源价值，还为乡村导入了高素质的人才，有了人就会引致更多的消费，带动生产，从而助力了乡村振兴。

人才公寓为城乡要素的双向流动发挥了桥梁纽带作用，地、钱、人等要素的价值得以开发和彰显，农村宅基地“三权分置”改革实践得以深化，城乡融合的步伐不断加快，农村公共服务的能级不断提升，城市的温度、乡村的温情得到充分展现。

六、以人才公寓盘活闲置宅基地的经验

首先，政府和农村集体经济组织要发挥主动性。乡村人才公寓的出现可以说是政府与村集体积极作为的结果。乡村人才公寓的发源地张江镇，通过调研了解到企业人才居住难的问题，并且了解到许多村民闲置宅基地存在出租意愿，在此基础上协调相关主体推出了乡村人才公寓项目。为了让更多企业了解乡村人才公寓工作，张江镇不仅召开规模较大的推介会，还会同张江管理局，采用“走访＋座谈”形式进入园区、进入企业，面对面听企业实际需求。为了将乡村人才公寓的房源充分盘活起来，张江镇还借助调研，召开村民座谈会，围绕乡村振兴讲形势、围绕社会治理讲优势，通过出台对村民的奖励办法，希望进一步动员村民支持乡村人才公寓建设。而在村民的广泛支持下，不少宅基地成为人才公寓的潜在资源[①]。正是发挥了政府、村集体的积极推动作用、中间协调作用以及后续的管理作用，乡村人才公寓才得以发展。

其次，要适应市场需求。适应市场需求主要表现在两个层面：一方面，人才公寓的推出是符合市场需求的，从已有项目情况来看，都是在充分调研的基础上推出的，满足了企业的需求，也尊重了农民的意愿，从而达成了供给与需求的匹配。乡村人才公寓是盘活利用宅基地的方式之一，现有项目表明，靠近工业园区，靠近企业集聚地，外来人才居住需求相对旺盛的地方则更有条件发展乡村人才公寓。因此，以乡村人才公寓盘活宅基地资源存在一定的市场条件。此外，乡村人才公寓的建设，也充分考虑了年轻白领的需求，在市场定价方面给出了较低的价格，公寓的改造也更加符合年轻人的偏好，既有公共空间，又相对独立，即从产品视角来看也符合了市场需求。另一方面，在运营方面，以市场化的机制进行运营。乡村人才公寓是市场化的租房房源供给行为，要符合市场效率的原则，因此，在具体的运营管理方面各地区的乡村人才公寓也是因地制宜，有些乡村人才公寓项目委托第三方经营，有的则由集体经济组织负责运营。

再次，要有制度保障。近年来，促进宅基地的充分有效利用成为我国土地改革的重点领域之一，特别是宅基地“三权分置”的提出，为宅基地的流转提供了条件。正是在此背景下，上海市着力盘活闲置宅基地资源，出台了相应政策，为乡村人才公寓的发展提供了制度保障。除了宏观的制度保障外，在乡村人才公寓的建设与运营过程中，也需要有相应的机制，如建立了农户租金增长机制，承租的选择机制等。在对外招租的过程中，乡村人才公寓采取了面向企业整体招租的方式，从而强化了管理。总之，在宏观制度保障的条件下，乡村人才公寓的改造与运营也要建立合理的运营机制，以实现可持续

---

① 上海张江盘活农村资源 推出乡村人才公寓缓解人才住房短板，载搜狐网，https://www.sohu.com/a/344231208_260616，2019年9月29日。

经营。

最后，要有一定的资金支持。以乡村人才公寓盘活闲置宅基地，需要一定的资金投入对宅基地的硬件条件进行提升。一般来说，农户往往没有意愿也缺乏能力对宅基地进行较为彻底的改造，因而租金水平往往较低。乡村人才公寓的建设，农户先将闲置宅基地流转到村集体，由村集体统一进行改造，通过改造达到充分利用宅基地房屋空间，满足租户需求的目的。这一过程中，一般需要集体经济组织或是运营公司进行一定的投资。

七、以人才公寓盘活宅基地的政策建议

盘活农民闲置宅基地打造乡村人才公寓是一项新生事物。通过调研得出，盘活农村闲置宅基地房屋打造乡村人才公寓，既是积极应对超大城市外来人才住房需求和城市居住用地稀缺矛盾的有效实践，也是贯彻落实乡村振兴战略的有益探索，为农村“三块地”改革提供了新的思路。在调研中也了解到乡村人才公寓的发展存在一些实际困难，需要政府部门加强协调。此外，乡村人才公寓的可持续运营还应进一步强化管理。

（一）从政府层面来看

一是水电方面。从用电情况来看，宅基地房屋原有电容有限，改造增容必须纳入工业用电，改造成本和电费支付增加了企业、租客的支出负担，建议相关部门予以协调，将乡村人才公寓用电纳入居民用电。从用水情况来看，由于埋入农村住宅的水管口径较细，公寓集中供水面临水压不够的窘境，建议供水部门更换水管，优化供水方案。总体来看，乡村人才公寓由于居住的密度有所提高，水、电等公共需求的负荷相对较大，这就需要进行一定的改造，需要基础设施的提供方予以配合。

二是交通方面。随着租客数量增加，原有的交通设施难以满足上下班通勤需要，建议交通运输部门在早晚高峰优化公交车辆配置，增加运输能力。此外，随着人员入住密度的提高，还应进一步考虑租户的车位问题。

三是税收方面，建议市相关部门研究，合理减免经营乡村人才公寓企业的经营性税收，降低项目的经营成本，鼓励这一新业态发展，助力乡村振兴。

（二）从人才公寓的建设与管理层面来看

一是硬件改造方面。在硬件改造过程中，要符合相应的消防、环评规定，在提高宅基地利用率的同时，保障改造质量符合相关标准。在改革的风格上做到与当地风貌相契合，特别是结合美丽乡村、美丽庭院建设，进行一定的主题设计，让乡村人才公寓成为乡村的新景观。

二是管理运营方面。要进一步提升管理的精细化水平，结合农村公共服务水平的提升为入住乡村人才公寓的人才提供更多的便利，提供“家门口”服务。同时，进一步完善乡村人才公寓的配套设施。

三是要实现可持续发展。一方面要照顾农民的利益，参照市场水平设定农民租金收入的变动机制；另一方面，也要照顾租客利益，适当定价，特别是通过与政府、企业合作，对年轻人才房租进行一定的补贴。此外，乡村人才公寓的经营还要注重品牌意识，

不能重建设、轻经营，要通过提供高质量的服务打造乡村人才公寓品牌，实现乡村人才公寓的可持续发展。

四是要促进年轻人才进一步融入社区。乡村人才公寓的租户大部分为年轻的外来人员，除了在价格、硬件设施、公共服务等方面提供更好的条件外，集体经济组织或是经营公司还应通过相应活动的举办等，为人才融入当地社区提供更多的条件。如通过组织联欢活动增加人才的认同感，通过党建活动加强入住人员的思想引领等。

八、进一步推进上海宅基地集约利用的思考

（一）乡村人才公寓为宅基地利用提供了新途径，闲置宅基地盘活要因地制宜

从以上分析可以看出，上海在探索激活闲置宅基地方面取得了一定的成效。乡村人才公寓是地方政府、集体经济组织主动作为的结果，通过将闲置宅基地流转至集体经济组织统一运营，提升了各方福利。上海作为国际化的大都市，企业规模巨大，企业人才对于居住需求旺盛，而农村又存在大量的闲置宅基地资源。因此，通过进一步摸排，以乡村人才公寓盘活宅基地资源应该存在巨大的潜力。但也应该认知到，乡村人才公寓是上海盘活乡村宅基地资源方式的一种，其也存在一定的限制，需要靠近企业密集区等，因此，进一步盘活上海宅基地资源，要以市场需求为导向，选择合适的途径。有些适合做民宿的，则可以发展民宿，有些可以作为企业总部的，则可以面对企业进行招租，并不存在具有绝对优势的宅基地盘活模式。

（二）上海宅基地的集约利用要系统思考，退出与利用两个方面共同发力

发展乡村人才公寓的目标之一在于提高闲置宅基地的利用率，推进宅基地的集约利用。前文分析也指出，尽管农村人口不断减少，但近年来上海宅基地占地面积却在扩大，农村宅基地闲置或半闲置率较高，进一步推进上海宅基地的集约利用，应该要从系统层面予以考虑，在推进宅基地的退出与提升宅基地利用率两个方面着手。一方面，应积极创新闲置宅基地的利用模式，发展乡村人才公寓便是盘活闲置宅基地，提高宅基地利用率的方式之一。另一方面，应是在保障农民利益、尊重农民选择的情况下，推进农民的集中居住与宅基地的自愿有偿退出。上海提出到2022年要实现5万人的集中居住。2019年9个郊区共完成1.28万户农户的集中居住工作，其中上楼占比80%，平移占比20%。2020年再完成1.3万户的签约。从调查以及实践情况来看，集中居住受到了农民的欢迎，通过集中居住，实现上楼或是平移，使农民可以生活在交通更便利、人口聚集度高的地区，公共配套服务获得了提升，改善了农民的生活环境，并且，从根本上提升了宅基的利用状况。此外，还应在集中居住的基础上推进农民宅基地的自愿有偿退出。新《土地管理法》对宅基地的改革做出了规定，允许进城落户的农村村民依法自愿有偿退出宅基地。宅基地退出也是农民实现土地权益的重要形式，特别是随着上海城镇化的推进，绝大部分农民不再以农为业，且在城镇都有了商品房。在对奉贤农户的调查中，拥有商品房的农户占总户数的74.3%。其中，拥有1处商品房的占总户数46.3%，拥有2处的占21.5%，拥有3处的占4.6%，拥有4处及以上的占1.9%。通过退出宅基地，不仅可以让农民获得实实在在的货币补偿，也可以节约建设用地资源。调

查中，对于问题“政府对您的宅基地及其上房屋进行全货币化的回购”的意愿，调查结果显示，33.7%的农民选择了“愿意”。由此可见，上海农户中有相当一部分比例的农户愿意有偿退出宅基地。

（三）立足资源、市场、主体的“三激活”，构建上海宅基地有效利用的长效机制

利用闲置宅基地建设乡村人才公寓，体现了激活资源、激活市场、激活主体三原则。通过宅基地的流转与整理激活了沉睡的资源，让宅基地资源变成了具有市场价值的资产；通过在农户宅基地供给与企业人才住房需求之间架起桥梁，达到了供需匹配，激活了市场；通过人才公寓利益分配机制，满足农户、租户、企业的需求，激活了主体。上海在宅基地盘活利用过程中，不论选择何种路径形式，都可以立足“三激活”原则。首先，要充分激活宅基地资源。在土地稀缺的上海，宅基地资源潜在的价值巨大，如何才能让资源变资源，不仅仅是农户期望与思考的问题，农村集体经济组织也应思考，宅基地资源要有组织、有规模、满足利用需求，才更好地转化为资产，因此，如何才能更彻底地激活宅基地资源，不仅仅只是盘活利用的问题，而且还是如何更好地利用、发挥其潜在价值的问题，要通过有组织的整合，为宅基地的更优利用与价值提升提供相应的条件。其次，从激活市场来看，宅基地作为相对稀缺的资源，要思考如何在满足市场对宅基地资源、房屋资源需求的同时，更好地带动本地经济的发展，促进乡村振兴，从而更大程度上激活市场。如通过“三园一总部”盘活宅基地资源，不仅实现了农户出租与企业承租的匹配，而且还撬动了农村产业，激活了农村经济。乡村人才公寓不仅满足了人才居住的需求，而且在导入高素质人才的同时，也是对当地企业的一种服务与支持。最后，激活主体。宅基地利用涉及的主体包括农户、企业、承租户、农村集体经济组织等，通过宅基地的盘活，要实现各主体福利主张，此外，还应进一步为相关主体的进一步发展提供条件，如对于农户来说，可以考虑其财产性收入的可稳定增加；对于承租人来说，在为其提供了居住的同时，要提供更好的社会服务；对于企业来说，要进一步支持其稳定的生产经营。

牵头处室：秘书处　朱哲毅

课题组成员：方志权　王常伟　陈　云　张　晨
楼建丽　徐　力　蔡　蔚　刘禹辰
刘　望

17. 金山区创建国家现代农业产业园研究

一、背景分析

我国农业已进入传统农业向现代农业转变的关键阶段。农业供给侧结构性改革的推进，需要依托“三区三园”，即粮食生产功能区、重要农产品生产保护区和特色农产品优势区，以及现代农业产业园、科技园、创业园打造现代农业的创新高地。现代农业产业园作为其中重要的一个“园”，在“点”上形成现代农业的发展极、产业集聚区和全产业链，支持农业生产、加工、科技来推动产业融合，产业振兴。2016 年底中央农村工作会议提出现代农业产业园是优化农业产业结构、促进三产深度融合的重要载体。2017 年中央一号文件正式提出要建设“生产＋加工＋科技”的现代农业产业园。2018 年国家发布《乡村振兴战略规划(2018—2022 年)》提出依托现代农业产业园，打造农村产业融合发展的平台载体，促进一二三产业融合发展，以现代农业产业园建设为抓手，为引领农业供给侧结构性改革搭建新平台，为中国特色农业现代化发展树立新标杆，为引领农业供给侧结构性改革搭建新平台，为培育农业农村经济发展新动能探寻突破口，为农民持续增收探索新机制，为推进城乡一体化发展的开辟新途径。

近年来，上海充分利用科技、人才、资金、市场等方面优势，全面提升农业综合生产能力，都市现代农业发展有序推进。现代农业产业化经营、科技研发投入与、农产品加工及流通、观光休闲已有一定基础，但受制于有限的农业发展资源，亟须在农民利益联结机制相对紧密的区域，通过加快优势主导产业全产业链开发，建设一批产业特色鲜明、生产、科技、加工、流通、休闲深度融合的现代农业产业园，推进上海都市现代绿色农业发展向中高端迈进注入新动能，提高农业发展质量和效益。基于此，2019 年，金山区在全市率先开展了国家现代农业园的创建工作。金山国家现代农业产业园总面积 106.3 平方公里，耕地面积 6.5 万亩，覆盖吕巷镇和廊下镇 2 个镇、22 个村，农户 2.0 万户。有着良好的产业发展基础。

（一）发展基础

1. 资源要素基础。金山区地处上海西南，区内地势平坦、河道密布，自古就有江南鱼米之乡的美誉。以湖泊沉积、河湖交互沉积、江海交互沉积和江河冲击四种母质为基础，积年累月形成了独特的肥沃疏松的土壤；土壤高度熟化，有机质和磷、氮、钾含量丰富，pH 值在 6.0—7.0，提高了土壤养分的有效性，有效促进作物对土壤中各类营养元素的吸收，满足果蔬生长所需的营养。

2. 特色产业基础。近年来金山区都市现代农业良性发展，农业“三区”划定 18.4 万亩，水稻绿色认证 10.5 万亩。产业园区域内已形成以优质果蔬生产为主导的产业体系：廊下镇构建绿色蔬菜产业的标准生产、净菜配送、中央厨房、精深加工等“龙头企业＋基地”的农产品产加销体系，“一菜一菇一茄”的主体产业布局初具规模。“水果之乡”的吕巷镇被国家质检总局列为生态原产地产品保护示范区，成为上海首个国家级生态原产地产品保护示范区，也是长三角区域获评的第一个示范区。

3. 园区建设基础。现代农业产业园建设必须与区域设施基础和市场优势相对应，与区域特色和资源环境相匹配。金山区现代农业产业园建设依托市级“上海金山区现代农业园区”，园区已形成完善的“七通一平”现代化农业生产基础设施；园区成立市级土地综合整治项目领导小组，为项目引入与建设争取相关土地资源，有助于推进现代农业规模集约开发与产业深度融合。

（二）创建任务

金山区国家现代农业产业园按照《农业农村部办公厅 财政部办公厅关于开展国家现代农业产业园创建绩效评价和认定工作的通知》（农办规〔2018〕15 号）的要求，立足金山的产业特色和发展基础，围绕果蔬主导产业，按照“双核、五心、三带、两片区”的空间布局以及“生产＋科技＋加工＋品牌＋营销”的全产业链发展升级思路，提出了六大创建任务：引领全国标准的果蔬示范区、打造长三角中央厨房产业集聚区、建设一二三产业融合发展试点区、建设科技等现代要素快速汇聚区、建设高质量新型经营主体孵化区、建设都市现代农业绿色发展先行区，并设定 24 个创建目标加强工作指引。力争通过 1—2 年建设，达到国家现代农业产业园的创建要求（见图 1）。

二、主要做法

（一）健全完善组织管理制度

1. 加强组织领导。成立由区主要领导为组长，相关委办局和镇政府主要负责人为组员的产业园创建工作领导小组，定期召开专题会议，研究部署创建各类事项。设立由区农业农村委主要领导为组长，相关委办局和镇政府分管领导为组员的产业园管委会，专项负责日常工作推进以及与市相关部门的协调衔接。

2. 健全规章制度。制定《关于加快国家现代农业产业园创建的若干政策意见》（金委农办〔2019〕1 号），在优化产业园发展土地政策环境、聚焦财政资金、发展现代金融保险业务、创新发展税收优惠政策、全方位培育农业新型经营主体、建立人才引进和稳定机制等方面给予保障。制定《金山区深化农村综合帮扶工作的实施意见的通知》（金委

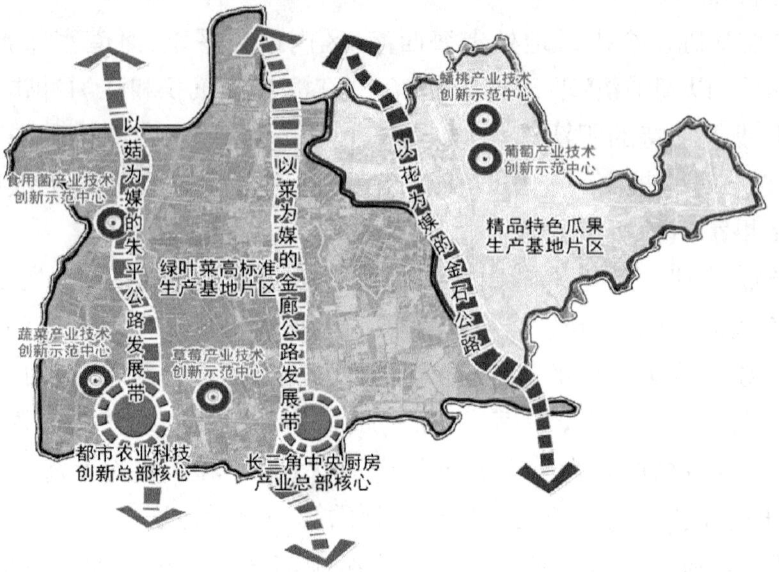

图1　金山区国家现代农业产业园规划空间布局

办〔2019〕55号)、《金山区建立村级组团招商平台的实施意见的通知》(金委办〔2019〕131号)、《吕巷镇关于加强和规范吕巷镇农村集体资产租赁管理工作的实施意见》(吕府发〔2019〕29号)等,通过精准帮扶,改善农民生产生活水平,提高农民获得感。

3. 成立工作专班。区农业农村委、吕巷镇、廊下镇抽调专职人员,组建工作专班,开展现场检查,档案资料收集,协调解决创建中的问题,第一时间向上反映创建中的困难,寻求帮助,合力推进。同时,把产业园创建纳入区政府重点工作,明确责任分工,细化任务措施,每月由区政府办公室牵头督查,狠抓工作落实。

4. 建立工作机制。建立一图一表一报一会“四个一”工作机制。围绕产业园六大专题27类项目85个子项目,制作任务推进表,挂图作战。对创建过程中重点工作,倒排时间点,形成工作督查进度表。按月分解创建任务,形成清单式工作月报,做到信息上传下达。每周召开一次工作例会,互通进展,商议难点,全力协调推进。

(二)加大政策措施支持力度

1. 多措并举解决用地问题。聚合生产要素,引导规模化生产,对流转承包地实施镇级统一管理,农户承包地流转补贴由100元/亩提高到300元/亩,截至目前,流转率已达95.0%。聚合资源要素,引导标准化生产,设施农业用地指标与规划布点向产业园倾斜,产业园内共安排设施农业用地1 812亩,占全区的46%。聚合资产要素,引导专业化生产,调剂廊下农产品加工区内104地块的70.4亩国有建设用地,经收储,通过挂牌出让方式取得后用于健康食品产业园建设,解决果蔬加工用地。

2. 统筹整合促进多元投入。各类创建联合集聚,金山国家农业科技园、国家有机产品认证示范区、国家农村产业融合发展示范园、长三角一体化“田园五镇”建设等,全部联合到产业园区域同步创建。各类政策优先支持,中央、市、区各级农业专项资金着力聚焦产业园区域,农田建设项目、都市农业项目、组团资金项目等支农项目全部优先考虑产业园创建区域。畅通社会资本投入，在全流程服务中紧密合作，建立实时沟通机制，及时协调企业问题，推荐政策通道，为意向入驻产业园的农业企业做好“店小二”。

3. 衔接规划保障发展后劲。跨前思考，积极谋划产业园未来发展，结合金山区“十四五”乡村振兴规划，及时与市农业农村委沟通对接，将产业园区域纳入全市未来五年全力打造的集规划定位清晰、资源要素集聚、品牌优势突出、生产方式绿色、技术装备先进、产业融合创新为一体13个绿色田园先行片区之一，定位“金山特色果蔬产业片区”，建设“看百花景、吃百种果、赏百色林”的特色果品产业带和集总部、科研、科普、生产、展示为一体的特色食用菌产业链，引领全市乃至全国果蔬产业高质量发展。

（三）高效规范使用财政奖补资金

1. 严格项目遴选。根据“聚集优势产业、集中使用资金、补助薄弱环节”的原则，通过层层筛选，将中央财政奖补资金用于蟠桃高标准生产示范基地建设项目、蟠桃产业老果园基础设施提升改造项目、上海廊下健康食品科技产业园项目、水果公园农旅结合提升项目等4个项目建设，助力园内蟠桃产业高质量发展，深化长三角中央厨房产业发展建设。

2. 制定管理办法。制定《上海市金山区国家现代产业园资金使用方案》，明确4个中央财政资金扶持项目使用方案；出台《金山区中央财政补助农业项目和资金使用管理办法》，明确在项目立项、监管、验收、资金使用和监管等方面的职责分工，压实责任，规范项目和资金使用管理，确保了中央财政资金发挥实效和中央财政补助项目顺利实施。

3. 强化过程监管。项目前期由市农业农村委、市财政局共同委托市农业项目评审中心聘请专家对项目建设的必要性、可行性和投资概算进行审核。项目建设实行法人制、招投标制、工程监理制、财务监理制、审价审计、市区镇三级验收等制度。施工过程中，市、区两级定期开展项目进度督查、不定期开展工程质量检查，程序化管理，规范化操作。

（四）三产融合发展提升产业能级

1. 立足果蔬主导产业，积极推动园内特色经济果林产业的发展，大力发展以“蟠桃、葡萄、黄桃”为主的经济果林产业，重点抓好以金石北路为主的特色水果产业园区建设，产出品质优良、特色鲜明的农产品，积极推动产业园现代农业优化升级，大力推进现代农业生产基地建设。

2. 依托果蔬主导产业，整合各类农业项目资源，扶持建设鑫博海3.4万吨农产品现代物流配送中心项目、舜地年产1万吨蔬菜精深加工项目，形成标准生产、净菜配送、中央厨房、精深加工等“龙头企业＋基地”的独具金山特色的农产品产加销体系，果蔬精加工能力大幅提升，延长产业链。

3. 围绕果蔬主导产业，以吕巷水果公园和廊下郊野公园为引领，打造农旅结合的旅游集聚区。其中，水果公园成功创建国家AAA级旅游景区，郊野公园成功获评休闲农业与乡村旅游五星级景区。以吕巷水果公园为核心，重点提升内部业态，改善核心区设施配套，建设果篱（园）、花篱（园）、蔬篱（园）三篱一巷子景区、白龙湖等配套子项目，并以“百花、百果、百菜”＋“丰收”四大主题开展农业节庆活动。

（五）绿色发展构建生态新格局

1. 推进绿色生产方式。锚定“产业融合、生产清洁、资源循环、产品绿色、提质增效”的目标，深入推进国家有机产品认证示范区创建，做好绿色认证工作；推广绿色防控技术，强化农业面源污染治理，持续深化设施蔬菜有机肥代替化肥试点区创建；启动吕巷镇生态循环农业示范镇、示范基地创建；打造品质果蔬产业，构建一系列质量管理体系，根据不同产品的特性，制定不同的生产、管理、销售标准，推动农产品标准化生产；培育拳头品牌。打造“金山味道”区域公用品牌，不断扩大以“一葡二桃三莓五瓜”为核心的优质特色品牌影响力。

2. 以科技支撑塑造发展新动能。通过健全科技研发和技术推广体系，加强农村实用人才培训，加快新装备的研发和推广，推进数字化农业发展，赋予产业园新动能，助力能级提升。引进上海市蟠桃研究所、上海市蓝莓研究所、金山区葡萄研发中心、金山区哈密瓜研发中心等科研机构，深入开展院校合作。科技创新要素的汇聚为产业园产品品质提升提供了有力的科技支撑。耐抽薹青菜、灰树花等珍稀食用菌丰富了蘑菇种类，中蟠 11 号等黄蟠品系颠覆了消费者对蟠桃的认知；稻秸秆代替麦秸秆、基质料三次发酵和智能化管理系统等三大技术创新不断引领；“一膜一布二网四诱”全面推广，农药使用量持续减少；生物炭肥、缓释肥等深入应用，土壤肥力和保育力稳定提高。闭合生产的荷兰温室新装备不断引进。加强新装备的研发与推广，开展结球生菜全程机械化研究，加快“机器换人”步伐；并有序推进数字化农业发展，完成 2019 年农用地数据采集更新工作，优化农用地综合管理平台。

三、取得成效

经过一年多的创建，金山国家现代农业产业园的六大创建任务共 24 个创建目标全部实现，完成率 100%。六大工程共 27 类项目 85 个子项目中，完成 81 个子项目建设，完成率为 95.3%。2020 年，产业园年总产值预计 40.2 亿元，果蔬主导产业播种面积 6 万亩次、总产值 34.5 亿元，占产业园总产值的 85.8%。产业园创建期间财政投入、金融社会资本总投资约 38.0 亿元。农民人均可支配收入 39 974 元，连续两年高于全区面上 30%。

（一）主导产业发展水平全国领先

1. 高标准建设果蔬生产基地

在水果生产上，投入 4 200 万元新建 7 个特色水果生产基地，建设内容除生产设施外，还包括了废弃物处理、绿色防控以及智能化生产管理系统等；在蔬菜生产上，全面提升设施标准，亩均投入 16 万元将新建菜田的温室设施由 832 型单体管棚提升为 8 440 型连体大棚，同时，加快推进老菜地的宜机化改造，投入 450 万元改建浩丰、博众等两个“机器换人”示范基地，果蔬生产基地的规模化种植、标准化生产、智能化管理、机械化运用水平得到显著提高。

2. 高质量引进精深加工企业

将引入有专业技术、有发展前景、有农业情怀的企业作为重点，打响“吃在廊下”品。

建成集初级加工和精深加工为一体的中央厨房产业体系，Ready to Cook 和 Ready to Eat 产品系列覆盖到了荤素所有品系。鑫博海、舜地等一批龙头企业在廊下落地生根。发挥以商引商效应，主动出击光明森源、众兴菌业等食用菌知名企业，着力构建蘑菇生产全产业链体系。目前产业园已有农产品加工企业 30 家，其中规上企业 14 家；在建在谈企业 10 家，预计投入 10.6 亿元，年新增产值 6.8 亿元。

3. 高水平推动三产融合发展

打造有集聚的旅游区域，依托农业特色，2 个年接待能力 100 万人次的农业旅游集聚区完成建设。吕巷水果公园成功创建 3A 级旅游景区，廊下郊野公园成功创建五星级休闲农业与乡村旅游景区。打造有特色的旅游项目，设计蘑菇产业工业旅游线路，新建以桃子学院等为载体的培训基地，建设以水果文化为内核的主题公园，形成旅游新亮点。打造有影响的节庆活动，围绕“百花、百果、百菜、丰收”四大主题，举办水果嘉年华、夜间灯光秀等活动，满足市民个性化需求，带动农业产业发展。

（二）技术装备水平区域领先

1. 四新技术集成应用推广

新品种不断引试，艳春等耐抽薹青菜替代了传统品种，灰树花等珍稀食用菌丰富了蘑菇种类，中蟠 11 号等黄蟠品系颠覆了消费者对蟠桃的认知。新技术不断引领，稻秸秆代替麦秸秆、基质料三次发酵和智能化管理系统等三大技术创新，使得工厂化双孢蘑菇较传统相比，单产增加 2 倍、年循环周期增加 10 倍、年产增加 20 倍、每公斤成本降低近三成。新材料不断引用，“一膜一布二网四诱”全面推广，农药使用量持续减少；生物炭肥、缓释肥等深入应用，土壤肥力和保育力稳定提高。新装备不断引进，引进闭合生产的荷兰温室，控温控湿，调节光照和二氧化碳，2.5 公顷的玻璃温室番茄工厂周年生产，年产量达到传统种植的 5 倍。

2. 科技创新要素高度汇聚

与荷兰瓦大、中国农大、上海农科院等科研院校合作，成立了蟠桃、蓝莓、葡萄等农业研发中心。在食用菌、果树、农产品加工等领域，成立了黄建春专家工作站、叶正文专家工作站和李保国专家工作站。积极争取农业科技类项目，2019—2020 年共立项市科技兴农项目 18 个、区科技创新项目 21 个，和平村和山塘村入选市乡村振兴科技引领示范村建设项目。全国基层农技推广体系改革与建设补助项目持续推进，区、镇两级农技推广体系健全、完整，人员和工作经费全额保障。农业物联网技术在蟠桃、葡萄研究所深度运用，“互联网＋”在农业领域应用项目被评为全国县域数字农业农村发展水平评价创新项目，全年科研经费投入比上年增加 10％。

3. 农业专业人才梯度培养

着力选拔优秀人才，在全区范围评选 6 名领军人才、11 名领军后备队和 15 名拔尖人才等 32 名农业优秀人才，其中，体制内人员占 56％，体制外人员占 44％。实施素质登高计划，选拔优秀新型职业农民带头人及骨干，纳入由区委组织部、区农委等联合开展的农民专业合作社带头人“登高工程”学习班，着力提高其政治素质和综合能力。培养专业实用人才，以中青年农民、返乡创业农民为重点培养生产型实用人才；以龙头企业、合作社、家庭农场的负责人为重点，培养经营型实用人才；以防疫员、监管员和农机驾驶员为重点，培养技能型实用人才，截至目前，产业园已培育新型职业农民955人，占全区的25%。

（三）绿色发展成效突出

1. 生态循环示范试点率先建设

围绕“产业融合、生产清洁、资源循环、产品绿色、提质增效”的目标，产业园区率先启动生态循环试点建设。实施耕地质量保护与提升行动，通过高温闷棚、蚯蚓养殖等措施开展土壤修复。实施农业节水灌溉行动，应用喷滴灌、水肥一体化等技术，提高水资源利用效率。实施废弃物资源化利用行动，对果蔬废弃物进行集中收集分类处置，除饲料化利用外，将废弃物经配比发酵、制作有机肥后还田。实施农药包装废弃物回收行动，定点收集农药包装袋、地膜、黄板等。截至目前，园内农业废弃物资源化利用率达99%，农药包装废弃物回收率达100%。

2. 有机肥替代示范县深入推进

以“减化肥”为目标，通过“商品有机肥＋配方肥＋水肥一体化”“菜—沼—畜”和种养结合等三项主推技术推广和病虫草害绿色防控技术应用，深入推进全市唯一的全国果菜茶有机肥替代示范县创建，蔬果绿色生产、生态种植水平得以提高，“一减两提”目标得以实现，高端品质蔬果供给能力得以提升。截至目前，园区内化肥使用量较上年减少20.5%，有机肥施用量较上年增加20.8%，畜禽粪污利用率较上年提高6.9%，土壤有机质含量达4.5%较上年平均提升0.5个百分点。园区内已有有机蔬菜215亩，占全区17%；有机水果742亩，占全区77%。

3. 三级四类品牌体系基本建成

打造以“金山味道”区域公共品牌为统领、企业品牌为支撑、产品品牌为特色的三级品牌，突出抓好优质稻米类、蔬菜类、瓜果类和养殖类等四类产品。园区内以“一葡二桃三莓四瓜”为代表的特色瓜果影响力持续增强，“金山蟠桃”获得地理标志；“天母水蜜桃”和“小皇冠西瓜”在全市地产农产品评优活动中，经专家和市民盲评，喜获唯一金奖。积极推进食用农产品合格证制度试行工作，推动生产者落实质量安全主体责任。专项检查与交叉检查相结合，开展“二品一标”证后监管和绿色食品标志规范使用检查。两年来，园区内市级以上农产品质量安全例行监测和监督抽查的合格率达100%。

（四）带动农民作用显著

1. 产业经营环节全联结

扶持壮大农业龙头企业，强化龙头企业的产业链带动、品牌带动、市场带动、技术带动和标准带动，形成“公司＋合作社＋农户”的发展模式，实施订单农业。园区内拥有农业产业化龙头企业11家，占全区的48%，以鑫博海、远喜等为代表的“中央厨房”产品板块，占廊下规模以上工业企业产值超50%。持续开展示范社评定，园区内农业示范合作社13家，占全区的38%。鼓励新型经营主体向农民提供种苗、技术、销售等服务带动发展，园区内农村劳动基本实现非农就业，农业企业和生产基地成为就业主渠道，农民人均可支配收入连续两年保持8%以上增长。

2. 农业保险服务全覆盖

产业园创建始终把农业保险作为创新支农的重要部分，实行“政府引导、政策扶持、市场运作、自愿投保”的管理方式，维护农民利益，扩大保险惠及面，有效化解农业灾害风险。区级财政每年安排 1 500 万元专项资金，加大财政补贴力度。目前，园区内农业保险已覆盖粮食、蔬菜、牲畜、家禽、果林、水产等六类产业。同时，在常规保险的基础上，加大补贴力度，结合特色，试点开展了土壤耕地地力指数保险、养殖业饲料＋期货指数收入保险、奶牛热因激奶产量气象指数保险、小皇冠西瓜等特色农产品保额叠加、土地承包经营权流转履约保证保险、乡村振兴示范村综合治理保险等一系列创新险种。

3. 农民长效增收全方位

产业融合促增收，通过开展深加工、发展休闲旅游等延长产业链条，使园区农民在获得打工就业收入的同时，增加获得农产品自产自销和农房出租收入。深化帮扶促增收，财政投入 3 亿元建设联中、荣美等 2 个农村综合帮扶“造血”机制食用菌生产项目，每年 6％的投资收益增加农民分红基数。抱团发展促增收，借助产业园项目扶持，廊下 12 个村集体共同出资 2.9 亿元建设健康食品产业园项目，每年 6％的收益盘活农村集体经济。组建平台促增收，给予特殊税收返还政策，组建区级村集体经济招商平台，截至目前，已入库税收 8 500 万元，预计实得财力 1 413 万元，收益返补至各村，共享发展红利。

四、存在的问题与不足

（一）农业综合效益有待提高

产业园以特色果蔬为主导产业，蔬菜复种指数高，特色果品市场售价高于普通农产品，但金山区国家现代农业产业园各项测算指标中，土地产出率 0.63 万元/亩，仅为目标值的 35％。究其原因，一是受非洲猪瘟疫情影响，金山区严控畜禽养殖，目前全区仅余 5 家规模养猪场，均位于产业园范围之外。养殖业缺失不仅造成农业总产值滑坡，长远看对“菜—沼—畜”和种养结合等生态农业模式推进具有不利影响。二是产业园坐拥地理标志农产品、国家有机产品认证示范区、生态原产地产品保护示范区等优势，但由于特色经济果林在面积推广面临阻力，以及特色农产品优质不优价现象导致未能有效转化为经济效益。未来宜不断优化产业结构，寻找农业新增长点，推进产业深度融合，以新业态、新模式减少对传统产业模式的依赖，不断加大农林牧渔服务业比重。

（二）农业绿色路径有待拓展

产业园农药化肥施用强度 10.87 公斤/亩，仅略低于 11 公斤/亩的目标值，绿色农业发展有进一步拓展空间。此外，农产品绿色认证比例提高面临一定阻力。金山产业园以果蔬为主的产业结构决定复种指数高，农药施用量减量阻力大。受地理位置、生产模式等因素影响，农用仓库等绿色认证基础条件缺乏，且绿色认证周期长，绿色认证难度较大。可使用的登记在册绿色农药较少，甚至可能没有，限制了特色品种的绿色申报。此外，加上从申报到认证的花费，进一步推高农产品成本与终端售价，导致部分生产经营者对发展绿色认证存在一定顾虑。

(三)发展农业所需人才短缺

产业园开发涉及现代农业方方面面,亟需一大批农业科技研发、技术推广、加工销售、数字农业等领域的专业人才与经营性人才,有待培育一批懂种植、懂加工、懂营销的复合型科技人才。然而,产业园地处城市远郊,农业行业相关经营单位经济效益制约了各类岗位的收入待遇,在生活条件与公共服务等方面远不及市区与近郊地区。随着产业园深度开发,各类人才短缺对发展的制约逐渐显现。

(四)社会资本撬动有待加强

产业园建设期资金来源主要依靠政府部门的公共投资。随着国家级产业园成功创建、基础设施建设基本到位,未来发展将越有赖于社会资本的持续投入。然而受农业项目投资回报周期长、回报率低,投资信息不畅,农业自然灾害风险、市场风险、相关扶持政策(土地、产业等)变动等不确定性因素影响,投资农业相比于制造业、服务业等行业对工商资本吸引力极为有限。产业园目前的金融社会资本与财政投入比值为5.15,略高于5的目标值,金山区现代农业产业园在吸引多方投资,通过公共投资撬动社会资本方面,尚需研究新思路、新模式、新举措、新政策。

(五)个别项目建设进度较慢

2020年受突如其来的新冠疫情影响,部分建设项目无法正常开展招投标与项目建设,导致工期延期。同时园内所有休闲农业旅游景点关闭,造成旅游接待收入降幅明显。随着防疫进入常态化阶段,一定阶段内,产业园建设开发与经营管理仍将受到不同程度的影响。

五、国内外经验借鉴

(一)国外农业产业集聚经验

有别于我国,其他国家各类政府主办的农业园区相对较为罕见。但在欧美及亚洲农业发达的国家和地区,农业产业集聚已经成为现代农业发展过程中的一个普遍现象。如法国葡萄酒产业集群,其本质是在地缘集中的基础上,将先进技术和科学管理有效结合,发挥延伸农业产业链与价值链的作用。发达国家的农业产业集聚中积累的经验,可为金山区国家现代农业产业园更高水平的发展提供参考。

1. 农业生产专业化推动农业产业聚集发展。发达国家通过专业化生产和区域化布局推进农业产业集聚发展。例如美国重点推广种植一两种主要农作物的专业化农场,重视品种单一化。重点推广种养与加工相结合的专业化农场,重视耕收高效化,强调空间聚集与产业聚集并重,不断推进配套基础设施布点合理化。

2. 农业产业经营一体化助推农业产业聚集。发达国家依托资金密集型经营和机械化技术的支撑,实现了产销一体化。在意大利,果蔬产业内部分工明确,生产者负责调整投入、改进品质,农业企业负责果蔬的收购、贮藏、加工和销售。产业链上下游企业为降低交易成本,空间集中趋势明显。

3. 农业服务社会化助力农业产业聚集。农业发达的国家已基本形成“一条龙”式的农业社会化服务网络体系。日本农协在农业生产、经营的各个环节提供专门性服务,包括金融借贷、商业保险等。注重服务性组织的地理位置安排，在空间上呈集中态势，有效减少农户与农业服务单位的运输成本。

4. 农业信息化推进农业产业集聚进程。发达国家注重现代农业技术的集成应用，重视农业与信息技术融合，支持互联网农业、农业电子商务、智慧农业发展。日本智慧农业的实践主要表现在无人机技术、机器人与人工智能的应用，推广小型无人机和无人拖拉机，通过通信技术的推广减轻农业劳作的压力。

(二)国内其他产业园建设

1. 浙江省杭州市余杭区现代农业产业园

浙江省杭州市余杭区现代农业产业园与金山现代农业产业园同批次入选现代农业产业园的创建，并在2020年的中期评估中排名第一。其主要做法：一是突出"茶文旅"的主导产业。做强六次产业融合发展，打造茶产业孵化平台，提升主导产业基础，2019年产业园总产值达到68亿元左右，其中主导产业产值达42亿元左右，主导产业覆盖率达到60%，二产与一产产值之比达到3.6∶1。二是借智借力共创产业园。与浙江大学等多家院校长期合作，建立"全茶产业院校交流中心""全茶产业技术中心"与"全国茶产业人才中心"的三中心提升科技赋能。通过加大人才招引、盘活、培养和激励力度，成立余杭区乡村人才协会，承办"智汇农创客领杭新时代"杭州市首届海内外农创客大赛，打造全国茶产业人才中心。三是绿色发展特色明显。实施有机肥替代化肥，全面做好推进"一控两减三基本"，成功创建省级绿色农业先行县，绿色、有机和地理标志农产品认证保护面积覆盖率达100%。

2. 江苏省东台市现代农业产业园

江苏省东台市现代农业产业园与金山现代农业产业园同批次入选现代农业产业园的创建，并在2020年的中期评估中排名第二。其主要做法有：一是坚持规划先行和融合发展。邀请国内知名专业规划团队对园区土地利用、村庄布局、产业发展、生态环保、休闲旅游等以工业园区建设的理念进行统一规划，为项目落户建设提供保障，为园区长远发展备足空间。二是推进产业融合发展。全力打造国家农村产业融合发展示范园，瞄准优势主导产业，形成以西瓜、甜叶菊为主，其他果蔬为辅的1＋1＋N产业格局；积极拓展休闲农业、定制农业、生鲜电商、民宿经济等"农业＋"形态，全力打造苏中有影响力的农旅休闲基地。三是坚持科技驱动。依托院士工作站，深化与中农大、省农科院等科研院所的深度合作；发挥农业科技服务超市等技术载体和平台优势，致力研究新品种，攻坚引种试验、轮作障碍等技术难题，年试种新品达100个以上，推广种植的新品深受市场欢迎。改造提升生产设施与装备，围绕建设数字化园区，借助"互联网＋"优势，与区域外多家科技公司达成合作协议，新建农业智慧大数据中心、综合管理服务系统，实现经营循环市场化、农副产品安全化、生产过程标准化、生产技术科学化、资源利用环保化。四是积极发展品牌农业。依托国家地理标志等一批金字招牌，构建品牌体系，建设特色农产品品牌馆，年组织农产品展销活动10次以上，以城市品牌为表现形态融入长三角城市群；高度重视品牌保护，深入开展产地万里行活动，加强与一线销售渠道商合作等等。

六、对策建议

一是加强科技支撑。产业园已有科技创新资源汇聚，为进一步产生合力促进科技研发和推广应用提供了基础条件。建议针对各科研院所类型，深入探索产学研合作模式和内容，实现农科教协同。在产业园运营中，以新业态、新模式创建中的关键技术及问题为导向，联合攻关技术难题，解决发展的技术瓶颈。如果蔬地方优势品种提纯复壮与新品种引进驯化，创制生物农药支撑农产品绿色认证，开发适宜于果蔬品种生产的智能农机，利用智慧农业提高农业生产和管理水平和质量等等。

二是加强招商引资。持续不断的资金投入是产业园持续健康发展的重要保障。在前期以公共投入为主的基础上，未来发展逐渐转向以引进社会资本为主导。通过设立招商目录、财政补贴、贷款贴息、引导基金等方式，引进和培育具有核心竞争力和带动能力的产业化龙头企业。组建专业化招商引资队伍，明确引资方向，加大招商力度，明确对国内国际农业科技与产业化重点企业进驻的优惠政策。推动农业龙头企业与农民专业合作社、家庭农场的互惠合作，做优做大做强农业产业化联合体，建立与基地农户、农民合作社“保底＋分红”等利益联结关系，实现产业融合发展，让农民分享产业增值收益。积极探索农业产业用地政策突破，为企业合法合规开发土地提供用地指标，为企业规模化发展提供充足发展的空间。

三是加强人才支撑。懂经营、技术的人才是产业园创建和运行的关键。鼓励、引导各类专业技术人员到农村基层一线施展才华，为产业园长远发展奠定坚实的人才基础。研究出台鼓励各类人员创业创新政策；鼓励农业科研院所科技人员进入产业园从事农业科技研发与推广工作，对以科研成果或关键技术参与项目实施和农业科技企业建设的，可给予一定比例的技术入股。组织入园科研机构专家服务基层，开展技术指导、服务和培训。给予入园人才评价、收入待遇、生活条件等方面的机制保障，解决人才后顾之忧。坚持培训新型职业农民，构建培训网络，强化专业培训，提高培训质量。

四是打造产业集群。积极稳妥提升产业园特色经济果林产业的区域地位。在不违反主要农产品安全应急稳定度和永久基本农田保护前提下，鼓励经营者扩大生产规模；探索优化金山区现代农业功能布局，调减产业园永久基本农田比例、增加设施农业用地与建设用地的可行性。推进果蔬标准化生产，提高三产融合水平，构建主导产业集群；鼓励服务型企业入驻，完善产前、产中及产后服务，强化公益性与经营性农业社会化服务供给。提升技术创新能力，以迎合市场需求为导向优化产品品质；借鉴国内其他特色农产品成功经验，实施走出去战略，扩大市场份额。

五是加快品牌与渠道建设。“金山味道”区域公共品牌的产业发展，有赖于产业园平台在生产、加工、市场营销与品牌建设的推动。现阶段由于区域化生产推力不够，发展的内在驱动力不足，产后环节推动乏力，区域推广缺乏抓手，品牌影响力与营销手段有限，优质农产品市场范围基本仅限本地市场，亟须跨出“舒适区”，实施“走出去”战略。下一步建议强化“金山味道”区域公用品牌管理维护，建立金山味道公众号，严格包装标识使用管理，加强产业园企业、产品品牌与区域公用品牌的整合衔接；建立品牌农产品建立标准化体系。搭建平台助推金山农产品进市区，开展农业品牌宣传推广，扩大区域品牌和企业品牌的社会影响。进一步优化地产农产品产销模式，对接盒马、叮咚、美团买菜等知名电商，鼓励有能力的主体建设自有电商平台，鼓励各销售主体、农民专业合作社对接高端商超、金融机构，提升金山农产品的市场影响力，从根本上解决农产品优质不优价的问题。

六是提升形象加大宣传。突出都市现代绿色农业特色，坚持种养结合紧密，推进畜禽粪污资源化利用、秸秆综合利用、农业废弃物回收处理，建立绿色、低碳、循环发展长效机制。加强农村人居环境整治，努力建设环境整洁、风貌秀美的美丽家园。多渠道宣传产业园，参与各类线下线上展示平台，加大宣传力度，突出宣传重点，优化宣传方式。让金山现代农业产业园成为金山“百里花园、百里果园、百里菜园”的最佳典范。

牵 头 处 室：发展规划处
课题组成员：陆峥嵘　章黎东　徐　浩　叶炽瑞
侯明明　吉　睿　高　岩　曹正伟

18. 关于加强委属行政事业单位财务管理的调研报告

根据市农业农村委党组与驻委纪检监察组党风廉政建设专题联席会议精神，严格落实全面从严治党责任，不断提高市农业农村委系统党风廉政建设水平，探索委属行政事业单位财务统一结算平台建设，开展前瞻研究和可行性论证的有关要求，2020 年 3 月—5 月，驻委纪检监察组组长邓帅萍同志、市农业农村委副主任徐惠勤同志牵头建立专项工作调研组，对市农科院和委属 20 家行政事业单位财务管理情况开展分类调研，全面梳理了各行政事业单位财务人员现状、岗位设置等情况，查找了财务管理工作中存在的主要问题和薄弱环节，结合我委财务管理工作实际，就加强委属行政事业单位财务管理提出了初步意见。基本情况如下。

一、委属行政事业单位财务管理基本情况

本次调研范围共 21 家单位，包括委属行政事业单位 20 家，以及预决算和国资管理归口市农业农村委的市农科院。

（一）单位规模情况

21 家单位共有编制数 2 674 人，实际在岗人数 1 955 人。其中，单位编制人数在 20 人以下的有 6 家单位，20—100 人的有 11 家单位，100 人以上的有 4 家。

（二）财务人员情况

21 家单位共有财务人员 79 人。平均年龄 42 岁。其中，年龄在 30 岁以下的有 8 人，30—39 岁的有 28 人，40—49 岁的有 26 人，50 岁以上的有 17 人；本科学历 57 人，占全部人数的 72%，研究生（硕士）学历 8 人，大专学历 13 人，其他学历 1 人；会计中级职称 38 人，占全部人数的 48%，高级职称仅 1 人，初级职称 22 人，无职称 18 人。

（三）财务岗位情况

绝大多数单位财务岗位职能设在办公室，21 家单位中仅 7 家单设财务处（科）。79 名财务人员中，有 16 人是其他岗位兼职财务人员岗位，无正式编制聘用的有 8 人。

二、委属行政事业单位财务管理工作面临的主要问题

总体来看，我委委属行政事业单位数量较多、财务人员配置有限，会计岗位设置差异较大、财务管理需求各异，情况较为复杂。集中体现在以下三个方面：

（一）人员素质与会计制度改革方向不相适应

2019年政府会计制度准则变更后，新会计制度对于财务人员的整体素质提出了更高要求，但目前委属行政事业单位会计人员整体素质还不能与之匹配。具体表现为队伍年龄老化、新生力量不足，30岁以下财务人员仅有8人，绝大多数单位近10年内未招聘财务人员；专业技能较低，初级和无职称人员占一半以上，高级职称仅1人。同时，虽有相关业务培训，但受年龄、技能以及机制等因素影响，主动学习动力不足，培训效果不理想。

（二）岗位设置与党风廉政建设要求不相适应

2/3的单位将财务职能设在办公室，1/3的单位财务岗位为1—2人，1/5的单位出纳、资产等岗位由其他业务部门人员兼职兼岗，这些都无法更好满足廉政制度规范要求。由于行政事业单位具有显著的强监管特性，其自身会计人员既要服务于单位发展需要，又要按照财政要求进行业务监督，会计人员缺乏独立性，职责履行难以到位。同时，由于委机关计划财务处人力有限，对委属行政事业单位的监管与检查多采取事后抽查制，难以实现事前事中监督全覆盖。

（三）制度落实与财务风险控制规范不相适应

目前各行政事业单位都制定了本单位财务管理制度和内部控制制度，但是有的单位不能严格执行相关制度，甚至相关责任人对内部控制工作认识不到位、内控意识淡薄，制度落实效果不尽人意。比如，我委系统下属某一事业单位虽然建立了相关的内部控制手册，但财务管理及核算业务水平有待进一步提高，单位涉及存货（农业生产材料等）金额较大，因受限于财务人配置及业务技能限制，难以开展规范、细化的存货"收、发、存"核算，无法满足现阶段财务存货资产管理的新要求，存在财务管理内部控制风险。

三、加强和改进委属行政事业单位财务管理的初步意见

通过实地调研，计划财务处积极开展以解决财务管理工作实际问题为导向的结果运用，在充分研判政府财务工作新趋势新要求的基础上，提出"两条腿走路"工作思路。

一方面，在完善制度和队伍建设上做提升。对委属行政事业单位财务管理制度设计、内部控制管理层面发现的问题，从建立健全制度、加强财务人员培训、规范管理等方面入手，采取相应的措施和办法。对需要定编、定岗，加强人员配备的问题，积极争取相关人事部门的支持，强化队伍建设，壮大队伍力量。

另一方面，积极探索新的会计管理模式。对于编制人数不超过20人、财务业务简单的委属行政事业单位，探索搭建统一财务结算平台，建立会计核算中心（虚拟机构），实行会计集中核算管理，进一步规范行政事业单位的会计业务标准、提升会计信息质

量，确保会计信息的精准度、及时性以及完整度；进一步强化会计监督的实施力度，克服传统模式下会计工作人员与事业单位之间的利益关系，规范财务管理；进一步克服现有财务人员数量配备较为紧张的现状，保障会计信息核算的绩效。具体思路如下：

（一）明确定位

成立会计核算中心（虚拟机构），实行会计集中核算管理，在原单位资金使用权、财务自主权和会计主体不变的前提下，取消单位会计岗位，各单位专设专职（或兼职）报账人员（出纳）具体办理报账结算业务，通过会计核算中心对事业单位的经济业务活动集中进行会计核算和实行会计监督的形式。

会计核算中心对各单位的财务收支采取“集中管理、统一开户，分户核算”的办法。会计核算与单位分离，统一纳入会计核算中心管理。原单位一律取消会计岗位，日常会计核算、监督、会计报表编制、会计档案管理等工作统一由会计核算中心严格按照《会计法》《会计基础工作规范》《政府会计制度》等办理和承担。

计划财务处负责会计集中核算中心的管理工作，顶层设计工作内容，工作流程等运行模式，按照国家有关法律法规的规定，实行会计监督，维护财经纪律。根据会计从业的需要设置会计集中核算中心工作岗位，并建立岗位责任制和内部稽核制度。组织会计集中核算中心人员进行政治学习、业务培训，提高会计人员素质，适时做好会计人员岗位轮换工作。实施对会计集中核算中心审计工作和会计人员的年度工作考核。

（二）运行模式

会计集中核算中心运行模式：通过委派事业单位财务人员加政府购买服务方式（专业代理记账）予以实施会计核算，充分发挥中介机构的专业技术作用，共同推动事业单位会计委托规范管理。通过委托中介机构进行代理记账或专业服务的，事业单位应当按照政府购买服务的方式和程序，选择规范的中介机构提供服务，并通过与中介机构签订书面协议，全面清晰界定各方的权利义务关系。

（三）运行原则

1.“三权不变”原则

实行会计集中核算后，各单位资金使用权、资产所有权和财务审批权不变。各单位仍是会计主体，单位负责人对本单位的会计工作和会计资料的真实性、完整性负责。

2.“三统一”原则

执行统一的会计制度，保证会计工作的合法性；执行统一的管理规定，保证会计基础工作的规范性；执行统一的会计核算方法，保证会计信息的可比性。

3. 财务自管、集中核算、分户记账的原则

各单位财务经济业务活动自行管理，中心进行集中会计核算，对应各单位分户记账。

4. 规范管理、简化程序、提高效率的原则

核算中心规范报账程序，把握关键环节，精简办事手续，提高工作效率。

附:关于建立会计集中核算中心的具体工作方案

关于建立会计集中核算中心的具体工作方案

为积极探索新的会计管理模式,进一步加强委属行政事业单位的财务管理,拟试点建立会计集中核算中心。具体工作方案如下:

一、职责分工

(一)会计集中核算中心职责

会计集中核算中心承担"规范核算、财务监督、综合分析"三方面职能,是融会计核算、监督、服务为一体的财务管理服务机构,是各单位会计核算的承担者、经营状况的管理者、资金运行的监控者、会计信息的提供者。核算中心要切实做到"管理不越位、监督不缺位、服务做到位",既提供全方位会计核算服务,又要通过会计监督,加强管理,还要协助做好预算编制、预算执行和财务计划、清产核资等项工作。具体如下:

会计核算中心要根据《会计法》《预算法》和有关法规制度,认真做好会计核算和监督工作,及时记录、计算和报告单位各种资金增减变动及其结果,保证会计资料的真实、完整。

会计核算中心每月要为集中核算单位提供资金收支结余情况表;每月终了3日内向单位提供月份会计报表,包括资产负债表、收支情况表、支出明细表等;每季终了5日内向单位提供季度会计报表,包括资产负债表、收支情况表、支出明细表、基本数字表等;每年终了10日内向单位提供年度决算,包括资产负债表、收入支出总表、支出明细表、附表、报表说明书或财务情况说明书。除定期提供上述报表外,根据核算单位管理需要,会计核算中心还应适时向单位提供有关会计信息资料。

会计核算中心要协助单位编好预算和做好财务分析、考核等管理工作,要依法监督单位各项资金的使用情况,做好单位会计资料和电算化会计档案的整理、归档、保管工作。

会计核算中心要对各单位负责人负责,树立服务观念,在日常工作中处理好服务与监督的关系,处理好单位内部财务管理与会计集中核算的关系,处理好与各单位领导及工作人员的关系。

(二)试点行政事业单位职责

按照《会计法》要求,实行会计集中核算后,会计责任主体仍是各预算单位,而不是会计核算中心。实行集中核算后经济活动主体、权力不变,经济业务活动及财务收支活动都由各单位自行决定。各单位必须对自己的经济活动是否合法,会计凭证的实际内容是否真实、合法负责。试点行政事业单位主要职责是:

1. 各单位按业务量大小设置专职(或兼职)报账会计。

2. 各单位应准确、及时地编制综合财务预算(会计核算中心协助提供相关资料),依法组织收入,积极筹集资金,保障单位正常运转资金需要。

3. 根据预算和单位用款计划及资金结余情况,及时申请财政拨款。

4. 单位各项支出必须履行正常的报批手续,严格遵守国家有关法律、法规和财务制度,控制奖金、福利性补贴和招待费支出,确保资金合法、高效使用。

5. 按照行政事业单位财务规则和有关规定审定、报送财务报告,如实反映单位财务状况和预算执行情况,进行财务活动分析。

6. 建立、健全内部财务管理制度,对单位财务活动进行控制和监督,加强本单位国有资产管理,防止其流失。

实施会计集中核算,原单位的会计工作交由会计核算中心会计承担后,资金筹措、分配和使用及固定资产管理等财务活动在单位负责人领导下,由单位统一组织实施。单位负责人应维护会计核算中心会计依法履行职责,并对本单位的会计工作和会计资料的真实性、完整性负责。

二、岗位设置

(一)会计集中核算中心设置

会计集中核算中心设在我委计划财务处,由其直接领导和管理。具体组织架构,详见附件1。

(二)中心负责人及主要职责

中心负责人由计划财务处选择相关人员任命。主要职责如下:

1. 主持中心的日常管理工作;协调中心与各单位的关系;

2. 审核各单位编制的财务收支计划;

3. 抽查审核单位会计凭证,对单位资金使用情况进行监管;

4. 复核报账员提交的各单位重大财务支出、投资和其他经营决策活动的原始入账凭证的审核审批程序是否齐全、合规;

5. 负责审核对外报送的财务报表;

6. 制定中心的工作计划、内部管理制度和考核办法;

7. 对中心各项业务进行指导和考核;支持会计人员依法行使职权;

8. 完成计划财务处交办的其他事项。

(三)会计核算人员及主要职责

1. 会计核算人员可以通过委派事业单位财务人员加政府购买服务,通过委托专业代理记账机构补充人员不足的方式予以实施。充分发挥社会中介机构的专业技术作用,共同推动事业单位会计委托规范管理。熟悉各核算单位的基本情况,反映单位财务有关情况,协助单位加强财务收支和资产管理工作;

2. 根据国家有关财经法规和会计制度,以及会计核算中心有关规定和要求,设置会计科目、开设会计账套;

3. 复核原始凭证、审核记账凭证、登记会计账簿，编制财务会计报表和其他会计资料等日常会计核算工作；

4. 负责部门预算、决算的编制，按季分月用款计划的填报，定期向各单位通报财务收支、预算执行等情况；

5. 负责财政信息系统日常资金支付的审核和大额款项支出的跟踪、检查和监督；

6. 配合集中核算单位及时做好债权、债务及其他往来款项的清理、结算工作；

7. 配合、协助集中核算单位做好固定资产的定期盘点、清查工作；

8. 负责会计档案管理工作，对会计凭证、账簿、报表及相关会计资料装订成册，整理归档、妥善保管，并按规定于次年 3 月向各单位移交会计资料。

（四）报账员（出纳）及主要职责

各单位设立报账员（出纳），主要职责如下：

1. 依照国家有关现金管理制度，严格执行现金收支、保管手续，做到日清月结，严禁“坐支”和白条抵库现象的出现；

2. 根据银行结算制度的规定，办理各项结算业务，经常核对银行往来账，掌握存款余额，防止开出空头支票；

3. 归集单位发生的原始凭证，对原始凭证的真实性（所反映的经济业务真实）、完整性（票据要素及负责人、经办人的签名完整）和合法性（票据合法）进行审核，并按期至中心填制记账凭证；

4. 加强单位票据、印章的管理，建立票据登记簿，登记相关事项；

5. 登记有关备查账（固定资产等）、辅助账；

6. 参与单位预、决算编制工作；

7. 负责本单位的政府采购的相关事宜；

8. 负责本单位的财务管理和资产管理工作；

9. 负责本单位的对外事务，如税务、事业单位年检、社保、公积金等。

三、操作流程

各单位的所有银行账户由报账员（出纳）负责管理，预留的银行印鉴章必须分别保管（即法定代表人章由单位负责人保管，财务专用章由报账员保管）。会计按照中心内部分工开设各单位的会计账套。

报账员（出纳）对本单位发生的支出必须取得或填制相应的原始凭证，按照单位财务支出审批规定审批后支付。单位发生支出时，必须事先经过各单位分管领导和主要领导审批，并将审批报告原件作为原始凭证予以保留。对本单位发生的收入应按照规定开具票据，并及时缴交到指定账户。

报账员（出纳）必须按照规定时间（每月 10 日、20 日、30 日，休息日、节假日顺延）至中心填制记账凭证；中心会计复核原始凭证，责令补充或退回不符合要求的原始凭证,并审核记账凭证。

中心应于次月5日(休息日、节假日顺延)为各单位提供当月财务会计报表。各单位负责人审阅无误后签名确认,返还中心一份归档。

中心会计应严格遵守财务保密制度,不得查询与其业务不相干的其他单位账务情况,不得随意向单位提供与其无关的会计信息,不准擅自将财务资料带出工作场所,不得随意向个人提供各单位的会计信息。

四、队伍管理

中心负责人、会计及报账员(出纳)应当持有会计从业资格证书,遵守职业道德,严守财经纪律,提高工作质量,提升工作效率。

会计、报账员(出纳)调动或者因故离职,必须按照规定与接管人员办理交接手续;会计办理交接手续由中心负责人监交;报账员(出纳)办理交接手续由会计监交。

加强报账会计的管理和培训:单位报账会计具体负责各单位报账资料的收集整理、会计信息的传递、备用金管理等工作,特别是保证有关财务资料完整和备用金的安全。报账会计作为单位财务管理人员,具有经单位领导授权的财务管理职能,会计核算中心负责对单位报账会计的业务培训和管理。

五、制度建设

(一)财务管理制度

建立健全会计核算中心的内部控制制度和管理制度。按照《会计基础工作规范》的要求,会计核算中心在业务运作的过程中,建立严格的内部控制制度,界定岗位职责,明确各会计人员具体分工。实行核算、稽核与资金会计工作相分离,提高会计专业化核算水平,保证会计核算中心业务正常、安全平稳地运行。

强化管理与检查监督,提高财务管理能力和水平。为防止造成财务管理与会计核算、监督的脱节,在会计核算中心履行职责的情况下,要求各核算单位财务人员在单位负责人领导下,除做好本单位的报账工作外,还要继续搞好经费预算管理、固定资产管理,做好财务收支活动的分析总结;根据会计信息为领导提供决策依据等财务管理工作。同时,会计核算中心要注重同核算单位的联系,加强对账与盘点工作,切实做到账账相符、账实相符。各单位应强化财务管理维护各项财经法规和财经政策,会计核算中心要加强《会计法》和国家统一的会计制度及其他规定的宣传,定期或不定期对各单位进行监督检查,充分发挥审计、纪检监察、财政、会计核算中心的职能作用,同时加强会计核算中心自身建设,提高会计队伍素质,提高财务监督和管理水平。

完善内部控制管理。内部管理制度方面通过制定工作计划,建立内部业务规范,完善内部管理制度,建立考评制度,实行科学规范管理。保证会计核算中心廉洁、高效、准确地为各单位正常工作服务。

(二)考核与奖惩制度

1. 中心和各单位对会计、报账员(出纳)实施双重考核。考核采取平时考查与年终考核相结合的方法,具体按事业单位工作人员考核办法执行。

2. 年度考核被确定为优秀等次的,各单位给予表彰。

3. 会计因业务技术水平较低、工作纪律涣散、完不成工作任务、岗位职责履行情况较差等原因年度考核不合格,或拒绝接受组织安排工作的,进行诫勉谈话,责令限期整改;连续两次年度考核不合格的,调离会计岗位。

(三)监督与检查制度

1. 会计人员应当依据国家会计法规、制度和中心内部会计制度等对各单位的经济活动进行会计监督。

2. 中心接受委计财处等部门的监督和检查,如实提供会计凭证、会计账簿、会计报表和其他会计资料以及有关情况,不得拒绝、隐匿、谎报。

3. 中心应贯彻落实党风廉政建设,加强廉洁自律工作,对各单位重大项目、投资经营、大额及专项资金使用、违规收送礼金礼券及购物卡等实行监督检查,每年不少于两次。

4. 中心应完善岗位职责,落实岗位责任,强化审核岗位的职能,建立审核报告制度,发挥审核监督岗位在中心会计基础工作和内部控制体系中的保障作用。

六、委属行政事业单位会计集中核算管理实施计划

(一)确定试点范围

在调研的基础上,结合委属各行政事业单位在编人员数量、财务人员数量、是否单列财务科(处)、财务部门人员年龄结构及学历职称等情况,建议对委属行政事业单位进行分类管理,具体如下:

1. 单位编制总人数 20 人以下的单位。针对单位人员在 20 人以下的,建议纳入会计集中核算范围,按照“分步推进、试点先行”的方式,优先选取 3—4 家单位开展会计集中核算试点。结合前期调研各单位实际情况,可选取上海市农业委员会信息中心、上海市农村经营管理站、上海市农业科技服务中心和上海市农产品质量安全中心开展先行试点。

2. 单位编制总人数 20—100 人的单位。针对单位人员在 20—100 人的,可通过委托会计集中核算中心辅助开展业务指导、集中培训、工作交流等方式,也可以通过编制案例分析集统一集中学习,做到举一反三,提高业务能力和财务管理工作的规范性。

3. 单位编制总人数在 100 人以上的单位。针对单位人员在 100 人以上的,建议取得人事部门支持,设立财务科,增加财务工作岗位职数,提高财务在单位工作中的重要性。

（二）明确实施步骤

1. 确定核算人员。事业单位按照政府购买服务的方式和程序，选择规范的社会中介机构提供服务，并通过与社会中介机构签订书面协议，全面清晰界定各方的权利义务关系。

2. 办理会计移交手续。各核算单位与核算中心按规定办理会计资料的移交手续，由各方对相关移交材料进行签字确认。

3. 各核算单位确定报账人员。各核算单位要在办理会计业务移交前，根据单位实际业务量大小，确定一名具备一定财会知识、工作认真负责的专职（或兼职）报账员，具体办理本单位的会计报账业务。

4. 组织审计。各核算单位进入会计中心集中核算前，其移交的会计账务需进行统一审计，并以审计结论作为会计移交的正式依据。会计集中核算中心根据审计结论及会计移交材料正式开展核算程序。

（三）加强过程评价

在各单位试点过程中，督促相关单位按照试点方案，试行集中核算工作，加强过程跟踪，对集中核算中发现的问题及时指导解决。对试点过程中取得的经验，及时总结，挖掘典型案例，形成可推广、可复制的经验模式。

附件1：组织架构图
附件2：核算流程图

牵头处室：计划财务处
课题组成员：钟绍萍　徐　娟　竺佳敏　鞠　炜　何灵杰

附件 1：

组织架构图

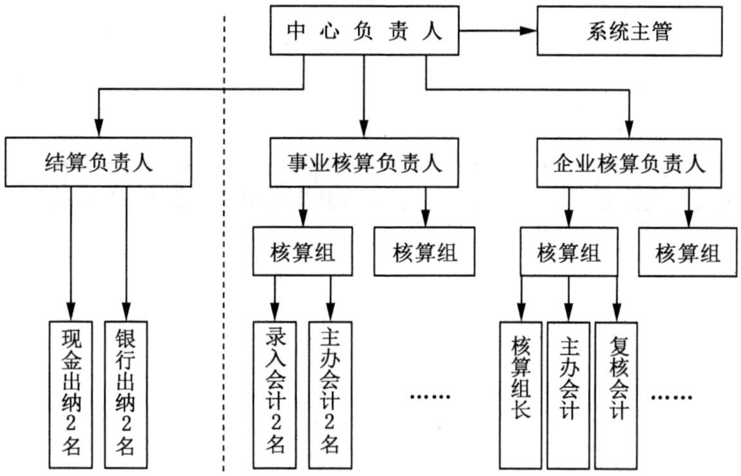

附件 2：

核算流程图

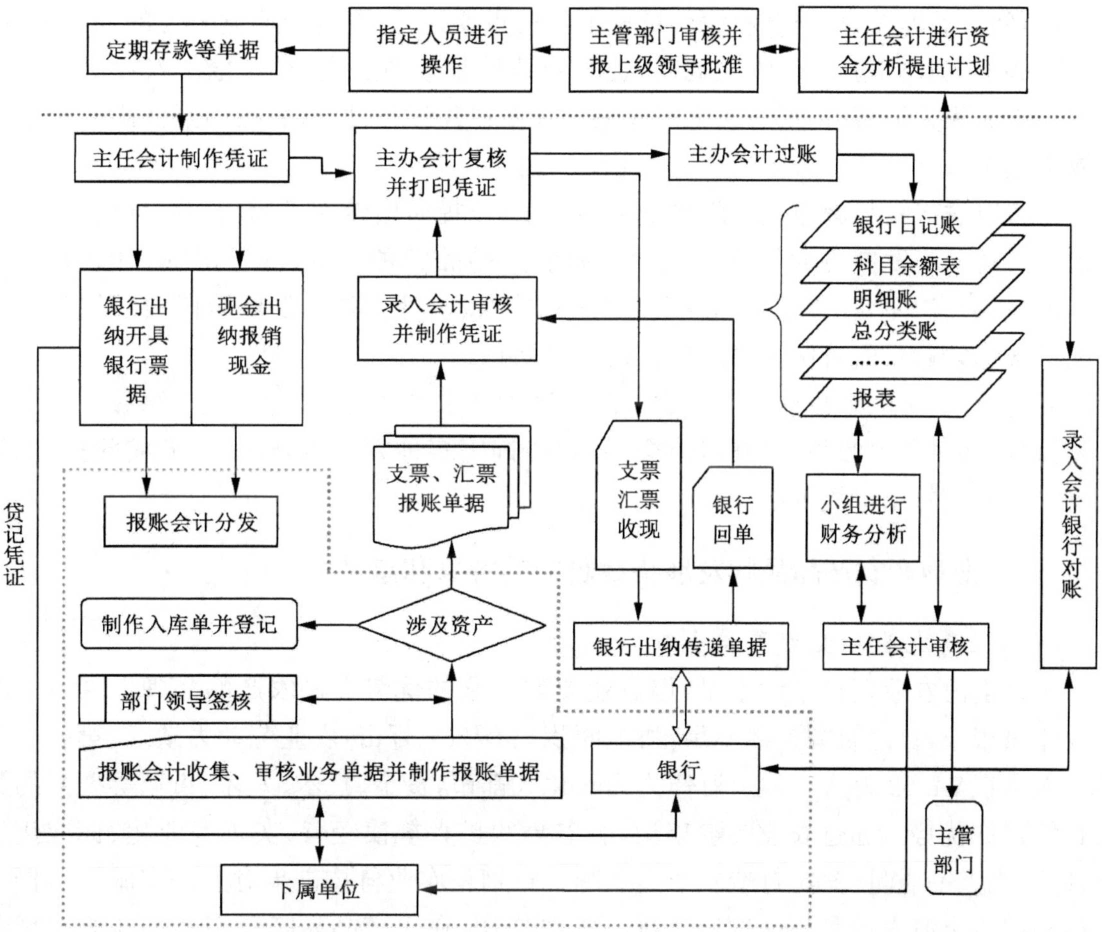

19. 上海地产农产品品牌发展指数研究

近年来，我国农产品品牌正处于飞速发展的阶段，农产品所特有的特征也意味着中国农产品走进品牌时代可观的未来。农产品品牌化是中国农产品未来发展的方向，也是质量兴农、品牌强农、提升农业市场竞争力的重要途径，更是农业竞争力的综合体现。在新形势下，加快实施品牌强农战略，提高农业质量效益和竞争力，抢占农业国际竞争的制高点成为大势所趋，更是实施产业兴旺和乡村建设行动、区域社会经济高质量发展的战略抓手。

上海以农产品品牌建设和质量安全为抓手，以提质增效为目标，农业生产从重产量向重品质的品牌发展方向转变。虽然上海农产品品牌种类多，既有享誉全国的“大品牌”，也有只在沪闻名的“小众品牌”。但从总体看，仍处在初级发展阶段，在思想认识、发展基础、影响力、监管保护方面仍存在突出问题。

因此，为了全面解析评价上海农产品品牌发展水平，点面结合设立上海农产品品牌发展指数，通过资料收集、召开座谈会、专家咨询等多种方式展开研究，形成此报告，为政府宏观政策的制定提供参考。

一、上海地产农产品品牌发展指数研究的背景和意义

（一）上海农业产业发展特点

一是上海农业资源禀赋不足，但农业要素集聚的优势促进农产品品牌发展。上海农业体量很小，自然资源禀赋不足，耕地面积只有 280 万亩，农业劳动力缺乏，第一产业从业人员仅 34.62 万人。但上海作为国际化大都市，资金、技术、人才、市场等要素的集聚有较强的优势。通过农业要素集聚，服务集约扩大规模经营，实现专业化、标准化生产，保障农产品质量安全，打造农产品品牌。特别是农业科技进步对上海实施乡村振兴战略和促进上海农产品品牌发展发挥了重要作用，在农产品品牌营销和创新等领域形成了独特的技术优势。

二是上海农业 GDP 趋稳，主要农产品供给保障能力较稳定，区域公用品牌优势突

出。据上海市统计局发布的《上海市 2019 年国民经济和社会发展统计公报》显示，2019 年，上海实现农业总产值 280.74 亿元，尽管农业占全市生产总值的比重不足 0.8%，但近几年呈现趋稳态势。在粮食生产功能区、蔬菜生产保护区、特色农产品优势区划定的支撑下，粮食播种面积达 11.74 万公顷，蔬菜产量 310.76 万吨，生猪全年累计出栏 117 万头，家禽出栏 844 万羽，鲜奶产量 29.7 万吨，水产品总产量 32.47 万吨。上海重视具有明显特色的农产品资源，进行专业化品牌塑造，重视区域公用农产品品牌建设。目前上海已形成了马陆葡萄、南汇水蜜桃、浦东 8424 西瓜等多个区域公用品牌，极大地提升了上海果蔬附加值。

三是绿色农业稳步推进，规模经营能力有提升，农产品品牌发展有保障。上海以绿色发展理念为引领，以农产品品牌建设和质量安全为抓手，以提质增效为目标，农业生产从重产量向重品质的绿色发展方式转变，绿色农业得到了稳步推进。上海市农业农村委办公室公布的《上海推进农产品绿色认证情况报告》显示，2019 年上海有效期内绿色食品企业数共 654 家，产品 1 132 个，获证产量 104.78 万吨，地产农产品绿色食品认证率达到 20%；农产品地理标志 14 个。上海鼓励耕地向高水平的经营主体适度集中流转，承包地流转率达到较高水平，生产规模扩大，同时通过制定相关政策着力培育新型农业经营主体，提高农业生产组织化程度，规范提升经营主体持续生产经营能力。

四是农业信息化水平持续提升，品牌农产品营销渠道多样化。上海积极推进“互联网＋”现代农业，推动农业物联网工程建设。部分合作社、农业龙头企业依托农业物联网公共平台，对农业生产、加工、流通领域实行智能化管理，培育了一批农业电子商务企业，带动了一批优质农产品的网上营销。进一步利用现代信息技术、智能技术等应用，在品牌农产品销售环节，加大力度推广电子商务、视频销售平台盒多媒体平台等。“互联网＋”已成为提高品牌农产品生产率、缩短上海品牌农产品流通环节的重要手段。

（二）上海地产农产品品牌发展概况

第一，品牌农产品占市场份额持续上升。据上海商情信息中心发布的《2019 生鲜行业发展报告》获悉，目前品牌农产品在上海市场份额已达 90%以上，其中在流通渠道方面，品牌率达 70%以上。比如，“清美”从豆制品拓展到面食领域，并成为上海早餐工程参与者，近几年更是跨界生鲜零售领域，企业销售额从千万元级走向 10 亿元级。松林食品作为上海市精品肉龙头企业，形成了自繁、自养、自宰、自销为一体的全产业链猪肉产品生产体系。光明食品集团旗下的上海农场近年来加速转型升级，推出了按“1 亩田放养 10 只鸭”比例开发的“一亩十鸭”系列稻田鸭及鸭蛋产品和以“千斤大豆做基肥、一根藤上一个瓜”标准培育的“种豆得瓜”品牌西瓜。

第二，农产品品牌建设能力不断增强。上海地产农产品品牌建设能力的增强主要表现在：一是农业企业管理人对农产品商标注册和保护重视程度逐渐增强。近年来，上海市各区重点推出落地国家商标局受理窗口、开通知识产权服务绿色通道等工作举措，旨在优化营商环境，推进品牌经济发展。例如，金山区在 2020 年 6 月底前建成商标品牌指导站 7 家；“亭林雪瓜”在 2019 年获得金山区首个国家地理标志注册商标，雪瓜单价从之前的 8 元/斤上升至 13 元/斤，为商标权利人和瓜农们带来实实在在的效益。二是政府积极推进地产农产品品牌建设。上海市农业农村委按照乡村振兴总要求，将品牌建设纳入乡村振兴考核中，组织参加各类展会，开展农产品评优推介和品牌直销会，建设绿色农产品公共推介平台。2020 年 11 月 20 日举行上海地产优质中晚熟大米品鉴评优活动，本市 9 个涉农区和光明集团、上实集团、地产集团从事中晚熟大米生产的 38 家企业(合作社)选送的 40 份样品参评，并通过专家评委和市民评委共同打分的形式，选出得奖主。

第三，地产农产品品牌发展不平衡。第一，区域之间发展不平衡。上海以 9 个涉农区和光明食品集团 20 个地产农产品知名品牌作为乡村振兴重点培育打造品牌，其中浦东新区、松江和光明集团品牌企业数量居多。第二，农产品种类之间发展不平衡。地产农产品品牌主要集中在种植业、养殖业，其中蔬菜类、瓜果类、畜牧类、稻米类产品品牌数较多，水产类品牌数量偏少。第三，品牌知名度发展不平衡。2019 年上海仅有 4 个地产农产品品牌入选中国农业品牌名录农产品区域公用品牌，分别是松江大米、崇明大米、南汇水蜜桃、马陆葡萄。

第四，地产农产品品牌影响力较弱。由于上海农业生产规模相对偏小，地产农产品产量较少，销售市场主要集中在上海和长三角地区。虽然有上海的农业企业在外省市建立，但是大部分产品仍回沪销售，对外开拓市场能力很弱，品牌产品在全国市场的占有率较低。

（三）上海地产农产品品牌发展指数研究的意义

上海的品牌建设有助于支持传统产业优化升级，以品牌为核心整合各种经济要素，可以带动经济整体运营，经济结构升级转型，帮助上海实现经济的持续健康增长。上海不同区的农业发展条件、发展进程千差万别，农产品品牌建设也各不相同，因此，为了全面评估各区品牌发展现状，衡量农产品品牌发展水平，及时发现并针对性地解决农产品品牌发展中的问题，需构建适应当前农业发展新形势、评价要素尽可能全面的地方评价指标体系。进行上海地产农产品品牌发展指数研究的意义重大。

一是挖掘品牌企业发展潜力。企业品牌建设的良性发展是多方便作用合力的结果，设立品牌发展指数可以帮助企业及时有效地把握整体经济范围内的品牌建设现状，合理预期政府未来支持的主要方向，准确判断品牌发展潜力，帮助企业少走弯路。

二是加强上海及各区农产品品牌建设。通过设立上海农产品品牌发展指数可以使上海决策机关迅速掌握宏观的品牌发展趋势，除了寻求经济“量”以外，更关注各农业企业发展的持续性。同时帮助各区政府主动探索本地区品牌发展过程中相对薄弱环节，如发展规模不足、消费者对品牌满意度不高、企业就业率不平衡等，并针对这些薄弱环节实施具体的改进措施，以促进上海及各区农产品品牌建设的进一步发展。

三是促进上海各区农业经济均衡发展。农产品品牌建设水平与当地的经济发展情况有显著的相关性。农产品品牌建设可以壮大上海各区产业集群发展，是各区农业市场经济走向成熟的标志，因此培育优秀的品牌可以引领经济发展，使资源配置趋于合理，产业发展逐渐成熟。上海设立地产农产品品牌发展指数可以加强品牌建设的重视度，培育出优秀农产品品牌，从而有效提升上海各区经济活力与增长动力，达到农业产业经济均衡发展目的。

四是优化上海农业产业结构布局。调整产业结构是农产品品牌建设的基础，品牌农产品的发展可以进一步调整优化产业结构布局。上海市已形成了较有区域特色的农业产业体系。闵行、嘉定、宝山等近郊以发展特色水果蔬菜为主，马陆葡萄已成为嘉定区农业核心优势产业；崇明、金山、青浦等远郊以粮食作物、畜牧水产业为主，已成为上海市民首选的品牌农产品。设立上海农产品品牌发展指数可以有效评估各农业产业优势区的农产品品牌发展成熟度，区分发展差异，有效调整产业发展布局。

五是保障上海有效实施乡村振兴战略。乡村振兴已成为新时代上海农业加速发展的强大动力，农业则成为乡村振兴的经济基础及核心动力。推进上海农业产业现代化是乡村振兴战略的重要内容，而农产品品牌建设则是农业现代发展的标志之一。上海设立农产品品牌发展指数可以实现强农战略，有助于农业由增产导向转向提质导向，有效实施乡村振兴。

二、农产品品牌发展指数相关研究及启示

(一)国外相关研究

农产品品牌建设具有借鉴意义。国外单针对农产品品牌理论的研究较为少见，农产品品牌具有品牌的共性，国外在品牌研究基础上，挖掘农产品品牌的独特性，并在制度制定层面以及政策制定层面进行一系列大胆探索。在世界范围内法国农产品品牌的发展最具有特色同时也最为成功，被各国竞相模仿学习。法国拥有一套极为严格的产品质量认证体系，其中最具代表性的是“AOC”认证即“原产地命名控制”认证体系。法国实施对地理标志农产品和原产地标记的认证一百多年的经验证明，“原产地命名控制”认证体系提高了农产品的附加值，提升了农产品在世界市场上的竞争力，有力推动了本国农产品品牌的发展。日本在农产品品牌化战略的制定实施方面具有典型的示范作用。1979 年，日本的“一村一品”战略在大分县正式实施。该战略将具有特色资源的区域化为一个中心，因地制宜，打造出一种或几种具有当地特色的优质农产品，提高该地区农产品的知名度和竞争力，强化当地农产品品牌，并将实践经验逐步推广到全国。欧美发达国家经过百年来的市场锤炼已经形成许多竞争力强、市场占有率高、产品溢价能力强的农产品品牌。这些实践的成功经验对我国农产品品牌自身发展具有一定的启示作用。

农产品品牌发展有迹可循。西方国家的品牌发展始于 19 世纪末 20 世纪初，90％以上品牌都集中在发达的工业化国家和地区，因此农产品品牌的发展相对滞后于工业产品品牌的发展，但是他们发展的基本轨迹十分相似。第一，品牌的产生立足于先进技术与社会分工进一步发展的基础之上。先进的技术确保了品牌产品在质量与功能上的先进性，从而使品牌更易被市场所接受；分工的发展，使企业的生产规模不断扩大，生产效率不断提高，生产成本不断降低，从而使品牌在市场更具竞争力。美国、英国、法国、德国等都是科技大国，雄厚的基础研究实力和实用技术开发能力，使这些国家的世界名牌具有旺盛的生命力。日本的基础科学虽显薄弱，但它是个善于吸收和借鉴的民族，能

够充分利用欧美的科研成果,技术开发能力强,这使它制造出许多世界级名牌。第二,品牌的成长以广阔的市场接纳为前提。从西方国家品牌发展的状况来看,世界品牌的涌现,往往是在新技术出现之后的一段时间,与之相伴随的是新的消费潮流的出现。这意味着一个品牌成为世界名牌的前提条件是有广阔的市场来接纳该品牌。第三,品牌的发展依赖于有序的竞争环境和政府的有力支持。品牌是竞争的结果,在市场上经过多次竞争优胜劣汰,一直保持胜利者才能成为品牌。因此,如果竞争环境无序,必然会影响名牌的成长。欧美等发达国家的世界级品牌之所以较多,与这些国家发展市场经济时间较长,形成了较好的市场环境和市场规则直接有关。第四,品牌的发展必须走向世界。由前可知,世界级品牌的发展必然伴随着大规模的生产和高度发达的技术,而所有这一切与相对狭小的国内市场之间形成强烈的反差。这说明,品牌要大幅度发展必须走向世界。

品牌发展评价指标体系构建至关重要。品牌发展指数是描述特定市场状况的一个指标,用来衡量一个品牌在区域市场的发展程度,是评价品牌发展成果的一种重要手段,是从动态发展视角出发评估品牌建设。因此品牌发展指数弥补了前人基于静态视角对品牌评价的缺点,动态观察品牌的变化及发展趋势,综合反映品牌建设产生效果和政府与企业自身层面对品牌发展的重视程度。品牌发展评价指标体系的构建是品牌发展指数的最重要部分,指标的选取也显得尤为重要。联合国开发计划署提出的人类发展指数(HDI),以预期寿命指标反映发展规模,以教育水准和生活质量指标测量反映发展质量,因此 HDI 评价指标体系里以发展规模和发展质量为指标。普华泳道全球联合世界银行共同发布的《世界纳税指数》中,纳税次数测评反映的是发展规模,纳税时间和税后流程则反映了发展速度,分别从发展规模和发展速度来构建纳税指标体系。联合利华董事长迈克尔·佩里将品牌定义为有消费者对日常生活中商品的感觉引发的相关意义的综合体,这种定义充分考虑了消费者因素,如消费者满意度、忠诚度,体现了企业与消费者自己的互动作用。现代营销学之父菲利普·科特勒和南希·李在他们的著作《企业的社会责任》中,将企业社会责任定义为衡量企业为提高社会福祉所付出的企业资源和实际努力的指标,因此品牌企业承担了更多的社会效益。

(二)国内相关研究

农产品品牌发展正逐步迈入新模式。改革开放以来,社会主义市场经济发展迅速,人们对农产品的需求已不满足"数量型"和"温饱型",对安全品质以及个性化追求越来越多。农产品品牌如雨后春笋般在农业领域遍地开花,国内学者纷纷对农产品品牌进行深入研究。农业部原常务副部长尹成杰认为:研究农业区域品牌的建设领域很有意义,有助于提高中国农业的发展质量和农业的竞争力。随后,蓝狮(北京)品牌策划有限公司探索出农产品建设的"1+5" 新模式,该模式共同构成了品牌农产品的市场流通体系。更多学者对农产品品牌发展研究集中在发展现状、滞后原因、农产品品牌建设等方面,提出要以地区资源优势为基础,通过挖掘开发当地特色农产品,做强、做大品牌,更要坚定农产品产业化的发展有赖于农产品品牌的建设理念。

品牌发展指数研究处于初级探索阶段。大多数学者在构建区域品牌发展模型时,首要考虑的是品牌样本选取的科学性和代表性，因为通过样本变动状况可以衡量整个品牌发展水平，进而反映区域品牌竞争的变化及品牌战略的推进效果。样本的选择要符合品牌归属合理性，并在一定区域内具有影响力和代表性，且应当尽量保持所选样本数量的稳定性。评价指标的选择也至关重要。学者在研究天津品牌指数评价对象时，将品牌影响力、品牌支撑力、品牌保护力作为指标内容，分析天津市政府在品牌建设过程中的优势与不足。新华国际金融中心发展指数中的金融市场发展测量了发展规模，成长发展测量了发展速度，产业支持则测量了发展贡献。中国社科院城市竞争力指数中的经济综合竞争力评价、经济密度指数等反映的是城市发展规模，经济增量指数则测评了城市发展速度。更有学者在构建区域品牌发展指数框架模型时，将品牌国际化、品牌出口率、品牌知名度、品牌信赖度、品牌联想度、品牌发展速度、品牌质量、持续发展和用户满意度等作为区域品牌发展指标体系的指标中，以期更全面的评估区域品牌发展现状。

（三）国内外研究启示

通过国内外不同学者对农产品品牌、品牌发展及发展指数的研究和分析，对于上海市设立地产农产品品牌发展指数具有一定的借鉴意义。西方国家的农产品品牌建设已经过百年历练，形成了多个竞争力强、市场占有率高、产品溢价能力强的农产品品牌，这些实践经验对上海农产品品牌建设具有十分重要的借鉴作用。作为国际大都市来说，上海农业产业和农产品品牌具有其特殊性，唯有结合自身特点，寻求创新，才能走出一条适合上海农产品品牌发展的优化道路。从品牌发展的国际经验来看，上海地产农产品品牌发展必须找准并开拓自己的目标市场，提升农产品科技含量，扩大经营规模，避免品牌同质化，建立有效政府支持机制和有序竞争环境。上海各区农产品品牌发展不均衡，但结合现有的区域品牌发展指数研究，可以提炼出适合上海市品牌发展的指标体系，可以从消费者角度、品牌发展角度和社会效益等方面细分二级指标，如品牌知名度、品牌形象、品牌质量、品牌数量等，构建出覆盖面广、适应性强的上海地产农产品品牌发展指标体系。

三、上海地产农产品品牌发展指数的基本内涵

品牌发展指数（Brand Development Index，简称 BDI）是指品牌在该地区的销售（消费者人数）占全部销售（消费者人数）的比例/该区人口占全部人口的比例 X100。上海设立地产农产品品牌发展指数旨在对上海地产农产品品牌发展做出评价，反映不同区域、不同品种的农产品品牌发展现状，从而发现并针对性地解决发展中的问题。其基本内涵主要包括以以下几个方面。

1. 不同区域农产品品牌发展指数

品牌发展指数的研究不仅要从上海市宏观层面考虑，还要全面分析不同区域的农产品品牌发展程度，因此在考虑评价指标体系时，应该同时考虑各区农业经济发展阶段的差异。在上海 9 个涉农区中，各自农业产业发展也参差不齐，其农产品品牌发展也有所差距。且不同发展模式应该有不同的解决方法。因此在构建农产品品牌发展评价指标体系时应该以各区代表品牌为“点”，上海市大量中小品牌为“面”，进行全面考量。

2. 不同品种农产品品牌发展指数

由于上海耕地面积有限,且农业产业体量小,很难形成集中种植面积,因此农产品的种类较少,品牌培育相对困难。且同一种类的品牌培育又存在同质化现象,且目前愈演愈烈,有的甚至效仿已有品牌的发展之路。要想解决不同品种间和同一品种间品牌发展的问题,就需要构建适应性全面的品牌发展指数。

四、上海地产农产品品牌发展评价指标体系构建

为了全面了解上海地产农产品品牌发展现状,有针对性地解决上海不同地区和不同品种间农产品品牌发展中的问题,需要构建上海地产农产品品牌发展评价指标体系。那么品牌发展评价指标选择是一项非常重要的任务,如何能科学全面地用指标反映上海地产农产品品牌成熟度的实际情况成为本研究的重点和难点,但为了尽可能保证指标的合理性,在评价指标的构建中遵循科学性、全面性、可操作性等原则。

(一)对现有上海农产品品牌种类进行归类

上海地产农产品品牌种类丰富,既有瓜果类、蔬菜类又有稻米类、畜牧水产类。上海的16个区里只有9个涉农区,因此对农产品品牌种类归类时可以细化到区。样本的选择要遵循点面结合,因此上海农产品分为四大类:瓜果类、稻米类、蔬菜类、畜牧水产类。果瓜类具有代表性的有8424西瓜、南汇水蜜桃、马陆葡萄等;稻米类具有代表性的有崇明好米、东滩大米等;蔬菜类具有代表性的有崇明小青菜、崇明香芹等;畜牧水产类具有代表性的有松林猪肉、光明鲜鸡蛋等。表1中只列出不同品类的少数具有代表性的农产品品牌。

表1　上海地产农产品品牌种类归类

品　类	品牌类型	区　域
瓜果类	奉贤黄桃	奉贤
	庄行蜜梨	奉贤
	马路葡萄	嘉定
	传伦葡萄	嘉定
	金山小皇冠瓜	金山
	黄母蟠桃	金山
	施泉葡萄	金山
	侨嘉	闵行
	南汇水蜜桃	浦东
	南汇 8424	浦东
	合庆红	浦东
	哈玛匠	青浦
	仓桥水晶梨	青浦
	青浦草莓	青浦
	家绿牌果蔬	松江

续表

品　类	品牌类型	区　域
蔬菜类	丰科食用菌	奉贤
	雪榕食用菌	奉贤
	珍菇园	宝山
	天寿	闵行
	城市	闵行
	莲塘茭白	青浦
	甜妞	金山
	清美	浦东
	孙桥	浦东
稻米类	山水牌崇明大米	崇明
	闵田悦禾	闵行
	蛙稻米	青浦
	松江大米	松江
畜牧类	松林猪肉	松江
	五丰上食猪肉	嘉定
	森蜂园	奉贤
	奉贤黑山羊	奉贤
	山水牌崇明白山羊	崇明
	明珠湖猪肉	崇明
水产类	大泖牌黄浦江大闸蟹	松江
	宝岛牌崇明清水蟹	崇明

（二）确定待研究的样本

样本的选择需要具有代表性，既选择享誉全国的“大品牌”如南汇 8424、马陆葡萄、崇明大米、崇明清水蟹等区域公用品牌，又要选择“小众品牌”如松林大米、草莓姑娘等合作社品牌。同时选择样本还要兼顾其稳定性和可靠性，如果样本出现由于吸收合并等原因不再存在的现象，或者品牌排名持续下降等情况，应及时将该农产品品牌移除样本库，并选取新的样本对其替换。最终可选取 30—50 个稳定样本。

（三）构建上海地产农产品品牌发展指数评价指标体系

根据上海地产农产品品牌发展现状和梳理前人研究成果，本研究从四个维度出发来评价上海地产农产品品牌发展情况。

1. 发展规模

发展规模是上海品牌发展水平最直观的体现，它不仅表现在物质数量上，影响力大小同样是发展规模的一种表现，因此，本评价指数发展规模这一维度包含了品牌数量和市场表现两个二级指标。品牌数量是彰显上海地产农产品品牌经济繁荣程度的显性表现，是衡量发展水平的基础指标。为了衡量这一指标，又包含了品牌总体数量、区域公用品牌数量三级指标。上海地产农产品品牌总体数量既要包含知名度高的品牌和商标在册的品牌，又要包括小而美的小众品牌。市场表现是消费者对不同的品牌营销活动做出不同反应的效果体现，代表了消费者对品牌给出的总体性的效用评价。市场表现又可包含购买率、品牌知名度、复购率三个三级指标。这三个三级指标可以进行大量问卷调查而得。

2. 发展速度

发展速度是日常社会经济工作中经常用来表示某一时期内某动态指标发展变化状况的动态相对数。上海地产农产品品牌发展不是一时一刻的事情而是长期的事业，因此评价指标应该在关注现状的同时考虑到未来的趋势，因此此维度包含了品牌数量增长和市场表现改进两个二级指标。品牌数量增长能够动态体现上海地产农产品品牌发展速度，这个主要靠品牌总体数量增长率和区域公用品牌数量增长率等指标衡量。而市场表现改进则主要靠购买率提升、品牌知名度提高、复购率提升等量化指标衡量。

3. 发展质量

上海经济发展已经由关注速度转为关注质量，因此地产农产品品牌发展在关注发展规模、发展速度的同时，同样需要重视发展质量。发展质量测量指标包含品牌质量和持续发展两个二级指标。品牌质量包含用户对农产品品牌的满意度和品牌感受，品牌感受可以从口感、包装等因素加以考虑。衡量上海地产农产品品牌发展水平，不仅要考虑当下或一时的状态，更要衡量品牌发展的可持续性。因此持续发展指标还应包括品牌商标续展率、品牌投入科研力。当一个商标持续使用时，即使不能成为著名品牌，但在一定程度上也可以被认为是一个较稳定的品牌。品牌投入科研力可以从与科研单位合作度、科研经费占成本比例、科研人员数量和科研人员学历等因素考虑。

4. 发展效益

企业除了取得市场竞争的胜利外，还有责任和义务通过业绩成就帮助社会进步发展。换句话，企业在寻求经济利益的同时还需要维护各种社会利益。因此该维度包含了经济效益和社会效益。经济效益主要是企业自身的营业收入、利润总额。而社会效益本研究只考虑了代表性品牌所带来的社会效益，即受品牌影响的农户数增加率、受品牌影响的就业人数增长率。受品牌影响的农户数增加率指的是品牌辐射农户数的逐年增加率，而受品牌影响的就业人数增长率则考虑代表性品牌企业就业人数的增长幅度（见表 2）。

表 2　上海地产农产品品牌发展指标体系

一级指标	二级指标	三级指标
发展规模	品牌数量	品牌总体数量
		区域公用品牌数量
	市场表现	购买率
		品牌知名度
		复购率

续表

一级指标	二级指标	三级指标
发展速度	品牌数量增长	品牌总体数量增长率 区域公用品牌数量增长率
	市场表现改进	购买率提升 品牌知名度提高 复购率提升
发展质量	品牌质量	用户满意度 品牌感受
	持续发展	品牌商标续展率 品牌投入科研力
发展效益	经济效益	营业收入 利润总额
	社会效益	受品牌影响的农户数增加率 受品牌影响的就业人数增长率

上海地产农产品品牌发展指数评价指标体系由发展规模、发展速度、发展质量、发展效益四个维度出发，设立有品牌数量、市场表现、品牌数量增长、市场表现改进、品牌质量、持续发展、经济效益和社会效益 8 个二级指标，三级指标 18 个：品牌总体数量、区域公用品牌数量、购买率、品牌知名度、复购率、品牌总体数量增长率、区域公用品牌数量增长率、购买率提升、品牌知名度提高、复购率提升、用户满意度、品牌感受、品牌商标续展率、品牌投入科研力、营业收入、利润总额、受品牌影响的农户数增加率、受品牌影响的就业人数增长率。该指标体系具有通用性和合理性，对不同区域、不同品种的农产品品牌发展具有一定指导意义。

牵头处室：市场与信息化处

课题组成员：邢增涛　朱龙舟　逯连静　王丽媛　陈志强　秦菊华

20. 本市地理标志农产品保护工作的调查研究

当前，上海市新型工农城乡关系正在形成，市民对安全、优质农产品需求突显，质量兴农、绿色兴农、品牌强农成为今后我国农业发展的主旋律。地理标志农产品代表了高潜质的农业资源，是特色优质农产品的重要表现形式，具备品牌性、特色性、文化性等基础性优势，成为本市都市现代绿色农业转型升级的助推器，成为守护市民舌尖安全的一项坚实保障，对本市调整优化农业产业结构、实施乡村振兴战略、促进农业高质量发展意义重大。

一、背景与意义

（一）全国加快地理标志农产品保护工作的新要求

习近平总书记在 2017 年底中央农村工作会议上强调，坚持质量兴农、绿色兴农，加快推进农业由增产导向转向提质导向。2019 年《政府工作报告》提出“实施地理标志农产品保护工程”。2019 年中央 1 号文件强调，强化农产品地理标志和商标保护，创响一批“土字号”“乡字号”特色产品品牌，实施地理标志农产品保护工程，对打造特色农业产业、推进农业高质量发展、助力实施乡村振兴战略意义重大。2019 年，国务院拨付专项扶持资金启动实施地理标志农产品保护工程，将地理标志农产品产业发展列为加快农业转型升级的重要途径。

《农产品地理标志管理办法》于 2007 年由原农业部颁布，次年实施。该办法将农产品地理标志定义为：“标示农产品来源于特定地域，产品品质和相关特征主要取决于自然生态环境和历史人文因素，并以地域名称冠名的特有农产品标志。”2018 年，党和国家机构改革完成后，由农业农村部继续开展农产品地理标志的申请、审核与保护工作。截至 2019 年 12 月底，共计有 2 778 个农产品地理标志受到保护，产品涵盖了蔬菜、粮食、食用菌、果品、肉类产品、油料、水产动物、茶叶、中药材、烟草等。

（二）上海实施地理标志农产品保护的形势与意义

第一，扩大优质绿色农产品供给、实现农业高质量发展的重要手段。当前，本市农业正在从增产向提质导向转变。消费者对农产品的关注重点已经由“有没有”“够不够”向“好不好”“优不优”转变，地理标志农产品符合人民群众多样化、特色化、品质化消费需求，日益受到市场普遍欢迎。实施地理标志农产品保护工程，打造独具特色品质的优质农产品，适应质量兴农、绿色兴农、品牌强农的新要求，有利于推进质量兴农绿色兴农品牌强农。

第二，打造特色产业、促进农民增收的内在要求。十四五时期，本市都市绿色农业的一项重点将要培育农业发展新动能，活跃农村经济。实施地理标志农产品保护工程，培育地方特色产业，打造区域品牌，有利于提高传统特色农产品附加值，促进产业兴旺，增加农民收入，助力脱贫攻坚。

第三，传承农耕文化、推动乡村文明的有效载体。中华民族具有历史悠久的农耕文化、乡土文化和饮食文化，在长期农事活动中，逐步培育、凝结、积淀形成了一大批具有地方文化特色的农产品。实施地理标志农产品保护工程，让城乡居民看得见山、望得见水、记得住乡愁，有助于促进乡风文明，推进乡村文化振兴。

第四，保护知识产权、提升农产品国际竞争力的通行做法。地理标志农产品保护制度是用现代知识产权手段保护传统农业特色资源的一种方式，起源于欧洲，已有上百年历史。在WTO框架下，世界主要国家和经济体都建立了地理标志制度，对具有地域优势特色的农产品进行保护，提升农产品国际竞争力。

二、本市地理标志农产品保护工作的进展与成效

（一）本市地理标志农产品保护总体情况

上海农产品地理标志事业起步于2011年（陈艳芬等，2020），基于资本、技术和市场的优势，本市农产品地理标志的发展具备了得天独厚的条件，已成功打造了如彭镇青扁豆、马陆葡萄、庄行蜜梨、奉贤黄桃等知名度和美誉度俱佳的产品。截至2020年11月底，上海市共有地理标志农产品15个（见表1），涵盖11个种植业品种和4个养殖业品种。目前，共5项纳入地理标志农产品保护工程，占获证总数的比重为1/3，其中2019年包括马陆葡萄和奉贤黄桃2项，2020年包括崇明白山羊、金山蟠桃和彭镇青扁豆。

本研究使用ArcGIS绘制了本市15项地理标志农产品的区域范围（见图1）。结果显示，除去重复部分，种、养殖业地理标志农产品分别覆盖全市区划总面积的60%和25%左右。其中，种植业中崇明本岛覆盖两个品种，金山蟠桃、庄行蜜梨和奉贤黄桃呈村级点状分布；养殖业中崇明3岛均覆盖两个品种。

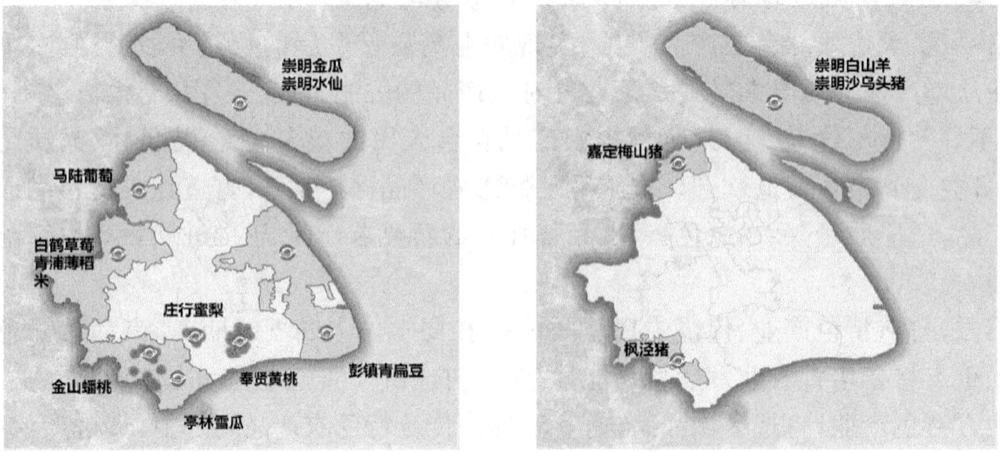

图 1　本市种、养殖业地理标志农产品的空间分布

表 1　上海市地理标志农产品概况

产业类别	产品种类	涉农区	产品名称	证书持有者	单位性质	初次获证时间	纳入保护工程时间
种植业	粮油类	青浦区	青浦薄稻米	青浦区稻米协会	事业法人	2020 年 4 月	尚未纳入
	蔬菜类	崇明区	崇明金瓜	崇明区农产品质量安全学会	学会	2014 年 5 月	尚未纳入
		浦东新区	彭镇青扁豆	浦东新区泥城农业发展中心	事业法人	2016 年 9 月	2020 年
	果品类	金山区	金山蟠桃	上海市蟠桃研究所	事业法人	2013 年 5 月	2020 年
		浦东新区	三林崩瓜	浦东新区农协会	协会	2013 年 12 月	尚未纳入
		金山区	亭林雪瓜	金山区亭林镇农业技术推广服务站	事业法人	2015 年 2 月	尚未纳入
		嘉定区	马陆葡萄	嘉定区马陆镇农业服务中心	事业法人	2015 年 2 月	2019 年
		奉贤区	庄行蜜梨	奉贤区庄行镇农业服务中心	事业法人	2015 年 7 月	尚未纳入
		奉贤区	奉贤黄桃	奉贤区青村镇农业服务中心	事业法人	2015 年 11 月	2019 年
		青浦区	白鹤草莓	青浦区白鹤镇农业综合服务中心	事业法人	2018 年 9 月	尚未纳入
	花卉类	崇明区	崇明水仙	崇明区农产品质量安全学会	学会	2015 年 7 月	尚未纳入
养殖业	畜类	崇明区	崇明白山羊	上海崇明白山羊协会	协会	2011 年 11 月	2020 年
		金山区	枫泾猪	金山区农学会	学会	2012 年 8 月	尚未纳入
		崇明区	崇明沙乌头猪	崇明区种畜场	事业法人	2013 年 12 月	尚未纳入
		嘉定区	嘉定梅山猪	嘉定区梅山猪育种中心	事业法人	2013 年 12 月	尚未纳入

从产业结构看(图 2),果品类数量最多,达到 7 项,占本市地理标志农产品总数的 46%,分别为金山蟠桃、三林崩瓜、亭林雪瓜、马陆葡萄、庄行蜜梨、奉贤黄桃以及白鹤草莓;畜类 4 项,占本市地理标志农产品总数的 27%,分别为崇明白山羊、枫泾猪、崇明沙乌头猪以及嘉定梅山猪;蔬菜类 2 项,占本市地理标志农产品总数的 13%,分别为崇明金瓜和彭镇青扁豆;粮油类和花卉类各 1 项,各占本市地理标志农产品总数的 7%,分别为青浦薄稻米和崇明水仙。

从证书持有者的单位性质看(图 3),事业法人的数量最多,共 10 家,占本市地理标志农产品总数的 67%;学会和协会分布为 3 家和 2 家,各占本市地理标志农产品总数的

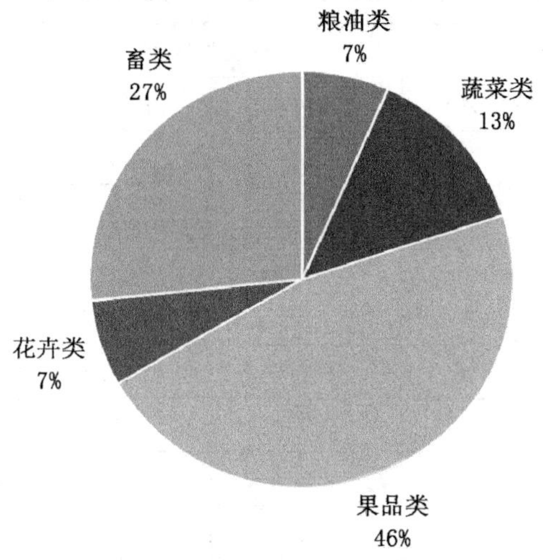

图 2　本市地理标志农产品的产业结构

20% 和 13%。由此可见，政府下属事业单位是本市推动地理标志农产品的主要力量。

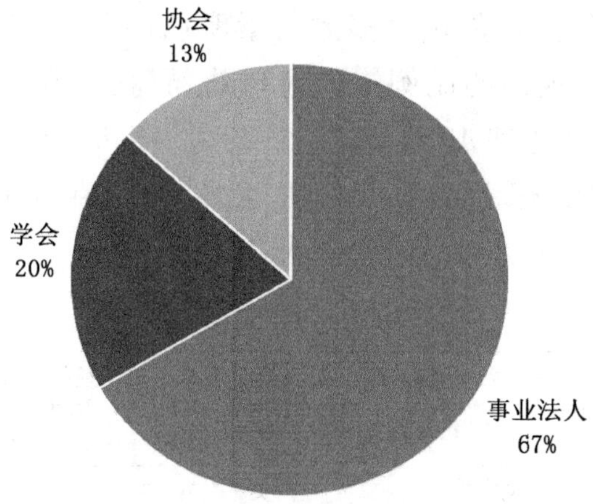

图 3　15 家地理标志农产品证书持有者的单位性质分布

从本市 9 个涉农区涵盖的地理标志农产品数量看(见表 2)，崇明区数量最多，共有 4 个，占比 26.7%，其次为金山区有 3 个，占比 20%；嘉定区、浦东新区、青浦区和奉贤区各有 1 个，分布占 13.3%；但闵行、宝山和松江三区尚未取得地理标志农产品。种植业中，浦东新区、金山区、青浦区、奉贤区以及崇明区 5 个区各包括 2 个地理标志农产品，分别占种植业地理标志农产品数量的 18.2%，嘉定区以 1 个地理标志农产品的数量，占种植业地理标志农产品数量的 9.1%，闵行、宝山和松江三区尚未取得任何种植业地理标志农产品。养殖业中，崇明区包括 2 个地理标志农产品，占养殖业地理标志农产品数量的 50%，嘉定区和金山区分别以 1 个地理标志农产品的数量，各占种植业地理标志农产品数量的 25%，其他 6 区尚未取得任何养殖业地理标志农产品。

表 2　　上海市 9 个涉农区地理标志农产品分布情况

区名	整体分布		种植业分布		养殖业分布	
	数量(个)	占比(%)	数量(个)	占比(%)	数量(个)	占比(%)
闵行区	0	0	0	0	0	0
宝山区	0	0	0	0	0	0
嘉定区	2	13.3	1	9.1	1	25.0
浦东新区	2	13.3	2	18.2	0	0
金山区	3	20.0	2	18.2	1	25.0
松江区	0	0	0	0	0	0
青浦区	2	13.3	2	18.2	0	0
奉贤区	2	13.3	2	18.2	0	0
崇明区	4	26.7	2	18.2	2	50.0

以纳入地理标志农产品保护工程的 5 个地理标志农产品为例，从授权情况看(见表 3)，授权企业数量最多的是马陆葡萄，共 23 家，占地域范围内生产主体总数比例最高的是彭镇青扁豆，为 100%，散户数量最多的为崇明白山羊，达 10 289 家；授权企业规模上，占地域范围内总生产规模的比例依次为马陆葡萄、奉贤黄桃、彭镇青扁豆、金山蟠桃、崇明白山羊，比例分别达到 49%、36.8%、23%、15.8%和 1.6%；授权企业产量上，占地域范围内总产量的比例依次为马陆葡萄、金山蟠桃、奉贤黄桃、彭镇青扁豆、崇明白山羊，比例分别达到 36%、34%、23、13.2%和 1.6%。

表 3　　本市地理标志农产品授权情况

产品名称	授权企业数量	总生产主体数量	散户数	授权企业数/总生产主体数	授权企业面积	总生产面积	授权企业面积/总生产面积	授权企业产量	总产量	授权企业产量/总产量家
	家	家	家	%	亩、头	亩、头	%	吨	吨	%
马陆葡萄	23	53	161	49%	4 575	9 277.35	49%	4 578	12 729.7	36%
奉贤黄桃	7	8	1 794	87.5%	1 494	6 491.6	23%	1 941	8 437.87	23%
崇明白山羊	3	11	10 289	27.3%	3 978	250 000	1.6%	121.8	7 500	1.6%
金山蟠桃	3	53	529	5.7%	1 579	4 289.55	36.8%	1 439.013	4 203.76	34%
彭镇青扁豆	2	2	4 000	100%	790	5 000	15.8%	1 382.5	10 500	13.2%

注：

1. 总生产主体数：地域范围内生产主体(企业＋合作社)数量。

2. 散户数：地域范围内生产主体(散户)数量。

三、本市地理标志农产品保护工程的发展经验与瓶颈

本市 2019—2020 年 5 个典型地理标志保护工程项目将集中资金力量重点扶持区域内在产业上有一定影响力的企业，主要围绕增强综合生产能力、提升产品质量和特色品质、加强品牌建设、推动信息化管理等维度，扩大地理标志农产品的影响力。总体而

言，本市地理标志保护工程项目具有以下特征：第一，发展基础良好。本市5个典型案例在产业基础、文化底蕴上具有一定的先进性和代表性，具备迈向高质量发展的基础。第二，发展目标明确。各工程都结合自身实际，制定了符合实际的产业目标定位，并分解到具体的工作任务中，形成了基础设施改造提升与建设目标、绿色生产水平目标、品牌宣传推介目标以及全覆盖管理技术、全方位培训、全流程信息化建设、精细化管理的生产管理提升目标。第三，保障措施到位，各项目均成立了区镇两级项目领导小组和工作推进组，确保项目的顺利推进和正常运行。

近十年来，虽然本市地理标志农产品在取得了较快发展，传统产区生产技术成熟，保护区域范围内生产资大多拥有丰富的种植经验，产品品质得到了广大市民的认可，但随着农业产业结构调整，土地资源紧缺，规模化生产空间减少、传统的种植方式已无法满足地理标志农产品的正常生产需要，病虫害防治技术也无法紧跟现代农业发展趋势，在生产主体管理、品牌打造、质量控制等方面仍存在一些发展瓶颈，限制了本市地理标志农产品的生产过程和品种质量，主要体现在：

第一，地理标志农产品与绿色食品认证结合度不够强，衔接不足。现有地理标志农产品在生产过程管理、产品品质保障上具有较强的标准化要求，与绿色食品认证紧密结合的基础较好，但目前绿色认证比重落后于本市都市绿色发展的目标，需要在十四五阶段加以推进。

第二，销路不畅与效益低下削减生产者积极性，产量降低。随着现代农业发展步伐的不断加快，生产者的销售观念未能及时转变，市场竞争不断加剧，地理标志农产品的品牌效应未能充分显现，品牌管理宣传不足，市民知晓率低，销售难度较大。由于效益较低，现有地理标志农产品产量逐年下降。缺乏市场定价权，导致产品优质不优价。此外，由于劳动力老龄化严重，引发了在生产管理关键时期用工难，甚至由此影响了正常生产，各类成本支出高降低了经济效益。

第三，生产的组织化程度低，效率低下。不同地理标志农产品的规模化程度参差不齐，组织程度总体较低。地理标志农产品覆盖区域内规模化生产主体数量较少，散户数量多，且分布广，管理上存在较高的难度。

第四，龙头企业带动作用有限，产品深加工的能力不足。产品深加工但规模均相对较小，未能有效起到示范带动作用，产品深加工能力和新产品开发能力的不足，限制了部分优势的企业的进一步发展。此外，由于品种单一，部分地理标志农产品因采收期短及不耐贮藏的特性，造成上市集中带来的产能过剩，出现农产品滞销的现象。

第五，生产方式相对比较原始，机械化程度低，生产效率低下。传统生产模式难以适应现代农业的新要求，严重制约了地理标志农产品机械化的实施，造成了劳动强度大与劳动效率低的局面，例如果园的架式过低、行距过窄和行头过小等问题尚未得以改进。

第六，基础设施薄弱，缺乏必要的生产设施，生产效能低。例如马陆葡萄生产设施中以简易避雨设施为主，抗台风和雪灾的能力较差，夏季台风过后往往设施破损影响避雨效果，而且简易避雨设施的土地利用率低，田间操作空间低矮不利于小型机械在耕作区操作。此外，部分果园病菌基数高，品种迭代升级跟不上需求。如本市较多果园树龄已超10年病菌数在种植基地生产过程中日积月累，造成基数较高，导致树体逐渐迈入衰退期。

第七，多头管理阻滞认证积极性。农产品地理标志的注册登记由农业农村部负责，地理标志农产品的质量监管由质检部门负责，打击相关假冒伪劣和不正当竞争等行为由市场监督管理部门负责。由于多头立法、条块分割和多头管理，不仅容易产生"九龙治水"或"空头管理"的混乱局面，而且往往引起生产经营者多头注册、重叠保护和权利冲突等问题（谌爱群，2019）。2018年，在《深化党和国家机构改革方案》中，中央将国家知识产权局的职责、国家工商行政管理总局的商标管理职责、国家质量监督检验检疫总局的原产地地理标志管理职责整合，重新组建国家知识产权局，由国家市场监督管理总局管理。

第八，农产品地理标志保护发展不平衡。本市大部分涉农区对农产品地理标志保护工作开展较为充分，但也有部分涉农区还未注册地理标志农产品。此外，部分获证主体由于利益驱动、生产成本高等原因忽视对品质的管理和控制，导致相关农产品的竞争优势消退。

四、提升本市地理标志农产品保护工作的对策建议

新发展阶段中，上海市要发挥地理标志农产品保护工程的引领性和支撑性，打造以地理标志农产品为标志的"优质化、精品化农产品样板"，从顶层设计的高度、服务都市农业视野的宽度、健康营养的深度、全产业链的长度、提质增效的厚度、精准施测的精度出发，系统谋划，务实研究，常态化做优做强本市地理标志农产品产业，助推地理标志农产品朝着品牌化、标准化、产业化、信息化、国际化等方向健康发展，进而促使农业产业转型升级，增加农民收人，提升经济效益。

（一）加强组织领导的保障引领作用，落实地理标志农产品保护工程的建设推进

成立项目领导小组，组织协调方案的实施和制定地理标志农产品保护工程相关制度、规范，将责任落实到人，将任务分解到岗，确保各项工作围绕任务有序开展。各部门根据各自职责，对照创建标准，全面完成创建任务。建立完善的地理标志农产品推进工作体系，按计划制作各个部分的相关工作方案，细化目标任务和工作进度。结合各地专项资金作为支持，从项目、资金等各方面给予聚焦。建立项目管理制度、财务管理制度等规章制度，确保项目运行的合规、合理，通过不定期项目实施内容的监督检查，对照方案各项实施内容，督促各项技术和工作措施落实到位，对各实施的项目工程、基础设施建设、设施设备的采购的实施情况进行督查、指导和组织验收评估。规范使用项目资金，设立项目专款账户，实行项目独立核算，专款专用，严格按照项目预算开支，根据支持企业的实际情况特点分类分项支持，采用项目经费支持与自筹相结合的形式，提高项目资金的利用效率。推进地理标志农产品保护工程绩效评价，总结先进经验加以推广。

（二）制定地理标志农产品高质量发展计划，推进地理标志农产品快速实现向绿色发展的转变

培育并挖掘地理标志农产品的登记潜力，有计划、有重点地对待开发的潜力特色农产品进行登记保护，结合产品的人文历史、品质特性、社会认知度、发展潜力等要求讲好上海地理标志农产品的故事，循序渐进，发展一批集安全性、品质性于一体的农产品地理标志，助推地域特色优势农产品整体开发和区域经济全面发展。开展地理标志商标潜在资源的系统调查规划，并提前谋划相关商标的申请工作。构建本市地理标志保护分级制度，制定地理标志农产品分级保护制度评价指标体系。强化优质农产品的监管，加强农产品地理标志执法工作，争取做到杜绝假冒伪劣产品，切实保护消费者权益。建设一批地理标志农产品保护示范基地、生产示范村、示范镇。鼓励持证主体申报绿色食品标志许可，提高生产技术标准、产品标准，从而提升产品质量，实现品牌效益的叠加，助力本市实现绿色食品认证率提升的任务。

（三）推进地理标志农产品的标准化生产，挖出地理标志农产品的全产业溢出效应

修订地理标志农产品的标准，严格控制农产品质量，严格要求生产者按照农产品的技术规范和标准进行生产，遵循按照质量控制技术规范来落实生产，保持产品的特异性、一致性和稳定性。严格按照统一的生产质量管控标准，对产地环境、投入品使用、病虫草害防治采收、包装储运等环节进行全程约束和监督，从而完善管理体系，建设核心基地、提升生产水平、提高产品质量、加强品质管理。加快推进以地理标志农产品为核心的全产业链建设方案，探索发展农产品深加工、中高端乡村旅游产业与地理标志农产品的结合点，加快推进一二三产业融合发展。开发农产品地理标志的公共属性，带动其他产业的发展，布局地理标志农产品产业集群发展，促使地理标志农产品开发、设计、销售等为一体化发展，提升农产品产质量与效率。

（四）打造良好的地理标志农产品销售渠道，加强地理标志农产品宣贯力度

探索地理标志农产品的品牌保护机制，将地理标志农产品建设纳入本市推进品牌化战略路径的重要考量，搭建平台、开拓市场，促进地理标志农产品产销对接，培育优质优价的市场氛围，维持产品特有品质，精确定位产品推广目标群体，维护忠实的消费群体，提高生产者自愿积极维护农业品牌的内在动力，变品牌为金牌，变奖杯为口碑。在区域内挖掘典型，树立一批有代表性的地理标志“标杆农产品”，提高农产品影响力。组织有持证主体和意向主体参加绿色食品博览会、有机食品博览会、农产品交易会等会展，较好地展示地域特色优势农产品。鼓励各级农业部门和企业充分利用电视、报刊、网络等媒介，树立良好地理标志形象，从而提升市民对地理标志农产品的品牌认知程度。

（五）发挥行业协会与学会的作用，培养保障地理标志农产品产业发展壮大的专业团队

制修订各类农产品的团体标准、行业标准、地方标准。构建企业和农户良性经营环境，扶持行业协会、产业联盟、龙头企业等主体制定产业规范。充分整合和发挥各生产

主体的专长，鼓励通过人才引进、市场招聘、内部培养、挂职等多种形式引进符合产品发展的市场开发人才、技术人才和经营人才，积极培养造就一支懂农业、爱农村、爱农民的“三农”地理标志农产品工作队伍。强化核心区域和主体的带动作用，引入社会化服务。形成共同维护品牌的力量，平衡利益分配机制，提升农业科技水平，不断优化农艺水平，加快推进机器换人在地理标志农产品中的应用程度。

牵 头 处 室：质量监管处
课题组成员：孙　海　曹正伟　张文斌　肖　嘉
楼甜甜　陈　炎　李　卓　王一钒
盖乔林　房心玉　乔滢瑞

21. 上海推进秸秆综合利用发展农业循环经济研究

大力发展农业循环经济，全面推动农业废弃物利用资源化，生产过程清洁化、产业链接循环化是加快转变农业发展方式，增强农业可持续、高质量发展能力，加快推进生态文明建设的必然要求。农作物秸秆是农业生产的副产品，分布十分广泛，资源总量巨大，是重要的有机生物质资源，集约、高效、综合利用农作物秸秆，对构建农业资源循环体系起着至关重要的作用。

我市全面推进农作物秸秆综合利用工作始于 2010 年。经过十年的探索和实践，已初步构建起推进秸秆综合利用的政策制度体系，形成以秸秆还田利用和肥料化、饲料化、基料化、原料化、燃料化等离田利用方式双措并举的利用格局。2019 年，我市粮油作物秸秆综合利用率超过了 96%，2020 年预计可达 96.5%以上。虽然我市农作物秸秆综合利用比例位居全国前列，但在推进工作中也面临着一些新问题和新瓶颈，需要进一步创新体制机制，拓宽利用渠道，优化配套服务，不断完善秸秆综合利用的长效机制。

一、本市农作物秸秆资源现状

2019 年起，农业农村部启用了全国秸秆资源台账系统。按照全国对秸秆资源的统计口径，产生秸秆的农作物主要包括水稻、小麦、玉米、马铃薯、甘薯、木薯、花生、油菜、大豆、棉花、甘蔗等，但不包括蔬菜、果树。

按照农业农村部的相关要求和统计口径，本市开展了秸秆资源数据的采集、填报和汇总工作。在全市各级农业农村部门的共同努力和各类生产经营主体的支持配合下，现已较为全面地掌握了本市 2018 年和 2019 年秸秆资源的相关情况。统计数据显示，本市农作物秸秆以水稻为主，小麦秸秆产生量下降明显，2019 年产生的小麦秸秆量仅为 2018 年的 10.8%；玉米和油菜等作物产生的秸秆总量相对较少，分别占总量的 2%和 1%左右；此外，还有零星种植的棉花、大豆等作物产生秸秆（2018 年和 2019 年全市秸秆产生量见表 1 和表 2）。

表 1　　2018 年本市秸秆资源产生量统计表(本市域内)

作物种类	理论产生量(吨)	可收集量(吨)
早稻	6 873.95	5 086.72
中稻和一季晚稻	984 645.02	745 815.00
双季晚稻	0	0
小麦	99 128.71	73 738.50
玉米	30 918.24	27 826.42
马铃薯	0	0
甘薯	0	0
木薯	0	0
花生	0	0
油菜	6 998.19	4 478.84
大豆	2 916.48	1 633.23
棉花	341.96	294.09
甘蔗	0	0
其他	3 577.13	2 817.99
合计	1 135 399.67	861 690.78

表 2　　2019 年本市秸秆资源产生量统计表(本市域内)

作物种类	理论产生量(吨)	可收集量(吨)
早稻	6 804.07	5 375.21
中稻和一季晚稻	782 992.59	582 121.36
双季晚稻	0	0
小麦	10 747.57	8 705.53
玉米	20 941.66	19 500.48
马铃薯	0	0
甘薯	0	0
木薯	0	0
花生	0	0
油菜	9 688.53	6 355.15
大豆	2 484.80	2 286.02
棉花	368.00	368.00
甘蔗	0	0
其他	1 614.58	1 307.81
合计	835 641.80	626 019.56

二、本市秸秆支持政策

本市自 2010 年以来，已连续出台了四轮秸秆综合利用补贴政策。当前实行的政策为上海市发展和改革委员会、上海市农业农村委员会、上海市财政局、上海市生态环境局等四部门于 2019 年联合制定下发的《关于持续推进农作物秸秆综合利用工作的通知》(沪发改规范〔2019〕8 号)。

当前政策对本市范围内水稻、油菜秸秆，以及茭白废弃物的综合利用给予支持，支持对象主要包括两类：一是对水稻、油菜秸秆实施机械化还田的本市农机户、农机服务组织及相关农业企业；二是开展秸秆离田利用的本市单位。与上一轮政策相比，主要是结合本市粮食作物种植结构调整的需要，不再对二麦秸秆综合利用给予补贴，同时将茭白废弃物的离田利用纳入了支持范围。具体的支持内容有五个方面：

一是对水稻、油菜秸秆实施机械化还田的本市农机户、农机服务组织及相关农业企业，给予 50 元/亩的资金补贴。补贴资金由市、区两级承担，根据各区财力状况确定了不同的承担比例，对于农业比重较大的区给予倾斜。

二是对收购本市水稻、油菜秸秆，并在本市实施秸秆离田利用的单位，按实际利用量，给予 300 元/吨的资金补贴。补贴资金由市、区两级承担，其中市级承担 80%。

三是对收购本市茭白秸秆并在本市实施离田利用的单位，按照实际利用量，给予 25 元/吨的资金补贴。

四是对于实施秸秆综合利用的项目，给予固定资产投资补贴，具体按照上海市循环经济发展和资源综合利用专项扶持政策执行。

五是对购置秸秆利用相关农机具给予定额补贴，具体按照上海市农业机械购置补贴政策执行。

在操作层面上，市农业农村委在利用单位申报和区农业农村委审核的基础上，委托专业机构开展核查，形成核查工作报告，并将核查工作经费拨付申请、核查工作报告等材料报送市发展改革委。市发展改革委员会审核后，下达资金使用计划。市财政局根据市发展改革委关于秸秆综合利用市级补贴资金拨付函，于次年 3 月 31 日前将上年度市级补贴资金下达至相关区、市属单位和核查工作承担单位。区级财政将市区两级补贴资金统一拨付至农机户、农机服务组织和相关企业。按照以上政策，2020 年本市共分两批下达了市级补贴资金 7 417.34 万元。

三、本市秸秆综合利用情况

秸秆资源台账统计数据显示，本市近两年来按照农业优先，多元利用的原则，秸秆综合利用比例总体较高。其中秸秆还田仍然是最主要的利用方式，其他离田利用方式主要包括基料化、燃料化、饲料化、肥料化等。

2018 年各类综合利用中，机械化还田比例为 77.7%，其次为食用菌基料占 11%，燃料化利用占 8.7%，饲料化利用占 1.6%，作为辅料加工有机肥料的约占 1%(详见表 3)。

表 3　　2018 年本市秸秆资源及利用方式一览表

区域	产生量（吨）	可收集量（吨）	各类利用方式				
			还田量（吨）	肥料化利用（吨）	饲料化利用量（吨）	燃料化利用量（吨）	基料化利用量（吨）
上海市	1 135 399.7	861 690.78	656 179.68	8 302.91	13 968.468 65	73 599.415 42	92 695.63
所占比例		100%	77.7%	0.98%	1.6%	8.7%	11.0%

2019 年各类综合利用中，还田利用达到近 86%；其次为食用菌基料占 8.4%，作为辅料加工有机肥料占 2.2%；其余为饲料和燃料用途，所占比重均不足 1%（详见表 4）。

表 4　　2019 年本市秸秆资源及利用方式一览表

区域	产生量（吨）	可收集量（吨）	各类利用方式				
			还田量（吨）	肥料化利用（吨）	饲料化利用量（吨）	燃料化利用量（吨）	基料化利用量（吨）
上海市	835 641.8	626 019.56	537 839.5	14 268.23	5 090.64	4 848.66	52 635.11
所占比例		100%	85.9%	2.27%	0.8%	0.8%	8.4%

从以上数据可以看出，本市秸秆综合利用有以下几个特点：

一是本市秸秆综合利用比例总体较高。农业农村部的统计数据显示，2019 年全国秸秆综合利用率为 85.45%，共有 19 个省（自治区、直辖市）的综合利用率超过 85%，其中利用率在 90%以上的省（自治区、直辖市）有 10 个。近年来，本市秸秆综合率一直稳定在 96%以上，处于全国先进水平。

二是本市秸秆综合利用的方式相对稳定。近两年的数据显示机械化还田仍然是本市秸秆综合利用的主要途径，秸秆离田利用主要以肥料化、饲料化、燃料化和基料化等四种方式为主。其中基料化利用为本市最主要的离田利用方式；受本市畜牧业养殖规模等因素的影响，饲料化、肥料化利用比例不高。

三是机械化还田托底作用明显。从利用情况来看，虽然 2019 年离田利用的秸秆数量与 2018 年相比有所下降，但全市秸秆综合利用率总体仍然维持了较高的水平，主要原因是对于未能实现离田利用的秸秆，均通过机械化还田的方式加以利用。

四、存在的问题

（一）离田利用比例总体不高

2018 年秸秆离田利用比例为 20.3%，2019 年下降至 12.3%，各类离田利用中，燃料化利用的数量下降最为明显，占比由 8.7%减少到 0.8%，基料化利用和饲料化利用也有不同程度的下降。从全国情况来看，饲料化和燃料化为离田利用的最主要方式，其中饲料化的比例为 23.24%、燃料化为 15.19%，而基料化利用的比例仅为 2.32%。本市范围内畜牧养殖业规模小，对秸秆饲料需求总量有限；同时受到环评等因素的影响，本市没有生物质发电项目，新建的秸秆加工生物质燃料项目，以及生物质锅炉项目也较难获批，制约了本市秸秆燃料化利用的总量。

（二）规模化利用秸秆的企业数量偏少

以 2019 年为例，全市申报秸秆补贴的 64 家企业中，全年利用秸秆数量在 1 000 吨以上的企业仅有 36 家，不足 60%。全年利用秸秆数量排名前三的企业均为食用菌生产企业，其中利用量最高的为金山区联中食用菌合作社，全年利用约 1.6 万吨左右；上海鼎瀛农业有限公司、上海林地药材种植专业合作社分列第二、三位，全年利用量均在 5 000 吨左右。近年来，本市引进和培育的秸秆综合利用企业较少，新加入的秸秆利用企业以食用菌栽培为主，规模也不大，发展潜力有限。

（三）企业利用秸秆数量波动较大

部分有利用能力的企业利用秸秆数量变化较大。上海正丝农业科技有限公司在 2018 年收购和利用了超过 4 万吨的本市水稻秸秆用于生产燃料棒，但自 2019 年“三秋”以来，未进行秸秆收购和利用。上海菇林源菌业专业合作社 2018 年收购和利用 1.8 万吨本市水稻秸秆用于生产大球盖菇，但 2019 年收购和利用量仅为 2 100 吨。经走访了解，主要原因是目前秸秆补贴下发的周期较长，企业流动资金压力大。以“三秋”秸秆为例，从收购到补贴发放，时间周期超过一年，企业需要用现金向农户支付秸秆收购款，但秸秆利用企业规模较小，现金流量有限，且普遍存在融资困难的问题，造成企业资金周转困难，一定程度挫伤了利用企业开展下轮秸秆收购和利用的积极性。

（四）秸秆收储仍然存在困难

在政策的支持下，部分秸秆粉碎及裹包设备已纳入农机补贴目录，较大地提高了秸秆田间收集能力，但受制于设施农用地指标等因素的限制，秸秆储存问题仍未得到根本解决。秸秆收储网点缺少规划支撑，部分镇、村只能通过零星地块临时堆放，限制了秸秆收集加工能力的提升，一定程度上也存在安全隐患和环境风险。

（五）秸秆政策覆盖范围有待扩大

自本市推进种植业结构调整，小麦种植面积逐步缩减后，鲜食玉米已成为本市第二大秸秆来源，秸秆产生量远超油菜，但目前未纳入政策支持范围。除作物秸秆以外，本市地产蔬菜废弃物总量大，处置方面存在困难，需要得到市级政策支持。

（六）秸秆政策执行效率有待提高

在市级核查过程中，在第三方完成面上核查工作后，对部分存在问题的申报单位进行深入核查往往要消耗大量的时间和精力。其原因主要有三个方面：一是部分企业对政策仍然不够了解，部分基层农业部门对企业的指导和服务不够，导致申报的资料不齐全；二是少数区农业农村部门的区级核查工作较为粗放，把关不严，部分问题在区级核查层面未能得到解决，给市级核查增加了难度；三是面对新出现的利用方式出现，相应的利用标准核定工作相对滞后，也在一定程度上影响了核查的效率。

五、进一步完善本市秸秆综合利用工作的建议

（一）提升本市秸秆利用企业生产能力

目前本市秸秆离田利用方式以基料化为主，结合本市农业产业结构调整的趋势，预

计在相当长的时间内基料化仍然本市秸秆离田利用的主要方式。本市从事工厂化生产食用菌的企业已具有一定的生产规模，且有部分企业通过调整工艺，逐步尝试以作物秸秆为主要原料生产食用菌。建议以推进秸秆综合利用重点区建设为抓手，扩大食用菌企业收集和利用本市作物秸秆的规模，同时协调相关区农业农村部门做好区域内秸秆资源的调配工作，切实提升离田利用比例。此外，要关注以秸秆为原料的工业企业，对于符合本市产业发展导向的，可以帮助引进落地，从而进一步拓展秸秆离田利用渠道，提升秸秆原料化利用比例。

(二)构建和完善农作物秸秆收集储运体系

指导各区和相关市属企业结合农作物秸秆资源台账统计工作，在梳理辖区内农作物秸秆资源量的分布特点的基础上，对秸秆利用量和利用潜力进行合理评估、研判和分析，切实解决收贮运体系建设中存在的短板问题。一是在秸秆产地半径合理区域内合理布局秸秆收储点，提升秸秆收储环节初加工技术，健全服务网络；二是组织协调区域内的秸秆综合利用，企业有序、就近收购秸秆资源，提高资源利用效率，降低资源利用成本，避免出现无序竞争行为；三是切实保障秸秆利用企业临时堆放秸秆用地需求，逐步形成稳定的商品化秸秆收储和供应能力，实现秸秆收储运的专业化和市场化，推进秸秆规模化产业化利用。

(三)进一步发挥政策导向作用

本市秸秆综合利用政策已经过四轮修改，政策覆盖范围不断完善，对促进农业废弃物利用发挥了很好的引导作用。比如，为了保护本市太湖流域水环境，市有关部门在第三轮政策制定过程中，将茭白废弃物还田纳入了支持范围，又第四轮政策中将茭白废弃物离田利用纳入了支持范围，极大地提升了相关企业利用茭白废弃物的积极性。又比如随着本市鼓励休耕轮作种植绿肥，小麦种植规模大幅度调减，第四轮政策就不再对小麦秸秆综合利用给予支持，对产业结构调整也起到了明显的促进作用。目前本市种植业结构相对稳定，鲜食玉米已取代小麦成为本市第二大作物秸秆来源，且目前利用率低于水稻，且以还田为主，相对粗放；部分生态敏感地区特色农产品的废弃物处置压力较大，如崇明区芦笋种植面积达到 1.2 万亩，总产量接近 2.16 万吨，预计每年产生芦笋秸秆近 4 万吨。如果不能形成长期有效的利用机制，可能对生态环境产生不利影响。建议在下一轮市级政策修订时可以将以上秸秆废弃物纳入市级补贴范围，引导农户和企业开展资源化利用，实现变废为宝。

(四)提高补贴资金审核和发放效率

一是继续加强对基层的业务指导。区、镇农业部门要重点加强对离田利用企业在补贴申报过程当中的指导，提高企业对政策内容的知晓度。区级农业农村部门要强化区级核查，准确掌握辖区内离田利用单位的基本情况，发现问题要及时处理，情况复杂的要及时与市级沟通。二是加强信息化手段在审核过程中的运用。完善秸秆补贴申报平台的相关功能，升级企业直报和区级审核功能，提升数据的及时性、公开度和完整度，继续强化监督管理，提高申报资料的留存和提交效率。三是完善资金拨付方式。按照现行的政策，综合利用单位从申报到获得补贴的时间超过一年，周期明显偏长，制约了综合利用单位的积极性，建议与财政部门加强沟通，争取在下一轮政策调整时进行完善。

牵 头 处 室：科技教育处

课题组成员：刘佩红　张夏欢　田吉林　徐　杰

贺凌倩　曹　云　魏晴涛

22. 关于促进本市水稻主导品种推广应用的调研

优良品种是农业科技的核心载体，提高优良品种覆盖率是推动现代农业高质量发展的基础。2020年，市农业农村委发布了《关于促进本市水稻主导品种推广应用的通知》，进一步引导本市种植户种植水稻优良品种，推动水稻产业绿色高质高效发展，实现产业转型发展提档升级。本课题梳理了近四十年来上海水稻品种选育、审定、推广情况，调研了现行政策对水稻品种结构、生产供应和产业发展的影响，旨在通过梳理政策落实成效，分析当前存在问题，为下一步工作提出对策建议。

一、调研背景

(一)水稻生产是保障粮食安全的核心

习近平总书记强调，十几亿人口要吃饭，这是我国最大的国情。党的十八大以来，以习近平同志为核心的党中央始终把粮食安全作为治国理政的头等大事，明确提出了“确保谷物基本自给、口粮绝对安全”的新粮食安全观，确保“中国人的饭碗任何时候都要牢牢端在自己手上，我们的饭碗应该主要装中国粮”。尽管我国粮食连年丰产，但今年新冠肺炎疫情和南方洪涝灾害，使我们对粮食安全现状有了再认识，国泰民安之下，粮食安全之弦亦不可有丝毫松懈。

水稻是我国种植面积最大、总产量最多的粮食作物。2019年全国水稻种植面积4.45亿亩，占粮食作物种植面积的26%；总产量2.1亿吨，占粮食作物总产量的32%；全国14亿人口，65%以上以大米为主食。随着人口增加、城镇化推进和消费升级，稻谷总需求量在相当长一段时间内仍将保持刚性增长。据估算，到2030年，我国人口将超过16亿，假设能够保持当前水稻种植面积不减少，则单产水平须每年递增1%以上，方能维持供需基本平衡。

(二)水稻品种结构优化导向信号明确

新中国成立以来，我国育成水稻品种12 000多个，实现了6～7次品种更新换代。

近年来，为满足农业供给侧结构性改革对品种的新需求，国家组织开展水稻等四大作物良种重大科研攻关，选育了一批突破性优质水稻品种，稻米品质整体提升，2017 年全国优质稻米率达 37.1%。2018 年，农业农村部举办了“首届全国优质稻品种食味品质鉴评推介活动”，标志着我国水稻品种从由产量导向进入品质产量并重的新时代。在市场和政策引导的双轮驱动下，常规稻种子价格明显分化，优质优价凸显；在市场整体供大于求的情况下，优质稻成为农户购种的首选条件，优质、高产的水稻品种受到热捧，供不应求；杂交稻制种结构优化加速，特色、专用、优质、抗性好、宜轻简化栽培品种制种面积大幅增加(见表 1)。

(三)上海稻米产业区域特色明显

上海位于长江三角洲前沿，具有稻作农业的优越条件，郊区水稻种植历史悠久。水稻田作为一类特殊生态湿地，在上海发挥着蓄洪蓄涝的应急防灾功能，并有效缓解特大型城市的热岛效应；上海水稻生产全程机械化水平高，单位面积农药化肥的投入量低，具备绿色高质量发展的较好基础。沪郊盛产优质稻米，食味清香，口感软糯有弹性，养成上海市民喜食大米(粳米)的消费习惯。“十三五”期间，全市地产稻谷约 80～90 万吨/年，折合大米约 50 万吨/年。据粮食主管部门测算，上海市民口粮需求量为 8 500 吨/天，即 310 万吨/年；按稻谷占 80%折算，稻谷需求量为 260 万吨/年，地产供应量仅占总需求量的 30%。近年来，上海推动水稻产业从“卖稻谷”向“卖大米”转变，优质稻米率达 80%。然而，市民的大米消费有七成主要依靠江浙和东北粳稻区输入，要实现“上海人吃上本地优质新大米”，地产水稻的优质稻米率和供应能力仍待加速提升。

二、水稻品种发展基本情况

(一)全国水稻品种选育、审定和推广应用趋势

近年来，国家十分重视水稻良种联合攻关，在水稻分子设计育种领域取得一系列重大突破，建立了从“分子模块”到“设计型品种”的现代生物技术育种创新体系。各地顺应农业供给侧结构性改革需要，大力加强种质资源、育种技术创新，育成了一批高档优质常规稻和优质杂交稻品种。国家持续推进统一试验、绿色通道试验、联合体试验等并行，逐步拓宽品种试验渠道，审定数量大幅增加(见表 1)。

表 1　　2016—2020 年通过国家审定的水稻品种数量和类型

年份	按生态稻区		按品种类型		总　计
	南方	北方	杂交	常规	
2016	59	7	60	6	66
2017	165	13	164	14	178
2018	253	35	253	35	288
2019	362	10	360	12	372

国家农作物品种审定委员会出版的水稻品种推广应用情况(2018 年)数据显示，全国主要省水稻良种推广面积 40 665 万亩，继续呈现下滑趋势，常规稻和杂交稻面积同

比分别下降5.86%和2%；籼稻和粳稻种植面积均有所下降，粳稻下降幅度更大，其中浙江、江苏等省粳稻面积同比下降14.27%和5.1%，全国主要省唯有云南粳稻面积增加35.16%。品种推广应用集中度进一步降低，推广面积在10万亩以下的品种有5 788个次，同比增加765个次，市场竞争明显加剧。受优质稻品种推介政策驱动，优质、绿色品种推广面积小幅增加，其中优质品种320个，推广面积17 004万亩，同比增加0.95%；绿色品种154个，推广面积9 640万亩，同比增加0.92%。

（二）上海水稻品种发展区域特色

1. 杂交粳稻研究和应用最早，优质、高效、绿色品种选育取得实质成效

上海历来重视水稻育种创新。1971年，上海开始研究野败型不育系和保持系，成功完成三系配套。1983年成功选育“寒优湘晴”，1992年获农业部“优质粳稻米”称号，自1989年起作为市郊主栽品种大面积生产，开启杂交粳稻种植先河，本市籼型杂交水稻不再种植。1990—2000年成功选育“宝农34”等优质常规粳稻品种，籼稻种植基本退出上海。2001—2010年成功选育“秋优金丰”“花优14”等优质杂交粳稻品种，集成良种良法配套栽培，水稻单产水平连续7年实现超历史发挥。近十年来，上海水稻品种选育进一步转向食味品质好的稻米品种，如“沪软1212”；转向利于大米商业化应用的早熟品种，如“沪早香软1号”；转向适合全程机械化种植、制种的优质高效品种，如“申优28”；转向节水抗旱、综合抗性好、氮磷高效利用的绿色品种，如“沪旱61”等。

2. 审定数量逐年递增，优质米品种占半数以上

1983年，“第一届上海市农作物品种审定委员会”审定“青农早1号”和“寒丰”两个水稻品种，水稻审定管理制度由此伊始。1983—2000年，上海共审定水稻品种42个；2001—2010年55个；2011—2020年94个，审定数量呈显著递增趋势。近十年来，本市商业化育种加速发力，光明种业、农科种子种苗、天谷生物等企业独立或与科研院所合作选育并通过审定的水稻品种41个，占比43.6%；审定导向效应明显，优质米品种占比大幅提高，米质达国标优质米3级以上的品种46个，占50%以上。此外，“沪软1212”“松香粳1018”“银香38”等适口性好的软米新品种26个，绿色生态导向的节水抗旱品种11个，专用糯稻品种4个，健康功能红稻品种1个。

3. 推广应用品种趋于集中，优质软米品种数量和面积倍增

为缓解本市晚粳品种多且乱的问题，1984年，上海从嘉兴农科所引进单季晚稻“秀水04”，配合直观形象的高产栽培模式图，在1986—1990年间累计推广1 149万亩，粳稻比例从65%提高到91%，对促进水稻增产和米质改善起到了积极作用。1990年开始，上海从江苏引进早熟高产品种“武运粳7号”，1997年推广125万亩，占当年水稻种植面积42%，有效解决了当时水稻适期播种与茬口矛盾。2001—2010年，高产稳产品种“秀水”系列成为主栽品种，年推广110万亩，占水稻种植面积的69%；同期，上海培育的“金丰”“寒优湘晴”和“申优”系列等品种占水稻种植面积的18%。近十年来，上海培育品种种植比例显著上升，2019年“花优14”“秋优金丰”等品种年推广68万亩，占水稻种植面积52%；2020年促进水稻优良品种政策出台后，本市培育品种面积再增10万亩；杂交粳稻品种推广比例止跌回升，2019年受市场化改革影响，杂交粳稻种植面积曾

下降到43万亩，2020年促进水稻优良品种政策出台后，种植面积回升至48万亩；优质软米品种推广面积成倍增加，受“卖稻谷向大米转变”政策驱动，2020年优质软米品种推广面积48万亩，较2016年翻了5.7倍；常规稻推广面积持续下降，2020年“秀水”系列为主的高产稳产常规稻品种推广面积32万亩，下降到2016年的42%（见表2）。

表2　　2016—2020年主要品种个数、面积（不含光明域外）

年份	主要品种个数			总面积（万亩）			单品种平均面积（万亩）		
	优质常规稻	优质软米	杂交稻	优质常规稻	优质软米	杂交稻	优质常规稻	优质软米	杂交稻
2016	10	3	7	75.65	8.43	52.64	7.57	2.81	7.52
2017	13	8	8	56.58	17.57	56.13	4.35	2.20	7.02
2018	14	15	9	40.35	27.75	55.81	2.88	1.85	6.20
2019	16	14	7	32.87	38.48	43.07	2.05	2.75	6.15
2020	16	15	7	31.83	47.95	48.49	1.99	3.20	6.93

三、本市加快实施水稻优良品种推广应用情况

（一）主要做法

1. 制定主导品种目录

市农技推广服务中心等技术支撑部门系统梳理了全市水稻种子市场供应品种情况，科学筛选出品质优、商品性好的品种16个，列入2020年市级水稻主导品种推介目录。2020年2月，市农业农村委员会印发《关于促进本市水稻主导品种推广应用的通知》（沪农委〔2020〕21号）。9个涉农区结合本辖区实际，在市级目录外增加1～2个优良品种，及时发布了2020年区级水稻主导品种推荐目录。2020年，全市列入主导推介目录品种29个；其中，市级16个，区级13个；国庆稻4个，优质常规稻20个，杂交粳稻5个（见表3）。

表3　　2020年市、区两级水稻主导品种目录　　单位：个

推荐级别	推介品种	其中：国庆稻	优质常规稻	杂交稻	含市级推介
市级	16	2	11	3	—
浦东	8	1	4	3	7
闵行	7	1	4	2	5
嘉定	18	3	12	3	16
宝山	18	2	13	3	16
奉贤	17	3	11	3	16
松江	4	1	3	0	4
金山	17	2	12	3	16
青浦	18	3	12	3	16

续表

推荐级别	推介品种	其中:国庆稻	优质常规稻	杂交稻	含市级推介
崇明	16	2	11	3	16
光明	19	2	14	3	16

2. 强化补贴政策引导

市、区两级农业农村主管部门通过强化政策引导，合力推动水稻生产高质量发展。浦东新区加大与财政部门沟通，印发了《关于调整浦东新区水稻生产补贴政策的通知》(浦农业农村委〔2020〕36 号)，调优补贴结构，水稻良种和农药给予物化补贴 180 元/亩，其中杂交稻良种补贴 68 元/亩，常规稻良种补贴 32 元/亩，明确水稻品种必须在区主导品种目录内，补贴资金按实与供种企业结算。闵行区、金山区将种植优质品种与粮田保护补贴挂钩，目录外的不再纳入补贴范围；松江区将规范用种纳入农业综合补贴考核；奉贤区将主导品种覆盖率列入街镇、开发区年度乡村振兴考核任务；青浦区将水稻品种是否在推广目录内列入合作社、家庭农场规模经营补贴政策考核负面清单。

3. 加强优良品种指导

市、区两级种子事业管理、农技推广部门强化宣传告知，加强与重点水稻供种企业和农户联系，指导水稻种子企业开展水稻主导品种备种和繁制种，确保种子数量和质量满足种植需求；制定水稻主导品种栽培特性以及风险提示，及时发现并协调解决问题；开展水稻群体质量控制、病虫害绿色防控、优质稻米栽培和田间养分管理等入户指导，确保地产稻米内在质量。

4. 做好价格信息发布

继续开展水稻种子市场信息动态监测，及时掌握本市主导水稻品种的种子生产规模、备种数量、销售及价格动态，对水稻生产经营企业、供应品种实现全覆盖。加强信息服务，向社会发布主要推介品种、品种类型、市场价格、供种企业和销售渠道，以供企业和农民购销参考。

5. 加强种子质量监管。组织开展水稻种子生产基地专项检查，采取区级自查和市级抽查方式，对上海市郊 1.5 万亩水稻繁制种基地开展踏田检查。组织开展水稻种子市场专项检查，重点检查企业资质条件、品种是否审定或备案、有否假劣种子、种子标签是否规范等，保障种子市场规范有序。2020 年，全市水稻种子监督抽样 200 多个，覆盖全部供种企业、主导品种及其种子批次，合格率 100%。

(二)取得成效

1. 水稻种子市场基本供需平衡

2020 年，全市水稻种子销售量 495 万公斤，同比增幅 2.6%；其中常规稻种子 385 万公斤，杂交稻种子 110 万公斤。

2. 优质品种种植面积显著提升

2020 年，全市水稻种植面积 150 万亩(含光明域外)，主导品种覆盖率 97.4%；其中，首届全国优质稻品种食味品质鉴评金奖品种“沪软 1212”2.2 万亩，同比增长 109%；

第二届全国优质稻品种食味品质鉴评金奖品种“松香粳 1018”4.9 万亩，同比增长 38%；优质食味品种“南粳 46”21.8 万亩，同比增长 66%（见表 4）。

表 4　　2020 年水稻主导品种推广情况

推荐级别	品种类别	品种名称	审定年份	2020 年推广面积(万亩)	2019 年推广面积(万亩)	增减幅
市级	国庆稻	松早香 1 号	2014	24 804.3	26 001.1	−5%
市级	国庆稻	沪早香软 1 号	2017	3 744.5	4 179.0	−10%
市级	常规稻	南粳 46	2009	218 378	131 708.0	66%
市级	常规稻	银香 38	2017	71 133.8	50 094.0	42%
市级	常规稻	松香粳 1018	2017	49 041.2	35 400.0	39%
市级	常规稻	青香软粳	2014	43 975.4	43 981.8	0%
市级	常规稻	沪软 1212	2017	22 042.9	10 536.5	109%
市级	常规稻	沪早 61	2016	1 434.7	2 247.1	−36%
市级	杂交稻	秋优金丰	2006	115 592.5	101 260.0	14%
市级	杂交稻	花优 14	2008	293 622.2	288 291.3	2%
市级	杂交稻	申优 26	2017	67 626.2	21 940.1	208%
市级	常规稻	秀水 114	2009	95 868.4	94 047.8	2%
市级	常规稻	秀水 134	2011	90 498.3	111 290.8	−19%
市级	常规稻	沪香粳 106	2013	10 054.3	41 748.3	−76%
市级	常规稻	秀水 121	2015	32 421.9	17 912.0	81%
市级	常规稻	沪粳 137	2017	35 781.5	18 723.6	91%
金山	常规稻	金农香粳 1267	2016	21 736.7	14 930.7	46%
嘉定	常规稻	嘉农粳 6 号	2017	12 606.3	9 733.4	30%
闵行	常规稻	闵粳 366	2019	4 148.8	1 153.6	260%
浦东	杂交稻	紫祥优 26	2018	2 771.5	0.0	—
宝山	常规稻	宝农 34	2003	1 815.1	1 574.7	15%
闵行	杂交稻	秋优 23	2018	609.9	0.0	—
嘉定	国庆稻	嘉农粳 3 号	2019	463.1	263.0	76%
奉贤/青浦	国庆稻	青角 22	2017	557.0	545.0	2%
青浦	常规稻	青角 307	2009	201.4	360.0	−44%
宝山	常规稻	宝农 407	2019	267.5	0.0	—
光明	常规稻	南粳 9108	2013	177 754.0	64 098.7	177%
光明	常规稻	淮稻 5 号	2014	47 628.0	0.0	—
光明	常规稻	武运粳 31	2015	15 865.0	9 173.0	73%

3. 品种更新换代明显加速

通过加强优良品种种植宣传引导，强化水稻绿色生产技术的集成应用、技术指导和培训，新审定的优质品种更快地被种植户了解、接受与适应。在16个市级推荐品种中，有5个三年内审定的上海品种推广面积同比增长35%以上；其中，“申优26”推广面积6.7万亩，尽管同期价格较其他杂交稻高14%，仍同比增长208%。在13个区级推荐品种中，2017—2019年间审定的新品种有7个，2020年合计推广面积2.1万亩，同比增长91%；其中，2019年新审定的品种有3个，2020年合计推广面积0.48万亩。

4. 提质增效联动效应显现

2020年，水稻种子价格稳中有升，常规稻品种价格区间在6～12元/公斤，优质稻米开发品种价格区间在9～12元/公斤；其中，优质食味品种“南粳46”达12元/公斤，比均价高25%以上；杂交稻老品种“花优14”“秋优金丰”均价35元/公斤，杂交稻优质新品种“申优26”达40元/公斤，有效激励了种子企业生产优质品种的积极性。据对2020年优质稻米品种种植情况初步匡算，可用于“卖大米”的地产稻谷约29万吨，随着稻谷加工转化和销售继续推进，农民增收将十分可观。

（三）存在问题

1. 水稻优良品种潜能亟须挖掘

从品种侧看，软米品种食味品质好，广受市场欢迎，但整体抗性不强、综合表现不稳定，特别是抗稻瘟病能力较弱，影响了进一步开发应用；环境友好型的优质稻米品种紧缺，制约“双减”和绿色高质量发展持续推进。从大米端看，产品同质化较为严重，品种和品牌的关联度很弱，缺乏以优质品种为核心的市场营销，销售渠道和营销模式有待整体开发。

2. 种子基地条件能力仍需提升

本市水稻种源生产基地53个，合计约1.5万亩。2020年，全市推进3 000亩种子基地提升工程，种源基地条件能力及繁制种水平得到提升，但全市整体水平与兄弟省市的高水平基地相比，仍存在一些差距：一是杂交水稻制种基地不集中、不稳定，土地租赁合同多一年一签，制约了基地的长期规划和大额投入；二是种子基地配套设施水平参差不齐，种子加工流水线较为陈旧，生产加工能力整体不强。

3. 品种展示示范体系有待健全

水稻品种展示示范工作主要由各区自行开展，宣传以及辐射带动范围有限。随着新品种数量快速增加，有必要建立统一的试验、评价、展示体系，发布可靠的品种信息，提供种植户“看禾选种”平台，将水稻优良新品种的信息更快速、准确地传递给生产者。

四、对策建议

1. 立足产业提质增效，全面优化育种目标

一是加快培育可商业开发的优质稻米，在培育食味品质优良品种的基础上，研发有色米、香米、酿酒专用及功能性新品种。二是培育氮磷高效利用、节水抗旱、抗病虫害的新品种，研究冬季种植紫云英、蚕豆、油菜等绿肥作物和冬季晒垡等养地模式，推进地产稻米全产业链绿色生产。三是选育抗性好、适合全程机械化种植、制种的新品种，进一步降低水稻生产成本。四是培育广泛适于在长三角及邻近省份的优质品种，将上海的

科研实力与周边地区土地及劳动力成本优势有机结合，合力提升优质稻米生产能力，进一步满足上海市民对优质稻米的消费需求。

2. 健全展示示范体系，有效传递品种信息

一是优化品种展示示范布局，对现有和拟新设的品种展示示范基地分作物、分区域、分层次地优化重组，形成市级示范基地、区级示范场、乡镇级示范片和科技示范户四级联动体系。二是建立市级品种展示评价核心基地，开展实地种植评价，发布品种信息和风险警示，组织现场观摩，引导农民“看禾选种”和“科学用种”。三是探索搭建信息互通平台，由市种子事业管理与农技推广部门牵头，组织企业、合作社和农民参与，促进业内信息互通，成为全产业链的纽带。

3. 把好产业发展方向，不断完善管理措施

一是坚定水稻产业高质量发展导向，继续做好优良品种推介工作，加强补贴政策引导，鼓励并指导农户采用绿色生产方式，种植优良品种。二是优化品种试验和审定管理，明确优质高产并重突出优质的管理导向，优化品种试验组别设置，促进优良品种更新，持续完善水稻品种结构。三是完善品种退出机制，对通过审定和引种备案品种开展跟踪调查和风险评估，对明显存在种植风险的发布风险提示或撤销审定（备案），保证农业生产用种安全。

4. 围绕水稻优良品种，讲好上海稻米故事

一是促进种源和稻米产业协同发展，推动自主培育优良品种与地产优质品牌强强联手；以优良品种为核心开展多渠道、多层次、多形式宣传，讲好上海稻米故事；深入挖掘全产业链价值潜能，发挥出上海稻米产业区域优势。二是加强上海稻米公益宣传，使上海市民充分了解、信任、喜欢上海品种和上海大米，理解优良品种和绿色生态种植方式的重要意义，形成上海农业绿色高质量发展的全民共识。

牵头处室：种业管理处

课题组成员：张建庭　李建刚　陈昕来　刘　康
刘奎刚　李茂白　李　刚

23. 上海地产蔬菜新销售模式的现状与发展研究

上海地产蔬菜传统的销售模式以“田头交易”“批发市场”“餐饮团膳”“企业配送”为主，为上海“菜篮子工程”起到了重要的作用，但随着社会的发展像“中央厨房”“电子商务”“生鲜超市”“活体蔬菜”“阳台蔬菜”等新型蔬菜销售模式逐步发展，这些新型模式通过提升蔬菜品质和服务市场个性化需求等方面来增加蔬菜产品附加值，并逐步适应了市场的需求，打响了品牌，市场占有份额不断提升，提高蔬菜生产经营效益。

2020 年初爆发的新冠肺炎疫情对上海居民的生活以及上海地产蔬菜产业都造成了一定的影响，在“客菜”来源紧张的情况下，上海地产蔬菜起到了有效的补充，为“保供稳价”发挥了重要作用。但上海蔬菜价格监测数据显示：2 月份上海地产青菜田头价 0.88 元/斤，比去年同期降低 28.57%，3 月份上海地产青菜田头价 0.62 元/斤，比去年同期降低 50.98%，而与此同时上海市民还处于抢菜甚至买不到菜的状态。其主要原因有生产环节劳动力紧缺、运输环节末端梗阻、销售环节渠道不畅等。

如何应对“农民卖菜难、市民买菜贵”的现象，上海蔬菜工作要把握供给侧结构性改革这条主线，以增加农民收入为工作目标，围绕蔬菜市场需求变化，促进新型蔬菜产业营销模式的发展，努力提高地产蔬菜流通效率，保障有效供给。要从“产得出、收得上、运得走、供得来、不断档、不脱销”上下功夫。

一、上海郊区蔬菜行业的基本情况：

1. 种植情况

2019 年上海市蔬菜播种面积为 124.9 万亩(次)，地产蔬菜上市量 246.5 万吨，其中绿叶菜上市量 132 万吨，较 2018 年分别下降 8.35%、9.34%和 7.00%，地产蔬菜总产值 56 亿元。

2. 销售情况

2019 年上海市地产蔬菜总上市量 247 万吨，其中田头交易 96 万吨，占总上市量的

38.8%；批发市场销售量79万吨，占总上市量的32.0%；自产自销48万吨，占总上市量的19.3%；企业配送24万吨，占总上市量的9.8%。

2020年1—10月调研发现，参与调查的367家蔬菜生产经营主体中盈利的占31.61%，持平或亏损占到68.39%，比例较高(见表1)。

表1　2020年蔬菜生产经营主体效益调查表

选　项	小计	比　例
A盈利	116	31.61%
B持平	183	49.86%
C亏损	68	18.53%
本题有效填写人次	367	

2020年11月开展的问卷调查中，回收367份有效问卷，参与问卷调查的基地中采用送往批发市场、田头交易仍是主要的销售模式，分别达到63.49%与60.49%。采用商超、电商、中央厨房(餐饮团膳)等比例分别占29.70%、27.52%、22.89%，而且近年来这三种销售模式在合作销售中比重越来越高，且其中的效益比直接进批发市场有较大幅度提升(见表2)。

表2　合作社销售渠道调查报告

选　项	小计	选择比例
A批发市场	233	63.49%
B田头交易	222	60.49%
C商超	109	29.70%
D电商	101	27.52%
E餐饮团膳	84	22.89%
F其他	51	13.90%

3. 市场占有率情况

据调研表示，目前上海年消费蔬菜约600万吨，人年均蔬菜消费量约250千克，其中地产蔬菜占总消费量的40%左右。上海“客菜”主要进蔬菜批发市场交易，以江桥农产品批发市场、西郊国际农产品批发市场、江杨农产品批发市场、上海农产品中心批发市场等，近年来也出现直接进入配送公司的现象。

二、疫情下爆发活力的蔬菜销售模式

新冠肺炎发生初期，企业停工、工厂停产、学校放假，对我市传统的蔬菜销售模式造成了巨大的影响，而一些与“盒马鲜生”“叮咚买菜”“每日优鲜”等生鲜电商合作的基地效益较好，此外企业自建App和公众号及微信团购等自营电子商务模式也取得较好的成绩。

1. 合作社加深与生鲜电商合作力度

目前与我市郊区蔬菜合作社对接的生鲜电商企业有:盒马鲜生、叮咚买菜、每日优鲜、本来生活、两鲜网、食行生鲜、美团买菜、美菜网等,受新冠肺炎疫情影响,“客菜”供应量下降,新零售平台开始转向我市规模化、标准化蔬菜合作社,蔬菜合作社与上述电商合作呈现从无到有,由小到大的趋势,并且逐步呈现出活力。

上海绿椰蔬菜专业合作社2008年8月份开始与盒马鲜生合作,2019年度由于订单量减少暂缓供货,受疫情影响,电商的订单突然增加,最高峰除了供应盒马鲜生外,叮咚买菜、每日优鲜等电商蔬菜都进行包装配送,每天包装配送量有8万份左右,其中叮咚买菜每天就有4万份。上海正义园艺有限公司建设的工厂化番茄生产基地,在自己的电商平台销售以15～20元/斤销售外,还利用辉展果品批发市场将产品销售出去,通过果品销售渠道进入市民餐桌。

除此之外,合作社与其他综合性电商也逐步开始合作,如百联E购网、唯品会、拼多多以及部分餐饮、超市线上渠道(宝燕、麦德龙、大润发等)、社交电商(如云集、贝店、环球捕手),以及诸如东方网、一米集市、赢盘网、中通优选、集鲜岛、青盟、蚂蚁亲子、妇育优先等小众电商平台。

2. 合作社拓展自媒体销售渠道

一是图文形式自媒体销售渠道,微信、微店等,在朋友圈或者微信群开展销售,利用织网式的销售可以更好地锁定消费群。有些合作社申请了自己的公众号和小程序,通过公众号和小程序进行宣传及下单。上海王波蔬菜专业合作社有着几百个微信群,客户数量近10万人,在疫情爆发前期每天蔬菜配送近4万单,目前每天配送量也稳定在1 000单左右。浦东新区农业农村委2月17日上线了“浦农优鲜”微商城平台,作为区级公益性平台,疫情严重期间,该平台每天蔬菜配送2 000余份,金额30余万元,在2020年上海丰收节农博会期间,3天平台销售农产品237万元。

二是视频形式自媒体带货渠道,利用抖音、快手、微淘直播等平台进行销售。上海家绿蔬菜专业合作社社长张春辉投身农业之前,经营着一家淘宝网全网销量第一的蜡烛产业。疫情爆发后张春辉积极建立上海家绿蔬菜专业合作社微信商城,利用公众号向朋友圈、社区群以及相关企业管理人员宣传(6个品种、8斤蔬菜,25元亲民价包邮到户),受到了市民的广泛关注和一致好评。

三是农业部门建立公益平台,助力地产蔬菜“农民卖出去,市民买得到”,疫情开始不久后,市民恐慌屯菜,造成一时市场蔬菜紧缺。上海郊区农业部门发布蔬菜基地直送社区名单,市农业部门整理汇总全市158家蔬菜基地信息,制作成“上海市农产品直达配送套餐”查询平台,并通过“上海发布”向社会宣传,得到了市民的广泛欢迎,市民普遍反映直送蔬菜比菜场上买的更新鲜,品质更好,有不少小区与直送基地还签订了长期供货协议。

3. 合作社逐步对接净菜加工厂

一是合作社蔬菜直接供应“中央厨房”,“中央厨房”这种模式近几年在上海发展比较迅速,其不仅仅是餐厅后厨的延伸,这次疫情爆发前期对餐饮业打击很大,也造成了我市郊区蔬菜基地损失较大,但随着疫情的缓解,企业逐步进入发展期,“中央厨房”净菜量需求不断扩大。上海世鑫蔬菜专业合作社与“吉祥馄饨”签订协议，每天供应 3 吨青菜，每半月定价，企业回收货款也比较准时，为蔬菜基地茬口安排以及企业发展起到重要作用。祯祥(苏州)食品有限公司从事冷冻调理食品、冷冻水果蔬菜及食品加工的企业，冷冻产品有粽子、素食、月饼、煎饺、蒸饺、菜包等的中央厨房企业，其青菜认可上海的质量以及服务，上海绿望蔬菜专业合作社为其配送，每天 6 吨左右青菜，企业效益非常好，此外绿望公司还为“景瑞农业”南通净菜工厂提供原材料。

二是合作社自建“中央厨房”模式，将净菜加工厂前置，这种模式不仅可以降低蔬菜在物流环节的损坏，还可以提升蔬菜附加值，提高合作社利润。上海百蒂凯专业合作社的批发市场仅占 10%左右，加工后的净菜占 85%，自建“中央厨房”模式不仅降低蔬菜流通环节的损耗，也提升蔬菜利润空间，是一种具有市场竞争力的模式。奉贤扬升专业合作社基地日产量 8 吨，送至西贝餐饮的 2—3 吨，每周供应芭比馒头制作包子馅料达到 10 吨。

4. 合作社走进社区与企业餐厅

合作社直接对接大型社区、企业等，以单个社区、企业或园区为单元，供市民、职工选购，形成新的流动“菜场模式”，既可以满足社区不能网上平台购买的老年人，也缩短到菜场的距离。合作社将菜场搬到大型企业或园区，在餐厅利用午餐或上下班时间购买到新鲜蔬菜，市民与职工可以更直观地购买新鲜蔬菜。

上海博众蔬菜种植专业合作社，是博海集团的蔬菜基地，所有产品专供博海集团旗下上海鑫博海农副产品加工有限公司。受疫情影响，鑫博海的蔬菜需求量减少三分之一，这就意味着有大量蔬菜将面临滞销难题。由博海集团承包的上海电视台、东方航空、瑞金医院、长海医院等 100 多家单位的员工食堂出现了“临时菜场”。员工可以通过微信选购商品，也可以自己到“临时菜场”挑选蔬菜。不仅解决了蔬菜滞销问题，又解决了单位员工们买菜难问题，在这次疫情危机中成就双赢。疫情期间博众的蔬菜套餐也非常受欢迎，里面包含了菠菜、南瓜、小青菜等 22 种蔬菜，售价为 120 元，一个月蔬菜套餐的销售量已经高达 50 多万元。

上海宝山安硕蔬菜专业合作社在疫情期间除了将基地的蔬菜组织起来配送到佳翔苑、宝欣苑等社区外，还将合作社的社员蔬菜组织起来，统一配送到江杨农产品批发市场、真北农产品批发市场等，运输车辆以及批发市场摊位都由合作社来协调，由于是地产蔬菜，受到市场的欢迎，价格也比其他摊位高，既打出地产蔬菜品牌，又让合作社以及社员都得到效益。

金塘农业着力打造“智慧社群零售”的销售方式：精选高质社区，以线下体验方式推广番茄、甜瓜、双孢菇、各类沙拉菜等安全、健康、生态的农产品；以团购的方式集中采购各生产基地新鲜采摘农产品，当天集中货运直配到社群(社区)，降低物流成本，减少中间批发、零售等环节产生的损耗，缩短基地到消费者的距离，最大限度地保证产品的新鲜度，实现最优的基地到餐桌的模式。

5. 合作社开发农旅项目带货

疫情发生以来，由于上海市民不能大规模跨省出游，市区周边的农场蔬菜基地成为市民周末休闲的好去处。一是门票性质的散客游，随着郊区周边游客流量的增加，合作社不断挖掘开发农旅项目潜能，以游玩门票覆盖掉蔬菜价格，通过引流客源来带动地产蔬菜销售。上海奉贤区的上海尚师蔬菜专业合作社于 2019 年 12 月种植的 10 亩番茄通过采摘、电商等多种渠道共销售了 50 万元，平均每个番茄 10 元。二是对接企业的团建活动，通过与企业工会、旅行社等团体对接，为团队购买蔬菜礼盒形式促进蔬菜销售。闵行区敏航农业坐落于闵行区华漕镇，有着区域优势，在今年 6 月份番茄大量上市的时间，组织开展“番茄狂欢节暨番茄大战活动”，其基地商品性好的番茄配送到超市以及伙食团体，其他残次品组织开展番茄大战，门票一大一小 388 元，10 亩番茄共组织 5 场活动，每场 150 组消费者，亩产值 2.9 万元。在今年国庆 7 天中，共接待消费者 3 000 余人，人均消费 188 元，每天平均收入 8 万元。

三、促进蔬菜新销售模式发展的原因

1. 硬件建设是基础

面对新形势下，能够迅速调整销售模式，发展迅速的合作社基地管理都比较规范，全部是蔬菜标准园，基地有一定的规模，蔬菜种植品种不多，加工配送车间等配套基础设施比较完备，为满足新销售方式提供硬件基础。

2. 市场需求是动力

随着移动互联网的不断发展和电子商务的蓬勃兴起，使得互联网农产品正迎合了这种需求，受到了消费者的热烈欢迎。市民的消费模式由传统的菜场转向新零售、新电商、自媒体等渠道，其中巨大的市场份额与利润空间是农业经营主体不断调整销售策略的原动力。

3. 人才队伍是关键

这些突破传统销售模式的合作社具有的共性就是领头人不墨守成规，擅于抓住机遇，勇于接受新观念，对信息化电子商务接受度高，涌现出一批 80 后、90 后农场主。80 后如青浦绿椰合作社社长刘永军、宝山安硕果蔬合作社社长涂德露、浦东红刚青扁豆合作社社长王黎娜、上海济洪蔬菜配送有限公司总经理陆海明等；90 后嘉定绿望果蔬专业合作社社长曹永乐、青浦世鑫蔬菜专业合作社田椿燕等。

4. 管理团队是支撑

有效的管理是农业合作社工厂化的支撑，是合作社做强做大的基础，绿椰合作社从基地到终端团队 4 人，每人工资 1 万元左右每月，靠强化团队管理，团队管理 100 余人；绿望合作社蔬菜基地分 7 个组，每个组组长除了种植自己的蔬菜外还服务为组员提供植保、档案管理以及茬口安排等工作，每月合作社给予 5 000～6 000 元的补贴，有效的管理模式确保了基地长期稳定发展；上海松丰合作社优化生产与管理销售模式，设立队长制，合作社为生产队提供生产农资，并负责生产销售，合作社与生产对按照 4∶6 的比例分成，降低生产者的市场风险。

5. 合作共享是创新

传统销售模式，合作社销售渠道以前合作社拿订单是保密的，不分享的，但随着渠道商供货量的增加，单靠一家合作社无法满足需求，需要以开放的方式来和周边以及相同资源的合作社合作，共同来完成，疫情期间弘阳蔬菜配送每日优鲜订单做不过来，立即与青浦其他合作社对接，协助其完成订单。

6. 政策支持是保障

蔬菜标准园的创建，为合作社创造了基本设施条件，都市现代农业专项、涉农补贴资金等对提升基地产能与效率提供了支撑，产业集群项目对都为蔬菜机械化生产、采后加工以及物理仓储提供了重要的设施设备保障，在我市蔬菜从一粒种子到一棵蔬菜的每一个环节都有相关政策的覆盖。

四、对促进上海蔬菜产业发展的对策和建议

据调研，目前上海消费者其蔬菜消费习惯主要分为 2 种：一种是家庭式消费；一种是餐饮消费。目前其蔬菜消费量基本稳定。随着时间的推移，餐饮消费比例会逐步上升，即中央厨房模式会逐年增加。家庭式消费目前以标准化菜场、超市为主，生鲜电商、阳台蔬菜等新型蔬菜营销模式为辅。如何促进我市蔬菜生产企业适应时代的发展，提出如下对策建议：

1. 做好突发情况应急预案

为应对不确定因素发生，确保“农民田间菜不滞销，市民菜篮子不断档”，鼓励合作社探索新模式，让多种销售模式并存，特别是在“客菜”受阻的情况下，利用电商平台、新零售终端、社群对接等模式确保地产蔬菜正常销售，对于稳定蔬菜价格、确保蔬菜供销具有重要意义。

2. 推动蔬菜生产业化规模化发展

率先在我市打造的 13 个先行片区内推进蔬菜生产高质量发展，打造一批高标准绿色生产基地，从品种选育、栽培方式、采后加工等多环节实现“一体化联动”，降低生产成本，打造全产业链的经营主体，引导农业合作社向单一化专业方向发展，蔬菜种类做减法，蔬菜品质标准做加法。推动龙头企业与合作社、家庭农场、农户等建立产业联合体，通过完善互惠合作的利益联结机制，实现利益共享。

3. 加强蔬菜生产标准化建设

蔬菜生产标准化是其进入多元销售模式的先决条件，加强农业产业化、产品标准化建设，从新品种选育的区域试验和特性试验到播种、收获、加工、整理、包装上市都要建标准，鼓励建立团体标准，并进行宣传推广；优化发展环境要鼓励发展专业化、规模化的第三方物流，重点支持发展农产品冷链物流。

4. 提升绿色蔬菜生产及信息化水平

加大蔬菜绿色认证推进力度，通过调整合作社产业结构，要充分利用上海蔬菜追溯体系平台建设数据，有效与终端销售商对接。并且通过二维码溯源，提高食品安全限制及消费者自我保护意识，更放心购买安全农产品，提高了食品安全水平，有助于提高消费者对食品安全监管新的认识。

5. 加大地产蔬菜品牌化建设与宣传力度

农业企业合作社不仅要做到会种菜，还要做到会卖菜。互联网时代，一个产品想要获得市场认可，宣传至关重要。信息的浏览量决定销售量，建立品牌是进行市场推广的前提，没有品牌推广就是无本之木。一是通过品鉴会、推介会、路演等形式进行品牌宣传，对蔬菜品牌的创建提供相应的政策扶持；二是将蔬菜宣传嵌入农旅消费中，通过建立品牌后加大宣传，提高地产蔬菜新型营销模式美誉度、知晓率。

牵头处室：蔬菜办
课题组成员：翟　欣　孙占刚　庄奇佳　曹栩滢
马　鹜　袁圣斐　杨学东

24. 关于本市进一步完善宠物无害化处理机制的研究

随着宠物市场迅速发展，宠物数量逐年增长，死亡宠物数量也随之逐年攀升。妥善处理死亡宠物，不仅是宠物主迫切的需求，更是保障公共卫生安全、环境安全的重要依托，是文明城市、和谐社会的最好表现。各级政府高度重视，全国人大修订新版《动物防疫法》，将病死动物无害化处理列为专门章节；农业农村部在对政协提案回复中明确，将细化包括宠物在内的无害化处理要求。近年来，我市宠物犬猫消费规模跃居全国首位，人大、政协代表纷纷提出加强宠物无害化处理管理的建议。本文通过调查我市宠物无害化处理情况，结合城市公共卫生要求和消费实际，提出完善宠物无害化处理机制这一时代新要求、群众新需求的建议。

一、宠物尸体无害化处理概述

(一)概念和方法

根据农业农村部《病死及病害动物无害化处理技术规范》定义，无害化处理是指，用物理、化学等方法处理病死及病害动物和相关动物产品，消灭其所携带的病原体，消除危害的过程。常见的动物无害化处理方式有焚烧法、化制法、高温法、深埋法、硫酸分解法。针对宠物尸体，单独火化、冰葬、标本制作、骨灰钻戒等个性化无害化处理方式不断涌现，催了新兴行业“宠物殡葬业”。

(二)现行政策

我国现行《动物防疫法》第二十一条规定：染疫动物及其排泄物、染疫动物产品，病死或者死因不明的动物尸体，应当按照国务院兽医主管部门的规定处理，不得随意处置。全国多个城市陆续出台了地方相关条例，如《动物防疫条例》《养犬管理条例》等，规定动物死亡后应当按照规定进行无害化处理。国务院办公厅印发《关于建立病死畜禽无害化处理机制的意见》，农业农村部印发《关于进一步加强病死畜禽无害化处理工作的通知》，要求各地加强无害化处理体系建设。目前我国尚未出台宠物尸体无害化处理规范，故宠物尸体无害化处理多参照病死畜禽无害化处理执行。

（三）基本情况

现阶段，我国已有超过600家病死畜禽无害化处理场，多采用化制法、高温法等处理方法，我市动物无害化处理中心使用焚烧法处理，使病死及病害动物在富氧或无氧条件下进行氧化反应或热解反应。这些病死动物无害化处理场皆属于政府公益类单位，接收并无害化处理动物尸体。同时，社会资本运营的宠物殡葬企业响应人们情感慰藉的需求，提供了一系列个性化无害化处理服务。此外，动物诊疗机构也参与无害化处理的运输、储存环节中。

二、我市宠物无害化处理现状

据不完全统计，市民饲养宠物种类多达数十种，其中犬、猫等传统宠物约占81.4%，鼠、蛇、貂、壁虎、羊驼等新型宠物，约占比18.6%。考虑到犬猫数量占比高、对公共卫生影响大、社会广泛关注，本文将犬猫列为主要讨论对象。经对各区街镇（乡）辖区犬猫数量进行抽样调查，初步测算本市在养犬约66万只、猫约21万只，流浪犬约11万只、流浪猫约27万只。近年来，家养宠物的数量每年约以8%的增速上升。按国际通用的3%宠物死亡率计算，我市平均每天约有100只宠物死去。

目前我市接收宠物尸体的机构有3种，一是公益性的事业单位上海市动物无害化处理中心，二是与市动物无害化处理中心签订协议的仅负责接收、储存、运送的动物诊疗机构，三是由社会资本投入的私营宠物殡葬公司，提供个性化宠物尸体无害化处理服务。现仅有市动物无害化处理中心一家持有动物防疫条件合格证，符合规范，自2006年起至2019年底，中心火化宠物17万余只，其中，单独火化宠物2万余只，有效控制了宠物尸体乱丢弃、随意掩埋等处理不规范的现象，但距离测算的宠物死亡数仍有缺口（见图1）。

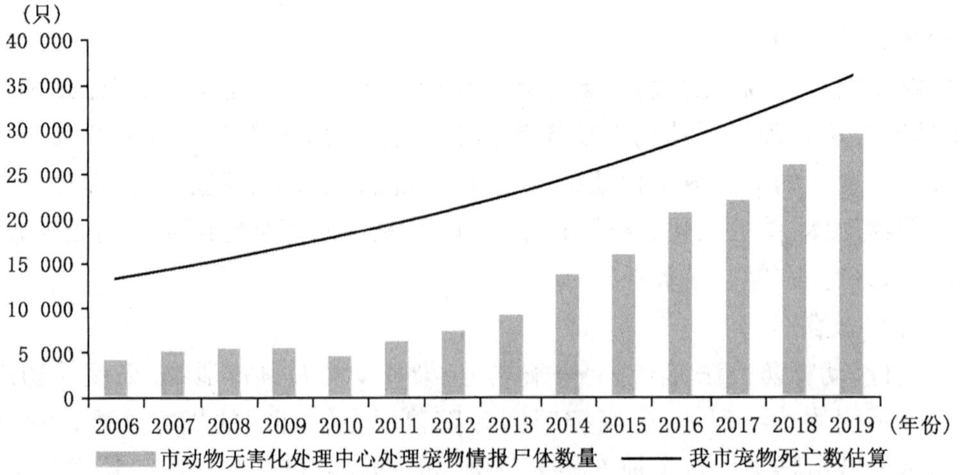

图1　近年来宠物无害化处理情况图

(一)市动物无害化处理中心

1. 基本情况

上海市动物无害化处理中心是隶属于上海市农业农村委员会的全额拨款公益一类事业单位,主要职能是对我市需要做无害化处理的动物及动物产品实施无害化处理,选址奉贤区浦卫公路4088弄50号,2001年10月正式投入运行。现有2套焚烧无害化处理生产线,处理能力为10吨/天,自投入运行至今,主要承担了本市养殖环节的动物无害化处理工作,累计处置病死动物及动物性产品12万余吨,宠物火化工作仅占处理量的很小一部分。

2. 宠物无害化处理业务情况

2003年,为保障城市公共卫生安全,中心开展宠物集体火化业务,按每只5元进行收费。2007年,鉴于市人大代表的建议及广大市民对宠物单独焚烧的迫切需求,中心尝试开展了宠物单独火化服务。2019年,中央生态环保督察组下沉中心环保督察,因中心建立时已完成环评批复,新增单独火化业务未纳入环评范围内,要求立即整改。按照即知即改的要求,中心立即停止宠物单独火化服务,并完成宠物单独焚烧炉的拆除工作,只提供宠物集体火化服务。目前,中心因发展需要进行迁建,已于2019年7月正式动工,计划于2021年上半年投入试运行。但此迁建项目作为市级财政全额投资项目,市发改委认为宠物单独火化业务不属于该中心工作职能,不予对此项业务进行投资审批,因此项目建设范围和环评批复均未包含宠物单独火化相关内容。2020年1月起,根据宠物集体火化成本测算,将收费标准由每只5元上调为每只30元。

3. 宠物尸体接收点建设情况

市动物无害化处理中心设有接收点2个,分别是设立于静安区灵石路697—3号7号楼105室的上海城区北部接收点和市动物无害化处理中心本身。北部接收点办公面积395平方,配备两个冷库等设施设备,现场办公人员3名(1名在编人员,2名劳务派遣人员),采用双休日值班、法定假日休息的工作时间制度。中心本部全年无休开展接收业务,基本满足病死宠物接收需求。两个接受点仅收取宠物集体火化费用30元/只,不收取其他费用。

(二)动物诊疗机构接收点

1. 数量与分布

为方便市民及时就近处理宠物尸体,市动物无害化处理中心与我市276家动物诊疗机构签订了宠物无害化处理协议,这些动物诊疗机构收集点分布于我市16个行政区(见图2),基本覆盖我市中心城区街道和郊区中心镇。

2. 运营模式

根据协议,动物诊疗机构负责收集、包装、存储和运送宠物尸体,年处理宠物累计在100只以内的,需交市动物无害化处理中心处理费用为3 000元/年,超出100只的,超出部分按30元/只计算。据抽样调查,动物诊疗机构一般按宠物体重收取市民200—700元/只不等的处理费用,个别动物诊疗机构一律按200元/只收费(见表1)。运送环节上,有的动物诊疗机构自己派车运送宠物尸体,有的则聘请第三方机构或个人运送,

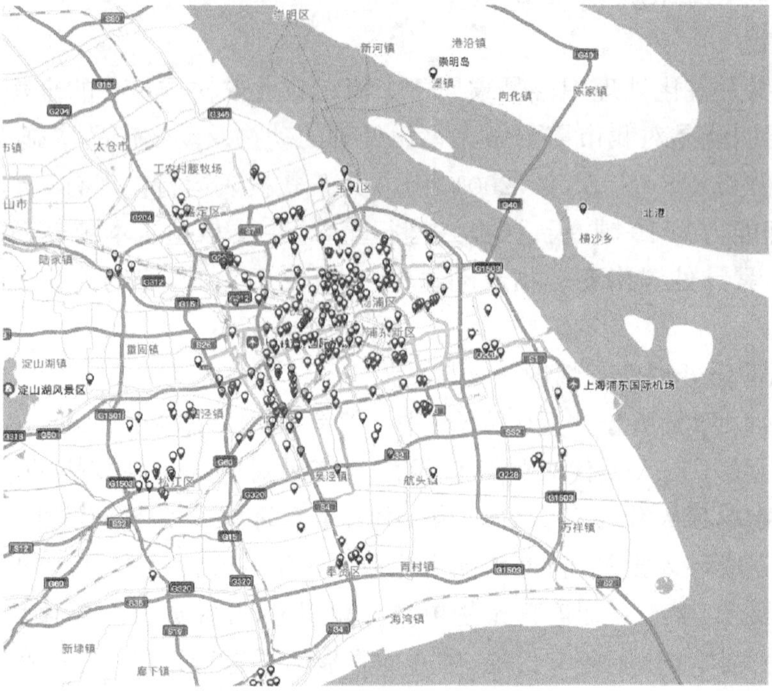

图 2　上海市宠物尸体接收点布局图

一般均送到城区北部接收点。

表 1　　宠物诊疗机构收取市民处理费用情况

宠物体重	<=10kg	10—40kg	>40kg
处理费用	300 元	300—600 元(每增加 10kg 增加 60—100 元不等)	700 元左右

3. 对宠物无害化处理的态度

大部分动物诊疗机构负责人认为，市动物无害化处理中心服务开展较早、管理较好，满足了动物诊疗机构和宠物主对宠物尸体无害化处理的基本要求，且价格低廉，并无拓宽宠物无害化处理业务的计划。但同时也支持政府引入社会组织，在合法合规、严格监管的前提下，允许开展宠物尸体无害化处理相关服务，包括遗体运送、遗体清理、告别仪式、独立火化、骨灰处理等。

(三)社会资本投入的私营宠物殡葬公司

据排摸，我市社会资本投入的私营宠物殡葬机构约有 38 家，主要分布在中环之内(如图 3 所示)，其中 19 家为连锁机构，涉及 6 个品牌。这类专业宠物殡葬机构有三个特点。

1. 服务形式多样化

包含宠物单独火化、毛发留念、骨骇磨粉、骨灰寄存、遗体告别仪式、上门安乐等，弥补了我市动物无害化处理中心无法单独火化宠物尸体的缺憾，满足了市场需求。

2. 收费定价颇高

据统计，5 千克以下宠物单独火化基础套餐约 1 000 元，包含单独火化、上门接送、主人全程陪同、当场取骨灰，费用按体重增加，送别仪式、骨灰寄存等另算费用。

3. 运营不合规

此类机构一般仅申办营业执照，经营范围多为宠物服务类，均无动物防疫条件合格证、动物诊疗许可证或环评报告。据调查，中心城区宠物殡葬公司一般为接待门面，开展单独火化业务需前往郊区或毗邻省市。

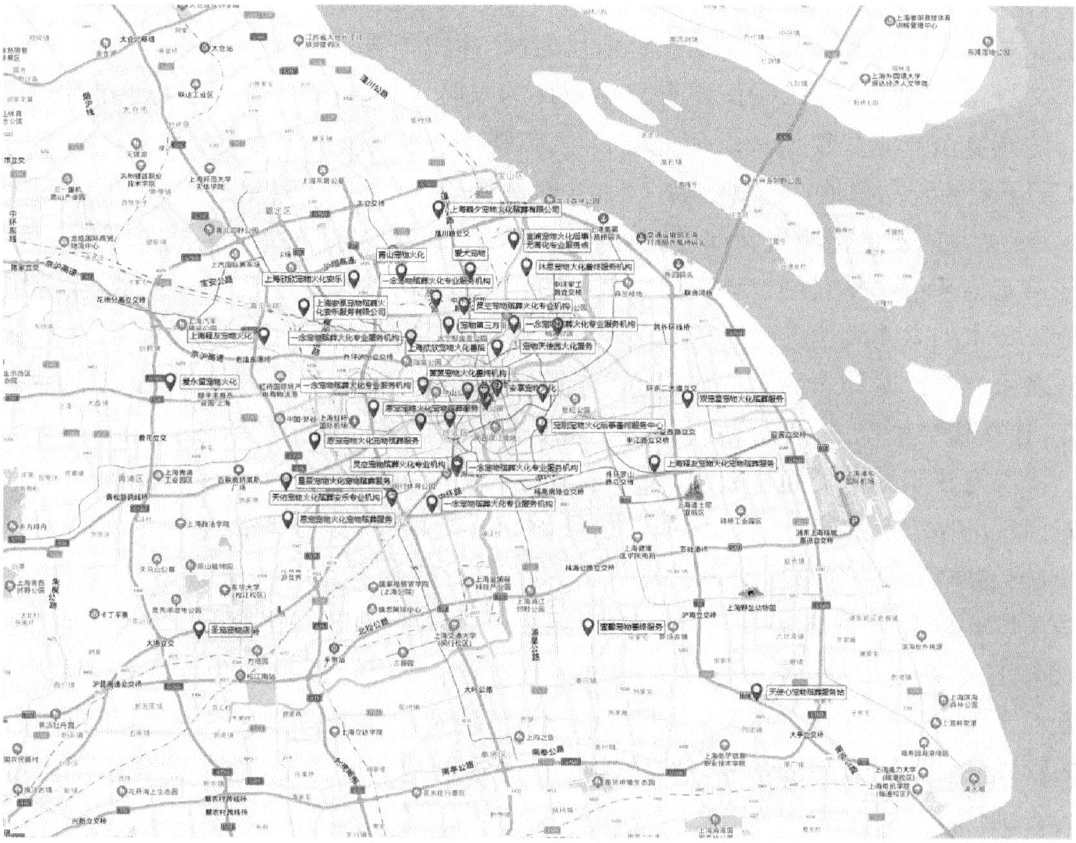

图 3　社会资本投入的私营宠物殡葬公司分布图

三、国内外宠物无害化处理做法

(一)明确立法完善配套

一是禁止乱扔乱埋。《上海市养犬管理条例》《广州市动物尸骸和废弃肉制品处理管理规定》规定乱扔宠物尸体的，由执法部门依法处罚并处一定数额的罚款。香港地区《公众洁净及防治妨扰规例》甚至规定，若宠物主人违规乱埋宠物尸体，最高会受到 2.5 万元港币(折合人民币 2.1 万元)和入狱 6 个月的处罚。国外如俄罗斯《动物保护法》也同样规定，严禁直接埋葬宠物尸体或是将尸体丢弃在垃圾箱中，要求宠物死后葬入面积约 2 公顷的专门墓地。二是推行强制火化。俄罗斯《动物保护法》规定，必须将宠物遗体火化并将骨灰装入骨灰盒之后才允许埋葬。新加坡、法国、日本等国家，也通过立法规定宠物尸体必须火化处理。三是加强无害化处理机构建设。我国养宠数量庞大的一线城市都建有公益性的无害化处理机构，如北京市一清百玛士绿色能源有限公司、上海市动物无害化处理中心、广州市卫生处理中心等。香港 2002 年成立了食物环境卫生署，主管小型动物尸体收集服务，由经批准的大型宠物医院提供专门宠物善终服务。

（二）引入社会资本形成产业

部分发达国家已经建立起相对完善的宠物无害化处理服务体系，由社会资本投入的宠物殡葬企业实施处理，包括火化、墓地埋葬、提供纪念品、举办纪念仪式等。英国大约有 150 家火葬场和墓园为宠物殡葬所用，并衍生出了方式多样的服务项目，比如宠物骨灰文身，宠物骨灰串珠，制作印有宠物照片的衣服、钥匙链等纪念品。欧洲时报报道，英国的宠物殡葬业每年创造价值超过 1 亿英镑（折合人民币 8.8 亿元）。美国有超过 600 家正式的宠物墓地，按墓穴大小不同，价格在 400—2 800 美元不等，每年还须缴纳至少 30 美元的场地保养费。此外，美国还发明了“低温冷冻”技术保存宠物遗体。俄罗斯普通宠物墓位每年费用折合人民约为 600 元，莫斯科还修建了动物骨灰堂、火葬场等设施。日本的宠物陵园已经有近 50 年历史，如“真心宠物陵园”已建立 35 年，并且在东京有多家连锁。宠物殡葬服务在日本已经得到了极其细致的开发，不仅提供宠物火化服务，还提供告别仪式、骨灰存放和诵经超度宠物亡灵等“一条龙”服务。

我国宠物殡葬市场起步较晚，发展相比于国外来说较为滞后。我国宠物殡葬企业最先出现的城市有北京、上海、深圳等一线城市。近两年，全国连锁宠物殡葬公司开始出现，宠物殡葬服务企业呈现爆发式增长。目前，北京约有 29 家，深圳有 13 家，广州有 10 家，上海则有 38 家之多。这类宠物殡葬服务公司提供定制化服务，包括告别仪式、宠物火化、骨灰盒领取、骨灰寄存等完整流程，火化费用几百到上千元不等（见表 2）。北方地区宠物主的花费多在购买宠物墓地上，墓地费用几千到上万不等，每年再支付几百的管理费。而南方地区，如广州，政府禁止宠物墓地刻碑占地，故花费多用于内容丰富的告别仪式。

表 2　　北、上、深、广宠物殡葬公司火化价格一览表　　单位：斤

地区		体重											
		0—5	5—10	10—20	20—30	30—40	40—50	50—60	60—70	70—80	80—90	90—100	100 斤以上
北京	昌平	680	880	1 080	1 380		1 580		1 780		2 080		另议
上海	徐泾	1 000		1 100	1 200	1 300	1 500	1 700	1 900	2 100	2 300	2 500	另议
深圳	龙华	480	580	680	980		1 080		1 180		1 280		另议
广州	天河	480	508	680	780		880		980		1 080		另议

注：数据来源于网络。

四、目前宠物无害化处理机制存在的问题

（一）法律法规难以满足管理需求

1. 适用范围有限

现行的《动物防疫法》和地方相关条例只是从卫生防疫方面做了对病死动物进行无害化处理的规定，管理方向侧重规模养殖，管理措施分散。我国多个城市出台的“养犬管理条例”多是规定犬只死亡之后应送到指定的无害化处理场所，否则将受到处罚，对其他宠物如猫、猪、兔等尸体的处理缺乏有关强制性规定。

2. 不适应管理实际

《上海市养犬管理条例》实施已逾 9 年，其规定：“未将需要无害化处理的死亡犬只送至指定的无害化处理场所进行处理的，由动物卫生监督机构责令无害化处理；拒不进行无害化处理的，由动物卫生监督机构代作处理，所需处理费用由违法行为人承担，可以处 300 元以上 3 000 元以下罚款。乱扔犬只尸体的，由城管执法部门责令改正，对个人处 20 元以上 200 元以下罚款，对单位处 5 000 元以上 50 000 万元以下罚款。”处罚程序繁琐，执法效率低，且相比香港地区“最高受到 2.5 万元港币和入狱 6 个月的处罚”来说，违法成本低，对违法行为震慑不足。

3. 监管环节存在空白

《动物防疫法》《上海市养犬管理条例》均无涉及宠物殡葬行业拟人化处理的规定，《殡葬管理条例》主要针对人体，并未涉及宠物。对于实施宠物无害化处理的宠物殡葬服务企业，缺乏管理依据，形成政策短板。许多宠物殡葬服务企业没有运营资质，大都以宠物服务公司进行注册，行业市场难以得到规范。

（二）管理机制手段不够完善

1. 管理合力有待加强

宠物尸体的处理同时涉及农业农村、环保、工商、绿化市容、公安机关、城管执法等多个部门，管理的依据与措施较为分散，部门间联动协作机制尚不够紧密，缺乏力量统筹整合，监管合力有待加强。

2. 管理手段较为传统

宠物身份认定尚需依靠体形、毛色等外观特征判断，认定效率不高、准确性不足，可全程追溯、高效识别的信息化管理模式尚未实现，掣肘了宠物尸体乱埋乱葬、不规范处理的监督管理。

3. 保障机制不完善

经费保障力度不足，无害化处理能力亟须扩容。我市动物无害化处理中心目前处理能力为 10 吨/天，每年需处理 3 500 多万吨全市各类动物及动物产品，处理食用畜禽产品已达到运营饱和状态。同时，对宠物尸体不规范处理的执法力量也需加强。2019 年，全市查处未及时清除犬只排泄的粪便、乱扔犬只尸体等废弃物影响市容环境卫生类违法案件 156 起，办理相关市民热线 1 814 件。

（三）社会氛围没有形成

1. 存在自主丢弃掩埋宠物尸体现象。很多养宠人对《上海市养犬管理条例》要求的无害化处理规定不知晓，加之无害化处理中心受工作职责、经费保障、人员保障、环评要求等限制只能提供集体火化服务，无法满足宠物主举行仪式、单独火化、留存骨灰等特殊需求，宠物主遂自行掩埋处理宠物尸体。

2. 依法无害化处理宣传力度不强

目前仅有市无害化处理中心每年组织员工在上海犬博会、上海宠物展等地向广大市民发放宣传资料，普及宠物无害化处理的相关知识，累计发放宣传资料2万余份、调查问卷1.5万余份。基层居(村)委、公共场所管理者等自治主体对宠物尸体依法无害化处理宣传参与度不高，自主性不强。

3. 市场作用未充分发挥

宠物殡葬业服务机构存在无资质运行情况，均未取得《动物防疫条件合格证》。火化设备不合规，国家对购买火化炉的审批手续有着严格的规定，且规定火化炉只能用于火化人的尸体，目前还不允许火化宠物的尸体。定价过高，变相地促使宠物主出现乱埋乱葬行为。市场调节及服务作用没有充分发挥。

五、对策与建议

(一)破旧立新，研究设立宠物管理条例

宠物尸体无害化处理是提高公共卫生安全的终端保障，应尽快研究制定宠物管理相关法律法规或管理条例，必须将坚持宠物尸体无害化处理纳入法律法规中来。

1. 严格执行无害化处理规定

市农业农村委会同市公安、市民政局、市卫健委、市生态环境局、市发改委(物价局)等职能部门共同研究制定《宠物管理条例》。学习国外莫斯科等城市，要求养宠人、动物诊疗机构等主体在规定时限内将宠物尸体送至指定无害化处理场所，严禁直接埋葬宠物尸体或将尸体丢弃在垃圾箱中，加大处罚力度。学习新加坡和日本等国，推行强制火化，将对环境的污染降至最低。

2. 规范开放宠物殡葬业市场

一是制定宠物无害化处理规范，宠物无害化设备运行、服务价格收费等标准，设立宠物无害化处理机构的准入条件，视情放开宠物尸体个性化处理，允许提供单独处理、返还骨灰等服务措施，并探索宠物尸体转化为沼气再利用的绿色处理方式。二是规范宠物埋葬行为，从节约用地、环境保护等角度出发，鼓励采取树葬、花葬等绿色环保方式，禁止建设宠物墓园、在公墓建宠物墓穴，禁止在处理骨灰过程中以任何形式污染土壤、水源，不建议举行拟人化的宠物殡葬仪式。

3. 强化配套监管措施

各部门加强管理和引导，在宠物尸体无害化处理等各个环节加强监管。一是严控宠物尸体乱扔乱葬，绿化市容、城管执法等基层队伍从严规范宠物无害化处理，从重处罚乱扔乱葬违法行为。二是严把宠物殡葬业准入关，工商部门明确营业执照经营范围，动物卫生监管部门审查动物防疫条件，卫生健康部门审查公共场所卫生许可条件，环保部门开展相应的评估机制，确保宠物殡葬业合法合规健康发展。三是创新宠物殡葬服务监管，学习成都市将宠物殡葬活动纳入全市病死畜禽集中无害化处理体系，建立病死宠物收集、运输专业化社会服务网点，配备规范、标准的宠物尸体储存、运输设施设备，实现对宠物无害化处理的有效全链条监管。

(二)不断升级,提升公共服务能力

1. 建立健全宠物信息追溯制度

发展智能化、信息化、现代化的管理体系,建立宠物登记及核销制度,宠物死亡后必须进行核销,并建立核销奖励机制,使宠物主愿意主动前往有关部门进行核销。创新信息识别手段,学习欧盟、美国、澳大利亚等国家,为宠物植入 RFID 电子标签,探索应用推广宠物"鼻纹识别"、电子犬牌、宠物码等载有宠物身份标识信息的新手段。

2. 扶持建设市动物无害化处理中心

升级扩容现有市动物无害化处理中心设施规模,加快推进市动物无害化处理中心迁址新建、崇明无害化处理中心建设项目。支持市动物无害化处理中心不断精进业务,完善设备及生产工艺,提高火化效率、防止环境污染,进一步提升无害化处理能力。

(三)营造氛围,传播引领社会新风尚

1. 广泛宣传

集合社区、居委会、楼宇物业、工会、物诊疗机构等多方力量,线上线下多渠道开展宠物尸体无害化处理的宣传,充分宣传宠物尸体不规范处理的危害性,随意抛弃宠物尸体的法律责任和进行集中无害化处理的科学性、安全性、优越性,指导、协助宠物主妥善暂存,统筹推进我市宠物无害化处理工作。

2. 合理竞争

鼓励市场资本进入宠物殡葬行业,为市民提供更具差异化的服务,降低市动物无害化处理中心的压力,挤压非法宠物尸体处理机构的生存空间。通过市场合理竞争,不断提升宠物无害化处理技术水平,降低宠物殡葬收费,提升宠物无害化处理覆盖率、质量与水平。参考美国缅因州,政府通过购买服务,引入第三方评价机制,对宠物无害化处理机构做民意调查,民调结果不好的公司,下一年无法继续从事这项业务。

宠物无害化处理是宠物主对宠物的最后一分爱意,是提高公共卫生安全的必要保障,是促进我市宠物服务业健康长足发展的重要基石。希望更规范合法的宠物无害化处理机制能尽早完善,让宠物的最后一程可以走得更加圆满。

牵头处室:畜牧兽医处

课题组成员:林卫东　杨其清　屠益平　沈　悦　洪佳晔　施　彬　孙立彬　陈　波　顾建华　邵立宇　张　捷　贾悦茹　李增强

25. 上海市长江口禁捕、退捕管控长效机制研究

一、政策背景

长江入海口是长江洄游性鱼类资源和定居性鱼类资源的重要通道和集聚区，保护好长江口水生生物资源对恢复长江流域水生生物多样性具有极其重要的战略意义。2016 年 1 月，习近平总书记在重庆召开推动长江经济带发展座谈会并发表重要讲话，提出了“推动长江经济带发展必须从中华民族长远利益考虑，把修复长江生态环境摆在压倒性位置，共抓大保护、不搞大开发”。党的十八大以来，以习近平同志为核心的党中央站在实现中华民族永续发展的高度，谋划长江经济带战略，把生态修复列为长江经济带建设的首要课题，习近平总书记多次视察长江经济带有关省市，指出“长江拥有独特的生态系统，是我国重要的生态宝库，当前和今后相当长一个时期，要把修复长江生态环境摆在压倒性位置，共抓大保护、不搞大开发”。历届上海市委、市政府高度重视长江大保护，坚决按照党中央、国务院决策部署，切实加强长江流域水生生物资源保护，严厉打击各类危害水生生物资源的非法行为，确保我市长江退捕与禁捕工作取得成效。

2020 年 6 月 18 日，习近平总书记又对长江“十年禁渔”工作作出重要批示。6 月 28 日，国务院召开长江流域重点水域禁捕和退捕渔民安置保障工作推进电视电话会议，龚正市长在上海分会场对贯彻落实习近平等中央领导同志重要指示批示和国务院会议精神，对长江退捕禁捕工作做了具体部署。7 月 8 日，彭沉雷副市长召开全市长江退捕与禁捕工作推进电视电话会议，对贯彻习近平总书记等中央领导指示批示和国务院长江流域重点水域禁捕和退捕渔民安置保障工作推进电视电话会议精神以及落实李强书记、龚正市长批示要求进行再动员、再部署、再落实。7 月 27 日，市政府办公厅印发《上海市长江退捕与禁捕工作方案》，进一步明确目标任务，锁定时间节点，落实工作责任。市农业农村委、市公安局、市市场监管局、崇明区政府等也分别多次召开专题工作会议，加强现场一线指导，确保工作部署和措施落实落地。

二、上海市长江口禁捕与退捕推进情况

1. 强化组织保障、全面部署落实、明确工作责任

市委李强书记批示要求认真贯彻落实习总书记重要指示和其他中央领导同志批示要求，在前期实施退捕禁捕的基础上，进一步加大对非法捕捞、运输、销售长江鱼类的打击力度，坚决落实好长江“禁渔令”。成立了由市长龚正任组长、副市长彭沉雷任副组长的长江退捕与禁捕工作领导小组，对长江退捕与禁捕工作进行全面领导和组织。龚正市长于今年7月和10月召开专题会议部署禁渔工作，彭沉雷副市长多次亲临一线巡查督导。同时在农业农村、公安、市场监管等部门分别设立工作专班，浦东、崇明也分别成立了区政府主要领导任组长的工作领导小组。市政府办公厅印发了《上海市长江退捕与禁捕工作方案》，农业农村、公安、市场监管部门及相关区政府等也分别多次召开专题工作会议，进一步明确工作责任，细化工作措施。由市打击长江上海段非法捕捞专项整治行动联合指挥部制定印发我市“百日攻坚”行动方案，按照整改要求不折不扣完成整治任务，开展沿江沿海地区联合集中整治，彻底扭转长江口非法捕捞现象频发的局面。

2. 完成退捕和社会保障

2018年，按照市领导对长江禁渔工作提出“上海要带好头”的要求，我市以“三年任务、一年完成”为工作目标，提前实施长江上海段退捕工作，至2018年8月，192艘长江渔船全部退出长江水域生产，提前两年实现长江全水域退捕。目前全市核定的192艘长江渔船、194名长江渔民均已全部完成建档立卡，得到妥善安置。通过组织职业技能培训、参加招聘会等形式，鼓励劳动年龄内、有就业意愿的退捕渔民再就业。截至目前，194名退捕渔民中除56人达到法定退休年龄外，133人已通过企业吸纳、公益岗位安置、自主创业等形式完成转产转业；192艘长江渔船全部签订拆解协议。实现了退捕渔船捕捞许可证100%回收、退捕渔船100%拆解、捕捞网具100%回收销毁、退捕渔民100%纳入社保保障、有就业意愿的退捕渔民实现100%就业，率先完成中央交给上海的退捕任务。

3. 持续开展打击非法捕捞

为确保禁捕后水上管理秩序，加大对非法捕捞的整理力度。长期以来，市、区多次组织开展“打击非法捕捞”“清理取缔涉渔三无船舶”“清理取缔绝户网”等专项执法行动，形成了“属地管理、上下联动、部门协同”的执法机制。2019年，彭沉雷副市长亲自牵头组织开展长江口打击非法捕捞专项整治行动，通过陆上拔除“三无”船舶聚集地(停泊点)，水上持续保持高压执法，长江非法捕捞得到有效遏制。截至2020年6月30日，全市累计清理整治外来渔船、“三无”船舶聚集点56处，全市驱离外省籍渔船1 563艘次，拆解“三无”船舶807艘，拆除违章建筑8 540平方米，没收、清除渔具18 356件，办理案件115起，移送司法机关19起。9月开展联合执法8次，发放宣传资料3 386份，媒体宣传94次，出动执法人员17 249人次，车辆157车次，船艇223艘次，航程6 803海里，清理三无船舶9艘，网具1 300余顶，查处案件18起，涉案人员19人，处罚金额12.6万元，移送司法机关3起3人。

4. 强化部门联动，水上查陆上堵，开展铁腕整治

近年来，市、区两级政府多次组织开展“打击非法捕捞”“清理取缔涉渔三无船舶”“清理取缔绝户网”等专项执法行动，形成了“属地管理、上下联动、部门协同”的执法机制。6 月 28 日国务院办公厅召开《长江流域重点水域禁捕和退捕渔民安置保障工作推进电视电话会议》后，市、区两级政府及相关部门在巩固长江退捕与禁捕的工作成效的同时，进一步加强联勤联动，“江上打、水上查、陆上堵”，合力挤压非法捕捞、运输、交易活动空间。农业农村等部门加大水上巡查力度，相继开展清网、江海五号、百日攻坚等专项执法行动，累计查处各类违法案件 62 起，清理取缔各类非法渔网具 7 800 多顶(条)、“三无”船舶 44 艘，没收渔获物近 18 吨，移送司法机关 7 起 10 人，水上各类非法捕捞现象呈明显下降趋势。公安机关严厉打击非法捕捞犯罪，累计破获非法捕捞、运输、交易长江水生野生动物等相关案件 193 起，抓获犯罪嫌疑人 124 人，移送起诉 51 人；查处相关治安案件 70 起、违法行为人 97 人，查获长江水产品近 20 吨、非法捕捞工具 392 套，查扣涉案船舶 33 艘，斩断多条非法捕捞利益链。其中“7.9”非法捕捞案件收到了公安部贺电，并作为典型案例向全国公安机关交流。市场监督部门强化线上线下交易监管，检查水产制品生产企业 586 家次，检查农贸市场、水产品批发市场、商超 21 676 个次，检查餐饮单位 34 390 个次，监测电商平台(网站)132.3 万个次，对电商平台开展行政指导 3 087 个次，督促下架(删除、屏蔽)非法交易信息 180 条。沿江沿海各区政府以“岸清”“水清”为整治目标，加强渔船聚集点、港口专项整治，拆除加冰码头、渔获物装卸点、河滩竹棚以及沿岸沿线各类违章搭建。通过发放宣传告知书、微信公众号等形式，加强退捕禁捕工作宣传，进一步营造长江退捕禁捕氛围。

5. 组织开展自查和督查

9 月 23 日，领导小组办公室召开成员单位联络员会议，组织沿江沿海各区开展自查，我委会同市公安局、市市场监管局等部门分别对宝山、崇明、浦东开展督查；9 月 28 日—29 日，由人力资源社会保障部牵头的中央第三督查组对我市长江退捕与禁捕工作进行督查，登临渔政船巡视长江并走访了崇明区六效渔业村。对标中央禁捕工作要求，我市就贯彻落实长江退捕与禁捕工作方案开展了自查和督查，彭沉雷副市长多次亲临一线巡查督导。各部门通过综合执法、联合行动、水查陆处等多种方式，发挥“一网统管”、网格化管理的信息共享、快速反应、联勤联动优势，建立非法捕捞、运输、销售等违法行为的发现、响应和处置机制，形成了一些好的工作方法。如人力资源社会保障部门采取针对性、细分化服务举措，为 8 名难以市场化就业的退捕渔民安置了生态养护等公益性岗位。水务部门将相关区落实长江退捕、禁捕、非法矮围整治等工作纳入“河长制湖长制”考核体系。崇明区推进水域智能安防体系建设，与启东、海门渔政部门签订执法备忘录，加强交界水域联勤联动、共建共管强化协同共治。浦东新区发挥禁捕监控平台作用，成功破获非法捕捞大案，积极争取到区发改委支持加强渔政执法装备建设。宝山区强化长江沿岸、入沪通道的联合查控、依法打击；区纪委监察委落实监察体系，加强长江禁捕政治监督。

三、目前存在的主要问题

我市退捕与禁捕工作虽然取得了一定成效，但由于长江非法捕捞已形成黑色产业链，非法捕捞以乡籍、亲属、利益等关系形成了专业化、组织化程度较高的群体，上游环节存在受暴利驱动铤而走险进行非法捕捞以及为非法捕捞提供补给、代冻、船舶修造、供油、供冰等服务；中游环节存在地下收购、运输、销售等专门渠道；市场和餐饮等下游环节存在公开售卖长江刀鱼等非法捕捞渔获物以及以“野生长江鱼”“野生江鲜”为噱头的营销行为，长江口禁捕形势依然严峻。

1. 对“三无”船舶和周边跨界渔船非法捕捞打击力度有待加大

随着我市长江渔船已全部退出捕捞，在长江禁捕区管理线东侧水域，以及横沙东滩、崇明东滩、九段沙保护区内，“三无”船舶、外来渔船，特别是大马力快艇流窜偷捕现象增多；长江沿江、支流、滩涂的地笼网、百脚网、插网、水面定置网等非法捕捞网具仍存在。

2. 水上执法装备水平和执法效能有待提升

长江口水域面积广阔，水上环境复杂，常规执法力量难以全覆盖；大马力快艇等“三无”船舶航速快、吃水浅、机动性好，渔政、公安等现有执法船艇和装备难以应对；为规避执法，夜间违法捕捞多发，沿江港口、码头、堤防等停泊点人防、技防监管措施仍有空缺，水上陆上网格化、大联动机制有待进一步完善。

3.“三无”船舶源头管理仍是难点

目前仍有部分“三无”摩托艇躲藏于沿江沿岸及各类保护区内的滩涂、港汊水域伺机偷捕，8 月中旬，崇明区渔政、公安部门通过线索排摸、夜间蹲点，抓获了一个较为典型的利用“三无”摩托艇在横沙北沿进行电捕的非法捕捞团伙，目前已刑事立案；同时，相关部门对“三无”船舶的整治监管职能和法律依据尚未能完成达成一致，存在推诿情绪。

4. 有关“三无”船舶没收和处置等法律依据有待完善

针对“三无”船舶的没收和拆解处置程序、“三无”船舶从事人员接驳、渔获物运输等行为，需要进一步明确和完善法律规定和司法解释。

5. 渔获物鉴别和溯源机制有待完善

长江禁渔的网络监测特征语义词库和违法广告监测关键词库缺少权威性和完整性，开展市场检查时难以明确检查标的，无法有效鉴别渔获物是来自野外捕获还是人工养殖、是来自海洋还是长江，建议国家层面进一步提供相关指导意见，便于基层一线管理部门开展高效执法监管。建议探索建立水产品从养殖场所到批发市场，再到零售市场的销售凭证的全链条管理机制。

6. 各区禁捕整治工作存在不平衡

自 2019 年以来，原管理重点区域的崇明、浦东新区辖区内外来渔船、“三无”船舶聚集点已基本整治完毕，但奉贤、金山区监管整治力度相对薄弱、措施刚性不足，目前有形成监管“洼地”的趋势。

长江口非法捕捞行为出现的新情况，主要表现为：捕捞区域外延（长江禁捕区管理线东侧横沙东滩、崇明东滩、九段沙保护区等水域），非法捕捞船只以外来渔船、“三无”船舶、大马力快艇等为主，捕捞方式乘虚（流窜偷捕、夜间捕捞等），捕捞季节集中在冬春时期，捕捞行为组织化、产业链分工细化（水上捕捞、快艇接货短驳、陆上直供直销）等。

四、近期中央对长江禁捕退捕工作的新要求

1. 长江口禁渔区域将扩大

近期农业农村部组织有关部门开展长江口禁渔范围调整工作，拟在现行东经122度长江禁渔线与东经122度15分之间近2 000平方公里水域设立特别管控区，扩大长江口水域禁渔范围，并采取特别管控措施。

2. 长江口成为禁捕执法监管重点

9月16日，农业农村部召集江浙沪“两省一市”农业农村委（厅）、崇明区、浦东新区、南通、舟山市政府，以及市公安边防港航分局、市绿化市容局、市市场监管局等管理部门在我市召开长江口非法捕捞清理整治工作座谈会，农业农村部于康震副部长强调，长江口水域是江海交汇的“咽喉要道”，是长江十年禁捕执法监管的重中之重。要加强上下游执法联动，标本兼治、严防死守，切断非法捕捞黑色利益链；要联动江、浙、沪三地执法力量，加强水上一线执法部门和船籍港管理部门的有效协同；要加强执法能力建设，完善设施装备，全力确保今年年底前实现无捕捞渔船、无捕捞网具、无捕捞渔民、无捕捞生产“四无”和清船、清网、清江、清湖“四清”的目标。

五、意见和建议

一是充分发挥人防、技防手段，加强沿江岸堤滩涂、港汊码头巡查，全面清理取缔滞留在港汊、沟槽内的“三无”船舶、外来渔船；二是强化属地政府及保护区管理部门监管职责，加大我市各类保护区滩涂水域内巡查力度，打击整治躲藏的外来渔船、“三无”船舶；三是进一步研究“三无”船舶监管法律依据及管理职能权限，明确监管主体，力争从源头整治“三无”船舶；四是依托长三角一体化、长江口非法捕捞专项整治组等工作平台，提升与周边省市管理部门的协同联动整治力度；五是加强与中央专班沟通协调，明确长江口区域管理体制，理顺对拟调整的长江禁渔区域的中央、地方管理事权；六是加快执法装备落地，利用下半年市级财政预算调整的契机，尽快落实资金，确保各项执法装备尽快配置到位。

六、下一阶段主要方向和工作措施

长江禁渔是一项持久而艰巨的工作任务。对标习近平总书记重要指示精神和中央决策部署要求，下一步，我们将坚持问题导向，多措并举，在巩固长江退捕成效基础上，持续做好退捕渔民保障后续工作，进一步聚焦重点，加大打击非法捕捞等违法犯罪行为力度，斩断长江野生鱼类黑色产业链。

1. 强化水上巡查，严厉打击非法捕捞行为

一是以涉渔“三无”船舶和外来渔船为重点，聚焦长江禁渔线两侧、横沙东滩、崇明东滩和九段沙保护区等重点水域（尤其我市“挂牌督办”高发水域），加强（市相关部门与周边地区）联勤联动，加大执法力度，严厉打击长江非法捕捞行为。二是农业农村、公安等部门以港口、码头、闸口为重点，严厉打击大马力快艇等各类“三无”船舶非法捕捞违法犯罪行为，一经查获依法予以没收、拆解、处置。三是充分发挥人防、技防手段，联合公安、水务及属地街镇作用，加强沿江岸堤、港汊码头、停泊点的巡查，全面清理取缔滞留在港汊、沟槽内的“三无”船舶和外来渔船，巩固前期拔点（船舶聚集停泊点）整治成效，严防已清理整治聚集点出现外来渔船、“三无”船舶回潮现象。

2. 落实属地责任，完善禁捕长效监管机制

一是充分发挥“一网统管”、网格化管理等（信息共享、快速反应、联勤联动）优势，强化水上查、陆上堵、水陆联动等长效管理机制，建立非法捕捞等违法犯罪行为发现机制，形成问题清单，按照事权职责及时严厉查处。二是属地街镇要会同公安、市场监管、水务等部门，加强辖区内各类批发市场、农贸市场、餐饮单位、农家乐、渔具制售场所、堤防海塘等巡查，全面清理取缔为非法捕捞提供生产、生活便利的行为，做到陆上拔根。三是依托各区河长制管理平台，水务、农业农村部门要深化清网行动成果，排摸和清理取缔本市长江、黄浦江及其他整治水域非法设置的矮围和非法捕捞渔具，彻底清除残留的毛竹桩等，拔除各类非法捕捞行为的生存土壤，同时建立横向到边、纵向到底的执法监管网络，严防外来渔船、“三无”船舶躲藏在内河港汊，昼伏夜出，伺机偷捕。

3. 强化联勤联动，重拳打击违法犯罪行为

一是健全长三角打击非法捕捞联合执法机制，加强省际联合执法巡查，加大对外来渔船、三无船舶、从业人员的查处力度，一经发现立即依法查扣，并及时通报属地管理部门做出相应处理。二是公安、农业农村等部门梳理前期非法捕捞行政处罚信息，深挖细查涉嫌犯罪线索，强化非法捕捞案件行刑衔接，依法严厉打击整治相关违法犯罪活动，打掉一批职业化、团伙化的非法捕捞犯罪网络。三是市场监管、公安、农业农村部门，加强对水产品加工、经营、网络市场、广告等监管执法，严厉打击非法渔获物交易和非法捕捞渔具制售行为，合力斩断违法交易链条。

4. 强化督查考核，保障禁捕措施落实到位

对标中央考核督查要求，市长江退捕与禁捕工作领导小组办公室将对市相关部门和沿江沿海各区贯彻落实长江退捕与禁捕工作方案开展自查，总结通报好的经验和做法，及时发现和整改存在问题，确保各项禁捕举措落实到位。

5. 加强宣传引导，积极营造长江禁捕氛围

一是充分运用各类媒体多种形式发布禁捕通告、公益广告，广泛宣传长江禁捕工作的重要意义及相关的法律法规；二是要加强对渔业村、农贸市场、油船、冰库、农家乐等经营场所宣传发动，禁止一切为非法捕捞提供生产生活资料便利、收购销售渔获物的行为；三是要及时宣传报道打击非法捕捞专项行动成果，集中审判一批案件、集中销毁一批渔具，以案释法，努力营造“不敢捕、不能捕、不想捕”的社会舆论氛围。

落实长江十年禁渔是总书记、党中央交给我们的重大任务，是一项持久性、艰巨性

工作。我们将按照中央和市委、市政府的统一部署，全力以赴、攻坚克难，坚决贯彻落实好各项工作举措，确保退捕禁渔工作取得扎实成效，向党和人民交上圆满答卷。

牵头处室：渔业管理处
课题组成员：周建敏　陈　杰　赵　峰　杨　刚
郑汉丰　虞嘉禄　黄凯元　王凌峰

26. 上海三峡移民信访维稳工作实践与探索

三峡移民信访工作是移民搬迁安置的重要组成。为做好新形势下上海三峡移民信访维稳工作，市农业农村委信访办与解达咨询组成课题组，先后赴浦东、金山、奉贤等区调研，实地查看移民住房情况、了解信访诉求，组织有关移民镇村干部，区农业农村委、区民政局等部门座谈访谈。

一、上海三峡移民基本情况

三峡工程是迄今为止世界上规模最大的水利枢纽工程和综合效益最广泛的水电工程。1992 年 4 月 3 日七届全国人大五次会议通过《关于兴建长江三峡工程的决议》。1994 年 12 月三峡工程正式开工，2009 年全部完工。移民安置是三峡工程建设的重点和难点，1999 年国家在总结移民就地后靠和省市内外迁安置经验的基础上，部署上海等省市接受安置重庆库区农村外迁移民工作。三峡工程建设中的移民工程共搬迁安置城乡移民 131.03 万人。其中，外迁安置 19.62 万人，包括政府统一组织外迁安置 15.30 万人和自主分散外迁安置 4.32 万人（见表 1）。

表 1　政府组织三峡外迁移民安置情况表　单位：人

省 市	户 数	人 数	安置区县	安置点	安置点平均户数
江苏省	2 380	10 383	10	1 118	2.13
浙江省	2 105	9 128	15	778	2.71
上海市	1 835	7 519	7	510	3.59
山东省	2 437	10 095	43	598	4.08
四川省	2 747	10 602	49	368	7.46
安徽省	1 882	8 094	20	173	10.88
福建省	1 614	7 061	50	146	11.05
湖南省	1 758	7 466	21	144	12.21

续表

省 市	户 数	人 数	安置区县	安置点	安置点平均户数
江西省	1 933	8 633	7	138	14.01
重庆市	10 579	44 617	7	611	17.31
湖北省	5 337	20 432	11	271	19.69
广东省	2 503	9 007	14	113	22.15
总计	37 110	153 037	254	4 846	7.66

(一)上海三峡移民区域分布情况

根据国家的统一安排，2000年至2002年，上海分三批共接收了来自重庆市云阳县的南溪、龙洞、人和、双江4个镇的移民共1 305户、5 509人，分别安置在崇明县和金山、奉贤、南汇、青浦、松江、嘉定区的69个镇、337个村组；2004年7月，上海第四批接收来自重庆市万州区的530户、2 010人，安置在7个区县的43个镇、173个村组。上海采取“大分散、小集中”的方式，平均每个安置点3～4户，属于十分典型的分散安置。至2018年底，上海现有三峡库区农村移民1 942户，7 088人，劳动力人数4 426人。平均每个区安置人数1 000人左右；崇明最多，共安置435户、1 471人(见表2)。

表2　　上海市2018年末三峡移民安置分布情况　　单位：人

安置区	涉及乡镇(个)	涉及行政村(个)	移民户数(户)	移民人数(人)
崇明区	14	98	435	1 471
奉贤区	7	63	290	1 063
嘉定区	4	29	183	697
金山区	10	48	248	1 016
浦东新区	11	42	284	979
青浦区	8	60	256	946
松江区	6	48	243	903
闵行区	—	—	1	3
宝山区	—	—	2	10
合计	60	388	1 942	7 088

1. 83%的移民安置村为保护保留村

近年来，按照上海市郊区镇村规划编制工作要求，上海划定了722个保留村、62个保护村，占全市行政村总数的49.87%，意味着有一半的行政村在可预见的时间内会被撤并。经过与移民安置村数据对比，移民安置村中，规划保留的村有323个、保护村21个，占移民安置村总数的82.89%，意味着绝大部分移民安置村在可预见的时间段内不会撤并(见表3)。

表 3　　移民安置村与全市保留保护村重叠分布表

区、镇	保留村重叠数量	保护村重叠数量
崇明区	104	4
奉贤区	39	3
嘉定区	26	—
金山区	43	1
浦东新区	37	2
青浦区	44	8
松江区	27	3
全市总计	323	21

2. 零星移民安置户纳入集中居住。按照上海城市 2035 总规，到 2035 年农村居民用地从 513 平方公里减到 190 平方公里以下，也就是将近三分之二的宅基地将被归并。2019 年 5 月，上海启动农民相对集中居住工作，以聚焦“三高两区”(高速公路、高铁、高压线沿线，生态敏感区，环境综合整治区)为主，分散居住户归并为辅，到 2022 年完成 5 万农户集中居住目标。通过移民安置村安置点数据估算，仅有少量的安置点位于“三高两区”区域内，移民安置点相对零散。

(二)上海三峡移民生产生活情况

按照“搬得出、稳得住、逐步能致富”的要求，上海确立“四个一”的安置方案，即对三峡移民保障“一亩耕地、一分自留地、一处宅基地，每家一名劳动力非农就业”。截至 2018 年，全市已有 3 000 多名移民从事非农就业，平均每户至少 1 人；各区移民人均住房面积约 50 平方米，高于同期上海市人均 36 平方米的水平；移民家庭人均可支配收入为 26 150 元，较 2017 年移民人均可支配收入 23 611 元增加 2 539 元。对比 2018 年上海市农村常住居民人均可支配收入 30 375 元，平均低了 4 225 元，幅度为 16.2%。高于本市农村居民人均收入水平以上的有 2 897 人。

1. 76%的移民安置村属于薄弱村

2018 年，上海将村集体经济组织可支配收入低于人均 800 元且经营性资产低于人均 1 万元的村确定为经济相对薄弱村，开展以“造血”功能为主的农村综合帮扶，发展壮大农村集体经济。经过与移民安置村数据对比，有 295 个属于经济薄弱村，占比为 76%；其中，占比最高的是崇明区，98 个有移民安置的行政村中，有 96 个属于经济薄弱村，另有奉贤、金山、青浦均在 80%以上(见表 4)。

表 4　　全市移民安置村与经济薄弱村重叠分布表

区	重叠数量
崇明区	96
奉贤区	53
嘉定区	1

续表

区	重叠数量
金山区	41
浦东新区	23
青浦区	49
松江区	32
全市总计	295

2. 困难发生率略高于面上平均水平

在开展农村综合帮扶过程中，强调利用“造血”项目收益帮扶生活困难农户提升生活质量。2019 年，全市共有 6 万余户、9.9 万人被识别为生活困难农户，并为其建档立卡纳入帮扶范围。经与上海三峡移民身份信息对比，7 000 多名移民中，共有 563 人被识别为生活困难农户，困难发生率接近 8%，略高于面上平均水平(见表 5)。

表 5　　三峡移民纳入 2018 年生活困难农户数量分布表

区、镇	困难农户数量
崇明区	149
奉贤区	225
金山区	66
浦东新区	37
青浦区	48
松江区	38
全市总计	563

(三)上海三峡移民后期扶持政策情况

三峡移民后期扶持政策包括移民个人后扶直补和安置区域后扶项目两类扶持政策。

1. 三峡移民后扶直补

根据国发〔2006〕17 号文件关于后期扶持资金能够直接发放给移民个人尽量发放到移民个人的精神，上海市采取直接发放到移民个人的方式，由各区民政部门按年度一次发放，补贴标准为每年每人 600 元，扶持期限为自 2006 年 7 月 1 日起扶持 20 年，对国家统一安排落户上海市的三峡移民后期扶持人数，采取每年审核一次的办法。2018 年，共计直补移民 7 088 人，发放直补资金 425.28 万元(见表 6)，其中：农业户籍移民 5 839 人，发放资金 350.34 万元，从中央后扶直补资金中支出；另享受上海特殊扶持政策非农户籍移民 1 249 人[①]，发放扶持资金 74.94 万元，由上海市财政承担。

① 特殊扶持政策：对 2001 年 1 月 1 日至 2006 年 6 月 30 日出生、按上海市户籍政策直接登记为非农业户口的移民子女列入帮困对象，同样享受每人每年 600 元的资金补贴。

表 6　　**上海市后期扶持移民 2018 年人口核定情况**

地区	核定后期扶持人数	特殊扶持非农人数	总人数
崇明区	1 369	102	1 471
浦东新区	708	271	979
奉贤区	851	212	1 063
金山区	737	279	1 016
松江区	734	169	903
青浦区	848	98	946
嘉定区	579	118	697
闵行区	3	—	3
宝山区	10	—	10
合计	5 839	1 249	7 088

2. 安置区域后扶项目

为促进库区和移民安置区长远发展，在给予移民直接补贴之外，后扶政策明确要求应以项目的方式支持三峡移民地区生产建设。移民后扶项目由结余资金安排，结余资金即指按照每年核定的农村移民人数和规定的扶持标准，分配后结余的资金。结余资金用于实施经批准的移民安置地基础设施和经济发展项目建设以及应急处置补助支出。根据国家相关规定，上海制定了《上海市大中型水库移民后期扶持项目和资金管理实施办法》(沪农委规〔2019〕22 号)，明确了结余资金项目扶持方向，拨款方式、预决算管理等方面。按照《“十三五”期间上海市大中型水库移民安置村基础设施等项目建设规划》和《上海市大中型水库移民后期扶持结余资金和项目管理办法》，2017、2018 年，上海市安排移民后扶结余资金总计 45 923.23 万元，其中，中央水库资金投资 39 697.89 万元，合计扶持项目 353 个。2017 年度 188 个项目，投资总额 23 820.82 万元；2018 年度 165 个项目，投资总额 22 102.41 万元(见表 7)。截至 2018 年 12 月 31 日，全市各区已完工项目 114 个，其中 2017 年度完工 107 个，2018 年度完工 17 个；在建项目 62 个，其中 2017 年度 47 个，2018 年度 15 个；未动工项目 104 个，其中 2017 年度 34 个，2018 年度 70 个。

表 7　　**上海市 2017、2018 年度结余资金项目规划汇总表**　　单位：万元

地区	项目总数	投资总额	其中：中央水库资金	2017 年			2018 年		
				项目数	投资总额	其中：中央水库资金	项目数	投资总额	其中：中央水库资金
崇明区	89	8 510.03	7 579.09	53	5 276.62	4 601.5	36	3 233.41	2 977.59
奉贤区	101	14 143	10 480.8	54	7 460	5 667.8	47	6 683	4 813
嘉定区	19	3 050.2	2 710	10	1 500.2	1 330	9	1550	1380
金山区	46	4 486	4 078	23	2 136	1 942	23	2 350	2 136
浦东新区	24	4 185	4 185	11	2 200	2 200	13	1 985	1 985

续表

地区	项目总数	投资总额	其中：中央水库资金	2017年			2018年		
				项目数	投资总额	其中：中央水库资金	项目数	投资总额	其中：中央水库资金
青浦区	35	5 002	4 118	17	1 956	1 710	18	3 046	2 408
松江区	39	6 547	6 547	20	3 292	3 292	19	3 255	3 255
合计	353	45 923.23	39 697.89	188	23 820.82	20 743.3	165	22 102.41	18 954.59

二、上海三峡移民信访梳理

三峡工程移民是非自愿性水库移民，移民搬迁安置人数多、涉及面广、时间长、情况复杂，利益追求和冲突不断，移民信访一直伴随着移民搬迁安置工作的整个历程。

（一）主要信访诉求

1. 后扶资金项目

移民信访、上访所反映的问题主要集中在后扶资金的使用上。一是后扶项目的政策性质。对后扶项目是针对移民安置区还是针对移民个人，移民普遍理解有偏差。移民认为移民项目因移民而来，是针对移民个人的，部分移民甚至认为应该把后扶资金直接发放给他们。二是后扶项目的使用范围。移民提出，多年来后扶项目多为社会公益类项目、基础建设类项目，对移民的生产生活、经济发展直接受益很少，不能起到让移民逐步富裕的作用。移民要求，后扶资金项目建设应主要听取移民意见，要建设能让移民在生产生活、经济发展上直接得益的项目。三是后扶项目的权利保障。移民对后扶项目的“知情权、参与权、监督权”未得到保障，部分移民对后扶资金项目的金额、决策、执行、公示毫不知情，要求政府公开所有后扶资金项目。

2. 宅基地房屋

移民关于宅基地房屋的诉求在移民反映的问题中占比较大。一是房屋修缮。移民提出，当初委托政府建造的房屋存在较为严重的质量问题，主要表现在地基下沉、房屋漏水严重、建筑材料不符合建房标准，建筑过程中可能有偷工减料的现象。要求政府承担责任，提供当初建房图纸和合同等材料，负责为移民维修房屋。二是拆迁拆违补贴。由于移民安置房是按照40m^2/人的标准进行修建，移民房屋面积有限，在拆迁分配安置房时与当地村民差距较大，移民对此意见较大。同时，部分移民安置区移民违建现象较为普遍，拆违过程中只得到较少补贴，甚至没有拆违补贴。三是分户建房。部分移民提出，由于人口增加，原有住房面积不能满足生活需求，提出要求增加宅基地的诉求。2019年5月6日《上海市农村村民住房建设管理办法》（沪府令16号）发布之后，参加镇保非纯农民的移民无法再建房，也引发了信访矛盾。从各区统计汇总情况来看，本市1 942户三峡移民户中符合农村分户条件的有292户，占三峡移民总户数的15%，建房需求较大。

3. 其他信访诉求

除了后扶项目、宅基地房屋两大诉求外，其他信访诉求还有：一是直补资金。直补资金从2006年7月1日开始，对纳入扶持范围的移民每人每年补助600元，但是随着生活成本提高，部分移民群众意见较大，认为600元/年的补助标准过低，直补资金应随着物价上涨或者电价上涨而有所提高。二是村民待遇。部分移民认为他们与当地村民相比，土地流转补贴和村集体分红差距较大，未享受到与当地村民同等的补贴标准。移民想要额外承包100亩农田集中种植作物，也未得到村领导批准，村领导会优先选择租给外地人。过年过节，当地政府未走访慰问移民家庭，仅在拆违当年提供了部分实物补贴，当地政府对移民群体的关注度不够。三是技能培训。有移民反映，上海市针对移民的技能培训过少，目前是每5年一次，一次1 000元，补贴低，范围窄，移民很难受益。上海应该参照其他省市，如江苏培训取得合法证书，给予一定补贴，山东每人发1 000元，作为技能培训费，加大帮扶力度。

（二）信访特点分析

三峡移民信访具有信访行为的一般特征：即信"访"不信"法"，信"上"不信"下"，信"闹"不信"理"。同时，也呈现新的特点：

1. 复杂性

近年来，三峡移民信访态势趋于复杂，全国三峡移民联名向水利部寄送信访件，呼吁组织召开全国三峡移民代表大会，要求与水利部主要领导直接对话，反映移民诉求。上海有11名移民参与联名，其中，金山区3人，松江区2人，嘉定区2人，崇明区、奉贤区、浦东新区、青浦区各1人。同时，嘉兴市1名三峡移民因故自杀后，我市极少数移民积极参与所谓维权活动。同时，以往的移民上访可能是单纯某1户或者同村的某几户人家一起上访，但是在互联网时代下，移民上访逐渐呈现出有组织有计划的、大规模集访趋势。移民对生活状态的不满以及与其他区域三峡移民待遇不等易引发网络负面舆论。部分移民甚至容易被一些不实的网络信息煽动，从而引发个体极端行为和群体事件。总体上，移民上访呈现出纠集上访、高传播性、高发性、大规模上访增多的特点。

2. 高发性

随着移民前期安置工作的完成，政策环境不断变化，移民问题也呈现出动态性、阶段性的特点，移民问题诱发于现行的政策环境和移民生活现状的差距中，存在于政策落实的各个环节中。据统计，从2017年2月到2018年7月期间，崇明区和奉贤区发生移民上访/信访事件72起，总计涉及移民1 036人次。2018年4月，崇明区港西镇富民村两位移民长时间滞留富民村委，被派出所依法处置（拘留）。2019年，本市三峡移民到京有关部委上访有3个批次，信访23批次，到市信访办集访2次，人数分别为300余人和200余人。2019年6月青浦区重固镇30多位移民集体上访。2020年6月—9月期间，市信访办上访次数36次，共计50人，8月份表现为信访高峰，当地公安部门介入后，信访数量有所下降。

3. 多样性

通过对移民工作主管部门和移民的调研发现，移民所反映的问题种类多样。2017年移民上访问题主要集中在农龄问题、房屋修缮等问题，移民"农龄"问题已在2017年12月6日由上海市农委牵头各部门召开三峡移民维稳会议，对"农龄"问题予以妥善解决。随着2017年底《大中型水库移民后期扶持基金项目资金管理办法》(财农〔2017〕128号)、《上海市大中型水库移民后期扶持资金项目管理办法》(沪农委〔2017〕216号)的发布,中央和地方政策之间在后扶资金使用范围上的差异,使得移民群体关于后扶资金的诉求更加突出。此外,目前移民信访、上访所反映出来的问题还包括房屋修缮问题、移民未能与本地村民享受同等待遇问题、移民子女分户建房问题、拆迁补贴问题、移民融入问题、移民技能培训、补助等问题。由此可见,移民问题呈现出多样性的特点。同时,调研发现各移民安置区移民所反映的问题在各个层面与方位的内在结构存在相似性,具有同质性的特点。

(三)信访维稳实践

1. 深化调查研究

为掌握移民真实现状和具体诉求,由市农业农村委牵头,市联席会议单位参加,对全部7个移民安置区进行走访调研,分别采取召开座谈会、直接走访移民家庭等方式,认真倾听移民干部和移民群众的意见建议,共同研究做好三峡移民稳定工作的好方法好措施。同时,按照水利部的工作要求,组织各区、各乡镇、各村的移民干部对辖区内三峡移民进行系统排摸,梳理移民各类诉求,掌握移民的住房情况、工作情况、家庭情况、具体困难情况等相关信息。

2. 调整管理机制

参考全国其他省市上下对应的管理模式,保持市级层面管理部门不变,将区级层面的三峡移民管理职能调整到区农业农村委牵头,区民政局、区财政局等其他部门参与做好移民稳定的相关工作。通过此次调整,在市区层面的管理体制形成一致,上下对应,职责明确,政令通畅,考核监督落实有力。调整后,区农业农村委能发挥自身在生产开发项目等方面的经验和优势,有效推进后扶资金项目落地实施,促进移民直接受益。同时,在市现代农业服务中心设三峡移民信访接待窗口,畅通信访渠道,缓解市政府信访办信访接待压力。

3. 开展源头治理

市农业农村委牵头学习国务院以及财政、水利等部委有关文件精神,组织专题调研会、座谈会,广泛听取市各相关部门和各区意见建议,对上海市后扶资金项目管理办法进行修改完善,在项目设置中增加了对移民就业技能培训和职业教育扶持、帮助移民增收等内容,在项目收益分配中明确了向移民倾斜的政策导向。同时,政策明确保障移民对后扶资金项目的知情权和参与权,努力增强移民群体的获得感和满意度。同时,积极引导基层按照《上海市农村村民住房管理办法》(市政府令2019年第16号)和《上海市人民政府关于切实改善本市农民生活居住条件和乡村风貌进一步推进农民相对集中居住的若干意见》的相关精神和要求,加快政策落实,优先解决三峡移民的居住问题。指导各区探索结合乡村振兴示范村建设和美丽乡村建设,对确有困难的三峡移民家庭,尽力帮助解决因房屋沉降引发的房屋漏水等问题。

4. 强化信访稳定

市农业农村委会同市委政法委、市公安局、市财政局、市民政局、市信访办等部门召开了三峡移民稳定工作专题会议，认真传达水利部相关移民稳定工作会议精神，形成工作合力，畅通信息沟通渠道，及时掌握三峡移民信访稳定动态信息，增强联动处置力度，对三峡移民信访稳定重点对象，加强对各区工作指导，及时开展思想教育，强化法制宣传，保障我市三峡移民信访稳定。对奉贤等地出现的违法违规信访行为，通过公安部门及时约谈训诫和制止。

三、上海三峡移民信访重点问题分析

（一）管理体制上的特殊救助与区域发展

将三峡移民作为一个特色救助群体还是区域一体化发展问题来对待，一个显著的体现就是管理体制。从全国来看，三峡移民工作原为国务院三峡工程建设委员会办公室负责管理，2018年国务院机构改革后并入水利部负责。各省市管理机构大部分为水利部门，地市及县级的管理机构均与省级管理机构上下对应。上海三峡移民管理体制呈现“S”形状态，在市级层面由市农业农村委牵头会同市民政局、市财政局管理，市农业农村委下设三峡移民协调管理服务办公室负责落实，区层面由区民政局牵头负责管理，具体落实本辖区三峡移民的各项具体工作。民政部门是传统的社会救济部门，针对特殊群体体现政府关怀，既不承担区域一体化发展职能，又缺乏项目运作的资源和经验。当要求开展项目扶持时，只能选择村级基础设施和公益设施等项目。

国家提出乡村振兴战略后，农村地区发展得到了加强，区级层面的管理部门转到农业农村委后，不仅有利于理顺管理体制，更重要的是标志着上海三峡移民管理和服务职能发展到一个新阶段，即从特殊对象救济到纳入区域一体化发展的转变，有利于将三峡移民作为村民的一个组成部分融入农村地区的整体发展中。

（二）后扶项目上的项目选择与收益分配

以前，后扶资金安排的项目主要以农村道路、路灯等基础设施为主，三峡移民获得感较差。究其原因，一是我市采取分散安置移民的方式，每个村3～4户，后扶资金项目设置分散，各村实际可以使用的资金量较少，难以形成集聚效应用于经济发展类的开发项目。同时，直接安排移民生产生活相关的项目客观上难以在项目申报程序上获得村民的支持。二是区移民办、各乡镇、各村缺乏对后扶资金项目进行管理运作的工作平台，自身直接开发生产经营类项目存在较大风险，基层缺乏推动经营性项目的主动性，甚至部分区干脆项目能少做就少做，因此导致大量后扶资金未被及时使用。三是后扶资金项目即使产生收益，收益需落实到村集体经济组织，而移民在集体经济组织内属于绝对少数，平均分配则移民的获得感不好。四是近年来上海乡村建设投入较大，移民的居住条件和生活环境良好，乡村基础设施建设日趋完善，以往针对移民区的基础设施建设可建设领域少，建设意义不大。

以基础设施为主的项目选择是不产生直接收益的，不存在收益分配问题，移民的获得感和满意度相对较低。当项目选择从基础设施转向产业项目时，面临的问题有：一是如何使分散的资金发挥集聚效应。生产开发型项目常常需要一定的投资规模才能进行。同时，对运营主体有较高的要求，对于单个村集体而言，自主投资生产开发型项目维护难度较大，生产管理和设备维护等专业技术工作对于村级部门来说实现困难。二是如何使项目收益发挥帮扶效应。项目区级统筹，所有权属于移民安置村共有，收益归移民安置村，使用向三峡移民倾斜，使用自主权在村。在市级层面，需要明确收益使用的禁止范围，鼓励镇村根据实际使用项目收益，也可以通过案例交流，推广一些好的做法。

（三）身份属性上的共性与个性

相对于本地居民而言，一方面，移民移居上海，拥有本市户籍，理性上认为自己是一个正式的村民，应当享有普通村民的一切待遇，认为自己应当享有上海市普通村民的所有权利。另一方面，移民毕竟是来自外省市，响应国家政策搬迁至上海，内心深处仍认为自己和普通村民有着一定差异，这可能导致移民一旦遇到不公正待遇，或者在现实世界中遭受挫折或困难，第一时间可能怀疑这种困难是由于自己的移民身份所导致的，或者说自己身为移民，政府相关部门就有责任为自己解决困难。相对于库区移民而言，一方面，移居上海的移民与其他省份移民相比，都是由于三峡工程而被迫离开家乡，依据陌生的城市，内心深处都存有对故土的思念，在情感上比较容易产生共鸣，生活中也可能会遇到相似的待遇，比如说后扶资金的拨付方面，各地均存在着一定程度上的相似性，这些相同的问题可能会导致他们走到一起集体上访向政府讨要说法。另一方面，由于上海相比于外地各省市而言，生活水平和基础设施建设等方面更加完善，移民的生活水平也更高，这使得上海移民相比于外省市移民而言对生活的标准和要求更高。

从政策宣传和移民工作引导方面来讲，应当注重把握好共性和个性的关系。从本地居民视角出发，要尽力消除移民的个性心理，寻求移民与本地村民的一些共性特征，积极引导移民融入当地社会，参与村庄建设和管理。从库区移民视角出发，在不损害全国三峡移民感情，维稳一致性要求的前提下，向三峡移民介绍上海三峡移民建设取得的成果以及移民在上海所能享受到的待遇要由于其他许多城市，尽力安抚本地移民不平衡心态。

（四）信访矛盾上的长期性和全局性

三峡移民信访问题本身涉及历史遗留问题多，人口结构复杂、移民群体知识文化水平不高、社会融入困难等，决定了移民信访问题在未来一段时间将长期存在。调研中发现，三峡移民信访矛盾集中在中年人群体(可能通过老年群体来表现)，上有老、下有小，面临的工作和家庭压力较大。这部分群体在三峡库区出生、在上海成年工作，心理既认同自己户籍上的上海人，又有潜意识的三峡人，在两种身份属性上时常摇摆，经常性选择有利于自己身份认同。相对应的，老年群体的三峡人心理认同感更为强烈，与安置到其他省市的移民相比，在上海的获得感更强，满意度较高。学生群体出生在上海，对上海户籍的认同更为强烈，信访隐患小。因此，中年群体决定了三峡移民信访将是长期的过程。

互联网时代下的移民上访问题，由于网络工具带来信息的即时互联互通，信息传播迅猛，局部的移民问题可能产生牵一发而动全身的效果。单个移民上访事件处理不好，或者某个地区的移民上访事件处理不当，可能演变成地区性甚至是全国性的重大问题，对整体移民安置、扶持工作产生极大影响。同时以往的移民上访可能是单纯某一户或者同村的某几户人家一起上访，但是在互联网时代下，移民上访逐渐呈现出有组织、有计划的大规模集访趋势。这就要求在三峡移民扶持政策决策过程中，不仅需要考虑单个地区三峡移民的现状和实际情况，同时要从更高的角度思考全局性问题，探讨相关政策的调整是否保持与其他三峡移民安置省市相关政策的相对协调性，是否可能引发不同区域三峡移民群体相互攀比，是否可能导致大范围的移民问题产生。

（五）矛盾化解上的撕标签和贴标签

解决移民信访问题就是撕标签和贴标签的过程，对外撕标签、对内贴标签。一方面，从根源上通过上海村民身份属性的回归，即撕标签，纳入区域一体化发展。另一方面，在信访机制上注重长效性，即贴标签，针对性完善信访化解机制。当前最重要的撕标签就是把信访诉求演绎为乡村振兴的具体措施，在推进“三园工程”中予以解决，包括针对经济薄弱村和生活困难农户的农村综合帮扶、农民集中居住、示范村建设等工作，尤其是借鉴农村综合帮扶平台及项目选择的做法，推动区域发展目标从原来基建类、公益类向开发类、生产经营类逐步转变，进一步增强移民群众的获得感。最重要的贴标签就是深化长期性的认识，完善长效管理机制。

四、移民产业发展、社会融入及信访维稳案例借鉴

（一）产业发展

1. 浙江温州市章村移民就近发展产业

箱包产业或市场的发展属于典型的“温州模式”，主要特征是：以家庭经营为基础的社会化生产，依托专业化市场，以供销员为骨干，以专业市场为纽带的市场调节运行机制，以农村集镇为依托的新型产销基地。温州人利用其善于捕捉商机和手工业传统的优势，从家庭工业起步，迅速地推进了农村工业化，进行了资本的原始积累，并很快地将商业资本转化为产业资本，同时通过建立各种专业市场，带动了农村城市化的发展。处于产业链中的章村移民，以家庭为单位，进行“作坊式”的塑编、无纺布、纸板印刷等行业，不仅解决了移民的就业问题，家庭收入也不断增长。安置地的产业环境增加了个体家庭生意的发展机遇，加速了移民融入章村。最主要的在于移民有事可做、有钱可赚，相比在泰顺山区的谋生方式有着质的改变。“我们以前在山上的时候，主要是种种地、打打工，来到这里我们跟着本地人踩踩袋子什么的，不用为出路发愁了，家里人都有事情做了，收入也不错，反正是比在山上好太多了。”（H 先生，47 岁）。

2. 江西三峡移民经济与生产经营

生产方式的适应性，是三峡移民得以融入安置地区社会生活的重要基础。经过最初的磨合期后，三峡移民的经济与生产经营状况日益好转，据宜丰县移民局最新统计，三峡移民通过从事基建、餐饮、运输、种植养殖项目和到工业园或乡镇企业打工收入稳定且逐年提高。该县通过修建山塘水库、改造和新建农田渠道、维修河堤、中低产田改造，解决了农田灌溉难问题，实现了农田旱涝保收，提高了土地生产能力和资源利用率。通过对山、水、林、田、路等进行综合治理，既保护了生态，又大大提高了综合生产能力，

在抓好传统农业的同时，因地制宜发展特色产业，形成各自特色。通过生产技术培训和移民劳动力转移就业培训，有效提高三峡移民整体素质，引导三峡移民自主创业和劳动力有效转移提供坚强的后盾。在靖安县的三峡移民大部分以农为主，在家从事种养业，主要收入是粮食作物种植、养殖业和外出务工三个方面。由于勤劳心细，靖安城内的生猪屠宰业曾一度为三峡移民所垄断，生产经营搞得有声有色。据该县移民局统计，全县从事二、三产业的三峡移民有45户，户均年收入达到1.5万元，在县内务工的移民有680人，人均年收入达到8 000元以上。大多数三峡移民在当地政府干部和群众的帮扶下，通过发展养猪、养鱼、柑果业、外出务工等途径，经济收入稳步提高，人均收入已达3 000—3 600元，正在接近和缩小与当地居民的差距。

(二)社会融入

1. 温州市章村双向互动促进移民融入

在章村，移民之间的住房靠得很近，形成一个移民区，他们的交往自然十分密切，但是日常生活中的许多方面又需要与本地村民的交往。因此，在理性的权衡下，移民主动与村民开展互动交往，以获取当地生活中的便利。当然，章村村民的态度也是决定双方交往互动质量的重要因素。一方面，移民为获取生活便利主动与当地人交往。移民在适应安置地生活的过程中显得更加理性化，而移民的主观能动性是其中重要因素，良好的主观能动性可以对移民在安置地的生活起到巨大的推动作用，不过主观能动性又取决于移民健康和良好的心态。村落环境中的某种需要或压力，迫使移民需要做出改变，在这一理性选择的过程中，移民主动认识到与当地人交往的利益，如降低生活成本、获得更多的信息、情感上的慰藉等。当然从开始的带有目的的工具性行动，随着交往的固定和频率的增加，移民与村民之间建立了彼此的信任纽带，相互交往中带有关系和人情，情感性行动超越了工具性行动。另一方面，当地人响应国家号召积极移民交往。外迁移民融入安置地虽然体现出移民与安置区的双向互动，但在实践中是以移民融入安置区为主的单向整合。在章村当地人主动接纳了移民群体，使得双向互动成为可能。章村村民群体响应国家号召承担了安置移民的任务，也肩负起帮助移民在章村恢复生产生活的任务。村民对移民的接纳、帮助是从道德层面的选择，更多的是一种情感性表达，从外部环境上给移民营造了轻松、关心、和谐的氛围，并且在一些生活细节上给予力所能及的帮助。

2. 江西三峡移民权利保障和人际沟通

吸收移民到基层组织工作，大力培养移民干部，切实提高移民干部的素质，是融洽移民与当地干群关系的关键。据移民部门统计，目前全省三峡移民中，有79人加入了中国共产党，有83人当选为县、乡人大代表或政协委员，有108人当选为村两委委员或村民小组长。实践证明，这些同志逐步成了做移民思想工作的骨干，成为维护安置地区稳定的中坚力量。通婚是加速移民家庭与当地居民家庭、移民区与当地居民区融合的重要方式，是移民在安置地构建新的深层关系网、维持生存和发展的策略之一，是移民对新资源关系网积极建构的表现，对于其建立新的社会关系纽带至关重要。这种联姻现象已经在部分三峡移民安置点出现，并有逐年增多的趋势。在峡江县，三峡移民与当地居民和谐相处，目前已有 24 户三峡移民家庭的青年与本地人通婚。

3. 加拿大促进移民安居的社会项目

加拿大公民权与移民部门负责移民调控与安居政策。这一部门提供一系列专门针对移民安居的社会服务与支持项目，主要包括：(1)语言服务——为获得永久居民资格的人提供免费语言训练，资金来源于联邦、省以及地方资源。(2)移民安居以及适应项目——这一项目由联邦政府提供资金支持，通过省、地方政府以及非政府组织，为移民提供各种各样的服务帮助其适应当地社会，比如各种转介服务，帮助他们获得所需的经济、社会、健康、文化、教育或辅导服务，以及帮助他们了解寻找工作的技巧、完善自己的简历等。(3)加拿大还组织了一个“东道主项目”。在这一项目下，地方非政府组织招募本地的志愿者，与移民及其家庭结成一对一的对子。这些志愿者帮助移民练习当地语言，解答他们提出的问题，为他们的子女入学、寻找住房、使用公共设施等等提供相关建议，帮助他们尽快熟悉环境。

4. 法国鼓励非营利社区组织承担移民融入的具体事务

这些社区组织拥有员工、志愿者以及提供资金支持的董事会成员，在移民的社会、经济、政治和文化融入中起到了重要角色，他们帮助移民学习新的政治与文化，为移民解决问题，鼓励移民参与当地政治经济生活，使其成为合法的永久性居民。Erwin de Leon(2011)研究表明，非营利组织主要从三个方面促进了移民在美国社会的融入。首先，为新移民提供一个被理解和保护的场所，移民个人和家庭能在住房、就业、医疗、法律上受到最直接的援助。其次，引导移民适应当地生活，教会他们如何看病、经商以及享受生育等一系列保障政策。最后，移民在当地社会能够立足后，社区组织便鼓励移民参与社区活动，保证移民享有政治权利。

(三)信访维稳

1. 浙江衢州创新水库移民协理员制度

2017 年以来，衢州市打造移民村级治理新模式，以构建“全方位、全覆盖、无盲区”的水库移民服务体系为目标，在全省率先推出“水库移民协理员”制度，有力破解基层水库移民工作力量薄弱、信息渠道闭塞等难题，有效畅通水库移民工作的“最后一公里”。一是求突破、立机制，推进村级基层治理规范化。根据移民村规模，选拔聘用 1—2 名水库移民协理员，成为村级治理队伍的“新鲜血液”，作为乡镇民政助理员和村级干部的有效补充，“将水库移民政策传下去，将村情民意摸上来，将矛盾纠纷化解好”。目前，江山市、开化县共 284 个移民村，设立 344 名移民协理员，在水库移民管理机构与 70 000 多水库移民之间架起“连心桥”，拉近干群距离，紧密干群关系。二是求提效、重稳控，提高水库移民帮扶精准化。参与源头稳控，实现移民多年零非访。如 2017 年 8 月中旬，有效地劝阻当地移民拟参与“8.15”淳安群体性聚集活动。参与项目实施，实现项目建设全监管。江山市、开化县通过移民协理员参与 106 个水库移民项目监督，既落实帮扶政策，又参与项目扶持监管，使水库移民资金使用和项目扶持更加公开透明，程序更加规范。参与信息收集，实现移民情况底数清。全市 344 名水库移民协理员共收集移民信息 5 万余条。三是求便民、强服务，实现水库移民管理人性化。当好政策宣传员，一年来，江山市、开化县的移民协理员已口头宣传移民政策5 000多人次，当场解答问题320多个。当好纠纷调解员，“常敲门，为空巢老人送爱心；常串门，排忧解难送贴心；常守门，打防管调送安心；常叩门，沟通疏导送舒心。”当好困难帮扶员，针突发性、临时性困难，帮助办理临时救助，尽快让水库移民摆脱困境。

2. 江西“五个到位”维稳三峡移民

接收三峡移民的7个县的公安部门始终把三峡移民维稳工作做为中心工作，精心组织，全力投入，确保了各安置区政治和社会大局的稳定。一是情报信息收集到位。调动一切力量，及时、全面收集可能影响社会稳定的三峡移民情报信息，认真梳理、汇总、研判，及时上报党委政府及上级公安机关，争取维稳工作的主动权。二是重点人员管控到位。对三峡移民中的上访对象、有影响的重点人物和可能上访滋事的移民等人员进行摸底建档，采取上门走访、定期交流等形式，强化管控，掌握动向。三是法律法规宣传到位。组织民警定期深入三峡移民家中，积极广泛宣传移民政策及相关法律法规，教育群众积极支持和响应国家的移民政策，提高群众防范意识及遵纪守法的自觉性，引导群众通过法律手段解决邻里、干群和经济纠纷，发动群众参与群防群治，认真落实对社会闲散人员、刑满释放人员的帮助教育工作。四是矛盾纠纷排查化解到位。组织派出所民警和村干部，对三峡移民矛盾纠纷进行滚动式大排查，逐一详细登记；对涉及三峡移民的小矛盾、小纠纷，做到快出警、快查处，早发现、早化解、早控制，严防因处置不及时、不当引发的群体性事件。五是服务三峡移民群众到位。定时不定时对移民住宿区及周边开展巡逻防范，及时掌握入住移民、工作对象情况，倾听群众呼声，确保情况能够发现得早、控制得住、处置得好。同时，采取发放承诺服务卡、简化办事程序、上门服务、减免办证费用等形式，力所能及地为群众服务，促进移民区和谐。

五、上海三峡移民信访维稳工作建议

做好三峡移民信访维稳工作，是党和政府联系移民群众的纽带，是维护广大移民群众根本利益的重要途径。

（一）进一步落实各级政府的属地责任

针对当前全国及本市三峡移民信访稳定的严峻态势，要进一步提高政治站位，认真贯彻落实党中央国务院关于三峡移民“迁得出，稳得住，逐步能致富”的工作方针，把三峡移民维稳工作作为当前一项重要的政治任务切实抓紧抓好。各相关区要进一步强化组织领导，落实工作责任；要明确负责三峡移民工作的党委和政府分管领导，切实把推动移民发展，解决移民合理诉求工作摆上议事日程；要进村入户摸清情况、研究对策，上下联动、形成合力，切实解决好当前移民群众生产生活中的实际问题。2021年是“两个一百年”奋斗目标的第一个一百年。重大活动多、敏感节点多，做好本市三峡移民的信访稳定工作对全市面上信访稳定工作具有重要意义，各区、各街镇（乡）党委政府要切实履行好三峡移民信访稳定工作的第一责任人的职责。

（二）完善三峡移民信访维稳长效机制

从国内水库非自愿性移民实践历史来看，实现移民稳定的目标是一项长期的任务。

1. 深化三峡移民信访长期性的认识

三峡移民信访矛盾的化解不可能毕其功于一役，会在村民与移民，上海移民与外省市移民的不断比较中出现新的矛盾。

2. 提升区镇村移民干部做好信访工作的水平

针对相关区、镇村从事移民工作人员变化大的现实情况，分批组织对相关区、镇村移民干部进行系统工作培训，培训内容包括移民历史、移民政策、群众工作方法、信访接待方法、后扶资金项目设计和管理等方面，提高基层干部做好移民工作的能力。

3. 建立移民信访动态信息沟通机制

与政法部门、公安部门携手，强化信息渠道建设，确保移民稳定动态信息沟通顺畅，及时发现，及时处置移民信访稳定突发情况，确保我市移民稳定总体可控。

4. 建议国家层面的政策统筹机制

由于三峡移民的全局性属性，建议各地在移民政策上加大区域统筹，减少区域间的政策不平衡引发的信访矛盾。

（三）积极探索后扶资金项目实施

明确三峡移民后扶项目实行区级统筹，所有权属于移民安置村共有，收益归移民安置村；收益使用向三峡移民倾斜，使用自主权在村。

1. 明确后扶项目的性质

建议将“三峡移民后扶资金项目”改为“移民安置村区域发展项目”，强化移民安置区域属性、淡化移民个人色彩。

2. 鼓励建立区域统筹

建议各区整合统筹“移民安置村区域发展项目”，统筹在区、责任在区；与农村综合帮扶工作相结合，依托综合帮扶平台，让区域发展项目有稳定收益。

3. 指导收益分配

项目收益的使用权在移民安置村。项目收益不得用于村干部福利和办公经费，不得用于基础设施建设；建立村民帮困和发展基金，鼓励用于老年群体的养老、医疗和文体活动，促进中青年群体就业创业活动，激发学生群体刻苦学习；项目收益向移民群体、困难群体倾斜。

（四）稳妥化解住房信访诉求

在保障移民基本生活的前提下，分类解决住房问题。

1. 加快移民地区农村郊野单元规划落地

并对所在区域移民建房需求进行分类指导。建立撤并村拆迁、农民集中居住和保护保留三种类型下的住房矛盾化解机制。

2. 优先保障移民生活困难

对确有困难的移民户，应该要从关怀的角度，在政策允许的范围内，在宅基地审批、房屋翻建、集中归并上楼平移等工作中给予优先优惠待遇，抓紧改善移民户居住条件。

3. 在民事合同框架下解决住房修缮问题

房屋修缮工作由四方合同中的建筑方承担；如果建筑方已经消失的，由权利义务承受方承担;如果没有承受方的,三方协商后,可以由区镇国有或集体所有的建筑公司代为承受。各区对建筑方进行适当补偿,补偿费用可在区域发展项目收益中列支。

4. 明确排除事项

原则上,违章搭建的不纳入房屋维修范围,对主动撤除违章搭建的,可在民事合同框架下解决住房修缮问题。

(五)保障移民生产生活待遇

随着乡村振兴战略的不断深入,乡村生产生活条件持续向好,三峡移民的需求也逐步由生产生活条件的改善转向生活品质的提升,教育、科技、消费、娱乐等方面的需求不断加大。

1. 建立移民动态管理系统

运用科学有效程序精准识别移民需求,采取定性分析、量化指标、分类管理等方式,对移民实行有差别的帮扶政策,有针对性地改善移民生产生活环境。通过动态管理系统,切实把需要帮扶的对象和需求识别出来,落实“差什么补什么”“需要什么扶持什么”,找准移民反贫困突破点,分类管理,集中突破。

2. 强化移民参政议政能力

移民与当地居民生活逐渐同步,各项生活指标向当地居民靠拢,要实现真正意义上的“融合”,还应该保证移民的政治权利,细化到具体工作就是参政议政的能力。公众事务的有效参与有助于消除移民对于将来失去土地等各种资源、生计、社区和社会关系网络,或者在补偿、安置等权利资格的复杂谈判中可能被欺骗的担心,并赋予移民对其生产、生活安置和重建活动决策的权力。鼓励移民积极参与村民自治,使移民集体获得知情权、参与权、决策权,融入当地生活圈,弱化对立矛盾,逐步削弱“对立排他”心态。

3. 继续做好对移民群众的关心帮助

要采取结对帮扶、走访慰问等多种形式,加强对移民群众的关心帮扶力度,在政策范围内妥善解决移民家庭的现实困难,让移民群体感受到党和政府的温暖,以情感人,促进三峡移民稳定和谐。

牵头处室:安全和信访办

课题组成员:彭友 郑培泉 李俊 王铮 郝能友